# 프란체스카의 난중일기

6·25와 이승만

# 프란체스카의 난중일기

## 6·25와 이승만

프란체스카 저

기파랑

# 차례

# 머리말을 대신하여

남 정 옥
국방부 군사편찬연구소 책임연구원, 문학박사

## I. 이승만 대통령의 6·25비망록 성격과 작성 배경

이 책의 원본은 프란체스카(Francesca Donner) 여사가 쓴 영문일기이다. 영문일기는 "비망록(Confidential Notes) 또는 프란체스카 일기(Mrs Rhee Diary)"로 통용되고 있다. 이 책은 6·25전쟁 시 프란체스카 여사를 통해 전시 대통령과 경무대(景武臺)를 중심으로 일어난 전쟁상황을 포함한 국내외 중요한 사건들을 기록한 '대통령의 경무대 일지'이다. 그런 점에서 이 일기는 이승만(李承晩) 대통령의 '전시통치사료(戰時統治史料)'의 성격을 지니고 있다고 할 수 있다.

이 비망록은 전쟁이 발발한 날인 1950년 6월 25일부터 중공군 개입이후 유엔군이 37도선으로 철수하여 재반격을 시작하는 1951년 2월 15일 상황까지를 다루고 있다.

전시 이승만 대통령의 영문 일기체 형식의 6·25전쟁 비망록은 프란체스카

여사에 의해 휴전이후 50년 뒤인 1983년 지상(紙上)에 뒤늦게 공개되었다. 또한 이 시기는 이승만 대통령이 서거한지 약 18년이 지난 시점이었다.

프란체스카 여사는 1965년 이승만 대통령 사후 오스트리아 친정집에서 지내다가 뒤늦게 한국으로 돌아왔다. 이후 프란체스카 여사는 1983년 6월 24일부터 〈중앙일보〉에 이 영문 일기인 비망록을 바탕으로 6·25전쟁 당시의 이승만 대통령에 관한 글을 연재하게 되었다.

〈중앙일보〉에 프란체스카 여사의 이름으로 '6·25와 이승만 대통령(정리·고정운 기자)'이라는 제목으로 113회에 걸쳐 연재된 이 글은 독자들로부터 많은 호평을 받았다. 프란체스카 여사는 이때 글을 연재하면서 영문 일기에 누락된 기간의 내용을 기억과 자료에 의해 복원하고, 영문 일기에 포함되지 않았다 하더라도 전쟁 중 대통령과 관련된 재미있는 에피소드를 모아 6·25전쟁 초기 이승만 대통령에 대한 행적을 복원하였다.

이 비망록은 이승만 대통령의 지시에 의해 작성되었다. 프란체스카 여사의 증언에 의하면 이 대통령은 일본 와세다(早稻田) 대학교 영문과 출신인 시인 김광섭(金珖燮, 1905~1977)을 경무대 비서로 채용하여 대통령에 관한 일지(日誌), 즉 '경무대 일기'를 작성하도록 했다. 이승만 대통령은 그에게 경무대 일기를 한글로 적도록 하고, 대통령의 기념사나 축사 같은 연설문을 받아쓰도록 했다.

그러나 김광섭 비서가 문인의 티를 벗지 못하고 전시 대통령의 일지를 시적(詩的)으로 너무나 아름답게 썼기 때문에 대통령의 본래 취지와는 맞지 않았다. 대통령이 경무대 일기를 쓰도록 한 것은 그 날 그 날 일어났던 일을 꾸밈없이 사실대로 적어두기를 원했는데, 그는 내용을 멋있게 표현함으로써 서사시에 가깝게 변질되어 버렸던 것이다. 그런 시행착오 끝에 대통령은 부득불 프란체스카 여사에게 매일 일기를 쓰도록 했다. 이런 경위로 프란체스카 여사가 경무대 비서인 김광섭 대신 매일 매일 일어난 전선 상황을 비롯하여, 경무대를 방문한 국무위원과 미군 장성 그리고 국내외 주요 인사들과의 만남과 대화 내용을 빠짐없이 작성하게 되었다.

## Ⅱ. 비망록을 통해서 본 이승만 대통령의 전쟁 수행 노력

대한민국 건국 대통령인 이승만 박사는 1934년 오스트리아 태생의 프란체스카 도너 양과 국제결혼을 했다. 프란체스카가 이승만 박사를 처음 만난 것은 1933년 2월 21일 스위스 제네바의 호텔 드 루시(Hotel de Russie)에서였다.

당시 프란체스카는 어머니와 함께 프랑스 파리를 경유해서 스위스 여행 중 이 호텔 식당에서 우연히 이승만과 동석하게 된 것이 운명적인 만남으로 연결되었다. 이승만 박사는 1931년 9월부터 개시된 일본군의 만주침략을 규탄하는 국제회의가 국제연맹 본부가 있는 이곳에서 개최된다는 것을 알고, 한국독립

문제를 세계여론에 호소하기 위해 이곳 제네바를 방문하였다.

이 우연한 만남이 인연이 되어 두 사람은 결국 결혼에까지 이르게 되었다. 이렇게 해서 이승만 박사는 1934년 10월 8일 뉴욕 렉싱턴가에 위치한 몽클래어 호텔(Hotel Montclair) 특별 홀에서 결혼식을 올렸다. 결혼식은 한국인 목사 윤병구(尹炳求)와 미국인 목사 홈스(John J. Holmes)가 공동으로 집전했다.

결혼 당시 신랑 이승만은 59세였고, 신부는 34세였다. 신랑의 나이는 별세한 신부 아버지와 동갑이었다. 이때부터 프란체스카 여사는 이승만 박사의 유능한 개인 비서로 일하게 되었고, 이 박사는 그녀의 도움을 받아 독립운동에 더욱 열성을 쏟게 되었다. 이승만 박사가 결혼 후 독립운동과 건국, 그리고 6·25전쟁을 거치면서 그녀가 보였던 내조는 절대적이었다고 해도 과언이 아닐 것이다.

6·25전쟁이라는 특수한 전시 상황에서 프란체스카 여사는 이승만 대통령을 도와 그 능력을 더욱 발휘하게 되었다. 그녀는 마치 이승만 대통령의 입의

혀처럼 일처리를 잘해 나갔다. 6·25전쟁은 1950년 6월 25일 북한군의 기습남침으로 개시되어 1953년 7월 27일 휴전이 성립될 때까지 만 3년 1개월 2일간 계속됐다. 그 동안 쌍방은 38도선을 각각 3회씩이나 넘나들면서 남으로는 낙동강, 북으로는 압록강까지 오르내리며 전 국토의 80%에 달하는 지역에서 전투를 전개했다. 이렇게 치른 6·25전쟁은 대체로 4단계를 거치며 전개됐다.

프란체스카 비망록은 이 전쟁 4단계 작전 기간 중 3단계의 전반부까지를 기록하고 있다. 6·25전쟁 시 이승만 대통령과 프란체스카 여사가 겪은 일을 프란체스카 여사의 비망록을 중심으로 작전단계별로 살펴보는 것도 이를 이해하는데 도움이 될 것으로 사료된다.

첫째 단계는 북한군의 남침기(1950.6·25~9.15)로, 북한군이 38도선을 돌파하여 낙동강 방어선을 형성하며 인천상륙작전을 실시하기 전까지의 시기를 말한다. 이 기간 동안 이승만 대통령과 프란체스카 여사는 서울에서 대구와 대전을 거쳐 부산으로 피란을 하며 가장 어렵고 힘든 시기를 보냈다. 이승만 대통령과 프란체스카 여사는 이 기간 동안 비서를 통해 구입한 독일제 모젤 권총을 베개 밑에 놓고 잠을 잘 정도로 전황은 좋지 않았다.

또한 이 시기는 이승만 대통령이 서울을 빼앗기고 경상도 일원에서 한국군과 미군이 낙동강 방어선을 형성하여 북한군의 최후의 발악적인 공세에 맞서 힘겨운 전투를 벌이고 있을 무렵이었다. 따라서 이 시기 프란체스카 비망록에도 이 기간 동안 이승만 대통령을 비롯하여 전시내각의 국무위원들이 한 방에 기거하며, 단벌옷에 제대로 팬티도 없이 지내면서도 오로지 이 국가적 위기를 위해 노력하는 상황을 생생하게 기록하고 있다.

특히 이 기간 동안 이 대통령은 "왜 한국전선에 투입된 미군은 후퇴만 하고 제대로 싸우지 않는가?"하며 불만을 토로하는 한편, "우리 국군에게 왜 무기를 제대로 지원하지 않는가?"라며 유난히 더웠던 1950년 여름 대구와 부산에서의 무더운 날씨에도 불구하고 전쟁을 독려하며 지도해 나갔다.

이승만 대통령은 낙동강 방어선을 우리 민족 최후의 보루로써 반드시 사수해야 한다면서, 절대로 망명정부 같은 것은 생각하지도 않는다며 그 결의를 다졌다. 그러면서 이 대통령은 만약 상황이 여의치 않으면 이곳에서 최후의 죽음을 맞이한다는 불퇴전의 각오까지 했다.

둘째 단계는 유엔군의 북진 및 반격기(1950.9.15~11.25)로, 한국군과 유엔군이 인천상륙작전 이후 낙동강 전선으로부터 38도선을 넘어 소련과 만주 국경의 초산-혜산진 선까지 진격하였던 시기를 말한다. 이승만 대통령에게 이 시기는 희망과 꿈이 모두 곧 실현될 것만 같은 시기였던 것이다.

인천상륙작전 성공으로 수도 서울을 수복하고, 국군과 유엔군이 38도선을 돌파하여 소만국경을 향해 진격함으로써 통일을 눈앞에 두고 있던 시기였다. 참으로 이승만 대통령에게 이 시기는 우리 한민족의 오랜 염원이자, 그 자신이 생전에 꼭 이루고 싶었던 통일의 꿈을 이룩할 시기가 눈앞에 도래했기 때문이다.

이후 맥아더 장군은 이승만 대통령을 실망시키지 않고, 인천상륙작전 성공으로 수도 서울을 탈환하여 이를 이승만 대통령에게 돌려주었다. 이승만 대통령도 유엔군사령부의 38도선 돌파지시가 없는 가운데 국군통수권자로서 국군에 직접 명령하여 38도선을 돌파하도록 지시했다. 이 대통령은 전쟁 이후 38도선은 이미 없어진지 오래이며, 우리나라 국경은 압록강과 두만강이라고 말했다. 이에 정일권 장군도 대통령의 뜻을 받들어 38도선을 돌파하여 공산당을 몰아내겠다고 말했다. 이 대통령은 국군은 자기나라의 영토에서 국가원수의 명령에 따를 의무가 있다는 생각을 하고 있었다.

국군과 유엔군의 38도선 돌파 및 북진으로 원산과 평양 그리고 함흥 등 북한지역의 대도시가 차례로 아군에 의해 점령되자, 이승만 대통령은 노구를 아랑곳하지 않고 아직 치안상태가 안전하지 못한 이곳 점령지역을 방문하여 북한주민들을 위무 격려하는 것을 잊지 않았다.

특히 광복 후 북한 김일성의 근거지이자 수도였던 평양 방문은 이승만 대통령에게는 개인적으로나 국가원수의 입장에 의미가 있었다. 그의 평양 방문은 일제강점기에 그가 미국에서 박사학위를 받고 귀국하였으나, 이미 나라를 빼앗긴 조국에서 국민들의 계몽과 선교 사업을 위해 1911년 평양을 방문한 후 39년만의 일이었다. 나라를 빼앗긴 식민지 조국에서 평양을 방문했던 청년 이승만이 39년이 지나 북한군을 몰아내고, 통일을 눈앞에 둔 국가원수의 자격으로 방문하게 되었으니 그 감회가 얼마나 컸겠는가!

이승만 대통령의 평양 방문은 대통령의 경호를 책임진 경호원들에게는 지옥이었으나, 평양 시민들에게는 감격 그 자체였다. 이승만 대통령의 평양 방문 연설은 공산치하에서 살던 평양시민들에게는 하나님의 복음처럼 들렸던 것이다. 통일이 곧 실현될 것을 이승만 대통령 자신을 포함하여 그 누구도 의심치 않았던 시기였다.

셋째 단계는 중공군의 침공 및 유엔군의 재반격기(1950.11.25~51.6.23)로, 중공군 개입과 더불어 단행된 공산군의 대공세로 유엔군이 평택-제천-삼천 선(37도선)까지 후퇴한 다음 재반격 작전으로 38도선을 회복하게 되는 기간까지를 말한다.

이 시기는 이승만 대통령에게는 가장 괴롭고 힘든 시기였다. 전쟁 초기에도 어려움이 있었지만 미국과 유엔의 지원이 계속되었다. 또 북진통일이라는 희망이 있었으나 이 시기는 중공군의 개입으로 유엔군이 서울을 다시 내주고 37도선까지 밀려나면서, 미국과 유엔에서 휴전정책을 들고 나오게 되자 이승만 대통령에게는 그야말로 청천벽력이 아닐 수 없었다. 또한 그 과정에서 그 추운 겨울에 서울시민에게 다시 피난령을 내려야 하는 노(老) 대통령의 심정은 이루 말로 형언하기가 어려울 지경이었다. 이때 이 대통령과 프란체스카 여사는 피난을 가지 않을 작정이었다. 통일의 꿈이 일순간에 무너진 그들에게는 죽음조차 무섭지 않았다.

특히 개전초기를 거쳐 낙동강 방어선에서 고군분투했던 미8군사령관 워커 장군이 교통사고로 사망하는가 하면, 이대통령이 가장 믿고 신뢰했던 유엔군 사령관 맥아더 원수가 해임되는 등 전황은 암담함 그 자체였다. 그러면서 대통령이나 한국정부의 의지와는 전혀 무관하게 미국과 유엔에 의해 휴전의 물꼬가 트이게 되었다.

넷째 단계는 휴전협상과 교착전기(1951.6.23~1953.7.27)로, 휴전회담의 진행과 더불어 쌍방이 38도선 부근에서 고지쟁탈전을 전개하며 휴전에 이르는 기간을 말한다. 이 시기는 일제강점기 이승만 대통령이 항일독립투사로서 활동하듯이, 한국의 미래에 대한 아무런 보장도 없이 휴전을 강행하는 미국과 유엔에 대해 이대통령이 고군분투하던 시기이다. 이때 이 대통령은 '유엔의 반항아' 또는 '독재적이며 야심에 차고 반동적이며 무책임하고 잔인한 인물' 이라는 소리를 들어가며 미국과 유엔의 휴전정책에 고분고분 따르려 들지 않았다.

특히 휴전협정이 가시화되자 이대통령은 마지막 비상수단으로 반공포로 석방이라는 극약처방을 내리지 않을 수 없었다. 결국 이로 인해 이대통령은 미국으로부터 한미상호방위조약, 한국군증강, 경제원조를 받아냈다. 제퍼슨 대통령 이래 "아시아 국가와의 군사동맹은 없다"던 미국으로 하여금 한미상호방위조약을 체결하도록 만들었던 것이다.

이승만 대통령은 왜 반공포로 석방이라는 악수를 두면서까지 한미상호방위조약을 맺으려고 했던 것일까? 그가 "우리[한국민] 전체의 생명과 희망이 한미상호방위조약에 달려있다."고 보고, "한미상호방위조약이 있기 때문에 우리는 앞으로 번영을 누릴 것이며…우리의 안보를 확보해 줄 것이다."라고 말하고 있는 데에서 그의 국제정치 흐름과 우리 민족의 장래를 내다보는 혜안을 읽게 된다.

## Ⅲ. 이승만 대통령의 전쟁목표와 북진통일 의지

6·25전쟁은 대한민국이 정부를 수립한 지 불과 2년도 안 된 시점에서 북한군의 기습남침으로 시작되었다. 서울을 이틀 만에 점령하고, 여세를 몰아 1개월 만에 남한 전역을 석권하여 전 한반도를 공산화한다는 '야심찬 계획' 아래 소련과 중공의 지원을 받은 북한 김일성은 38도선 전역에 걸쳐 기습남침을 감행했다. 김일성은 스탈린으로부터 남침계획을 승인받을 때 스탈린이 가장 우려하였던 미국의 개입에 대해, 미군이 개입하기 전에 신속하게 전쟁을 종결짓겠다고 장담하였다.

북한의 전면 기습남침에 의해 불가피하게 6·25전쟁을 맞게 된 이승만 대통령은 평정심을 잃지 않고 국가지도자로서 취해야 될 조치를 취하며 태연하게 행동했다. 그가 전쟁 초기 위급한 상황에서 대통령으로서 국가수호를 위해 판단하고 내린 조치는 크게 4가지다.

첫째는 한국에서 일어난 전쟁이 세계대전의 빌미를 제공하는 장(場)이 되어서는 안 되겠다는 것이다. 둘째는 모든 한국인이 참여하는 총력전을 펼치겠다는 것이다. 셋째는 북한의 불법남침을 남북통일의 절호의 기회로 삼아야겠다는 것이다. 따라서 일본군 무장해제를 위해 미·소에 의해 인위적으로 만들어진 38도선을 북한이 침범했기 때문에 이제 필요 없다는 것이다. 넷째는 북진통일 달성을 위해 미국과 유엔의 지원을 얻어야겠다는 것이다.

이승만 대통령의 이런 시의적절한 판단과 조치는 전쟁이 발발한지 얼마 되지 않은 상황에서 나왔다. 그는 전쟁 발발 약 7시간 후인 1950년 6월 25일 오전 11시 35분, 경무대에서 무초(John J. Muccio) 미국대사의 방문을 받고 "한국이 제1차 세계대전의 배경이 되었던 제2의 사라예보(Sarajevo)가 되어서도 안 되겠지만, 이 위기를 이용하여 절호의 기회가 될 '한국의 통일문제'를 해결해야 한다."는 입장을 밝혔다.

또한 그는 북한의 전면기습 남침이 신생 대한민국에 최대의 위기임에 틀림 없으나, 이에 굴하지 않고 "남녀노소 할 것 없이 온 국민이 돌멩이나 몽둥이라도 들고 나와 싸울 것이다"며 총력전 의지를 밝혔다. 그는 그 연장선상에서 이를 최대로 이용해 가장 어렵고 힘든 시기에 남북통일의 발판으로 삼겠다는 생각을 했던 국가지도자였다. 범인(凡人)으로서는 전쟁이라는 위급한 시기에 상상조차 하지 못할 이 대통령의 이런 생각은, 전쟁기간 동안은 물론이고 이후에도 전쟁목표 혹은 평생 그가 달성해야 할 국가과업으로 여기게 되었다.

이승만 대통령에게 가장 긴급한 것은 미국의 참전이었다. 미국의 참전은 곧 유엔의 참전을 의미했기 때문이다. 이를 위해 그는 대미 외교에 매진했다. 그 결과 트루먼(Harry S. Truman) 대통령은 1950년 6월 29일 국가안전보장회의(NSC)에서 "나는 북한군을 38도선 이북으로 격퇴하는데 필요한 모든 조치를 취하기를 원한다…나는 우리[미국]의 작전이 그곳[한국]의 평화를 회복하고 국경을 회복하는 것이라는 점을 명확히 이해해주기를 원한다."라고 말하면서 미국의 참전의지와 전쟁정책을 밝혔다.

미국은 이러한 전쟁정책과 목표를 달성하기 위해 6월 25일과 27일 유엔 안전보장이사회의 결의안 채택에 따라 해·공군을 먼저 파병했고, 뒤이어 6월 30일 국가안보회의의 결정에 따라 지상군 파병을 결정했다.

미국이 참전하자 이승만 대통령은 기다렸다는 듯이 남북통일에 걸림돌이 될 38도선 무용론 또는 폐지론을 주장하고 나섰다. 혹여 38도선이 북진통일에 장애가 되지 않을까 하는 우려에서였다. 그는 이를 위해 대전 함락을 목전에 둔 7월 19일 트루먼 대통령에게 "소련의 후원으로 수립된 북한 정권이 무력으로 38도선을 파괴하면서 남침한 이상, 이제는 38도선이 더 이상 존속할 이유가 완전히 없어졌다. [따라서] 전쟁 이전의 상태로 [다시] 돌아간다는 것은 도저히 있을 수 없는 일이다"는 요지의 서한을 보내 유엔군이 38도선을 반드시 돌파해야 된다는 당위성을 피력하였다.

이후 한반도 통일을 지향하는 이대통령의 북진통일은 그의 전쟁목표로 정립돼 전쟁기간 내내 일관되게 추진됐다. 이승만 대통령은 이를 위해 국군 작전지휘권을 유엔군사령관에게 이양하며 미국 및 유엔에 적극적인 협조를 보냈다. 통일을 위해서라면 그는 무엇이든지 양보할 의사가 있었다. 그에게는 오로지 북진통일에 의한 남북통일만이 존재했다. 이대통령의 이와 같은 북진통일 의지는 38도선 무용론 및 폐기론, 국군 단독의 38도선 돌파명령, 압록강 및 두만강으로의 진격, 국군의 유엔군 철수 및 국군단독 북진으로 나타났다.

따라서 북진통일에 반대하는 미국과 유엔, 그리고 참전 자유우방국의 어떠한 정책과 결의에 대해서도 이승만 대통령은 조금도 양보하지 않았다. 이대통령이 분단을 고착화시키는 휴전을 결사적으로 반대한 것도 이런 연유에서다. 다시는 통일의 기회가 없을 것이라는 사실을 그는 너무나 잘 알고 있었기 때문이다.

이렇듯 전쟁수행 과정에서 보여준 이승만 대통령의 북진통일에 대한 지나칠 정도의 집념과 무리수는 미국에게는 '이승만 제거계획'까지 수립할 만큼 커다란 부담이 되었을지 모른다. 하지만 한국 정부 및 국민들로부터는 반드시 달성해야 될 전쟁목표로 전폭적인 지지를 받았다.

## Ⅳ. 비망록의 사료적 가치

프란체스카 여사가 이승만 대통령 지시에 의해 작성한 6·25전쟁 비망록은 이승만 대통령의 6·25전쟁 전시통치사료이자 비망록이며, 전쟁일지이다. 이러한 점에서 이 프란체스카의 6·25비망록은 임진왜란 당시 이순신 장군이 작성했던 일기체 형식의 『난중일기(亂中日記)』와, 영의정을 지냈던 서애(西厓)

유성룡(柳成龍) 선생이 임진왜란 후 후세들에게 경계(警戒)하고자 작성했던 『징비록(懲毖錄)』을 합친 것과 같은 성격을 지니고 있다고 할 수 있다.

또한 이승만 대통령이 전시 대통령과 경무대에서 일어난 일들을 기록할 목적으로 비서를 채용하여 기록하려고 했던 '경무대일기'라는 점에서, 조선 시대 왕의 출납(出納)을 하나도 빠트리지 않고 낱낱이 기록하는 『승정원일기(承政院日記)』와 그 궤를 같이 한다고 할 수 있을 것이다. 그러나 경무대 비서가 이를 수행하지 못하고 영부인인 프란체스카가 이를 남겼으니, 오히려 기록의 영속성과 자료의 신뢰성 측면에서 더 좋은 결과를 가져온 것으로 여겨진다.

6·25전쟁 시 이승만 대통령과 경무대 동정에 관한 내용을 다룬 증언집이나 다큐멘터리, 전쟁사, 그리고 일기체 형식의 회고록 등이 있다. 그러나 이들 저서들은 전쟁 초기 대통령의 피란이나 전쟁 시에 일어난 정치 및 사회문제를 중점적으로 다루다보니, 국군통수권자 또는 전쟁지도자로서 전쟁을 수행하면서 고민하고 고뇌하는 이승만 대통령의 면모에 대해서는 자세히 알 수 없다는 한계성을 지니고 있다. 그렇지만 이 비망록은 이러한 문제점과 한계를 극복하고 있다는 점에서 사료로서의 가치가 크다 할 것이다.

이렇듯 프란체스카 여사의 6·25전쟁비망록은 6·25전쟁을 연구하는데 있어서 없어서는 안 될 매우 소중한 자료이다. 특히 6·25전쟁에서 가장 극적이고(인천상륙작전·중공군개입), 가장 어렵고(서울철수·낙동강방어), 가장 혼란한 시기(부산 피난·1.4후퇴)에 이승만 대통령을 중심으로 국제관계, 한미관계, 군사문제, 전선 상황 등을 다루고 있다는 점에서 이 자료의 가치를 더욱 높이 평가할 수 있을 것이다. 6·25전쟁이 한국에서 일어난 우리의 전쟁이라는 점에서 우리의 입장을 가장 잘 알 수 있고, 또 전쟁의 핵심에서 전쟁을 수행했던 이승만 대통령에 관한 기록이라는 점에서 이 자료는 그 가치를 더욱 신뢰받을 수 있을 것이다.

보병 9사단 장병들을 격려하고 있는 이승만 대통령(1951. 9). 이승만 대통령은 틈만 나면 음식을 장만하여 장병들을 찾았다.

# 1부

## 기습남침과 대통령의 초기 대응

# 대통령의 서울 사수 의지

6월 25일.

북한 공산군은 6월 25일 새벽 5시에 쳐들어왔다.(* 국방부 전사에는 새벽 4시로 기록, 당시 언론에 보도된 내용에 의해 5시로 기록한 것으로 판단)

나는 이날 오전 9시에 어금니 치료를 받으러 치과로 갔고, 대통령은 아침식사를 끝내자 9시 30분쯤 경회루로 낚시하러 나갔다. 10시쯤 신성모(申性模) 국방부장관(국무총리 서리겸임)이 허겁지겁 경무대로 들어와 "각하께 보고드릴 긴급사항이 있습니다."라고 했다.

두 분이 집무실에 마주앉은 게 오전 10시 30분. 이 자리에서 신 장관은 개성이 오전 9시에, 그러니까 내가 치과로 떠나던 그 시간에 이미 함락되었고 탱크를 앞세운 공산당은 춘천 근교에 도착했다고 보고했다.

대통령은 "탱크를 막을 길이 없을 텐데…"라며 입속말을 했고, 순간 얼굴엔 어떤 위험을 느끼는 듯한 불안의 빛이 스치고 있었다.

시내에는 '우리 아이들'—대통령과 나는 군인들을 꼭 우리 아이들(Our boys)이라고 불렀다—을 태운 트럭이 북쪽을 향해 달리고 있었고, 시민들은 영문도 모른 채 "이제 38선이 깨진 모양이니 이북 땅도 되찾겠지."라며 이들에게 격려의 박수를 보냈다.

경무대 안 분위기도 사태의 심각성을 모르는 것 같았다. "그 자식들 장난치다 그만두겠지."라는 식으로 생각하고 있었다. 신 국방까지도 대통령에게 "크게 걱정하실 것 없습니다."라는 말을 되풀이했다.

그러나 경찰정보는 '상황이 심각하고 위급' 하다는 것이었다. 대통령은 고재봉 비서관을 불러 정보보고를 확인했다. 고 비서관의 보고 역시 "예상 밖으로 적군의 힘이 강해 위험하다."라는 것이었다. 대통령은 잠을 잊은 채 자정을 넘겼다. 침통한 모습에 나는 그때까지 한마디도 말을 건넬 수가 없었다.

26일 새벽 3시.

대통령이 도쿄(東京)의 맥아더 사령관에게 전화를 걸었다. 전속부관이 전화를 받았다. 그는 장군을 깨울 수 없으니 나중에 걸겠다고 대답했다.

대통령은 벌컥 화를 내며 "한국에 있는 미국시민이 한 사람씩 죽어갈 터이니 장군을 잘 재우시오."라고 고함쳤다. 나는 너무나 놀라 수화기를 가로막았다.

대통령은 "마미, 우리 국민이 맨손으로 죽어 가는데 사령관을 안 깨우다니 말이나 되는 소리요!"라며 몸을 떨었다. 상대편도 미국 국민이 한 사람씩 죽을 것이라는 말에 정신이 들었는지 "각하, 잠깐 기다려 주십시오." 하더니 맥아더 사령관을 깨우겠다고 했다.

평소에 대통령은 맥아더 장군을 소령 시절부터 잘 알고 있었다고 말했다. 이름은 기억이 없지만 맥아더 장군의 장인이 '한국우호연맹'(League of Friends of Korea)의 고참 멤버로 대통령의 독립운동 시절부터 도움을 주었다는 것이다.

맥아더 사령관이 전화를 바꾸자 대통령은 "오늘 이 사태가 벌어진 것은 누구의 책임이오? 당신 나라에서 좀 더 관심과 성의를 가졌다면 이런 사태까지는 이르지 않았을 것이오. 우리가 여러 차례 경고하지 않습디까? 어서 한국을 구하시오."라며 무섭게 항의했다.

사령관은 바로 도쿄 극동사령부의 무기담당 히키(Doyle Hicky) 장군에게 명해 무스탕전투기 10대, 105mm 곡사포 36문, 155mm 곡사포 36문, 그리고 바주카포를 긴급지원하겠다고 약속했다.

대통령은 조종사 10명을 보내 단기훈련을 받고나서 무스탕을 몰고 오게 하겠다며 전화를 끊었다. 맥아더 사령관과의 통화가 끝나자 워싱턴의 장면(張勉) 대사를 불렀다.

"장 대사! 트루먼 대통령을 즉시 만나 이렇게 전하시오. 적은 우리 문전에 와 있다고. 미 의회가 승인하고 트루먼 대통령이 결재한 1천만 달러 무기지원은 어떻게 된 것이오?" 대통령의 목소리는 흥분으로 계속 떨고 있었다. 군부지도자들은 2, 3일 안에 원조가 오면 서울을 지킬 수 있다고 대통령에게 보고했다.

"젠장, 비행기가 없으니 탱크를 막을 수가 있나?"

대통령은 안절부절못하고 뒷짐을 진 채 방안을 맴돌았다.

오후 2시가 되자 대통령은 직접 육군본부(military head quarters)와 치안국 상황실로 나갔다. 의정부에서 2개 방면으로 방어선을 전개했으나 탱크를 저지하지 못해 계속 뚫리고 있다는 보고였다. 내가 알기로는 그때까지 미국은 한국과 같은 지형에서는 탱크를 쓸 수 없다고 판단, 탱크는 물론 대전차 무기조차 공급하지 않았다. 정말 안타까운 일이었다. 대통령이 전황보고를 받고 경무대로 돌아올 때 서울 상공에는 적의 야크기가 맴돌고 있었다. 나로서는 처음 보는 적기였다. 적기가 뜰 때마다 대통령이나 나나 방공호로 들어가야 했고, 서울시민의 얼굴엔 공포의 그림자가 뒤덮이기 시작했다.

숨 막힐 듯한 긴장과 긴박감 속에 하루가 지났다. 대통령이나 나나 자정을

넘겨 막 잠자리에서 눈을 붙였을 때 비서의 다급한 노크 소리가 들려왔다. 머리
맡의 시계는 27일 새벽 2시를 가리키고 있었다. 신성모 국방장관이었다. 불길
한 예감이 뇌리를 스쳤다. 이어 서울시장 이기붕(李起鵬) 씨와 조병옥(趙炳玉)
씨가 들어왔다.

"각하, 서울을 떠나셔야겠습니다."

신 장관이 간곡히 남하를 권유했다.

"안 돼! 서울을 사수해! 나는 떠날 수 없어!"

대통령은 그 이상 아무 말도 않고 문을 쾅 닫으며 방으로 들어갔다. 신 장관
은 침통한 표정으로 한참을 멍하니 앉아 있었다. 나는 대통령을 뒤따라 들어가
침착하게, 그리고 간절하게 부탁했다.

"지금 같은 형편에서는 국가원수에게 불행한 일이 생기면 더 큰 혼란이 일
어날 거라고 염려들 합니다. 그렇게 되면 대한민국의 존속이 어렵게 된답니다.
일단 수원까지만 내려갔다가 곧 올라오는 게 좋겠습니다."

내 말이 땅에 떨어지기도 전에 대통령은 "뭐야! 누가 마미한테 그런 소릴 하
던가? 캡틴 신이야, 아니면 치프 조야, 장이야. 아니면 만송(晩松 · 이기붕 씨의
아호)이야. 나는 안 떠나."하고 고함을 질렀다.

대통령은 나에게는 신 장관을 캡틴 신(그는 한때 선장을 했다), 조병옥 박사
나 장택상 씨는 경찰국장을 지냈다고 해서 치프(chief) 조라고 불렀다. 나는 재
차 "모두 같은 의견입니다. 저는 대통령 뜻을 따르겠습니다."라고 했다.

이때 경찰간부(이름은 기억이 없다) 한 사람이 들어와 적의 탱크가 청량리
까지 들이닥쳤다고 메모를 전했다. 나중에 알게 된 일이지만 당시 적의 탱크는
그보다 훨씬 먼 곳에 있었고, 그것은 대통령의 남하를 독촉하려는 꾀였었다.

나도 "수원은 서울에서 별로 멀지 않아요."라고 넌지시 거들었다. 신 장관
은 때를 놓치지 않고 "각하가 수원까지만 내려가 주시면 작전하기가 훨씬 쉽겠

습니다."라며 머리를 숙였다.

새벽 3시 30분.

남행 열차를 타기로 결정됐다. 비서관이 간단히 짐을 챙겼다. 금고를 탈탈 털어도 5만원 밖에 없었다. 이 돈을 황규면 비서에게 맡기고, 경호관 김장흥 총경과 경찰관 4명이 우리 일행이 되었다. 서울역에서 기차를 탔다. 차창이 깨지고 좌석의 스프링이 튀어나온 3등 객차였다.

대구에 도착한 것은 오전 11시 40분이었다. 기차가 머물자 대통령은 여기가 어디냐고 물었다. 대구라는 대답에 대통령의 모습은 너무도 침통했다. 대통령은 나를 찬찬히 쳐다보며 "내 평생 처음 판단 잘못했어. 여기까지 오는 게 아니었는데…."

나는 바로 곁에서 20년 가까이 남편을 모셨지만, 이때처럼 회오와 감상에 젖은 음성은 들어본 적이 없었다. 대통령은 이내 비서들에게 서울로 올라갈 것을 명했다. 나는 너무나 큰 죄를 진 기분이었다.

앞을 예견할 수 없는 상황에서 국가원수에게 무슨 일이 생긴다면 결국 우리나라가 불행해진다는 생각에서 남하를 은근히 권했던 것이지, 목숨이 아까와 한 짓은 아니었다. 그러나 대통령이 후회하는 표정을 짓거나 나를 원망하는 듯한 말씀을 할 때는 너무도 내 마음을 몰라주는 것 같아 아내로서의 외로움과 설움이 왈칵 몰려왔다.

대구에 머무른 지 1시간도 안 된 12시 30분, 기관차의 머리를 서울로 되돌렸다. 간밤을 뜬눈으로 새운데다 식사조차 제대로들 못한 형편이었다. 나는 보리차를 대통령에게 권했으나 거들떠보지도 않은 채 입을 꽉 다물고 차창 밖만 응시하고 있었다.

"수원까지만 가면 자동차로 서울엔 들어갈 수 있겠지…." 그의 머릿속엔 서울 생각뿐인 것 같았다. 나는 한층 무안해질 수밖에 없었다. 철로변에는 모가 파랗게 심어져 있었고, 넓은 챙 모자를 쓴 남녀들이 열심히 논을 다듬고 있었다. 그 순간은 전쟁의 공포를 느낄 수 없었다. 기차가 대전에 도착했다. 플랫폼엔 윤치영(尹致暎) 씨와 허정(許政) 씨가 기다리고 있었다.

그들은 "각하, 여기서 내리십시오. 서울은 이미 빨갱이들 수중에 들어갔습니다."라며 더 이상의 북상을 만류했다. 그런데도 대통령은 계속 서울행을 고집했다. 옆에 있던 이영진 충남지사가 대통령을 부추기는 말을 했다. "한 발짝이라도 서울 가까이 계셔야 민심동요가 적어집니다. 제가 모시고 올라가겠습니다."라고 하는 것이었다.

대통령도 따라서 "자네 말이 옳아. 나 서울 가겠네."라며 응수했다. 나는 기차에서 내리려 했다. 대통령은 나를 똑바로 바라보며 영어로 "목숨은 누구에게나 소중한 거야(Life is dear to them too!)."라고 엄숙하게 말했다.

대통령은 열차에서 내려 잠깐의 휴식을 위해 대전철도국 2층 역장실로 올라갔다. 계단을 오르다 갑자기 생각난 듯 황 비서를 불러 기관사에게 수고비를 주라고 했다. 황 비서는 나에게 2만원을 떼어주었다고 보고했다.

잠시 뒤 미 대사관의 드럼라이트 참사관이 달려와 유엔이 대북(對北) 군사제재를 결의했고, 트루먼 대통령은 해·공군 출동 및 대한(對韓) 긴급무기원조 명령을 내렸다고 전했다. 암담하던 분위기는 이 소식으로 활기를 되찾았고, 임시정부를 대전으로 옮기기로 했다. 대통령은 해가 뉘엿뉘엿 넘어갈 즈음 충남지사관저를 숙소로 정했다.


28일 아침.

임시각료회의가 도지사실에서 열렸다. 그때 각료들과 국회의원들은 대전 근교 유성온천에 머물고 있었다. 이날 회의에서 전규홍(全奎弘) 총무처장이 신 국방장관을 경질하고 후임에 이범석(李範奭) 장군을 임명하자고 제의했다.

대통령은 서울에서 송출되는 방송에 여자 목소리의 중국어방송이 나오는 걸로 보아 중공군과 소련군이 상당수 북괴군에 있는 것 같다고 알려주었다.

29일 오전 8시 30분.

무초 대사가 도착했다. 그는 지사관저로 들어서면서 "꼴이 사나워 죄송하다."라고 사과했다. 무초 대사의 모습은 꼭 쓰레기더미에 파묻혔다가 방금 나온 사람이었다. 옷은 몽땅 젖은 데다 곳곳이 찢어졌고 흙투성이였다. 수원에서지프를 타고 오는 동안 서너 차례 적의 야크기 기총소사를 받아 그때마다 논두렁과 수챗구멍에 뛰어들어 숨었다는 것이다.

그는 맥아더 사령관이 한강방위선 시찰을 위해 도쿄에서 날아온다는 메시지를 간직하고 있었다. 대통령은 한 시간 뒤 비행장으로 나가겠다고 했다. 오랜만에 대통령의 얼굴에서 웃음을 볼 수 있었다.

그리고 나에게 "마미, 보고할 게 있습니다."라며 군대식으로 말을 걸었다. 대통령은 언제나 기분 좋은 소식이 있을 때는 이런 식으로 했다. 대통령은 미 공군 스윙 대령이 조종하는 경비행기로, 무초 대사는 또 다른 비행기로 각각 수원으로 가기로 했다.

처음 대통령은 무초 대사에게 함께 가자고 했으나 내가 "만일에 무슨 일이 생겨도 두 분이 다 화를 당하면 안 됩니다."라며 만류했다. 대통령은 빙긋이 웃으며 고개를 끄덕였다.

한국군과 미군 임시 사령부가 위치한 수원농대에서 대통령은 감격적으로 장군을 얼싸 안았다. 그런 다음 대통령이 대뜸 "장군! 장군 구두가 지금 한참 자라나는 모를 밟고 있소."라고 나무랐다. 맥아더 장군은 "각하, 몰랐습니다. 죄송합니다."라며 깍듯이 사과를 했다고한다. 뒤에 대통령은 나에게 이 이야기를 들려주며 즐거운 표정을 지었다.

수원으로 비행하던 중 대통령이 탄 비행기는 야크기 2대의 추적을 받았다. 조종사는 거의 땅바닥에 닿을 듯 저공비행을 하고 계곡을 타며 적기의 공격을 피했다. 대통령이 돌아올 때까지 7시간을 나는 비행장에서 초조하게 기다렸다. 밤 8시 반, 대통령이 무초 대사와 함께 도착했을 때 반가워 왈칵눈물이 솟았다.

대통령의 도착 연락을 받고 장택상(張澤相), 신익희(申翼熙) 씨가 밤 9시쯤 찾아왔다. 두 사람은 현상타개를 위해서는 국방장관을 바꿔야한다며 역시 이범석 장군을 추천했다. 대통령께서도 철기(鐵驥, 이범석 장군의 호)는 게릴라전의 명수니까 전황타개에 묘책일 수도 있다며 국방장관 경질의 뜻을 비쳤다.

무초 대사가 끼어들었다. 지금은 각료를 바꿀 때가 아니며, 특히 국방장관을 바꾸면 큰 혼란이 일어난다고 극구 반대했다. 내가 알기로 무초 대사는 이 장군을 무척 싫어했다. 그의 생각은 독립운동을 하던 사람들은 고집이 세고, 특히 미국의 말을 잘 안 듣는 경향이 있다는 것이었다. 무초 대사는 그런 쪽 사람들보다 일제하에서 적당히 지냈던 사람들을 가까이하는 편이었다.

개인적으로도 무초 대사와 이 장군은 무척 나쁜 관계였다. 다른 사람을 통해 들은 이야기인데, 한번은 무초 대사와 이 장군이 토론 중 독립운동 경력이 있는 정치인들에 대한 무초 대사의 편견이 나오자 이 장군으로부터 매를 맞은 적도 있다는 것이다. 그날 밤 대통령이 나에게 들으라는 듯 "우리는 지금 철기 같은 파이터가 필요한데 사사건건 무초 펠로(muccio fellow)가 저 모양이란 말이야."하며 못마땅해 했다. 대통령은 무초 대사를 앰버서더(대사)라 부르지 않고 사석에선 무초 펠로(무초 녀석)라고 호칭했다.

6월 30일 아침.

무초 대사가 대전의 충남도지사 집무실로 대통령을 방문한 자리에서 맥아더 사령관이 지쳐있는 채병덕(蔡秉德) 육군참모총장을 정일권(丁一權) 장군으로 교체해야 된다는 의견을 갖고 있음을 알려왔다. 대통령도 은근히 마음에 두었던 문제였는지 이날 정오쯤 육군참모총장 경질에 사인했다.

6월의 마지막 캘린더를 맞았다. 지사관저 밖 나무그늘에선 매미 소리가 울부짖고, 손도 돌보지 않은 꽃들이 제철이라고 향내를 풍기고 있었다.

대통령은 신 장관이 겸임하는 국무총리 자리를 생각하는 것 같았다. "마미, 고당(古堂) 같은 사람이 있었으면 이 난국 해결에 큰 도움이 되었을 거야." 대통령은 그때도 고당 조만식(曺晚植) 선생을 가슴에 새기고 있었다.

전에도 여러 차례 사람을 평양에 보내 함께 일할 것을 제의했었다. 그때마다 고당은 핍박받는 북한민족을 두고 갈 수 없다며 사양했고, 대통령도 그때마다 안타까워했다. 대통령과 나는 많은 시간을 고당의 이야기로 6월의 마지막 날을 보냈다.

대전으로 남하한 뒤 대통령은 침실 머리맡에 모젤권총 한 자루를 놓고 자는 습관이 생겼다. 나는 차디찬, 그리고 싸늘한 총구가 기분 나빴다. 나의 이런 표정을 읽은 대통령은 "최후의 순간 공산당 서너 놈을 쏜 뒤에 우리 둘을 하나님 곁으로 데려다 줄 티켓이야."라며 내손을 꼭 잡았다.

그 뒤부터 잠자리에 들기 전 나는 "우리 두 사람 티켓은 잘 간수했어요?" 하면 "잘 있지"하며 크게 웃곤 했다.

# 배를 타고 부산으로 피난

7월 1일 오전 3시.

　아직 어둠은 걷히지 않았다. 황규면 비서가 대통령을 깨웠다. 공산군 탱크가 이미 수원을 지나 빠른 속도로 남진하고 있다는 긴급 보고였다. 보고를 받고 난지 20분쯤 뒤, 미 대사관 1등서기관 해럴드 노블이 관저로 달려와 대전 이남으로 옮겨야 된다고 대통령을 설득했다. 신 국방장관과 정일권 장군도 이내 도착했다. 하나같이 침통한 표정들이었다.

　대통령은 차라리 대전에서 죽는 게 낫지 더 이상 남쪽으로 내려가 경멸을 당하지는 않겠다며 대전 사수를 고집했다. 침실로 들어가 문을 걸어 잠근 대통령은 책상 위에 두 손을 올리고 기도하는 자세였다. 그의 얼굴은 불행한 국민들에 대한 연민의 정과, 잇단 패전에 대한 분노가 드리워져 있었다. 그러나 그에게는 당장 상황을 뒤바꿀 어떤 대책이 있을 수도 없었다.

　대통령은 노트를 꺼내 내게 건네주며 메모를 부탁했다. 나는 조용히 그가 부르는 대로 받아 적었다.

　"죽음이 결코 두려운 것은 아니다. 다만 어떻게 죽느냐가 문제다. 나는 자유와 민주제단에 생명을 바치려니와 나의 존경하는 민주국민들도 끝까지 싸워 남북통일을 이룩해야 할 것이다. 다만 후사 없이 죽는 게 선영에 죄지은 불효자일 뿐이다."

나는 최후에 대비한 유서라고 생각했다. '후사 없는 불효자' 란 대목은 곧바로 비수가 되어 내 가슴을 갈기갈기 찢었다. 밖에는 후드득 빗방울이 떨어지고 있었다. 대통령을 다시 만난 노블이 "정부의 계속성을 유지하기 위해선 대전 사수보다 남쪽으로 옮겨 앞으로의 대책을 세우는 게 시급하다."며 애원에 가까운 설득을 했다. 신 장관도 거의 울음 섞인 목소리로 남하를 권유했다.

빗줄기는 어느새 장맛비로 바뀌어 억수같이 내리붓고 있었다. 이 빗속을 뚫고 우리는 또다시 목포를 향해 떠났다. 대통령과 나, 김장흥 총경이 한차에 탔고 황 비서, 이철원 공보처장, 김옥자 씨(나의 개인비서)가 다른 지프에, 그리고 경호경찰 4명이 맨 뒤에 따랐다.

길이 워낙 험해 차도 사람도 몸살을 앓을 정도였다. 우리는 8시에 이리에 도착하고서야 우리를 뒤따르던 경호관들의 지프가 고장이 나서 1시간쯤 처진 것을 알았다.

자동차로 목포까지 가기는 무리인 것 같았다. 이리역장에게 기차 편을 요구했다. 역장은 모든 기관차와 객차는 징발되었고, 교통장관의 명령이 없이는 어느 누구에게도 기차를 내놓을 수 없다며 뻣뻣하게 대답했다.

황 비서가 철도전화로 대전을 불렀다. 잠시 후 김석관 장관이 나와 곧 열차를 준비하겠다고 했다. 기차가 준비되는 동안 우리 일행은 역 구내에서 요기를 했다. 황 비서가 주변 매점을 찾아다니며 건빵을 한 아름 사왔다. 나는 한 개도 먹지 않았다. 다른 사람들도 별로 입에 당기지 않는 듯 억지로 한두 개를 우물우물 씹었다.

그러나 대통령은 "어 거참, 별미네. 맛있는데"하며 한 봉지를 눈 깜짝할 사이에 비웠다. 그리고는 나를 향해 "마미, 당신도 먹어봐요. 아주 맛있거든…" 하는 것이었다.

열차는 오후 1시 40분에 목포역 구내로 접어들었다. 김장흥 총경은 기차를 역 구내에서 5백m쯤 떨어진 곳에 세우게 한 뒤 혼자 목포경비사령부를 찾아갔다. 대통령의 바바리코트는 때에 절었고, 파나마모자 테도 새까맣게 더럽혀져 있었다. 모든 이들의 행색이 말이 아니었다. 누가 보아도 대통령 일행으로 볼 사람은 없었다.

김 총경이 혼자 사령부를 방문한 것은 이런 행색으로 사령부에 나타났다가 경비군인들로부터 대통령이 봉변이라도 당하지 않을까하는 염려에서였다.

김 총경이 대통령을 비밀리 부산으로 모실 테니 배를 내달라고 하자 역시사령관 정극모 대령은 의심하는 눈치였다. 사전에 아무런 연락이 없었기 때문이다. 그는 직접 대통령을 만나 뵈어야겠다고 버텼다. 김 총경은 정 사령관과지프를 타고 대통령이 있는 곳으로 달렸다.

정 사령관은 모자를 깊숙이 눌러쓰고 색안경을 낀 대통령을 알아보자 그 앞에서 부동자세로 신고를 했다. 그 목소리가 약간 떨리는 듯 했다. 대통령이 정 사령관을 가까이 불러 "내가 부산으로 조용히 가고 싶네. 자네가 수고를 좀 해주어야겠어."라고 하자 정 사령관은 "점심은 드셨습니까?" 하고 물었다.

"이판에 점심은 무슨 점심." 하는 대통령의 대답에 그가 차를 몰고나가 역전 다방에서 홍차와 토마토 등 간단히 먹을거리들을 사들고 왔다. 우리는 4시에 부산을 향해 목포를 출발했다. 뱃길은 풍랑이 심했다. 나는 토마토 몇 쪽 먹은 것까지 모두 토했고, 다른 사람들도 뱃멀미로 여기저기 쓰러졌다.

오직 자세를 흐트러뜨리지 않고 꿋꿋이 버티는 건 대통령 한 분뿐이었다. 나는 70노인이 저럴 수 있나 하고 놀랐다.

"아랫배에 힘을 주고 어머니의 인자한 모습을 그려보게나. 울렁거리는 속이 가라앉을 테니."

눈 한 번 붙이지 않고 대통령은 오히려 수행원들을 격려했다. 함정에서는 군인식사와 똑같이 했다. 꽁보리밥에 짠지, 된장덩이가 전부였다. 모두가 음식 냄새조차 맡기 싫어했다. 대통령은 밥알 하나 남기지 않고 한 그릇을 맛있게 비웠다.

7월 2일 오전 11시 30분.

배가 부산부두에 닻을 내렸다. 1주일을 머무는 동안 전선은 자꾸만 뒤로 밀린다는 암담한 전황만 들어오고 있었다. 미군에 대한 우리 국민들의 신뢰도 점점 떨어져갔다. 미군은 적의 탱크를 맞아 무슨 폭탄을 써야 하는지도 몰랐다. 공산군의 탱크는 미군의 공격을 받고도 끄떡 않고 밀려오는 것이었다. 때문에 미군들의 공산군 탱크에 대한 공포심만 자꾸 눈처럼 불어났다.

"정신 상태야, 정신 상태! 멍청한 것들! 우리 아이들이나 경찰에게 그들이 가진 무기와 장비를 주어봐. 이처럼 후퇴하기에 바쁘진 않을 거야."

대통령은 '멍청한 양코장이들' 이란 말을 몇 번이고 되뇌며 책상을 주먹으로 쳤다.

대통령이 부산에 머무른 지 닷새째인 7월 7일, 유엔안전보장이사회는 미국 통솔 하에 유엔군총사령부를 설치키로 결의하고, 초대 유엔군사령관에 맥아더 장군을 임명했다.

이보다 앞서 7월 4일 부산과 대구~대전을 연결하는 통신망이 되살아나고, 도쿄의 미 극동사령부와 직통전화가 연결되었다. 대통령은 경무대 직원들에게 24시간 전화기 앞에서의 근무를 명했다.

대통령에게 보고되는 내용은 그냥 곳곳에서 우리 군과 경찰이 잘 싸우고 있다는 말뿐이었다. 적은 몇 명을 사살했고 우리 측 피해는 얼마이며, 몇 미터를 전진했거나 후퇴했는지 따위의 구체적 사항이 없는 피상적인 것들뿐이었다. 물론 대통령의 심려를 덜어주기 위한 배려였겠지만, 전체적인 상황 판단을 하는 데는 아무런 도움이 되지 못했다.

# '자유중국'의 파병제의 거절

7월 4일 아침 8시.

아침식사를 하러 식당에 내려갔을 때 미대사관 1등서기관 닥터 노블이 와 있었다. 그가 미군들은 준비가 되면 3~4일 뒤 공격을 하게 될 것이라고 말했다. 그는 또 지난밤 평양을 폭격했다는 소식도 전해주었다. 그러나 이날 오후 4시에는 채병덕 장군이 오스트레일리아 비행기들이 금강을 한강으로 오인, 수원과 평택을 폭격하는 바람에 우리 국군과 미군들이 다수 살상되었다는 어처구니없는 보고를 해왔다. '우리 아이들' 2백 명과 미군 한 명이 죽었다는 것이다.

7월 6일.

7월 6일엔 3명의 은행가(* 프란체스카 여사는 이름을 밝히지 않고 뱅커라고 표기했다)가 찾아왔다. 그들은 대통령에게 통화개혁을 건의했다.

---

* 표는 감수 및 정리자가 붙인 해설. 이하 마찬가지임

그들은 공산군이 서울 점령 후 우리 화폐를 몽땅 꺼내 쓰기 때문에 인플레를 빚고, 위조지폐까지 나도니 신권발행이 필요하다고 역설했다. 대통령은 이런 사실을 주무장관이나 정보기관을 통해서가 아니라 은행가들로부터 듣게 된 것이 몹시 언짢은 듯 했다.

나는 사람을 시켜 시내 쌀값을 알아보도록 했다. 소두(小斗) 한 말(One Small Mal)에 2천4백 원이었다. 서울을 떠날 때 1천5백 원 하던 것이 열흘 사이에 60%나 뛰어오른 셈이다.

대통령은 아무래도 부산이 임시수도 대전과 너무 멀리 떨어져있기 때문에 귀가 어둡다고 말했다.

"황 비서, 나 대구로 가겠네. 기차를 준비하게. 그리고 조재천(曺在千) 지사에겐 방을 하나 빌리라고 전하게."


7월 9일.

부산체류 7일 만에 우리 일행은 대구를 향해 떠났다. 대통령을 태운 열차는 방금 전선에서 돌아온 듯 차창에는 총알구멍이 뚫려 있었고, 차체는 파편자국으로 얼룩져 있었다.

조재천 지사 관저에 자리를 잡자 무초 대사가 찾아와 딘(William F. Dean) 장군으로부터의 연락이라며 미군이 대전까지 후퇴했다고 전했다.

대통령은 무초 대사를 향해 "세계 각국이 한국인은 싸움도 않고 후퇴하는 국민인줄 알겠소. 미군들은 어째 후퇴만 하는 거요? 차라리 우리들에게 무기를 주시오."라며 버럭 화를 냈다. 그리고는 미군들이 철도국에 사전 통고도 없이 자기들 철수만 끝나면 철도를 폭파, 숱한 철도원과 그 가족들의 발을 묶었다고 신랄하게 비난했다.

무초 대사는 작전상 불가피한 조치였다고 어깨를 들썩이며 설명을 했다.

"그놈의 작전상, 작전상, 당신들은 그것 밖에 할 말이 없소?" 대통령은 미군들이 게릴라전을 몰라 겁을 내고 있다며, 이를 간파한 적군은 낮엔 숨어서 잠자고 밤이면 습격을 한다고 지적했다. 대통령의 말속엔 "어서 빨리 우리 아이들에게 무기를 달라."는 뜻이 들어있었다.


7월 11일.

　7월 11일엔 자유중국의 소육린 대사가 2만~2만 5천명의 자국군을 파견할 용의가 있다고 참전의사를 밝혔으나 대통령은 이를 정중히 거절했다. 내가 한사람의 장병이 아쉬운데 반공국가인 자유중국의 참전제의를 왜 거절했느냐고 물었다.

　대통령이 퉁명스럽게 "중공군을 내손으로 불러들일 수는 없잖아." 하고 한마디 던지더니 이내 입을 다물었다.


7월 14일.

　유석(維石) 조병옥 박사가 내무장관에 임명되었다. 내무장관 경질은 13일 무초 대사가 백성욱(白性郁) 장관과 바꿔달라고 제의하여 이루어졌다. 미국 측은 백 장관이 독일에서 교육을 받아 영어를 잘 모르고해서 협조하기가 힘들다는 이유를 내세웠다.

　대통령은 미국이 남의 나라 장관을 마음에 안 맞는다고 멋대로 바꾸라고 한다면서 불쾌해했다. 그렇다고 대통령이 조 박사를 싫어한 것은 아니었다. 미국의 간섭이 싫었던 것이다.

　대통령과 나 사이에는 사람을 보는 방법, 호감도, 그 사람에 대한 인상을 보는 느낌에는 차이가 있었다. 대표적인 예가 제너럴 처치(처치 준장)였다. 나는 처치 장군이 예의 바르고 친절하며, 우리 한국국민을 깊이 이해하는 사람이라

도쿄 방문 중 맥아더 장군과 함께(1948. 10. 19). 북한의 남침을 우려한 이 대통령은 대비책을 마련하기 위해 도쿄에서 맥아더 장군과 함께 긴밀한 관계를 유지하려고 했다.

고 생각했다. 그러나 대통령은 그가 지독한 인종주의자로, 겉으로는 우호적인 체하면서도 황색인종을 경멸하는 사람이라고 평했다. 개인적으로는 우월감에 차있는 미국의 고급 장교일 뿐 그 이상도 이하도 아니라고 생각했다. 공식석상이나 여러 사람들이 있는 장소에서는 제너럴 처치라고 불렀지만, 우리 둘이 있을 때는 언제나 '처치 보이'로 통했다.

　14일에는 '현 전선 고수'라든가 '아군 선전' 등의 판에 박은 듯한 전황보고조차 들어오지 않았다. 미 대사관에서 어서 빨리 부산으로 내려가는 것이 좋겠다는 연락만 왔다. 그때마다 대통령은 "내가 이 이상 더 내려가지 않아야 국민의 동요가 적다"며 대구에 머물 것을 고집했다. 대사관에 대한 공식답변은 이러했지만, 실은 미군의 전의(戰意)에 대한 의구심 때문이었다.

"마미, 내가 부산으로 가지 않는 것은 뒤로 물러서기만 하는 미군들을 믿을 수가 없어서 그래. 지금 내가 여기 이렇게 버티고 있으니까 그나마 싸우지 부산으로 갔다하면 언제 대구를 내놓을지 모를 사람들이거든."

대통령은 낙동강이 우리 최후의 방어선이자 생명선이라고 했다. 대통령은 지사관저 식당에 앉아 모기에 시달리며 이날 밤을 꼬박 새웠다. 다음날 새벽 동이 트자마자 대통령이 대전으로 올라가 전황을 봐야겠다고 했다. 우리 모두가 깜짝 놀랐다.

워커 장군과 무초 대사도 극구 만류했다. 워커 장군은 앞으로 10일 이내에 전황이 달라질 터이니 그때까지만 참으라면서, 제발 대전으로는 오지 말라고 했다. 장군의 '제발' 이란 단어에서 나는 대전을 포기할 시간이 임박했다는 사실을 느낄 수 있었다.

# 빨갱이 세상으로 바뀐 서울

7월 16일 아침.

국방장관은 동해안에 적군 300명이 상륙했다고 보고했다. 연합군 해군은 해안선을 철통같이 지키고 있다고 했었는데, 이 또한 허풍이었던 것 같다. 그러나 서해안을 지키던 우리 군은 소형보트로 상륙하는 적군을 격퇴시켰다.

포항 비행장은 미군들이 사용하기 위해 수리중이다. 국방장관이 미군은 금 강을 사이에 두고 적과 격전 중이나 자꾸 후퇴할 기미이고, 한국군사령부는 현 전선에서 더 이상 물러나지 않고 싸우겠노라며 버티는 중이라고 말했다.

딘 소장은 "대전을 방어하라"는 맥아더 장군의 명령을 받고 휘하 장병들에 게 후퇴하는 자는 즉결처분하라는 엄명을 내렸다. 그런데도 동이 트자 금강 전 선의 미군병력은 3백 명 만이 남고 모조리 뺑소니들을 쳤다. 열흘 동안에 전황 을 바꾸어놓겠다고 큰소리치던 워커 장군의 얼굴이 떠올랐다.

경무대를 지키다 7월 8일 간신히 서울을 탈출한 경찰관이 서울의 비참한 소 식을 알려왔다. 쌀값은 10배로 폭등했고 그나마 구할 수가 없다는 것이었다. 화 교들은 장제스(蔣介石) 총통의 사진을 떼어버리고 공산군들을 맞이했다고 한다. 공산군들은 온갖 약탈을 자행, 쌀이며 손목시계, 만년필 등 닥치는 대로 빼앗아 북쪽으로 보내고 있다는 것이다.

감옥에 갇혔던 빨갱이들이 서울시의 책임자가 되고, 거리의 공산군은 10대가 대부분이며, 13살짜리도 끼어있다고 했다. 모두가 처절하고 끔찍한 소식뿐이었다.


7월 17일.

장마철인데도 날씨는 계속 쾌청하다. 하나님이 우리를 돕고 계시다. 탱크를 막아낼 무기가 없는 우리 군을 불쌍히 여겨, 미군기들이 출격하여 탱크를 부술 맑은 날씨를 주시는 것이다.

대통령은 경북 지사실에서 제헌절 기념행사를 가졌다. 오후 2시에는 각 도지사와 경찰간부회의가 대통령 주재로 열렸으나 서울에서 피랍된 구자옥(具滋玉) 경기도지사 자리만이 비어 눈길을 끌었다. 이 자리에서는 입국허가를 신청한 일본의 요미우리(讀賣), 산케이(産經), 마이니치(每日) 등 3대 신문의 특파원 문제가 논의됐다.

내 일기는 7월 20일로 사흘간을 뛰어 넘는다. 이 사흘 동안 나는 거의 혼수상태에 빠져 아무 것도 할 수가 없었다. 설사가 너무 심해 손끝하나 까딱할 수 없었고, 40도 가까운 고열에 헛소리를 할 지경이었다. 더위를 먹은 데다 물갈이가 설사의 원인이었다. 물은 언제나 나를 괴롭혔다. 전에 대통령을 따라 지방시찰을 갔을 때에도 물이 맞지 않아 배탈이 나곤 했다.

대구의 더위는 지독했다. 대통령은 지사관저 뒷마당의 펌프를 틀어 몇 바가지 쏟아버리고는 새 물을 받아 시원스레 벌컥벌컥 들이마셨다. 지하수는 이가 시리도록 찼지만 나는 배탈 걱정에 항상 끓인 뒤 식혀 마셨다. 그런데도 탈이 난 것이다. 신경성 위염까지 도졌다. 솔직히 말해 이런 이야기를 한다는 게 부

미 공군부대에서 브리핑을 듣고 있는 이승만 대통령(1950. 9. 26).

끄러운 일이다.

　아무리 어려운 때라 해도 나는 옆에서 신경을 써주는 사람도 있고, 세끼 밥은 거르지 않는다. 집과 가족을 잃고 먹을 것 없이 길거리에 나앉은 우리 국민들은 얼마나 고생을 할까? 그 생각을 하면 나의 고통은 아무 것도 아니다.

　전투는 계속되어도 어두운 소식뿐인 것 같다. 고열에 들떠 멍멍한 속에서도 대통령의 기도는 매일 밤 내 귓전에 울렸다.

　"오 하나님, 우리 아이들을 적의 무자비한 포탄 속에서 보호해 주시고 죽음의 고통을 덜어 주시옵소서. 총이 없는 아이들은 오직 나라를 지키겠다는 신념만으로 싸우고 있나이다. 당신의 아들들은 장하지만 희생이 너무 크옵니다. 하나님! 나는 지금 당신의 기적을 기다리고 있습니다."

　대통령의 기도는 절규였다.

조재천 지사부인이 콩나물에다 파를 넣고 끓여 소금으로 간을 맞춘 맑은 국물을 가져왔다. 몇 모금 마시니 속이 부드러워지는 것 같았다. 나는 이 국물을 아꼈다가 대통령에게 권했다.

대통령은 "마미, 당신이나 두고 마실 일이지…"하시더니 단숨에 한 대접을 몽땅 비우는 것이었다. 눈물이 솟구치는 것을 꾹 참았다.

내가 앓는 동안 못 적은 일들을 보충해야겠다.

장석윤 치안국장이 대통령을 조용히 뵙자고 찾아왔다. 장 국장은 나도 잘 아는 분이다. 미국에서 독립운동을 할 때부터 대통령의 신임이 두터웠다. 장 국장은 "조병옥 내무장관이 자기를 별로 탐탁지 않게 여기는 눈치이고 서로 뜻이 맞지 않아 사표를 내고 왔다."고 보고했다.

"경찰업무가 막중한 때에 몬태나 장이 그만두면 안 되는데…"하며 대통령은 애석해했다. 그가 미국 몬태나주에서 독립운동을 했기 때문에 이렇게 불렀다. 조 내무는 우덕술 씨를 치안국장에 임명했다.

다음날 임병직(林炳稷) 외무장관이 얼굴이 붉으락푸르락해서 들어왔다. 미군 GI가 장관 지프를 훔쳐 타고 달아났다는 것이다. 임 장관이 미군사령부에 이 사실을 항의했더니 그 쪽에서는 "우리가 당신 나라에 수많은 지프를 주었는데 그까짓 한 대쯤 없어진 게 뭐 그리 대단해서 항의를 하느냐."고 대답하더라며 흥분을 참지 못했다. 대통령이 무초 대사를 불러 이렇게 나무랐다.

"당신 나라 정부는 그런 일을 용납하는지 몰라도 한국정부에서는 안됩니다. 미군병사들이 한국을 도우러왔다 해서 도둑질을 해도 아무 상관이 없다는 생각을 가져서는 안돼요. 우리 땅에서는 한국인이건 미군이건 도둑질하면 벌을 받아야 됩니다."

무초 대사는 금시초문이라면서 당장 그 병사를 색출, 처벌하겠다고 약속했다. 이상한 일이지만, 아무리 모든 게 참담하고 헐벗고 굶주렸어도 우리나라 사람들이 도둑질한다는 사건보고는 한 건도 없었다.

기차는 밤새도록 북으로 올라가고 내려오고 있었다. 젊은이들을 가득 태우고 올라간 기차가 남으로 내려올 때는 그만큼 많은 부상병들을 태우고 왔다. 삶과 죽음의 교차를 매일같이 목격하는 것이다.

전선으로 향하는 열차는 불빛이 새어나오지 않도록 차단하여 마치 검은 공룡이 움직이는 것 같았고, 오로지 전의에 불타는 젊은이들의 군가와 함성만이 터져 나왔다. 그러나 그 열차가 되돌아올 때는 불을 환히 켰고, 창문을 통해서는 붕대를 감고 피로 얼룩진 우리 젊은이들이 고통에 몸부림치는 모습이 생생히 보였다. 나는 "하나님, 어서 이 전쟁을 끝나게 해주옵소서."라고 기도를 올렸다.

딘 소장의 24사단은 킨(William B. Kean) 장군의 25사단으로 대치되었다. 달은 한없이 밝고 아름다웠다. 바람이 일기 시작했다. 일본에서 북상하는 태풍인 것 같다. 걱정이다. 지금까지 연합군이 우세한 것은 공군뿐인데 날씨가 나쁘면 부득이 제공권마저 잃게 된다. 역시 하루 종일 귀를 찢던 프로펠러와 제트기 소음은 들을 수가 없었다.

우리는 최근 서울에서 탈출해온 사람으로부터 또 소식을 들었다. 그는 중앙청에서 소련장교 3명이 걸어 나오는 것을 보았다고 했다. 서울 쌀값은 소두 한 말에 2만 7천원이라고 한다. 대구보다 10배나 비싸다.

대통령은 적이 포진하고 있는 지역에 "동족의 가슴에 총을 겨누지 말고 국군에 투항하라"는 내용의 전단을 비행기로 살포할 것을 명령했다. 우리 측의 심리전에 당황한 적은 어린아이들이 전단을 줍는 것까지도 총으로 쏘아 감히 어느 누구도 선뜻 전단을 주우려 들지 않았다.

7월 18일.

대통령과 무초 대사는 어제에 이어 오늘도 언쟁을 벌였다. 대통령이 트루먼 대통령에게 보내는 서한 중에서 "우리 한국 국민은 공산군을 우리의 본래 국경인 압록강과 두만강 이북으로 완전히 몰아낼 때까지 싸울 것을 다짐하고 있다"고 밝힌 부분을 무초 대사가 빼자고 하여 두 사람의 목소리가 높아진 것이다.

미 대사관은 소련의 전쟁 개입이나 38선 문제에 대해 한국 측이 언급하는 것을 꺼렸다. 그러나 미군 장성들은 한결같이 대통령의 압록강 이북 철퇴설을 지지하고 있었다.

트루먼 대통령에게 보내는 서한은 19일 사인되었다. 무초 대사는 편지내용을 전문으로 보내겠다고 했다. 우편을 이용하면 시간이 너무 걸린다는 것이다. 대통령은 무초 대사의 제의를 받아들이는 대신 사본을 건네주고 오리지널은 파우치 편으로 장면 대사에게 보냈다.

국방장관은 워커 장군과 한·미군의 방어선 배치에 관한 회의를 갖고 미 보병 25사단을 안동에서 대전으로 이동시키고, 대신 우리 국군이 안동전선을 지키기로 했다고 보고했다.

긴장과 초조가 고무줄처럼 팽팽한 하루하루 가운데 대통령에게 가장 행복한 시간은 꼬마친구들과 만나는 때였다. 대통령의 꼬마친구는 조 지사의 두 아들이었고, 7살과 5살 정도였다. 두 녀석은 대통령 임시 집무실과 지사관저 사이의 담장에 얼굴을 빼꼼히 내놓았다가 대통령에게 들켰다.

대통령은 "이 녀석들! 엄마 아빠에게 들켜 혼나기 전에 냉큼 나한테 건너오너라."하고는 집무실에 숨겨주고 함께 노는 것이었다. 대통령은 또 지난 신문과 달력으로 딱지를 접어 같이 딱지치기를 하고, 종이배를 만들어 배를 띄우며 놀았다. 대통령은 딱지며 종이배 접는 솜씨를 14살 때 디프테리아로 미국에서 죽은 친아들 태산이한테 배운 것이라고 말했다.

조 지사 부인이 담장 너머로 이를 보고 깜짝 놀랐으나 대통령은 손가락을 입술에 대고 "쉬"하며 아이들을 놀라게 하지 말라는 시늉을 했다. 이후부터 두 녀석은 대통령만 보이면 쏜살같이 달려들어 품에 안기곤 했다. 대통령은 다섯 살짜리를 더 귀여워했다. 하루는 이 녀석이 내 종아리에 간지럼을 태우자 대통령은 라이벌이 생겼다며 농담을 했고, 집무실 문을 살짝 열고 들어오면 "마미, 당신 보이프렌드가 왔어"하며 환히 웃었다.

대통령은 아이들을 너무나 사랑했다. 이곳저곳 지사관저로 옮겨 다닐 때마다 예닐곱씩이나 되는 그 댁 아이들을 일일이 껴안고 귀여워했다. 그러면서 "지사는 복도 많은 사람이야"를 연발했다. 그때마다 나는 죄스런 느낌을 가졌다. 대통령은 이내 내 안색을 살피고는 "대한민국의 청년이 모두 우리 아들이야. 마미는 수없이 많은 아들을 두었으니 할 일이 많아."하며 위로했다.

7월 20일 아침.

국방장관이 탄약이 부족하다는 보고를 했다. 또 게릴라전의 명수 타이거 김종원이 KMAG(미 군사고문단)가 "술만 마시지 하는 일이 없다."면서 "그들은 이론교육에는 밝을지 몰라도 우리 훈련병들에게 실전훈련은 제대로 시키지 않는다."고 불평을 털어놓았다.

배탈은 나을 기미가 없었다. 밤이면 더욱 심해져 화장실을 들락거리다 날을 밝힌다. 대통령까지 설사병에 걸려 밤새도록 두 사람이 번갈아 화장실 출입을 했다.

# 기동순찰 오토바이 따돌린 운전 솜씨

20일 저녁.

적군이 이리에서 전주로 향하고 있다는 보고를 받았다. 태풍으로 오키나와에서 B-29가 출격을 못하자 적군이 여유만만하게 진군을 한다는 것이다.

현지의 경찰은 더도 말고 곡사포 4문만 보내달라고 애원했다. 이리~전주방면은 미군의 방어선이었지만 사단병력이 도착하지 않아 그들 역시 열세인데다, 서해안을 막고 있는 해병대에 대한 지원도 급한 형편이었다.

대통령이 정일권 장군을 불러 방법이 없겠느냐고 물었다. 정 장군은 작전에 관한 한 미군 측이 한 치의 양보도 하지 않으니 어쩔 도리가 없다고 했다. 신 국방도 "미국사람들하고 말싸움하는데 이젠 진저리가 난다."며 "그 사람들도 우리 땅에서 피를 흘리고 있으니 탓할 수만도 없다."고 푸념을 했다.

미국은 대전 주위에 산개했던 병력을 한곳에 집결시키고 있었다. 대전 철수 방침이 굳어진 것 같았다. 안동에 있던 미군 사단병력이 우리 국군과 교체되었다. 미국 측은 동쪽에는 산악이 많아 탱크와 중화기 사용이 부적합하고 지리에 익숙지 않으므로 한국군이 맡아야하고, 대전 서쪽의 평야지대는 기갑과 포부대의 용병이 수월하므로 자신들이 맡아야 한다는 것이었다.

7월 21일 아침.

　국방장관이 부산에 도착한 미군 후속병력과 최신 장비들이 광주로 공수되었다고 알려왔다. 아직도 구식 총을 들고 싸우는 우리 아이들 생각을 하면 너무 너무 부럽다. 무초 대사가 대통령의 서한을 트루먼 대통령에게 전달했다고 보고하면서, 한국전에 관한 트루먼 대통령의 연설문 전문(全文)을 전달했다.

　푸른 하늘이 보이기 시작한다. 우리나라가 태풍의 꼬리주변에 걸치게 되어 간간이 비를 뿌렸지만, 하늘이 개기 시작한다. 어서 빨리 아군 비행기가 출격할 수 있도록 활짝 개기를 빌었다.

　조 지사가 와서 국민궐기대회가 10시에 있을 것이라고 보고하고 연사로 무초 대사, 유엔대표, 워커 장군을 대신한 미군 장성이 나오게 되었다고 설명했다. 대통령은 국민의 자주궐기대회인 만큼 자신은 국가원수가 아닌 시민의 한 사람으로 참석하겠다고 통고했다.

　오후 4시, 미군이 대전에서 철수한다는 정식 통보를 받았다. 중부전선에서는 적군이 청주에서 정읍까지 내려왔고, 동부전선에서도 협공으로 안동을 향해 빠른 속도로 쳐들어오고 있었다. 대통령은 정일권 장군을 통해 이 정보를 확인했다.

　정 장군은 금강에서 미군들이 민간인으로 위장한 북괴군 게릴라들로부터 배후기습을 받아 수백 명이 무기를 버리고 달아났다는 것도 함께 보고했다. 미군들이 버리고 간 그 무기들을 우리 아이들이 주웠더라면 얼마나 좋았을까 하는 아쉬움이 문득 들었다.

　워커 장군은 민간인복을 입으면 누가 누군지 구별할 길이 없다고 실토하면서, 그렇다고 아무렇게나 총질을 할 수도 없어 난처하기 짝이 없다고 말했다.

워커 장군이 처음으로 대통령에게 자기네 병사들이 아직 게릴라전에는 미숙하다고 자백했다.

대전에 침공한 공산군은 차량이 지나갈만한 곳에는 모두 돌을 쌓아 벽을 쳐 아군의 퇴로를 차단했다. 대전을 사수하려던 딘 소장이 실종된 데다, 피난민을 가장한 북괴군의 교란작전으로 미군은 사면초가였다.

보고를 다 받고난 대통령은 치솟는 분노를 참으려는 듯 빠른 걸음으로 방안을 왔다 갔다 하다가 갑자기 차고로 뛰어 나갔다. 나는 아픈 배를 움켜쥐고 급히 뒤따라 나가 겨우 차에 올랐다.

대통령은 직접 차를 몰아 무초 대사의 숙소로 달렸다. 평소에도 대통령의 운전솜씨는 거칠었다. 나는 겁이나 스피드를 좀 줄이라고 말하고 싶었지만, 워낙 화난 얼굴을 하고 있어 두 다리에 힘을 주고 손잡이만 잔뜩 움켜쥐고 있어야 했다.

옛날, 미국에서 독립운동을 할 때 대통령은 워싱턴의 프레스클럽에서 연설할 기회가 있었다. 뉴욕에서 워싱턴까지 가려면 시간이 급했다. 대통령은 헤드라이트를 켠 채 신호를 무시하고 논스톱으로 곡예운전을 했다. 2대의 기동순찰 오토바이가 추격했지만 대통령의 스피드를 따라잡지 못했다.

그때는 어찌나 혼이 났는지 당장 이 양반하고 결별해야겠다는 마음까지 먹었다. 프레스클럽에는 정시에 도착했다. 대통령은 연설을 시작했고, 입구에는 2명의 기동순찰대원이 연설이 끝날 때까지 지켜서 있었다.

연설은 감동적이었다. 수십 번의 박수가 터졌다. 감시 경찰관이 대통령의 연설에 감동, 따라서 박수를 치는 것을 나는 보았다. 연설이 끝나고 대통령이 참석자들과 악수를 나누는 사이 경찰관이 나에게 다가와 속삭였다. "기동경찰 20년에 내가 따라잡지 못한 단 한 명의 교통위반자는 당신 남편뿐이오. 일찍 천당에 안 가시려거든 부인이 조심을 시키시오."

50

그들은 씩 웃고는 V자를 그려 보이며 되돌아갔다. 나는 대통령에게서 운전을 배웠다. 그러나 내 운전은 아주 고왔다. 그래서 대통령은 비단처럼 부드럽게 운전을 한다하여 나를 '실키(silky)드라이버'라고 불렀다.

경호원도 없이 손수 운전을 하고 나타난 대통령을 보고 무초 대사는 무척 당황했다. 대통령은 미군들이 한국의 지형을 모르는 것이 큰 약점이라고 지적하고, 우리 군경을 북괴군과 구별조차 못하는 형편이니 미군부대에 한국군을 배속시켜 함께 싸우는 것이 좋겠다고 제의했다.

아니면 차라리 당신들의 무기와 장비의 일부만이라도 넘겨달라고 했다. 무초 대사는 무기가 넉넉하지 못해 우선적으로 미군에게 공급되고 있다면서, 한·미군 혼성 편제(編制) 문제는 검토해보겠다고 대답했다.

청주는 적의 보병부대에 점령당했다. 그쪽의 주요 방어선을 경찰이 맡고 있었는데, 더 이상 버틸 총과 탄약이 없었다. 기가 막히게도 우리 아이들은 아직 맨손으로 싸우고 있는 것이다.


## 7월 21일 오후.

이날처럼 불행이 겹친 날은 없다. 오후 4시, 미군이 대전을 포기하고 철수하기 시작했다는 보고가 들어왔다. 설상가상으로 미24사단장인 딘 소장의 실종이란 충격적인 보고가 잇달았다.

대전을 유린한 적군은 물밀듯 남하하는 피난민 대열 속에 민간인으로 변장하고 섞여 민심을 교란하고, 밤이면 게릴라로 돌변하여 곳곳에서 미군들을 괴롭혔다. 한국전에 처음 투입된 미군병사들은 풋내기 초년병이 대부분이었다. 이들에게 빨갱이와 이남 사람들을 구분하라는 것은 불가능한 일이었다. 누가 적인지 모르고 덤벙덤벙 총질만 하고 있는 꼴이었다. 차라리 우리에게 무기를 넘겨달라고 애원하고 싶은 심정이다.

여기서 한 가지 분명히 밝히고 넘어갈 것은 당시 일본 매스컴의 한국전에 관한 보도 태도다. 공산군에게 대전을 빼앗긴 것은 내 기록으로는 7월 20일이다. 그런데 일본방송은 그 1주일 전에 "북한군이 대전을 점령했다"고 보도했다. 우리 덕택에 전쟁장사로 돈을 벌고, 지리적 이점으로 겨우 대접을 받게 된 일본이 어째서 이북의 일방적 전승 선전을 고스란히 받아 거짓 보도를 하느냐는 것이다.

언젠가 대통령이 "일본자위대가 재무장하고 우리를 도우러 현해탄을 건넌다면 총부리를 그쪽으로 먼저 돌리겠다."던 말씀이 백 번 옳다는 생각이다. 정말 나쁜 사람들이다.

# 카투사 제도의 시작

7월 22일.

밤새 억수같이 퍼붓던 비가 멎었다. 일기예보는 하루쯤 더 비가 오락가락할 것이라고 했다.

신성모 국방장관이 이날 아침 두 가지 반가운 소식을 가져왔다. 그는 포항 앞바다에 기계화사단(* 미1기병사단을 뜻함)을 실은 수송선단이 정박해 있고, 부산항에는 무기와 탄약을 실은 8척의 배가 들어왔으나 지금은 풍랑으로 상륙을 못하고 있다고 했다. 또 임실이 아군에 의해 탈환됐다는 것이다. 얼마 만에 들어보는 승전보인가!

피난생활도 어느덧 한 달이 다가온다. 이곳 대구에서 누구보다 고생하는 사람은 조 지사부인이다. 대통령 부부를 비롯해서 수많은 사람들이 부인의 신세를 지고 있다.

대통령 임시관저에는 항상 70여 명의 고정된 식구가 북적거렸다. 이 모두가 조 지사 부인의 일거리다. 우리 부부, 각료, 국회의원 비서관, 경호경찰, 수시로 드나드는 군 장성, 미 대사관 직원들, 그리고 가족들과 헤어져 이곳에 내려온 정부관리들 모두가 조 지사 관저의 식객들이었다.

부인은 가정부 2명을 데리고 임시 경무대의 살림을 꾸려나갔다. 밥 짓는 일에서 빨래까지 그만한 중노동도 없었다.

대통령은 양복보다는 모시남방을 좋아했다. 부끄럽게도 나는 모시옷을 다룰 줄 몰랐다. 다듬이질에서 풀 먹이는 일, 다림질을 조 지사 부인이 매일같이 해냈다. 70여 명의 세끼 밥 짓는 것도 수월한 일은 아니었다. 결국 조 지사 부인이 과로에 유산까지 하게 되었다. 얼굴이며 팔다리가 퉁퉁 부었는데도 몸조리조차 못하고 일에 매달려야했다.

대통령은 나에게 계란을 날로 먹자고 했다. 반숙이나 프라이를 하게 되면 그만큼 조 지사 부인의 일이 많아지기 때문이라고 했다. 또 대통령이 계란을 날로 먹으면 밑의 사람들도 따라서 그렇게 할 것이고, 지사 부인의 일감이 훨씬 줄어든다는 아이디어였다.

대구에는 사과와 토마토가 흔했다. 우리 부부는 아침식사로 사과와 토마토에 날계란 2개씩을 먹기 시작했다. 모시옷에도 풀을 먹이지 말라고 했다. 그러나 다른 사람들은 대통령의 생각을 눈치 채지 못한 채 전과 같은 식생활을 하는 것이었다. 신 국방장관은 어김없이 오전 5시 반이면 나타나 꼭 반숙을 요구했다. 지사 부인이 "대통령 모시기는 쉬운데 다른 장관님들이 더 힘들다"며 웃을 때도 있었다.

대통령은 매끼의 반찬을 3가지로 제한했다. 임시 경무대의 살림형편도 어려웠지만, 지사 부인의 일손을 어떻게든 덜어 주겠다는 속셈이 컸다.

피난길엔 너나없이 단벌신사들이었다. 장관이고 국회의원이고 고위관리고 간에, 양복이나 와이셔츠를 아끼려고 지사관저에 들어오면 팬츠만 입고 웃옷은 옷걸이에 모셔놓았다. 그러다가 회의가 있거나 외국손님이 올 때면 옷을 챙겨 입고 나타나곤 했다. 당시 지사관저에는 헬렌 김(金活蘭 박사)이나 임영신(任

미8군 사령관인 밴플리트 장군으로부터 M1소총을 선물 받은 이승만 대통령(1952). 밴플리트 장군은 이 대통령의 열렬한 지지자로서 한국에 대한 군사원조에 적극적이었다. 이 대통령 왼쪽은 이기붕.

永信) 박사 같은 여류인사들도 무시로 드나들었지만, 각료들의 팬츠차림이 하나도 부끄럽지 않았다.

간혹 서울에서 비참한 소식이라도 들려오는 날이면 두고 온 가족 생각에 모두들 팬츠차림으로 둘러앉아 엉엉 우는 게 보통이었다. 그런 고생 속에서도 지사 부인은 괴로운 표정 한번 짓지 않았다. 정말 훌륭한 부인이었다. 우리 대통령 부부의 가슴속에 영원히 지워지지 않는 고마운 분이다.

아직도 딘 장군에 관한 소식은 없다. 대통령은 몹시 걱정을 하며 군과 경찰에 그의 생존여부라도 빨리 확인하라고 지시했다. 미군사령부는 대전에서 안동으로 이동하는 한국군은 트럭을 이용하라고 했다.

이에 대해 김석원 장군이 반발, 사령부의 명령을 거부했다. 그는 산길이 너무 험준한데다 매복한 적군에게 노출될 경우 꼼짝없이 갇혀 많은 희생자를 내게 된다며, 그런 명령은 받아들일 수 없다고 버텼다. 신 국방이 미 사령부에 이 같은 사실을 통고하자 그들도 김 장군의 판단이 옳다고 인정, 기차를 내주었다.

신 장관은 한국부대가 안동에 무사히 배치됐다는 보고를 했다. 아울러 워커 장군과 마침내 미군부대에 한국군을 배속시켜 전선에 함께 투입하는 문제에 합의를 보았다고 알렸다. 전쟁초기부터 우리가 주장했던 문제가 이제야 해결된 것이다. 당시 미군부대에 배속됐던 한국군이 바로 카투사제도의 시작이 된 셈이다.

대통령은 미국 현지에서 발표하도록 짧은 성명서를 장면 대사에게 보냈다. 내용은 한국군에게 무기와 탄약이 필요하다는 호소였다. 이 자리에 있던 신 국방은 그 같은 성명서를 보내는데 반대했다. 이유는 미국의 후속부대가 속속 도착하고 있는 판에 미국에 대고 자꾸 총을 달라는 것은, 자칫 미국인들이 한국에서 싸우는 걸 우리가 원치 않는다는 인상을 줄 우려가 있기 때문이라고 했다. 우리가 그들을 신뢰하지 않는다는 오해를 살 필요가 없다고 설명했다.

대통령은 그 말에도 일리가 있다고 했다. 그리고는 "우리 젊은이들이 싸우겠다는 의지는 강하지만 미국이 싸울 수 있는 무기를 대주지 않기 때문이고, 결국 우리도 피를 흘린다는 것은 미국인들의 생명을 하나라도 더 보호하겠다는 뜻 아닌가?"하며 성명서 내용을 도쿄로 타전하라고 지시했다.

그때 행방불명됐던 딘 소장이 40여대의 트럭에 탄 미군 패잔병과 함께 고창에 도착했다는 정보가 들어왔다. 곧이어 김천에서도 그를 보았다는 정보가 들어왔다.

우리 모두가 안도와 기쁨에 사로 잡혔지만 잠시 후 이 정보는 모두가 '신빙성 없는 것으로 취소한다.'는 속보에 또다시 침울해지고 말았다. 우리와 함께 있던 무초 대사와 워커 장군도 즉각 이 정보가 잘못된 것임을 확인했다(* 딘 소장은 7월 20일 행방불명되어 8월 26일 전북 진안에서 북괴군의 포로가 되었다).

7월 23일 아침.

전날의 종합상황보고 자리에서 국방장관은 전체적으로 전황이 밝지 못하다고 했다. 원래 전면공격은 일요일로 계획되었으나 태풍 때문에 이틀이 지연될 것이라고 했다.

남원에 포진한 미 해병대는 적의 탱크를 저지할 무기가 없어 고전하고 있다는 보고다. 미 대사관은 드럼라이트 참사관을 비롯한 대부분의 직원이 부산으로 떠났다. 연락용 지프 몇 대 만을 남겨놓고 차량과 집기들도 부산으로 옮겼다. 이것은 무엇을 예고하는 징조일까?

대통령과 나는 무초 대사가 매일같이 전화를 걸어오는 시간 전에 교회를 다녀오기로 했다. 교회는 초만원이었다. 두 분 목사는 차례로 하나님은 언제고 정의의 편에 서신다며, 자유와 정의를 위해 피를 흘리는 이 땅의 젊은이와 우방군인들을 하나님의 은혜로 보살펴 달라고 기도했다. 설교가 끝나고 대통령은 15분간 교인들의 손을 일일이 잡아주며 "조금만 더 참고 기다리자"고 위로했다.

이날 오후 이범석 장군이 광주가 이미 적의 수중에 들어갔다고 보고했지만, 신 국방은 이를 부인하고 광주에서는 아무런 보고가 없었다고 했다. 신 장관은 이어 미군이 지금 어느 지점을 최후의 보루로 상정하고 있는지 모르겠다면서, 남강에서 낙동강까지 방어벽을 쌓아야한다고 주장했다.

딘 장군과 함께 있던 지미 김(Jimmy Kim, * 프란체스카 여사는 괄호 안에 「who?」라는 표시를 해놓았다)이 부상하여 병원으로 후송되었다는 사실을 알았다. 지미 김은 공산군이 대전을 점령했을 때 딘 소장은 사단사령부에 있었고, 사단사령부가 포위됐을 때 장군의 부하들은 한명도 보이지 않았고 자기와 언더우드 박사 아들만이 있었다고 했다. 그는 타고 있던 자동차가 총격을 받아 중상을 입었고, 함께 있던 언더우드 박사 아들도 다친 것 같다고 전했다.

적은 목포와 대구를 향해 점점 다가오고 있다. 그런데도 미군들은 적의 전진 루트에 비행기를 출격시켜보면, 적군이고 탱크고 하나도 보이는 게 없다고 머리를 절레절레 흔들었다. 아직까지도 적의 수법을 모르고 있으니 한심한 사람들이다.

공산군은 낮에는 완전히 몸을 숨겼다가 밤이면 이동하는 전술을 쓰고 있는 것이다. 낮에는 더위를 피해 충분한 휴식을 취하기 때문에 밤의 전진속도가 빨랐다. 공산군 수법을 미군들에게 귀가 아프도록 설명해도 믿으려 하질 않는다.

7월 26일 저녁은 대통령과 조 지사 부인, 나 셋이서만 식사를 했다. 메뉴는 가지나물, 북어찜, 열무김치와 고기 넣은 두부찌개였다. 대통령은 반찬 가짓수가 너무 많다면서 다음부터는 두 가지만 차려놓도록 또다시 당부했다. 부인의 음식솜씨가 좋아서 대통령은 반찬까지도 하나 남기지 않고 깨끗이 비웠다.

# 채병덕장군의 전사

7월 27일 새벽.

　갑작스런 비행기폭음에 대통령과 나는 소스라쳐 깨어났다. 시계는 새벽 3시를 가리키고 있었다.

　적의 야크기가 대구상공에 나타난 것이다. 야크기는 우리 집 위를 바짝 지나갔다. 적기는 대구운동장에 폭탄을 떨어뜨리고 갔다. 내 짐작에 그들이 운동장을 비행장으로 오인한 것 같았다. 당시 대구 지사관저 앞마당에는 방공호가 있었으나 피할 틈도 없었다. 국방장관이 정오쯤 와서 하동이 적의 수중에 떨어졌다고 알려주었다.

　채병덕(蔡秉德) 장군이 전투 중 오전 11시 45분에 전사했다. 그는 무기에 관한 전문지식과 무기관리에 관한 한 제1인자로 육군참모총장에 임명되었던 장군이다.

　외모와 첫인상만을 갖고 사람을 판단하려는 게 미 대사관 사람들이었다. 대사관과 미 장성들은 대통령이 하필이면 한국에서 제일 뚱뚱하고 둔해 보이는 장성을 육군참모총장에 임명했는지에 의문들을 가졌다. 미국이 이런 의문을 나타낼 때마다 대통령은 이렇게 대답했다.

"나의 채 장군(My General Chai)은 날씬한 장군이 못 가진 기민성을 갖고 있어요. 전문적인 군사지식은 물론, 우리나라에 무슨 무기가 필요한가를 잘 알고 있는 경험으로 뭉쳐진 장군이야."

대통령은 또 "미남 장군들의 시원스런 큰 눈이 못 보는 것을 채 장군의 졸리는 듯한 눈은 꿰뚫어 본단 말이야."라며 장군을 감싸고 돈 적이 있었다. 사람들은 채 장군이 너무 뚱뚱해 걸어가는지 굴러가는지 모르겠다고 입방아를 찧었지만, 그는 정말로 충의가 있는 한국의 장군이었다. 그런 채 장군의 전사소식은 오늘 새벽 적기의 폭음이 찢어놓은 가슴의 상처 이상으로 우리를 비통하게 만들었다.

아군기의 오폭은 계속되었다. 우리 폭격기들은 꼭 한발 늦게 출격하여 적군이 다 떠나버린 장소에 폭탄을 투하했다. 때로는 적군 몇 백 명이 숨어있다는 정보에 따라 출격한 비행기들이 아예 시 전체를 폭격해서 선량한 시민들의 피해가 적지 않았다. 대표적인 것이 영동에서의 미 기갑부대(미1기병사단) 전투였다. 그들은 영동을 원형포위하고 전 가옥을 파괴하다시피하면서 적과 싸웠다.

이 전투에서 미군은 적 사살 또는 포로로 2천여 명의 전과를 올렸다. 아군의 피해는 40여 명뿐이었다. 싸움에 이기고도 미군들은 3마일을 후퇴했다. 승리 뒤에도 후퇴였다. 그들은 지연작전을 펴고 있었다. 충분한 보급을 받기 위한 작전이었다. 그러나 그 지연작전은 우리 땅을 야금야금 잃게 만들고 있었다. 최후의 승리는 우리의 것이란 사실을 확신하지만, 그동안 우리 국민은 어디로 가서 있어야 할 것인가? 이것이 우리들의 질문이고 문제였다.

오후 2시 15분에 맥아더 장군이 대통령을 방문하기로 되어 있다. 대통령은 부산에 가있던 김활란 박사를 불렀다. 대통령은 유엔회원국들에게 구호물자를 경제원조처에 맡기지 말고 직접 한국정부로 보내도록 요청하라고 김 박사에게 지시했다.

맥아더 사령관은 워커, 앨먼드, 휘트니 장군과 스트레트 마이어 제독을 데리고 왔다. 그들은 대통령과 회담하는 자리에서 일본에서 올 수 있는 무기는 모두 건너 왔고, 8월초에 미 본토로부터의 보급이 시작될 것이라고 했다.

대통령은 "우리에게는 충분한 인력이 있다. 사람이 부족한 게 아니라 그들을 무장시킬 무기가 필요하다."고 강조했다. 또 "적은 우리 피난민을 앞세워 방패삼아 쳐들어오고 있기 때문에 아군은 적을 보고도 속수무책인 실정"이라고 설명했다.

대통령은 이날 아직도 미군이 후퇴작전을 지속할 심산이라는 걸 눈치 챘다. 미군은 북진할 생각이 없다. 국방장관도 어제(26일) 한국 제7사단이 진격하려는 것을 미군 측이 막았다고 했다.

신 국방은 워커에게 "당신이 미8군사령관이오, 아니면 킨 장군이오?"하고 비꼬았다. 킨(Kean) 장군은 안동에서 미군 후방에 포진한 우리 사단을 붙들고 한 발짝도 앞으로 못나가게 하고 있었다.

〈뉴욕타임스〉의 존스톤(Johnston) 기자가 왔다. 그는 미 대사관에서 무초 대사로부터 브리핑을 받고 오는 길이라고 했다. 그는 미국의 작전계획은 적을 퇴각시키는 것이 아니라 어느 시기에 뒤를 끊어 완전 섬멸하는 것이라고 했다. 그렇기 때문에 미군의 공격은 한두 달 안에는 이루어지지 않을 것이라고 말했다.

대통령이 정일권 장군을 불러 우리 군대가 단독으로 진격할 가능성에 대해 물었다. 정 장군은 할 수 있다고 자신 있게 대답했다. 문제는 미군이 우리의 단독 북진에 동의하지 않는 것이라고 덧붙였다.

닥터 노블(Noble)은 미 대사관에 새로 부임한 해군무관을 데리고 와 대통령에게 인사시키면서 "육·해·공군 합동작전 수행을 위해 그가 파견됐다."고 말했다. 영국해군이 맡고 있는 서해안 방어선이 자꾸 뚫린다는 소식이다. 북괴군이 소형보트로 계속 상륙하고 있다는 것이다.

대통령은 적이 부산 가까이 왔다는 보고에 크게 실망했다. 워커 장군은 진주에 있는 병력을 하동으로 배치했다.

# "죽창으로 적을 막겠다!"

7월 27일 새벽.

야크기의 공습이 있었다. 적기의 대구공습이 잦아지게 되자 나는 대통령에게 야간 민정시찰을 중단하는 게 좋겠다고 권했다. 대통령은 요즘 저녁식사 후엔 대구 거리와 골목, 시장을 두루 살피며 시민들과 이야기를 나누었다. 대통령은 내말엔 대답도 않더니 저녁식사를 마치자 조 지사 부인을 향해 "오늘은 나 혼자 나가서 맛있는 수박을 사먹을 테니 부인들은 집이나 지키쇼."하며 나갈 채비를 하는 것이었다.

나는 할 수 없이 모시옷을 입혀드리고 조 지사 부인과 함께 따라나섰다. 시내 안내는 늘 조 지사 부인이 앞장섰다. 대통령은 구멍가게와 싸전을 둘러본 뒤 철물점으로 들어가 삽과 괭이 같은 농기구들을 이모저모 살폈다. "참 잘 만들었는데!"하자 주인이 "그 삽은 우리 국산입니다."하고 응수했다.

삽은 일제였다. 상인이 대통령에게 거짓말하는 걸 눈치 챈 지사 부인이 "무엇이나 정직하게 말씀드려야지 속이면 못써요."하고 핀잔을 주자 철물점 주인은 멋쩍은 듯 머리를 긁적였다.

밖에도 피난민 대열은 꾸역꾸역 밀려오고 있었다. 김천 쪽에서 오는 피난민들이었다. 대통령은 침통한 얼굴로 피난민들을 쳐다보며 "우리 국민들이 너무 고생하는군…"하며 고개를 떨어뜨렸다.

그날 밤 대통령은 이범석 장군을 국방장관에 임명할 뜻을 비쳤다. 이 장군은 현재 밀리고만 있는 전세를 역전시킬 수 있다는 자신감을 대통령에게 보였었다. 지금의 위기를 구하기 위해 그가 필요하다면 꼭 그렇게 해야겠다는 생각이었다. 문제는 미국이 쉽게 응해주느냐는 것이다.

## 7월 28일 아침.

신 국방은 적군이 하동을 지나 진주로 진격하고 있으므로 한국군 17연대를 안동에서 진주로 보냈다고 보고했다. 북괴는 2개 사단을 증파, 남쪽전선을 유린하고 있다. 하동을 공격한 것도 아군의 북쪽병력을 그쪽으로 집중시켜 그 공백으로 북괴군의 남하를 쉽게 할 목적이었다.

마산도 위험하다. 남원은 이미 적의 수중에 들어갔다. 진주에서 적을 막지 못한다면 부산의 운명도 어찌될지 모를 일이다.

무초 대사와 노블 서기관이 오전 11시에 대통령을 만나러왔다. 이 자리에서 대통령은 이범석 장군을 국방장관에 임명하겠다고 했다. 무초 대사는 "신 국방이 잘 해내고 있다."며 "미국과의 원만한 관계로 봐 경질하지 않는 것이 좋다."고 했다. 신 국방은 또 유임됐다. 대통령은 불쾌한 표정을 지었다.

대통령은 다시 한 번 무기원조를 요구했다. 우리는 청년단을 조직하고 있고, 만일 그들에게 총을 주지 않는다면 죽창이라도 만들어서 적의 길목을 지키겠다고 했다.

대통령은 대구 남쪽산맥에 이미 적의 게릴라 3개 부대가 숨어있다는 사실을 상기시켰다. 그러면서 대구가 적의 수중에 들어가면 부산은 시간문제이므로, 대구 사수는 절대적인 일이라고 강조했다.

미군들은 이 사태의 긴박성을 실감하지 못하는 것 같았다. 존스톤 기자는 미군들이 하지(John R. Hodge) 장군을 한국에 데려오려고 애쓰고 있다고 했다. 그는 2차 세계대전 때 일본군과 밀림에서 싸워보았으므로 워커 장군보다 이곳에서 잘 싸울 수 있으리라고 믿는다는 것이다.

대통령은 이 말에 한국인은 하지 장군에 호감을 갖고 있지 않으니 그렇게 되면 대단히 불행한 일이고, 모든 일을 악화시킬 것이라며 단호히 반대했다. 대통령은 하지 장군을 아주 싫어했다. 장군을 '하지 보이'라고 깎아 부를 정도였다. 대전에 있을 때 그가 미8군사령관으로 내정되자 대통령이 거부하여 워커가 대신 임명되었다.

오늘도 비행기는 출격하지 못했다. 우리 군대는 엄호폭격을 받을 수가 없다. 찌푸린 하늘만 보면 가슴이 답답하다. 날씨가 계속 이렇다면 큰 낭패다.

미 공군은 탱크를 부술 수 있는 신형 로켓탄을 사용하고 있다. 최소한 이 신형 로켓탄 앞에서만은 적의 탱크도 벌벌 떠는 형편이다. 김천 쪽에서 내려온 피난민은 2천 명이나 된다. 새벽 3시 30분에 적이 벌써 함양에 들어왔다는 보고를 받았다. 적이 우리 부대가 진주로 이동한 사실을 알아버린 것이다.

우리에겐 사람은 있으나 무장한 군인이 없다. 대통령은 워커 장군과 무초 대사가 오기를 기다리고 있었다. 그들에게 또 한 번 무기공급을 애원할 참이다. 어차피 우리는 죽지 않으면 안 된다. 적에게 잡히는 수모보다 죽음의 길이 낫기 때문이다. 오오 하나님, 우리를 도우소서!

7월 29일.

기다리던 워커 장군과 무초 대사는 어제 오지 않았다. 대통령은 맥아더 장군에게 보낼 편지를 작성하고 있었다. 나는 한국전에 임하는 미국의 태도에 관한 견해를 밝힌 대통령의 7월24일자 〈타임〉의 기사(18페이지)를 읽었다. 기사의 주요 골자는 이런 것이었다.

「미군은 지금 공격하기를 원치 않는다. 지연작전을 펴면서 서서히 퇴각하고 있다. 그들은 부산까지 물러날 것이다. 첫째로 그들은 모든 물자와 장비를 갖추지 못해서 그렇다는 이유를 내세우고 있고, 그도 일리 있는 말이다. 그러나 나는 이러한 작전계획이 정치적 상황 때문이라는 것을 일찍이 염려하고 있다.」

아침에 내무장관 조병옥 박사가 워커 장군을 만났다. 조 장관은 미군이 전면공격만을 생각할 뿐 도처에서 준동하는 게릴라들에 대해서는 무방비라고 비난했다. 그는 어제 저녁 북괴 게릴라들이 울산에 침투한 것을 우리 경찰부대 50여 명이 퇴각시켰다고 보고했다. 그러나 적은 최근에 정규전보다 게릴라전법으로 야금야금 점령지를 넓히고 있고 함양, 남원이 이런 전법으로 떨어졌다고 분석했다.

대통령은 대구시민에게 동요하지 말고 현 위치를 고수하라는 격려문을 내기로 했다. 유엔과 미군은 항상 대통령에게 현재의 상황을 사실 그대로 국민들에게 알리면 혼란에 빠지므로 진정시켜야 혼란이 일어나지 않는다고 충고해왔다. 그러나 국민들은 벌써부터 사실을 알기위해선 일본방송을 들어야겠다며 정부 발표를 믿지 않으려 했다. 조 박사는 격려문의 취지를 대구시민에 국한시키지 말고, 전 국민에게 보내는 것으로 문구를 수정하도록 제의했다. 대통령도 이에 동의했다.

국방장관은 백인엽 대령이 지휘하는 17연대가 함양~진주 전선에 투입되기 위해 이동 중 대구역에 잠시 머물고 있다고 보고했다. 나는 〈타임〉(20페이지)에서 백 대령에 관해 읽었다. 그는 옹진전투의 영웅이었다. 우리는 17연대의 철수로 북쪽전선이 큰 파국으로 떨어지지 않기를 바랄 뿐이다. 철수를 해서는 안 되지만 지금 당장은 어쩔 도리가 없다.

밀려드는 피난민들의 숫자는 점점 더 늘어나고 쌀값은 아침, 저녁이 다르게 뛰어올랐다. 대통령은 점심을 밥 대신 삶은 감자나 밀가루음식으로 바꾸도록 지시했다. 사실 대용식으로 바꾸고 나서 대통령은 몹시 허기가 지는듯했다.

어제 저녁에는 김장홍 총경과 야간 민정시찰을 하고 돌아오는 길에 팔다 남은 떨이 복숭아를 한보따리 사들고 들어왔다. 복숭아는 좀 상해있었다. 나는 곪은 곳을 잘라내고 감자처럼 푹 쪄서 간식으로 내놓았다. 대통령은 너무나 맛있다며 6개나 들었다.

부산과 포항에는 각각 8척, 4척의 수송선에서 병력이 상륙했다. 라디오를 들었지만 최근 미국에서 증파된 경비함의 활약상은 한 줄도 보도되지 않았다. 오히려 우리 해군 경비정 2척이 진남포에서 남하하는 적의 보급선 12척이 서해안의 좁은 해협으로 들어서기를 기다려 차례차례 명중시켜 침몰시켰다. 생존자는 단 한 명도 없었고, 우리 젊은 아이들을 죽일 많은 군수품은 고스란히 수장됐다.

이 해전의 승리를 국방장관으로부터 정식 보고받았을 때 대통령과 나는 함께 원더풀을 외쳤다. 그동안 우리는 이 경비정 3척(한 척은 뒤늦게 괌도에서 출발, 막 진해에 도착했다)을 살 수 있도록 허락받으려고 얼마나 허리띠를 조르고 투쟁해야 했는지…. 날씨는 조금 나아졌지만, 아직도 구름이 끼고 시원치가 않다. 비행기 편대는 서쪽으로 날아갔다. 항상 폭탄을 주렁주렁 달고 가던 비행기의 날개 밑이 올 때는 말끔했다.

대통령이 각의를 소집하고 체신·교통·사회부장관 셋을 따로 불러 자신이 만든 성명서의 내용을 검토하도록 지시했다.

"미국은 또다시 2, 3일안에 전세를 역전시킨다고 말하고 있다. 그러나 나는 이곳이 우리들 최후의 결전장이며 국민 모두가 죽을 각오로 싸워 지켜야 될 마지막 보루라고 생각한다. 더 이상 사태를 호도하지 말고 정부나 국민에게 솔직하게 말해야할 때라고 믿는다."는 대통령의 설명에 세 장관은 같은 견해를 나타냈다.

대통령은 세 장관에게 각료회의장으로 돌아가 전원이 대통령의 뜻에 동의한다면 내각 이름으로 성명서를 발표하라고 지시했다. 미국은 그 같은 대통령의 성명발표가 국민들을 걷잡을 수 없는 혼란에 빠뜨린다고 우려할 것이다. 그것은 그들의 기우에 불과하다.

우리 국민은 혼란 대신 각오를 할 것이다. 미국인은 흥분해도 우리 국민은 차분히 닥쳐올 일에 대한 마음의 준비를 할 것이다. 연합군사령부에서는 내일 시민대회를 연다고 한다. 이것 또한 대통령의 성명을 흐리게 할 '조금만 기다리시오! 조금만 기다리시오! (Just waiting! Just waiting!)' 수법의 하나일 것이다.

그들이 시민대회를 열고 있는 사이에도 적은 사방에서 대구로 육박해 들어왔다. 미국인은 한국인을 오해해서는 안 된다. 당신들은 "잘된다, 잘된다, 기다리시오" 식이고, 우리는 사실 그대로를 알려 국민 각자에게 각오를 시키겠다는 차이일 뿐이다.

그들의 계획, 소위 작전상 후퇴라는 그 계획에 우리 땅덩어리는 점점 줄어들고, 더 이상 숨 쉴 곳도 없어진 한국인들은 그런 계획을 용납할 수 없다는 것이다.

대통령도 인내의 한계를 벗어난 것 같았다. 1주일 전 대구 상공에 기껏 3대 정도 떠돌던 적의 비행기가 다시 65대로 늘어났다는 보고다. 미군은 퇴각보다 적이 새롭고 강한 무장을 하기 전에 밀어붙여야만 했다.

적은 한 귀퉁이가 날아가면 곧바로 그 자리를 채웠다. 왜 그들의 보급로를 차단하지 못하는지 까닭을 모르겠다. 대통령은 그런 식의 싸움에 실망을 한 것이다. 대통령 자신과 온 국민이 대구와 함께 운명을 같이할 비장한 각오를 한 것이다.

이날 밤 대통령이 나를 불러 도쿄의 맥아더사령부로 떠나라고 했다. 거의 명령조였다. "마미, 적이 대구방어선을 뚫고 가까이 오게 되면 제일 먼저 당신을 쏘고 내가 싸움터로 나가야 돼요. 그쪽에 부탁해놓았으니 당신만은 여기를 떠나주시오."

나는 절대로 대통령의 짐이 되지 않을 것이며, 최후까지 대통령과 함께 있겠다고 힘주어 말했다. 내손을 꼭 잡은 대통령이 "다시는 망명정부를 만들지 않을 거야. 우리 아이들과 같이 여기서 최후를 마칩시다."하며 등을 토닥여주었다.

창밖 멀리 떼 지어 몰려드는 피난민들의 울부짖음이 가슴 저리게 들려왔다. 가족들의 이름을 부르며 애타게 찾는 소리, 끌고 온 송아지의 배고픈 울음소리며 달구지의 삐걱대는 소리가 화살처럼 귀에 박힌다. 창틀을 움켜쥔 대통령의 기도도 울음 섞인 목소리였다.

"하나님, 어찌하여 착하고 순한 우리 백성이 이런 고통을 받아야합니까? 이제 결전의 순간은 다가옵니다. 우리 한 명이 적 10명을 대적할 수 있는 힘과 용기를 주소서…."

# 꼬마들과의 팔씨름

7월 30일 이른 아침.

국방장관은 아군 17연대를 미군이 고전하고 있는 영동에 배치했고, 그 자리에는 부산에 상륙한 미 해병대가 메우게 되었다고 보고했다.

대통령은 오늘밤에도 대구거리로 나갔다. 자정 가까이 되어 돌아온 대통령이 뚱딴지 같이 "마미, 나 오늘 순사한테 잡혀갈 뻔 했어"라고 말했다. 사연인즉 오늘 낮에 만송(이기붕 씨 아호, 당시 서울시장) 부부가 대통령께 드리라며 잣 한 봉지를 가져왔다. 나는 허기가 질 때 들라고 이 잣을 대통령 포켓에 넣어두었다. 대통령은 누구한테 조그마한 선물이라도 받으면 꼭 답례하는 습관이 몸에 배어있었다.

이날 밤도 대통령은 만송의 잣에 대한 답례로 참외를 사주려 했다. 그 참외는 만송의 어린 두 아들 강석, 강옥에게 주라는 것이었다. 참외는 1천 원에 7개였다. 대통령이 "덤으로 하나만 더 주시오."하며 한 개를 더 집으려하자 참외장수가 "할아버지라 싸게 드렸는데 덤까지 가져가면 순사가 잡아가요."하며 도로 뺏더라는 것이다.

70

만송의 외모가 워낙 작고 쪼글쪼글 한데다 대통령도 풀 안 먹인 후줄근한 모시차림의 늙은이였으니, 참외장수가 대통령과 서울시장 일행을 알아볼 리가 없었던 것이다.

"거참, 참외 덤 얻으려다 순사한테 잡혀갈 뻔 했다니까…."

대통령도 재미있다는 듯 자꾸만 웃었다. 나도 참외장수가 되었다. 힘없는모시옷의 저 노인네, 대통령은 피곤하고 더 늙어보였다.

대통령의 참외선물을 받은 만송의 두 아들 강석, 강욱은 고맙다는 인사를 왔다가 대통령의 말동무가 되었다. 대통령은 두 형제를 보자 "요놈들, 이 할아버지하고 팔씨름 시합할래?" 하고는 팔을 걷어붙였다.

대통령은 언제나 상대편에게 역전승을 시켜주었다. 대통령은 꼬마들의 주먹이 바닥에 닿을 듯 할 때까지 힘을 주었다가는 "아이고 힘들어, 못 당하겠네!" 하며 차츰차츰 자신의 팔을 기울려 주는 것이었다.

꼬마들은 얼굴이 새빨개지도록 용을 쓰다 역전승을 하면 신난다고 박수를 쳤다. 내가 "어차피 져줄걸 아이들 힘을 뺄게 뭐냐."라고 묻자 대통령은 "지더라도 최선을 다하는 인내를 키워주고 결국에 승리할 수 있다는 자신감을 불어넣어주기 위해서야."라고 대답했다.

대통령의 동심(童心)에 젖은 시간도 암담한 전선의 보고가 언제나 깨뜨렸다. 국방장관은 지금까지 미군 2천 명이 희생됐다고 보고했다. 구름이 짙게 깔린 나쁜 날씨 때문에 비행기가 밤에 출격할 수도 없고 함정이 포격을 할 수도 없었다.

우리 아이들은 금릉 지역에서 철수해야만했다. 미군들이 이미 철수해버렸기 때문이다. 만일 우리 아이들만이 그곳에 머물러 있다가는 외부와 완전차단, 고립될 우려가 있었다. 우리 아이들은 어제도 0.5마일쯤 밀고 올라갔고, 앞으로도 계속 밀고 올라갈 참이었는데 미군들은 철수만 하고 있다.

진주에서는 일부 미군병력이 며칠 동안 포진하고 있었으나 그들도 어젯밤에 철수해 버렸다는 소식이었다. 적군은 날씨가 나빠 미군비행기가 뜰 수 없게 된 것을 알고 어젯밤부터 총공세를 개시했다. 우리는 미군지휘관들에게 1주일 전부터 우리가 먼저 공세를 취하자고 이야기를 했다. 그러나 그들은 "이틀만 더 기다려보자, 이틀만 더 기다려보자."면서 시간을 끌어왔다.


7월 31일~8월 1일.

어제는 너무나 참담한 기분이어서 아무것도 쓸 수가 없었다. 동부전선에서 진격 중이던 우리 육군에게 후퇴하라는 명령이 내려졌다. 적에게 보급로를 차단당할 우려가 있다는 이유에서였다. 미군은 동부지역 한국군의 보급로 역할을 해왔던 김천을 포기했다.

백 대령이 이끄는 17연대는 미군을 좌우로, 그리고 후방까지 엄호하고 있었다. 어젯밤에는 적이 미군의 후방을 공격해왔으나 한국군이 이들을 격퇴시켰다는 보고가 들어왔다. 적의 기습병력은 불과 80명이었다.

미군은 워싱턴으로부터 북괴군 포로를 잘 보살피라는 지시를 받고 있었다. 그 이유는 서울에 약 1천 명의 미군포로가 있고, 이들을 구하기 위해서는 적 포로들을 가능한 한 최대한으로 대우해줘야 한다는 것이었다.

고령에 주둔한 미군들이 어젯밤 야습해온 북괴군 게릴라들과 접전 중이던 우리 경찰대원들에게 집중사격을 가해 30여 명을 살상했다는 보고다. 도대체 뭐가 뭔지를 구분 못하고 싸우는 이 사람들은 뭣 하러 온 사람들인가.

우리 아이들이라면 그따위 멍청한 실수는 저지르지 않을 것이다. 한국군과 북괴군을 구분조차 못하고 쏘아대는 판이니 아예 후퇴하는 정도는 비난할 수도 없는 노릇이었다.

대통령은 맥아더 사령관에게 이러한 실수를 따지는 편지를 썼다. 지난번에도 이와 비슷한 사건에 대한 항의편지를 워커 장군에게 전달, 맥아더 사령관에게 전해달라고 요청한 적이 있었으나 그 편지는 끝내 전달되지 않았었다.

한국군은 만일 미국이 지금이라도 당장 한국인들에게 무기를 공급해준다면, 적군의 공세를 저지시켜 미군이 총반격작전에 필요한 물자를 보급받을 시간을 벌 수 있다고 믿었다. 미군들은 벌써 여러 날 째 곧 공격을 개시한다고 말만 하고 있다.

그러나 만일 그들의 부산 보급로가 차단될 경우 그들 병사들의 목숨은 어떻게 보장한다는 말인가? 그렇다고 미군들이 신속하게 철수할 수 있는 것도 아니다. 그래서 철수는 하되 부산만은 꼭 지키기를 원하는 것이다.

미국은 그들의 군사전략이나 국익의 득실, 또는 트루먼 대통령을 비롯한 미국정치가들의 정략이라는 저울대 위에 남한 땅을 올려놓고 있다. 남한 땅을 포기하는 것이 자국의 복합적인 이익에 부합된다는 쪽으로 저울바늘이 기울 때, 그들은 냉큼 부산까지 내려가 훌쩍 떠날 수도 있다.

그렇게 할 수는 없다. 남한 땅은 우리에겐 생명이오, 미래인 것이다. 그러기에 우리 국민만이라도 남아 최후까지 이 땅을 지키겠다는 것이다.

무초 대사가 왜 한국인들이 사기를 잃었느냐고 물었다. 대통령은 한국인이 사기를 잃은 적은 없다고 응수했다.

"무초 대사, 나는 어제 2천 명의 우리 청년들이 훈련받고 있는 곳을 방문했소. 미군고문관은 한국훈련병들이 잠잘 때나 먹을 때나 항상 총자루를 쥐고 있다면서 극구 칭찬을 합디다. 우리 국민들의 정신은 그런 곳에 살아 있소."

대통령은 이어서 미군들이 더 이상 후퇴만 않는다면 한국인의 사기는 충천할 것이라고 했다. 그러나 그 젊은이들을 포함, 부산에 대기 중인 10만 명의 청년들은 아직도 맨손인 것이다. 무기! 무기가 필요하다.

대통령은 미군들이 후퇴만하다 죽음을 당하는 게 몹시 안타깝다고 쏘아붙였다. 만일 미군들이 무기를 우리에게 빌려주고 증원군이 올 때까지 우리더러 전선을 지키라고 한다면, 미군도 살고 우리 아이들도 살고 우리나라도 살지 않을까? 무초는 몹시 화가 났으나 대통령의 편지를 맥아더 사령관에게 전달하겠다고 약속했다.

미군들은 커다란 탱크들을 하역하기 시작했다. 적군이 연일 대구와 부산 쪽으로 밀고 오는 것과 때를 같이해서 미군의 각종 장비도 속속 도착하고 있었다. 선제공격을 가하지 않으면 영토를 모두 포기해야할 위급한 상황이다. 중화기를 공급받은 한국군부대는 그들이 맡은 모든 전선에 걸쳐 적의 진격을 저지할 수 있게 됐다. 그러나 적은 미군방어선이 약하다는 것을 알고 그쪽만을 골라 맹렬한 공세를 펴기 시작했다.

우리의 17연대가 합천을 탈환했다. 적은 이곳에서 30마일 떨어진 곳에 있다. 게릴라들은 구두닦이 소년들같이 살금살금 시내로 잠입해 들어갔다. 어제 하루에만 4명의 게릴라를 체포했다. 오늘 아침에 체포된 적의 포로 1명은 바지 속에 총을 감추고 있었다. 이 포로 이야기로는 부산에만 80명의 게릴라가 잠입해 있다고 했다. 그렇다면 이곳 대구에도 있을 것이다.

이 게릴라들이 그동안 혼란을 일으킨 장본인이었다. 하동에도 30여 명의 게릴라가 있고, 수백 명의 게릴라들은 산속에 숨어있었다. 우리는 며칠 전 서북청년단을 대구 주변 산속에 파견, 그곳에 있는 3개의 게릴라조직을 정탐케 했다. 미군은 이들에게 카빈총을 공급했다.

우리는 또다시 악몽의 밤을 맞이했다. 특히 밤에 나타나는 악마를 떠올리면서 어느 누가 잠을 잘 수가 있단 말인가? 미국인들은 퇴각할 때 사용할 비행기와 선박을 갖고 있지만, 이 모든 한국인들은 어디로 가란 말인가?

변 박사의 예를 들어보자. 그는 가족들을 위에 남겨두고 떠나왔다. 그는 아무것도 몸에 지니지 않은 채 혈혈단신 살던 도시를 빠져 나왔던 것이다. 변 박사 같은 사람은 수천, 수만을 헤아린다. 만일 공산군이 한국을 지배한다면 이 충성스런 국민들에게 무슨 일이 일어날 것인가? 어떤 때는 내 자신도 "내일이면 모든 게 잘 될 것이다."고 이야기할 수 있으면 얼마나 좋을까 하는 기분이 들기도 했다.

무초 대사가 입버릇처럼 말하듯 앞으로 이틀간이 매우 중요한 시기가 될 것 같다. 무초는 우리 측이 이기고 있다고 말했다. 대통령은 이에 대해 "그렇다"고 대답하면서도 우리가 땅을 잃고 있다고 말했다.


8월 2일.

김홍천 목사가 오늘 비행기로 일본으로 떠날 준비를 하고 있었다. 김 목사는 장면 대사에게 전할 2통의 편지를 휴대하고 있었다. 그러나 김 목사는 우선 마산까지 기차로 가서 가족들을 만난 후에 도쿄로 떠나겠다고 계획을 바꾸었다.

불행하게도 나는 김 목사가 만일 공산군에 붙잡혔을 경우 그 중요한 편지를 어떻게 처리해야 할 것인가를 가르쳐주지 않았다. 다행히 그는 영어를 할 줄 알기 때문에 만일 신상에 위험을 느낄 경우 미국인들에게 도움을 청할 수가 있을 것이다. 그는 믿음직한 사람이긴 했으나 가족들을 만나러 갈 때 얼마만한 어려움이 따르는지 모르고 있었다.

밤이 되자 대통령이 몹시 걱정을 했다. 누가 대통령의 후계자 역할을 할 것인가?

대통령은 끝까지 남아서 대구를 지킬 결의에 차있었다. 오늘 아침 국방장관은 유난히 더 걱정하는 것 같았다. 적이 사방에서 대구를 향해 진격 중인 긴박한 상황이었다. 하나님이 기적을 내려주시지 않는 한, 대구가 적의 수중에 떨어지는 것은 시간문제였다.

적은 거창지역에서 밀려오는데, 미군은 반대쪽인 대구와 영천사이에 주둔하고 있다. 군사비밀이었기 때문에 우리는 그곳에 얼마나 많은 미군이 주둔중인지를 알지 못했다. 미군이 반대쪽에 포진한 이유는 또 무엇인가?

우리는 아마도 미군들이 필요할 경우 포항으로 퇴각하기 위해서 그 예상퇴각로를 지키고 있는 게 아닌가 하고 추측했다. 그렇지 않고서는 미군들을 그곳에 배치할 이유가 없었다.

미군기들은 밤낮으로 대구주변 상공을 날며 폭격을 계속했다. 그러나 적은 교묘하게 위장을 했기 때문에 미군들은 그저 혀를 내두르기만 했다.

국방장관이 와서 국군 6사단에 대구 방위를 지시했다고 보고했다. 그 이유는 만일 대구가 적의 수중에 떨어지면, 적은 노획한 막대한 양의 미군장비와 물자로 부산을 공격하여 수일 내로 부산마저 함락될 우려가 있었기 때문이다.

미군의 전술은 가능하면 방어선을 좁게 해서 더 많은 병력을 방어하는데 동원하려는 것 같았다. 그러나 적군도 좁은 방어선에 더 많은 병력을 동원해서 공격해올 수 있다는 사실은 외면하고 있는 게 아닐까.

이제 적군의 공세를 저지할 수 있는 유일한 방법은 군산이나 또는 다른 서해안 어느 지점에서 상륙작전을 감행하는 것뿐일 것이다. 그렇게 되면 적의 후방보급로를 차단하고, 증원되는 적의 부대를 되쫓아버릴 수 있을 것이기 때문이다. 우리는 온종일 이 문제를 논의했다.

그러나 미국인들은 계획만 갖고 있었지 움직일 생각은 안하는 것 같다. 무초 대사는 상륙작전을 하려면 시간이 필요하다고 말했다. 그는 며칠만 더 기다리면 우리 모두가 괜찮을 것이라고 말했다. 미국인들은 많은 일을 해왔지만 항상 너무 늦게 행동하는 것 같다.

"하나님, 우리를 도와주소서! 장마철이지만 제발 하늘을 개게 해서 우리 비행기가 출격할 수 있도록 보살펴 주소서."

날씨는 13일까지 계속 나쁠 거란다. 제발 날씨가 좋아져야 할 텐데… 대통령은 놀라울 정도로 원기 왕성했으나 나는 아무것도 먹을 수가 없었다.

"하나님, 제발 이 나라를 구해주소서!"

우리는 중요한 편지를 전하려면 꼭 인편을 이용해야만했다. 미국인들의 배달은 항상 느리기만 했고, 그나마 편지가 제대로 전달됐는지의 여부조차 모를 때가 많았다.

우리 애들이 훈련받고 있는 캠프를 다녀오는 도중에 대통령이 갑자기 논 옆에 차를 세웠다. 그것은 빈 논이었다. 옆의 논에는 벼들은 무성히 자라 이미 패기 시작하는데, 거기는 오래전 누군가 모를 심다말고 가버린 논이었다. 논 가운데는 아직도 띄엄띄엄 모 묶음이 흩어져 있고, 논두렁의 모 묶음들은 자라지도 못한 채 누렇게 말라있었다.

대통령은 빈 논둑을 말없이 걸어갔다. 그리고 말라버린 모 묶음을 움켜쥔 대통령의 눈에선 눈물이 흘러내렸다. 나도 울었다. 이윽고 대통령이 눈길을 돌리더니 아쉬운 듯 말했다.

"누가 모 묶음을 풀어 뿌려만 놓았더라도 조금의 추수는 할 수 있을 텐데…"

대통령은 국민들의 양식과 다가올 추수를 걱정하였다. "농민들이 공산당한테 곡식을 빼앗겨서는 안 돼! 우리는 추수 전에 땅을 되찾아야 해!" 대통령이 결연히 말했다.

전방시찰을 위해 헬기에서 내린 이승만 대통령이 미8군 사령관 워커 중장과 다정하게 대화를 나누고 있다(1950. 12). 이승만 대통령은 전, 후방의 군부대를 자주 시찰하여 장병들을 격려했다.

# 2부

## 낙동강 방어선에서 대통령의 역할

# 친정에서 보내온 격려편지

8월 3일.

어젯밤에는 미군기들이 밤새도록 상공을 선회했다. 소련이 46대의 비행기를 지원, 곧 공습이 있을 거라는 소문까지 나돌았다. 미군 폭격기들은 북한 내의 모든 비행장을 폭격한 다음, 비행장 상공을 선회하라는 명령이 내려졌다.

며칠 동안 우리는 왜 비행기들이 부산하게 왔다 갔다 하는가를 곰곰 따져보았다. 알고 보니 이 비행기들은 목표물 상공을 4시간 정도 선회하라는 명령을 받고 있었다. 확실히 이 방법은 목표물을 폭격하고 나서 곧장 돌아오는 것보다 더 효과적이었다. 며칠 전 무초 대사가 찾아와 "각하, 이제 우리도 무언가 배우고 있습니다."라고 한 말이 떠올랐다.

어젯밤에는 실로 오랜만에 반가운 소식을 들었다. 하와이에서 새로 도착한 병력이 30여 대의 탱크를 앞세우고, 진주 외곽지대에 와있던 공산군을 격퇴중이라는 보고가 들어왔던 것이다. 우리는 이 소식을 듣고 모두가 기뻐했으며, 기분도 훨씬 좋아졌다. 더구나 적군은 식량과 연료, 그리고 탄약 부족에 시달리고 있다는 이야기였다. 이제 미국인들이 기어코 공산주의자들을 밀어붙이겠다는 결의만 하면 되는 것이다.

오늘 아침 국방장관이 와서 동부전선에 있던 2명의 한국군 대령이 후퇴명령을 거부하고 있다고 보고했다. 이 대령들은 지금 상황에서도 현 위치를 고수할 자신이 있으며, 허가만 내려지면 더 앞으로 진격할 수도 있다면서 후퇴명령을 거부했다. 이 대령들은 후퇴한다는 것은 국가에 대해서나, 미국인들 자신에 대해서나 자살행위와 다름없다고 믿고 있었던 것이다.

워커 장군은 이 사태에 대해 몹시 신경을 썼다. 그래서 대통령에게 아군이 왜 후퇴해야만 하는지 설명하는 성명을 내주도록 요청했다. 모든 전선에서 동시에 진격할 만큼 충분한 양의 미국 보급물자가 도착할 때까지는, 미군만 남쪽으로 후퇴하고 한국군은 계속 현 전선을 고수하는 작전이 옳지 않다는 것이다.(이 당시 한국군은 안동, 예천 등지에서 후퇴하라는 명령을 받고 있었다)

미군들이 김천을 포기하고 왜관으로 후퇴하게 되자 전선은 더욱 남쪽으로 밀려 내려왔다. 한국군 17연대의 좌우 엄호를 받고 있던 일부 미군 병력은 거창에 주둔하고 있었으나, 어젯밤 전투를 치르고 나더니 고령으로 후퇴하기로 결정했다.

그러나 한국군은 후퇴하기를 거부했다. 후퇴하던 미군들은 이들 한국군에게 무기를 남겨주고 고령으로 떠났다. 한국군은 이 무기를 들고 거창을 지키고 있었다. 한국군들은 남강을 따라 방어선을 구축하기를 원했으나 후퇴한 미군들은 낙동강에 방어선을 만들고 있었다.

워커 장군은 오늘 아침 드디어 미군과 한국군이 똑같은 무기를 제공받게 될 것이라고 발표했다. 워커 자신이 한국군이 얼마나 열심히 싸우고 있는가를 직접 눈으로 확인했기 때문에 취한 조치였다.

대통령은 지난 1주일 내내 한미 양국군에 똑같은 무기를 제공해야 된다고 입이 닳도록 주장해왔는데, 이제야 미국 측이 무기제공에 있어서 아무런 차별을 두지 않겠다고 약속한 것이다.

워커 장군은 또 한국경찰에게도 완전무장할 수 있는 장비를 제공하겠다고 약속했다. 한국경찰은 국군이 북진할 때 도처에서 준동하는 공산게릴라들을 효과적으로 견제할 수 있다는 기대에서였다. 이제 워커 장군도 한국군이 얼마나 우수한 능력을 갖추고 있는지, 또 한국군이 없다면 미군은 아무런 일도 할 수가 없었을 것이라는 점을 이해하기 시작했다.

한국인들은 아직도 방어선을 좁히는 것이 잘못된 전술이라고 믿고 있다. 좁은 방어선을 공격하는 적군의 힘도 훨씬 강력하게 될 것이라는 이유에서다. 그러나 이제 어쩔 도리가 없었다. 미국 측의 계획은 이미 수립이 완료됐고, 이제 이를 실천하는 일만이 남았을 뿐이다.

빈의 친정집에서 언니 베티가 〈디 프레세(Die Presse)〉의 특파원 편에 비타민과 편지를 보내왔다. 끝까지 용기와 희망을 잃지 말라는 격려편지였다.

어머니는 우리나라에 전쟁이 터졌다는 소식을 듣고부터 근심으로 지새우며, 한국의 자유와 평화회복을 기원하는 금식기도에 들어갔다는 소식이었다. 요즘은 친척과 이웃은 물론, 단골가게 아주머니들까지 합세하여 어머니와 함께 금식기도를 올리고 있다는 것이다.

내가 이곳에 시집온 게 1934년-. 17년 동안이나 떨어져 그립던 어머니이다. 어머니의 인자하고 따스한 얼굴이 떠오르며 흐르는 눈물을 억제할 수가 없었다.


어머니는 내가 대통령과 결혼하는 걸 반대했었다. 독립투사와 정치가의 아내보다는 평범한 가정주부가 되기를 원하셨다. 그때도 어머니를 괴롭혔고, 지금 또다시 어머니의 마음을 죄고 있으니 불효막심한 딸이다. 나이 많은 남편을 따라 먼 나라로 시집온 딸 때문에 단 하루도 마음 놓고 지내신 적이 없는 사랑하는 어머니…

"이 전쟁이 승리로 끝나면 꼭 찾아뵈올 테니 그때까지 기다려주세요."라며 나는 속으로 되뇌었다. 하지만 어머니는 결국 한국동란 중에 돌아가셨다. 우리는 이 사실을 아무에게도 알리지 않았다.

> 훗날 프란체스카 여사의 회고
> 대통령은 장례에 다녀오라고 했다. 하지만 나라 사정이 빈까지의 여비도 문제였지만, 한시라도 대통령 곁을 떠날 수 없는 상황이라 엄두를 못 냈다.

8월 8일.

지난 며칠간은 일기를 쓸 경황이 아니었다. 한국군은 낙동강 방어선을 구축하려는 미군들의 작전에 협조하기 위해 철수했다. 해병대는 진주 근방에서 2일간 작전을 수행했다. 미군들은 다음날 진주에 도착할 수 있다고 공언했으나 일은 그렇게 되지 않았다. 그들은 아직도 전투 중에 있다.

어젯밤 약 2천 명의 적군이 낙동강을 넘어 미24연대가 있는 창녕까지 진출했다. 처치 장군이 그곳에 있었으나 자신의 위치를 방어하지 못했다.

아침에 국방장관이 왔다. 전반적인 전황은 별로 좋지가 않았다. 왜냐하면 미군들은 적을 교란시키기 위해 아무 곳에서나 진격하는 걸 꺼렸기 때문이다. 미군들은 오히려 적이 공세를 취해오기를 기다리고 있는 형편이다. 이처럼 소극적으로만 나가다가는 모든 방어선을 잃어버릴지 모른다. 미군은 계속 더 많은 병력과 장비가 도착하기를 기다리고만 있었다. 반면에 적은 방어선 도처에서 준동하기 시작했다.

대통령은 자신의 생각을 편지로 썼다. 나는 이 편지들을 장 대사와 올리버 박사(* 이승만 대통령 정치고문)등에 전달, 대통령의 뜻이 각계에 알려지도록 했다.

오늘 정오에 라디오뉴스를 들으니 한국전에서는 던커크(* Dun·kirk=제2차 세계대전 때 영국과 프랑스군이 이곳에서 후퇴한 데서 유래됨. 필사적인 철수, 위기, 긴급 사태를 가리킴)가 없을 거라는 이야기였다. 그러나 어젯밤부터 총소리가 점점 가까이서 들려왔다. 이제는 총격전이 사방에서 벌어지고 있는 것 같다.

미군들은 기대이상으로 잘 싸우고 있기는 하다. 미군기들이 계속 출격은 하고 있으나, 적군을 완전 분쇄하거나 적의 사기를 꺾어놓는 것 같지는 않다. 우리가 신념을 잃지 않는 한 하나님도 우리를 도와줄 것이다. 우리를 구원해줄 기적을 바랄뿐이다.

워커 장군은 나름대로 최선을 다하고 있다. 그는 진정으로 한국을 사랑하는 것 같다. 이제 워커 장군의 전술에 대해 이러쿵저러쿵 말하는 것을 삼가야겠다.

대구의 더위는 한층 더 기승을 부렸다. 물 사정도 예사가 아니었다. 물이 부족해서 우리 내외 빨래도 물 사정을 봐가며 해야 했다. 가족들을 서울에 남겨두었거나 도중에 뿔뿔이 흩어져 홀로 내려온 정부요인들이나 황 비서관, 경호원들은 옷을 사 입을 형편도 못되었다. 그 바람에 군복을 얻어 입었고 빨래도 손수 했다.

남자들 빨래솜씨로는 비눗물이 덜 빠지게 마련이다. 가끔 지사관저 뒷마당 빨랫줄에 때 국물이 덜 빠진 남방셔츠가 널려있어도 물이 귀해 손봐줄 수가 없었다. 여기저기를 깁거나 올이 다 닳아 구멍이 나기 직전의 빨래들이었다. 너무나 딱한 건 팬츠였다. 헤지기 직전의 천 조각에 불과했다.

나는 노블 참사관이 갖다 준 침대시트를 침모와 함께 밤새껏 말려 그것들로 팬츠를 여러 장 만들었다. 이 팬츠를 조 지사 부인에게 주어 직원들 숙소에 갖다 놓도록 했다.

지사관저 앞에 있는 양조장과 덩치가 좀 큰 집들은 서울에서 내려온 정부관리와 사회 각계 인사들의 공동합숙소였다. 방이 부족해 모두들 새우잠을 자거나, 차례가 늦은 사람은 앉아서 자는 경우도 허다했다. 밤중에 누군가 화장실을 다녀오면 그때는 자던 자리를 뺏기는 것으로들 알았다.

자동차가 부족해 지프에 4~5명씩 끼어 타는 콩나물시루 신세들이었다. 장관들도 예외는 아니었다. 너나없이 등허리에 땀띠가 나도록 정신없이 뛰어다녔다. 그래도 누구 하나 불평하는 사람이 없었다. 너무나 충성스런 사람들뿐이었다.


8월 9일.

전시내각(국방·내무·교통·상공·재무장관)이 긴급 소집되었다. 이 자리에선 치안경찰을 4만 5천 명으로, 전투경찰을 4만 명으로 각각 증강하는 문제 등 몇 가지 긴급한 현안이 진지하게 논의됐다.

우리는 경찰에 대해 ▲유엔군이 북진할 때 치안을 유지하고 ▲준동하는 공산게릴라들을 격퇴하는 임무를 부여하기를 원했다. 전시내각은 또 비상시에 정부를 어디로 옮겨야 하는가 하는 문제도 논의했다. 이 자리에서 대통령은 최악의 경우 정부는 제주도로 옮겨야겠지만, 자신은 대구를 사수하겠다고 말했다.

종군기자들은 명령이 떨어지는 즉시 1시간 내로 이곳을 떠날 준비를 하라는 통고를 받고 있었다. 대부분의 비행기들은 이미 떠나버렸다.

오늘은 날씨가 아주 좋았는데도 미군기들의 활동이 전혀 없었다. 적군의 탱크 10대가 왜관을 건너왔다. 미군들은 계속 후퇴만 하는 것 같다.

# 겨우 구해 발라보지도 못한 땀띠약

8월 10일.

어제 일어난 일을 이야기해야겠다. 전시내각의 회의가 끝난 뒤 정오 30분쯤 임병직 외무장관이 혼자 찾아왔다. 자유중국 대사가 자기를 찾아와 정부를 어디로 옮길 것인가를 문의해왔다는 이야기였다. 임 장관은 정부를 이동해야 할 이유가 없다고 말해주었다고 했다.

샤오(Shao) 자유중국 대사는 매일 아침 전황브리핑에 참석하는 자신의 무관이 미군대위로부터 "미8군은 1시간 내로 이동할 준비를 갖추고 있다"는 이야기를 들었노라고 말했다. 대부분의 종군기자들도 이미 짐을 싸놓고 있으며, 그중 일부는 이미 떠나버렸다.

9일에 있었던 기자회견에서 특파원들은 미군장교들에게 다른 5대의 공산군 탱크는 어떻게 됐느냐고 물었다. 조정환(曺正煥) 외무차관도 이 브리핑에 참석, 똑같은 이야기를 들었다. 조 차관은 또 대부분의 비행기들이 이미 부산으로 떠났다는 말을 들었다. 밤새도록, 그리고 오전 내내 우리 비행기나 기자 측의 움직임은 없었다.

미군사령부에 문서를 배달하는 우리 경찰요원들은 한 미군으로부터 "당신들도 우리와 함께 울산으로 가는 겁니까?"라는 질문을 받곤 했다. 우리 경찰들은 그에게 "우리는 이동하지 않는다."라고 대답해 주었다. 이때 통역을 맡은 사람 이야기로는, 미군들은 사전에 미리 말해주는 법이 없고 항상 마지막 순간에 알려준다고 투덜댔다.

대통령은 외무장관에게 "당장 무초 대사에게 가서 도대체 무슨 일이 어떻게 돌아가는지, 왜 한국정부에는 사전에 통고해주지 않느냐고 따져보라."고 호통을 쳤다. 이제는 도시(대구) 전체에 온갖 루머와 긴장감이 파다했다.

외무장관이 다시 돌아와 무초 대사는 그러한 루머에 몹시 분개하고 있으며, 오히려 한국인들이 악성 루머를 퍼트린다고 비난하더라는 보고를 했다. 이 같은 와중에 내각은 도지사 사무실에서 회의를 열고, 국방장관을 불러 상황보고를 받기로 결정했다.

오후 3시쯤 국방장관이 와서 적은 미국의 강력한 포격에도 불구하고 이미 이틀 전에 우리 방어선을 뚫고 들어왔다고 보고했다. 8일 밤 적군 1천5백 명이 10대의 탱크를 앞세워 우리 방어선을 돌파했다는 것이다. 미군기들은 이 탱크들을 집중공격, 그중 5대는 파괴했으나 나머지 5대는 도주했다고 한다.

우리 아이들은 적을 맞아 용감히 싸우고 있으며, 적의 탱크를 반드시 무찔러 쫓아내겠다는 결의에 차 있기는 했다.

대통령과 나는 온몸에 땀띠를 뒤집어썼다. 대통령의 잔등은 모기에 물린 곳까지 겹쳐 보기에 딱할 정도였다. 워낙 물이 부족하여 밤이면 물 한 대야를 떠다가 수건에 적셔 대통령의 땀을 닦았지만 땀띠는 점점 심해져 진물까지 흘렀다.

나는 워커 장군에게 땀띠연고를 구할 수 있겠느냐고 물어보았다. 무초 대사나 워커 장군, 그리고 우리 집에 드나드는 미국인들은 나를 보면 "마담 리, 도와

드릴 일이 없습니까? 필요한 것이 있으면 언제라도 알려주세요."라고 말하곤 했다.

그렇지만 대통령은 그들에게 사사로운 부탁은 일체 못하도록 나에게까지 엄명을 내리고 있었다. 나는 참다못해 워커 장군에게 땀띠약을 부탁한 것이다. 장군은 땀띠연고 외에도 다른 상비약과 영양제를 한 박스 보내왔다.

그런데 내가 부엌일을 보러 잠시 들어간 사이에 약상자가 대통령의 눈에 띄고 말았다. 대통령은 나에겐 한마디 의논도 없이 아침보고를 하러 들어온 신성모 국방장관에게 "일선의 우리 아이들에게 갖다 주라"며 약상자를 맡겨버렸다.

약상자뿐만 아니라 친정에서 보내온 비타민까지 몽땅 합쳐 주어버린 것이다. 내가 부엌에서 나올 때 신 장관이 막 약상자를 들고 밖으로 나가려는 참이었다. 너무나 안타까워 말도 못한 채 땀띠연고 하나만 빼놓으라는 사인을 신 장관에게 보냈다. 장관은 알았다는 듯 슬쩍 한 개를 빼돌리려했다.

그때 뒷머리가 따갑다는 느낌에 고개를 돌리자 대통령이 무서운 눈으로 우리 두 사람을 노려보고 서있었다. 나는 무안해서 어쩔 줄을 몰랐고, 장관도 멀쑥한 표정으로 냉큼 나가버렸다. 평소에도 남에게 무엇을 줄 때는 나에게 물어보는 법이 없는 대통령이었다. 그런 성격에 자신의 땀띠를 치료하겠다고 얻어온 약을 전선에 보내면서 내 의사를 물어볼 분이 아니었다.

영덕지구의 전황은 더욱 심각했다. 적군이 깊숙이 내려와 병력을 집결, 대구로 밀고 내려올 태세를 갖추고 있었다. 안강리에 집결한 적의 대규모 게릴라들이 포항을 위협하고 있었다. 1개 연대가 현지로 급파됐다.

국방장관은 만일 정부가 지금 이동하면 생명을 걸고 싸우는 우리 아이들의 사기가 완전히 저하될 것이라고 내각에 보고했다. 우리 아이들은 아직까지 정부를 이동시킬 이유가 없다고 믿기 때문이다.

내무장관은 정부의 이동에 찬성하는 편이었다. 현황을 모두 파악하고 있는

동부전선을 시찰하면서 지프에 올라 즉흥연설을 하는 이승만 대통령(1951).

듯 내무장관은 회의 때 계속 침묵을 지켰다. 대통령은 장관들에게 만일 앞으로 무슨 위험이 생기면 국방장관과 무초 대사가 가장 먼저 보고해야 될 사람들이라고 말했다.

오늘 아침에 무초 대사도 그곳에 있었으나 그는 아무런 말도 하지 않았다. 오늘따라 무초 대사는 몹시 흥분해 있었다. 그의 손은 거의 떨리다시피 했다. 언제나 그랬듯이 대통령이 무초 대사의 등을 토닥거려주었다.

대통령은 무초에게 지금 당장 2만 정의 총만 한국군에 지급해주면 수많은 미국인들의 생명을 구할 수 있을 것이라고 말했다. 대통령은 게릴라전이라는 것은 맞붙어 싸우는 백병전이나 다름없는데, 한국인들에겐 그런 훈련이 잘 돼 있다고 장담했다. 또 우리 아이들은 죽음을 무릅쓰고 전투를 계속할 결의에 차 있다는 것이 대통령의 지론이었다. 만일 우리가 적을 죽이지 않으면 조만간 적이 우리를 죽이려들 것이 뻔하다.

대통령은 회의에 참석한 장관들을 진정시킨 다음, 만약 앞으로 어떤 위험이 있으면 국방장관이 이를 즉각 알려올 것이라고 거듭 말했다.

어젯밤 대통령은 워싱턴에 있는 장면 대사에게 보낼 전문을 작성했다. 우리는 이 전문을 무초 대사에게 주어 워싱턴에 전달해달라고 요청했다.

그러나 오늘 아침에 무초 대사가 와서 주소가 틀리기 때문에 전문을 전해줄 수 없다고 말했다. 드럼라이트와 노블도 무초 대사와 함께 왔다. 대통령은 이들에게 전문을 편지형식으로 다시 쓸 테니 이를 보내달라고 요구했다. 옆에는 외무장관도 서있었다.

무초 대사는 이 자리에서 한국 외무차관(조정환)이 갖가지 뜬소문(미군의 울산 철수설)을 퍼뜨리고 있다고 주장했다. 이에 대해 외무장관은 조 차관 말고도 황성수(黃聖秀, 국회의원 겸 통역) 씨도 미군대위가 하는 말을 들은바 있다고 반박했다. 미국인들은 소문의 진원지를 한국인 중에서 끄집어내려고 노력하고 있음이 역력했다.

이때 서울시경 국장(김태선)이 와서 미군 비행기들이 부산과 포항으로 날아갔으며, 이제 남아있는 비행기는 몇 대 안된다는 사실을 미군들이 공개적으로 떠든다고 보고했다. 대통령은 7일에 와서야 비행장시찰을 하도록 요청받았다. 미군들은 3개의 활주로를 건설 중에 있었고, 수천 명의 한국인들이 그곳에서 일하고 있었다.

대부분의 비행기들은 8일 모두 떠나버렸다. 어떻게 된 영문이냐고 많은 사람들이 질문해오는 것은 당연했다. 임병직 외무장관은 "평양방송을 청취했던 미국기자들이 적군이 9일에 대구를 점령할 것이라고 하더라"는 말을 전했다. 이 평양방송 보도가 나가자 온갖 소문이 삽시간에 꼬리를 물고 퍼졌다. 무초 대사는 처음 이 소문을 퍼뜨린 미군대위의 신분을 밝히기를 거부하면서, 여전히 소문을 퍼뜨린 것은 한국인들이라는 점을 강변했다.

오늘 아침에는 오랜만에 반가운 소식이 날아들었다. 우리 아이들이 밀려오는 적군을 몰아냈다는 것이다. 적군이 후퇴하는 자기 동료들을 향해 사격을 가했다는 소식도 들어왔다.

# 실종자 속출하는 미 24사단

8월 11일.

어제 오후 늦게 노블 참사관이 나에게 왔다. 그는 우리 정부가 워싱턴 공관으로 보내는 편지를 무초 대사에게 주는 것은 잘한 일이지만, 대사는 이런 때 그 편지 내용과 같은 성명을 우리 공관이 내게 된다면 사태를 악화시킬 뿐이라고 대통령께 여러 번 이야기했던 것으로 알고 있다고 했다.

미국 정부는 소련이 빠져나갈 문을 터주려고 하고 있다. 미국인들은 이 같은 성명으로 소련군이 이 전쟁에 참여할지도 모른다는 점을 몹시 걱정했다. 만의 하나라도 소련군이 전쟁에 개입한다면 미군은 지원을 철회할 수밖에 없을 것이다. 왜냐하면 미군은 미·소전에 대해선 아무런 준비태세가 돼있지 않기 때문이다. 그렇게 된다면 궁극적으로는 한국만 피해를 보게 되리라는 것이었다.

나는 노블 박사에게 "왜 무초 대사는 대통령에게 직접 말하지 못하고, 당신이나 드럼라이트 1등서기관을 보내 편지의 내용보다 전달 방법이 좋다고만 하느냐?"고 따져 물었다.

그가 몹시 당황하는 것을 보니 편지를 전해줄 것 같지 않았다(결국 우리는 이 편지를 회수했다). 나는 이 모든 상황을 나중에 대통령에게 말해주었다. 미국무성은 대통령의 입을 막고 회유하며, 그들이 할 수 있는 모든 것을 하려고한 것이다.

스트레이트 마이어 미 극동공군사령관이 더 이상 평양 폭격을 하지 않을 것이란 뜻밖의 성명을 발표했다. 이 발표는 최근 북한이 "미군기가 민간인들에게까지 폭격을 가한다."고 UN에 항의를 제기한데 대한 유화책임에 분명했다.

그러나 적도(敵都=평양)를 폭격하지 않겠다는 미군 측의 발표는 한국인들에겐 아주 나쁜 영향을 끼칠 것 같다. 군사시설이 전혀 없다면 미군기들이 폭격할 이유도 없지 않은가? 왜 그런 발표를 해서 북한 측에 마음 놓고 공항과 철도시설을 복구할 시간을 준단 말인가? 한국인들로서는 분통이 터질 노릇이었다.

오후 5시쯤 우리 군대가 진주를 점령했다. 그러나 증강된 1개 연대 규모의 적 게릴라들이 포항을 포위하고 있다는 이야기였다. 미5공군사령관 패트리지 장군은 미군전투기와 해군의 지원으로 공산게릴라들을 견제할 수 있다고 자신있게 말했다.

정일권 장군과 파렐 장군(미 군사고문단장)은 오늘 아침 일찍 포항지역으로 내려갔다. 정 장군은 그곳에 탱크 몇 대를 지원하자고 주장했으나 파렐 장군은 미군 비행기들이 사태를 해결할 수 있을 것이라고 말했다. 결국 포항 쪽에는 소규모의 기갑부대 병력을 파견했다. 오후가 되면서 전투는 더욱 치열해졌다. 밤이 되자 미군들이 그곳에서 밀려나오는 사태가 벌어졌다.

〈INS〉(International News Service)의 프랭크 에머리 기자가 대구에 도착했다. 그는 막 왜관에서 왔다고 했다. 그는 한국군들이 총도 없이 수류탄과 맨주먹으로 용감하게 싸우고 있다고 전해주었다. 그는 한국군이 공산군을 격퇴하는데 성공을 거두곤 했으나, 공산군은 반드시 다시 몰려온다고 말했다.

우리는 그에게 한국 사람들은 공세를 취할 만큼 충분한 병력이 없을 때에도 오히려 선제공격을 가하는 것이 유리하다고 믿고 있으며, 적이 공세를 취해 올때까지 무작정 기다리고만 있는 것은 아주 불리한 전략이라는 사실을 일깨워 주었다.

전황은 매우 급박해져 서울에서 입대한 학생들이 포로가 되고 있었다.


8월 12일 아침.

우리는 포항 일부가 적의 수중에 넘어갔다는 사실을 알았다. 전투는 여전히 치열하게 계속됐다. 미군기들은 감포리까지 올라갔다. 영덕 근방에선 적의 대규모 중심부대가 쏟아져 나오고 있었다.

UN군은 그쪽으로 탱크 30여 대를 긴급 출동시켰다. 오후 5시가 넘도록 우리는 그곳 전투가 어떻게 전개됐는지 결과를 알 도리가 없었다.

우리 방송은 수신 상태가 몹시 나빴다. 북한방송은 계속 미군방송과 〈미국의 소리 방송〉(VOA)의 전파를 방해했다. 우리는 밤늦게나 겨우 미국방송을 약간 들을 수 있었으며, 그나마 들을 수 있는 시간은 여전히 불규칙적이었다.

대통령은 어제 맥아더 사령관에게 보낼 편지를 썼다. 우리는 이 편지를 오늘 오후 5시 무초 대사에게 주어 전달하도록 요청했다.

미군기들은 하루 종일 출격했으나 적의 움직임은 조금도 사그라지지 않았다. 정말로 믿을 수 없는 일이었다.

어젯밤엔 인도의 유엔한국위원단(UNCOK) 군사 옵서버가 영국기자 2명, 한국인 4명 등과 함께 전선으로 갔다가 지뢰를 밟는 바람에 이들 전원이 사망했다는 보고가 들어왔다. 국방장관은 사전에 이들에게 안내자가 없는 전선 방문을 금한다고 통고해 주었음에도 불구하고, 아무도 모르게 떠났다가 참변을 당했다고 보고 했다.

# "꿈속에서 대통령이 나를 쏘았다!"

8월 13일.

국방장관은 한국군 1개 연대를 경주로 보내 포항까지 진격하도록 명령했다고 보고했다. 이들은 오늘 아침에 공격을 개시하도록 돼있었다.

병력수송선이 며칠 전에는 부산에, 오늘은 진해에 도착했다. 이 증원부대는 지난 주 적의 낙동강 도하를 허용했던 미제24사단의 잔여병력을 강화하는 임무가 부여됐다. 적은 아군의 저항이 별로 대단치 않을 것이라는 사실을 알고 계속 내륙 쪽으로 밀고 들어왔다.

국방장관이 아침에 와서 매일같이 전사자 명단을 놓고 검토하다보면, 미24사단에서 실종자가 대거 발생하고 있었다. 실은 그들 대부분이 도망병이라고 했다.

미 전투부대의 실종자들은 거의가 일본에 주둔하고 있을 때 취사병이었거나, 부대 내부의 지원부서 사병들이었다. 그래서 전투능력이 없었던 것으로 알려졌다. 워커 장군은 이런 사실을 알고 나서 그곳에 새로운 병력을 파견했다.

어제 왜관에 다녀온 외무장관이 강둑 위에는 파괴된 대포와 부서진 탱크들만이 나뒹굴고 있더라고 전했다. 그는 미군들이 공중엄호를 받고 장거리포도 갖고 있으면서, 왜 진격을 하지 않느냐고 반문했다. 우리는 어느 지점을 돌파할 것인가의 여부를 따질 시간이 있다면 차라리 그 시간에 공격을 퍼부을 텐데, 미국인들은 항상 "좀 더 기다려보자"는 소리만 되풀이하고 있다.

우리 학도병들이 그곳에 있는 미군을 지원하고 있었다. 벤(Ben, 우리는 임병직 외무장관을 독립운동 당시부터 이렇게 불러왔다)은 미군들이 2대의 트럭을 몰고 와서 우리 아이들을 가득 태우는 것을 목격했다고 한다.

우리 아이들의 일부는 구식 일본 총을 갖고 있었으나, 대부분은 아무런 무기도 없었다. 우리 아이들은 트럭을 타고 산속으로 들어가 그곳에 숨어있던 공산게릴라들을 산 밑으로 쫓아냈고, 이때 대기하고 있던 미군들이 게릴라들에게 일제사격을 퍼부었다. 이 작전으로 밤에 우리를 괴롭히던 상당수의 공산게릴라가 제거되었다. 미국인들은 드디어 우리 아이들이 진심으로 그들을 돕고 싶어한다는 사실을 깨닫기 시작했다.

국방장관이 와서 워커 장군은 방어선을 차단하기를 원한다고 말했다. 대통령은 활주로에 나가 2대의 수송기가 트럭을 수송하는 광경을 직접 관찰했다. 한 비행기 속에는 2대의 거대한 트럭이 실려 있었다.

8월 14일.

어제 오후 콜터 장군이 무초 대사, 드럼라이트 1등 서기관과 함께 찾아왔다. 콜터 장군은 이 자리에서 대통령의 편지에 대한 답신으로, 맥아더 사령관이 자신에게 "1천 명의 한국 병사들에게 유엔군 휘장이 있는 군복을 입히고, 미군과 함께 먹고 잘 수 있도록 조치하라"는 명령을 내렸다고 밝혔다.(지금까지는 한국군과 미군이 어깨를 나란히 하고 함께 행동했더라도, 양국군이 먹는 음식은 달랐다.)

콜터 장군은 사흘 이내에 3천 명의 한국인 병력이 필요하다고 말했다. 동석했던 국방장관은 그 같은 목적을 위해선 18세 전후의 한국 학도병들이 가장 적합할 것이라는 의견을 제시했다. 학도병들은 약간의 영어를 할 수도 있고, 또 배우는 속도가 훨씬 빠를 것이라는 이점 때문이었다. 게다가 현재 매일 1천 명의 학도병이 징모되고 있는 터였다.

그런데 사실은 대통령이 맥아더 장군에게 편지로 요청한 내용은 그것이 아니었다. 대통령은 원래 우리 젊은이들의 게릴라 활동과, 크고 작은 길이나 산속을 수색하며 적의 침투를 막게 하기 위해 3만 정의 소총을 요청했었다. 그러나 내 생각으로는 미군 병사들이 누가 누구인지 알지를 못하니, 이 같은 무기 공급 요청에 동의할 것 같지 않았다. 우리 아이들은 우리 편 사람을 잘 알겠지만 미군들은 두려운 것이다.

아침에 국방장관이 와서 워커 장군이 자신의 참모들에게 오늘 중으로 포항을 완전 소개하도록 명령했다고 전했다. 그러나 미군들의 행동은 여전히 느리기만 했다. 미군들은 원래 어제 포항 일원에 함포사격 및 공중폭격을 가하여 적을 지치게 한 다음, 오후 4시 정각에 공격을 감행하도록 계획을 세워놓았었다. 그래서 우리는 오늘 오전까지는 포항이 재탈환될 것으로 기대했었다. 그러나 미군들은 그렇게 하질 못했다.

국방장관은 또 워커 장군이 이틀에 걸쳐 공격하라는 명령을 내렸다고 말했다. 그것은 적이 죽음을 당하지 않는 한 우리가 죽는다는 것을 의미한다. 적은 파괴와 살인에 전력을 다하고 있는 것이다.

다행히도 하나님께서 하늘이 맑도록 해주시어 미군기들의 출격이 훨씬 용이해졌다. 하나님의 도움으로 우리는 승리하고 계속 전진할 것이다.

대통령은 전쟁이 터지자 기회 있을 때마다 미군들에게 한국 실정을 정확히 파악하는 게 중요하다고 강조해 왔다. 그러나 불행하게도 미국인들은 한국인들의 전투력을 과소평가했음이 분명하다. 게다가 미군들은 공산게릴라들을 격퇴하는 데는 공중폭격도 좋지만, 한국지형을 잘 아는 한국보병이 필요하다는 사실을 잘 몰랐던 것 같다.

무초 대사는 대구가 적의 공격권에 들어가자 정부를 제주도로 옮길 것을 건의했다. 그의 주장은 그곳이 적의 공격으로부터 멀리 떨어져있고, 최악의 경우 남한 전체가 공산군에 점령된다 해도 망명정부를 지속시켜나갈 수 있기 때문이라고 설명했다.

무초가 한참 열을 올려 이야기하고 있을 때, 대통령이 허리에 차고 있던 모젤권총을 꺼내들었다. 순간 무초는 입이 굳어져버렸고 얼굴색이 하얗게 질렸다. 나도 깜짝 놀랐다. 미국에서 살 때 고속순찰 오토바이를 따돌리고 과속으로 달릴 때 가슴이 떨린 이후 그렇게 놀란 적이 없었다.

대통령은 권총을 아래위로 흔들면서 "이 총으로 공산당이 내 앞까지 왔을 때 내 처를 쏘고, 적을 죽이고 나머지 한 알로 나를 쏠 것이오. 우리는 정부를 한반도 밖으로 옮길 생각이 없소. 모두 총궐기하여 싸울 것이오. 결코 도망가지 않겠소."라고 단호히 말했다.

대통령이 권총으로 어쩔 것은 아니었지만, 긴장한 무초 대사는 더 이상 아무 말을 못하고 혼비백산하여 돌아갔다.

이날 밤 나는 깊은 잠을 이루지 못한 채 악몽과 환상에 시달렸다. 바로 눈앞에 공산당이 나타나 대통령이 나를 쏘았는데 불발이 되어 우리가 붙잡히거나, 치명상을 입지 않아 목숨이 붙어있는 바람에 그들에게 곤욕을 치르는 환상에 잠이 오지 않았다.

잠이 들어 꿈을 꾸었다. 대통령이 나를 쏘았다. 그런데도 죽지는 않고 피만 흘렸다. 나는 피를 흘리며 공산당에게 이리저리 끌려 다녔다. 소스라쳐 눈을 뜨면 온몸이 식은땀에 젖어있었다. 나는 두 손을 모아 이 전쟁과 죽음의 공포를 물리쳐 달라고 하나님께 기도했다.

한국전은 엄연한 전쟁이면서도 어떻게 보면 전쟁이 아닌 것 같은 이상한 양상을 띠고 있다. 그것은 전쟁을 피하기를 바라는 면이 있기 때문이다. 어떤 방법으로 전쟁을 피한다는 것일까? 소련이 이 와중에서 빠져나갈 수 있도록 뒷문을 열어놓는 것이다. 그런 희망으로 우리 측은 전쟁을 늦추지 않으면 안 되는 것이다.

소련은 이것을 최대한 활용하면서 '왜 미국이 이 전쟁을 시작했느냐?'고 트집을 잡았다. 그렇다면 누가 이 전쟁의 책임을 져야한단 말인가. 미국이 소련을 빠져나가도록 해주면, 소련은 자신들에게는 아무런 책임이 없다고 여길 것이다.

트루먼 대통령은 왜 북한공산주의자들을 격퇴하겠다고 마음먹었을까? 공산주의자들의 도발로 시작된 전쟁에는 미국이 기필코 승리를 거두어야 한다는 굳은 결의를 보여줘야만 반공의식이 더욱 공고해질 것이 아닌가? 트루먼 대통령은 이 모든 상황을 검토한 끝에 한국전에 파병을 결정했고, 자유세계의 모든 국가들이 그러한 트루먼 대통령의 행동을 지지하고 있는 것이다.

# 오랜만에 진해에서 단잠을 자다

8월 16일.

　우리는 전 세계의 우방들에게 분명히 밝혀두고 싶은 게 하나 있었다. 그것은 어떤 나라든지 이 전쟁을 중재하기 위한 계획이나 제안을 내놓기 원할 경우, 그러한 제안은 반드시 직접 또는 간접적으로 한국정부에 제시돼야 한다는 점이었다.

　한국민들은 남북한 간의 평화협상 제의가 소련 또는 다른 어떤 나라에 의해 제시되는 것을 강력히 반대한다. 우리는 과거에도 그 같은 경험을 수없이 겪었으며, 지금 현재 미국인과 한국인들이 고통의 시간을 갖고 있는 것도 바로 그러한 이유 때문이다.

　따라서 우리는 정당한 우리 정부 당국과의 사전협의 없이 남북한 문제에 관해 다른 나라들이 협정을 맺는 것을 결단코 반대한다는 사실을 분명히 해둘 필요가 있었다.

　우리는 유엔의 모든 회원국들이 대한민국의 독립을 완전히 승인하고, 한국의 주권이 직접 또는 간접적으로 침해받아서는 안 된다는 점을 이해하고 있음을 확신했다. 우리의 우방들이 이 전쟁에 모두 참여해서 우리를 도와주고는 있지만, 현재의 이 전쟁은 궁극적으로 우리 자신의 전쟁이다.

다행히도 우방들이 한국 땅까지 와서 우리를 도와주려는 목적, 즉 민주주의를 수호하려는 그 목적은 우리 자신이 추구하는 것과 일치했다.

공산주의자들은 이러한 민주수호자들에게 무차별 공격을 감행, 모든 민주국가를 파괴하고 공산주의로 세계를 지배하려 한다. 자유진영이 이러한 공산주의자들에 대항하여 우리와 함께 싸우는 것은 너무나 당연하다. 그러므로 우리모두는 역사상 처음으로 하나의 공동 목적을 위해, 소(小)는 대(大)를 위하고 대는 소를 위하여 싸우고 있는 것이다.

그렇다고 해서 우리를 도와준 우방들이 우리나라를 다스리거나 우리의 내정에 간섭해도 좋다는 뜻은 아니다. 전쟁이 한반도에 국한하여 전개되는 한 이전쟁은 전적으로 우리나라 국내 문제이며, 우리들 자신이 책임을 져야한다고생각한다.

우리는 중요한 문제를 우방들과 상의할 것이며, 그들이 내놓는 좋은 충고와건설적인 제안에 대해선 감사할 것이다. 그러나 분명히 해둘 것은 어떠한 경우든지 간에 이러한 우방들의 충고와 제안을 받아들이거나, 또는 수락하기를 거부하는 것은 오직 우리 정부 고유의 권한이라는 점이다.

8월 17일.

대통령은 오전 11시에 비행기 편으로 부산으로 갔다가 오후 5시쯤 대구로돌아왔다. 대통령이 공항에서 자동차를 타고 대구의 지사 사무실로 와보니 대부분의 각료들이 모여 있었다. 거기엔 조병옥 내무장관과 헬렌 김(김활란)도 있었다.

이들은 대통령에게 정부를 부산으로 옮겨야 한다고 건의하면서, 곧 이 내용을 발표하겠다고 말했다. 대통령은 그들에게 오늘은 아무런 조치도 취하지 말라고 당부했다.

대통령은 다시 오늘 중으로 진해로 갔다가, 내일 아침 대구로 돌아온 뒤 이 문제에 대한 결정을 내릴 계획이었다. 대통령은 국민들이 혼란에 빠지는 것을 원치 않았다.

관저로 돌아오니 이번엔 클레어런스 리(공보처장 이철원)가 손에 사표를 든 채 대통령을 기다리고 있었다. 그의 사표를 수리하고 후임에 헬렌 김을 임명했다

지사관저에서 잠시 휴식을 취한 대통령은 진해로 떠나기 위해 공항으로 나갔다. 노블 참사관이 우리를 공항까지 안내했다. 공항엔 C-47기 한 대가 우리를 기다리고 있었다. 우리는 황 비서관, 5명의 경찰관, 요리사 양학준 씨 등을 대동하고 비행기에 올랐다.

그런데 이 비행기의 조종사는 진해 쪽으로는 한 번도 비행한 적이 없었다. 그는 낙동강을 따라서 계속 내려가고 있었다. 그래서 우리 '승객'들이 오히려 진해 쪽으로 가는 산골짜기를 조종사에게 가르쳐 주어가면서 비행을 계속해야만 했다.

비행기가 무사히 착륙해서 내려 보니 한·미 양국 국기를 받쳐 든 의장대가 우리를 맞이했다. 그곳엔 미 공군의 헤스 소령(영화 『전송가』의 주인공)과, 한국 조종사들을 훈련시키고 있던 3명의 미군 교관도 와있었다. 종군기자로 활약 중이던 윈스턴 처칠 전 영국수상의 아들 랜돌프 처칠(Randolph Churchill)의 모습도 보였다. 대통령은 이들 모두와 반갑게 인사를 나눈 다음 숙소로 향했다.

대구의 먼지와 폭염에 시달리다 이곳에서 신선한 공기를 마시니 몸이 둥둥 날 것만 같았다. 밤에는 마산 근처에서 총격전 소리가 들리기도 했으나, 하루 종일 강행군을 하느라 몸이 녹초가 되어 오랜만에 단잠을 잘 수가 있었다.

# 부산수도 기습발표

8월 18일.

대통령은 공군의 김정열 장군을 불러 대구로 떠날 비행기를 대기시키라고 지시했다. 대통령은 오전 10시 45분 진해를 출발, 전투기 2대의 호위를 받으며 30분 후 대구에 도착했다.

대통령의 이번 여행은 아무에게도 알리지 않은 '비밀'이었기 때문에 대통령은 대구공항에서 시내로 들어오는데 지프를 이용할 수가 있었다. 그런데 신국방장관은 대통령이 탔던 비행기를 주선한 김 장군을 몹시 꾸짖었다. 대통령이 타기에는 비행기가 너무 낡았고 안전감을 주지 않았다는 이유에서였다.

우리 비행기를 엄호했던 2대의 전투기들은 전선에 출격임무를 받고 있던 전투기들이었다. 이 전투기들은 우리 비행기가 대구에 착륙하자 공항상공을 몇 번 선회하고 나서 곧장 전선 쪽으로 출격했다.

대구에 도착해 보니 큰 혼란이 일어나고 있었다. 정부를 옮긴다는 결정은 대통령이 대구로 돌아올 때까지 보류하기로 돼 있었는데, 대통령이 진해로 내려간 사이에 조 내무가 이를 발표해 버렸던 것이다.

이 발표가 나가자 시민들은 온통 아우성을 쳤다. 서로 앞 다투어 대구를 빠져나가려고 야단이었다. 대구역에는 수많은 사람들이 몰려들었고, 큰길은 완전히 사람들로 뒤덮여 있었다. 대통령은 잠시나마 대구를 떠났던 것을 몹시 후회하는 것 같았다. 그러면서 방송과 신문을 통해 국민들에게 발표할 성명서를 작성했다. 대통령은 오후 2시에 무초 대사와 함께 진해로 떠났다. 무초 대사는 부산으로 가려던 참이었다.

포항지역의 상황이 많이 좋아지고 있다는 이야기가 들렸다. 왜관 쪽도 비교적 안정을 되찾았다. 그러나 대구공항 근처엔 계속 포탄이 날아들어 적지 않은 사상자를 냈다.

이날 저녁 진해 해군통제부의 김 대령은 우리 해군이 통영에 상륙한 후 고속초계정을 동원, 반대편에 있는 조그마한 섬을 공격했다고 보고했다. 적이 통영을 포격하기 위해 그곳 언덕위에 포대를 설치해 놓고 있었던 것이다.

이러한 상황 속에서 대통령은 아군 측의 반격이 너무 약하게, 그리고 너무 늦게 이루어지고 있다는 사실에 몹시 화를 냈다. 대통령은 적에게 직접 타격을 주지 않고 적이 지치도록 무작정 기다리는 작전을 쓴다면, 그 사이에 적은 남한에 있는 인력을 강제로 동원하여 아군 측에 대항해서 싸우도록 할 것이라는 결론에 도달했다. 이미 의용군으로 강제 동원된 서울의 우리 학생들이 아군에게 전쟁포로로 잡히고 있지 않은가?

헤스 소령이 와서 미군은 당분간 더 이상 진격을 하지 않을 것이라고 말했다. 그러면서도 미군들은 크리스마스 때까지 서울을 탈환할 수 있을 것이라고 했다. 수개월 내로 서울이 탈환될 것이라는 이야기에 대통령은 크게 화를 냈다.

대통령은 수많은 사람들이 앞으로 다가올 겨울철에 어떻게 들판에서 노숙할 것이며, 식량사정은 어떻게 될 것인가 등을 몹시 걱정했다. 서울시민은 물론이고 전국 방방곡곡에 있는 국민들이, 그들이 가진 모든 재물과 식량을 공산주

한국에 처음 도입된 다이얼식 전화기로 통화하는 프란체스카 여사(1952. 12. 8)

의자들에게 강탈당하고 있지 않은가.

그래서 많은 한국인들은 최소한 9월 중순 이전까지는 적을 물리쳐야 한다고 기대했다. 그렇지 않으면 중공군의 증원부대가 투입돼서 사태가 더욱 악화될 것이 뻔한 노릇이었기 때문이다. 이미 중공군은 이 전쟁에 개입하고 있었다. 북괴군 병력은 얼마 남지 않은 것이다.

한국인을 돕기 위해 파병된 어떤 흑인병사들은 "왜 한국인들은 같은 종족, 같은 형제끼리 서로 총부리를 겨누고 싸우느냐?"고 질문을 하곤 했다. 그들은 한국인들끼리 서로 사이좋게 지내면 이 모든 파괴행위도 방지할 수 있지 않느냐고 했다. 그들은 또 이 전쟁에선 아무도 승리할 수 없을 것이며, 오직 이 강토만이 파괴될 뿐이라고 했다.

이날 밤 대통령은 중대한 결심을 했다. 대통령은 도쿄에 있는 맥아더 사령관을 직접 찾아가 모종의 담판을 지으려고 결심한 것이다. 결심을 굳힌 대통령은 부산에 내려가 무초 대사에게 도쿄행 항공편을 주선하도록 요청해서, 아침에 떠나 맥아더와 회담한 후 아무도 모르게 돌아올 계획을 세웠다. 이 과정에서 의장대 사열 등 모든 공식행사가 없을 것은 물론이다.

8월 19일.

대통령이 비행기를 타고 진해에서 부산으로 가려던 계획은 비행기가 준비되지 않아 큰 차질을 빚었다. 게다가 부산 근교 김해공항에서 부산시내까지의 도로사정도 매우 나쁘다고 했다. 그래서 우리는 아침 9시에 조그마한 배를 타고 떠날 수밖에 없었다.

다행히 날씨가 아주 청명해서 선박여행은 그런대로 견딜만했다. 다만 조류와 바람 탓에 당초 계획보다 약간 늦어 정오가 다 되어서야 부산항에 도착했다.

대통령을 찾아온 무초 대사는 전반적으로 상황이 많이 좋아졌다고 전제하면서, 대통령의 요청내용을 곧 맥아더 사령관에게 전달하겠다고 말했다. 대통령이 끈질기게 요구하고 있는 것은 ▲모든 한국군에게 즉시 무기를 공급할 것 ▲가능한 한 조속히 북진을 개시할 것 ▲무슨 일이 있어도 대구를 사수할 것 등 3개항이었다.

대통령은 무엇보다도 대구를 포기하게 되면 국민들의 사기가 현저히 떨어질 것이며, 부산도 지키기가 어려워질 것이라는 점을 걱정했다. 대통령이 부산항에 내려 육지로 올라간 사이에 나는 배 안에 남아서 대통령이 돌아오기를 기다렸다. 그사이에 경남지사 부인과 이기붕 씨 부인(=박마리아)이 꽃과 포도꾸러미를 들고 나를 찾아왔다.

우리가 한창 이야기를 하고 있는데 오후 2시30분 쯤 대통령이 돌아왔다. 우리는 다시 뱃머리를 돌려 3시간 후 진해로 돌아왔다. 노블 참사관이 진해에서 우리를 기다리고 있었다. 그는 막 대구에서 내려온 길이라고 했다.

미국대사관은 한국정부가 있는 곳에 항상 같이 있겠다는 방침을 정해놓고 있었기 때문에 노블 참사관이 항상 우리 곁에 있도록 배치된 것이다. 대통령은 일요일인 20일에 대구로 비행하겠다고 미국 측에 통고했다.

# 군악대 환영받은 경무대 요리사

8월 20일.

아침에 김 장군과 김 대위가 와서 날씨가 비행하기에 적합하지 않다고 했다. 대구 쪽에 구름이 너무 깔려서 비행할 수가 없다는 이야기였다. 대통령은 해군 병원을 방문, 통영전투에서 부상하여 치료중인 부상자들을 위로했다. 다행히도 중상자 2명을 제외하고는 모두가 곧 회복될 것이라는 병원 측의 보고였다.

대통령은 또 적군으로부터 노획한 무기들을 살펴보았다. 그런데 이때 장교 한 명이 끌려왔다. 이 장교는 부하들이 싸우기를 싫어한다고 3명의 부하를 즉결 처분했다가 도리어 자신의 부하들로부터 실컷 두들겨 맞은 모양이었다. 이들은 모든 탄약이 동이 났기 때문에 투항할 수밖에 없는 상황에 처했었다고 말했다. 이들은 모든 보급이 끊어져 식량마저 다 떨어진 비참한 상황이었다고 설명했다.

대통령은 노블 참사관에게 무초 대사에게 전화를 걸어 월요일 아침에 대구로 가겠다는 뜻을 전하라고 일렀다.

오후 7시, 우리는 헤스 소령, 노블 참사관, 김 장군, 김 대위 등과 함께 저녁

식사를 했다. 6월말 경무대를 떠나온 뒤 처음으로 나는 우리 집 부엌 같은 기분이 드는 진해별장 부엌에서 저녁식사를 마련했다. 전처럼 양념이 고루 갖추어져 있는 것은 아니었지만 양파, 풋고추, 감자를 듬뿍 넣고 그럴듯하게 닭찜을 흉내 내고, 상치로 겉절이를 만들어 식탁을 차렸다.

오랜만에 요리를 만들 기회를 맞은 양 노인도 신이 났다. 대통령이 양 노인을 데리고 다니는 데는 꼭 요리를 만들도록 하기 위해서가 아니라, 두 노인네 사이에 사연이 있어서였다.

나이는 대통령보다 몇 살 아래였다. 일찍이 자식 하나를 두고 상처한 뒤 자식마저 살림을 차리자 사고무친이 되고 말았다. 대통령은 늘 이 외로운 양씨를 감싸 돌았고, 서울서 피난 올 때도 가정부 대신 양 노인을 데리고 왔다. 그는 얼굴 생김이나 풍채, 희끗희끗한 헤어스타일이 너무도 대통령을 닮았다.

이런 해프닝이 있었다. 대구 임시관저에 있을 때 두어 번 미8군에서 냉동 고기류와 빵을 보내온 일이 있었다. 또 시민들은 대통령이 들도록 감자, 옥수수, 계란, 닭 등을 지게에 지고와 두고 가는 적도 있었다. 대통령은 이런 음식이 생기면 몽땅 전방이나 후방 훈련소의 우리 아이들에게 갖다 주도록 했다. 날씨가 더워 고기나 빵 같은 것은 하루만 지나면 상하는 시절이었다. 대통령이 양 씨를 불렀다.

"자네 나하고 같이 부산 훈련소에 다녀오지. 저 음식들을 갖고 가서 자네 솜씨로 맛있는 요리를 만들어 우리 아이들에게 나누어주게. 음식이 빨리 상하니 비행기로 가지."

부산 신병훈련소에서는 대통령이 직접 와서 특식을 제공한다는 연락을 받고 군악대까지 대기시켰다. 비행기 문이 열리고 양 씨가 음식을 먼저 챙기기 위해 트랩을 내려섰다. 군악대가 대통령 환영 연주를 시작했다. 언뜻 보아 양 씨는 틀림없는 대통령이었기 때문이다.

당황한 것은 양 씨였다. 그는 '나는 대통령이 아니다'라는 뜻으로 두 손을 내저었다. 군악대는 대통령이 환영에 답하는 줄 알고 더 신이 나서 나팔을 불어 댔다. 이 해프닝이 있고난 뒤 대통령은 양 씨를 보면 "자네는 음식 대통령 하게. 앞으로 내 시찰 때는 함께 가서 우리 아이들 음식을 만들어주지."하며 꼭 수행토록 했다.

대통령은 양 씨를 이렇게 가까이 하고 좋아했지만 나는 양 노인이 별로 탐탁지 않았다. 왜냐하면 그가 나를 '깍쟁이 사모님'이라고 불렀기 때문이다.

술, 담배 일체 없이 모든 면에서 검약하고 절제하는 경무대에서 양 노인이 가끔 저녁 일을 마치고 술을 먹는 경우가 있었다. 평소엔 얌전했지만 술만 마시면 주벽이 있었다. 밤늦게 직원들을 주방에 불러들여 있는 재료를 다 꺼내 음식을 만들어 자기 마음대로 나누어주는 것이었다.

나는 무척 신경이 쓰였다. 어느 집 여자고 이런 기분은 나와 마찬가지일 것이다. 어느 날 밤 11시가 다 되어 주방에서 떠드는 소리가 나서 가만히 다가가 보니 양씨가 술에 취해 예의 '자선파티'를 열고 있었다. "소금 조끔" "간장 조끔" 하면서 웃는 소리가 났다.

가정부가 걱정스레 말했다. "대통령사모님한테 들키면 어떻게 하려고 이러세요?" 그러자 양씨가 "내 빽이 대통령인데 '깍쟁이 사모님'이 어쩌겠어?"하며 큰소리를 쳤다. 나는 '깍쟁이'란 한국말을 몇 번 들은 일이 있지만, 정확히 무엇을 뜻하는지는 그때까지 몰랐다.

나는 대통령에게 가서 "양 씨가 나더러 '깍쟁이'라는데 그게 뭡니까?"하고 물어보았다. 대통령이 "알뜰하게 살림 잘하는 부인네를 칭찬하는 말이요."라고 가르쳐주었다. 그러나 얼마 후에 그 말이 꼭 좋은 뜻만은 아니라는 걸 알았다.

대통령과 나는 식사 전엔 꼭 기도를 올렸고, 성경책은 식탁 옆 찬장서랍에 두었다. 한번은 양 씨가 술에 취해 그 성경책을 베고 코를 골다 나에게 들켰다.

나는 화가 나서 대통령에게 달려가 함께 현장을 보자고 했다.

대통령은 상보를 접어 베개를 만들더니 양 씨의 머리를 가만히 받쳐 들어 성경책을 빼내고 대신 받혀주었다. 그리고는 "참 좋은 사람이야. 술을 마시고도 성경을 열심히 읽었으니…안 그렇소, 마미?" 하며 빙긋이 웃는 것이었다. 대통령과 요리사가 아닌 노인네끼리의 따스한 우정을 그 순간 느낄 수 있었다.

다행히도 어제 저녁부터 오늘까지는 아군 측이 장거리포를 쏘아대는 소리가 들려왔다. 그러나 나는 어젯밤에 다시금 악몽에 시달렸다. 총격전 소리가 몇 분 간격으로 계속 울리는 바람에 자정 이후 한숨도 잘 수가 없었다.

김 대위는 통영에 있는 우리 아이들에게 탄약을 수송해줘야 한다면서 아침 일찍 떠났다. 헤스 소령은 그들로부터 지상지원을 해달라는 연락을 받고 통영으로 날아갔으나, 그는 지원해줄 무기가 어느 곳에 있는지도 모르고 있었다.

헤스 소령은 할 수 없이 킨 장군에게 그 지역 책임자가 누구냐고 문의해 보았다. 그러나 킨 장군은 그곳에서 전투가 벌어지고 있는 사실조차 몰랐다. 이때 김 대위가 킨 장군에게 1만 명을 한반도에서 철수시키라는 명령을 부산으로부터 받았노라고 했다. 도대체가 어떻게 돌아가는 건지 종잡을 수가 없었다.

# 낚시 즐기다 경비병에 쫓겨나

8월 21일.

대통령은 오전 10시에 진해를 떠났다. 무초 대사가 부산에서 비행기를 타고 진해로 와서 대통령을 모시고 대구로 떠난 것이다. 대통령이 대구공항에 도착해보니 5~6명의 장관들이 나와 있었다.

그는 워커 장군을 보고 해군이 지금 통영지역을 소탕 중인데 육군과 협조가 부족한 것 같다고 말했다. 이에 대해 워커 장군은 "육·해군 간에 협조가 없어 보이는 게 아니라 아예 협조가 없다."고 대답했다. 육군과 해군이 각자 독자적으로 작전을 수행하고 있다는 이야기였다.

이 말을 듣고 있던 신성모 국방장관이 그에게 한국에는 오직 하나의 사령부가 있을 뿐이며, 해군이 독단적으로 어떤 명령을 내릴 수는 없다고 반박했다. 이 같은 혼란의 원인이 어디 있었는가는 곧 밝혀졌다. 즉 부산에 있던 미 해군 사령부가 독자적인 작전명령을 손원일(孫元一) 해군참모총장에게 내려 이 명령을 수행하도록 했다는 것이다.

해군의 김 대령은 육군 측이 통영, 거제도지역은 해군 쪽 책임이라 하더라

112

고 전했다. 당시 우리 해군은 방비가 아주 허술했다. 극히 일부 해군만이 무기를 갖고 있는 암담한 상황이었던 것이다. 따라서 해군은 부산 바로 앞에 있는 거제도도 방위하지 못하고 있을 정도였다.

육군은 이러한 실정을 도외시한 채 해상봉쇄를 하면 공산군이 침투할 수 없을 것이라는 판단 아래 남해안 전체를 비워놓고 있었다. 이런 상황을 틈타 공산군은 소형 보트를 타고 모든 도서에 침투하고 있었다. 이제 그들은 통영과 거제도를 장악하려고 기도하고 있다. 누가 이들을 격퇴할 것인가?

거제도는 제주도 다음으로 크고 부유한 섬이 아닌가? 그곳엔 이미 10만 명의 피난민이 모여 있었다. 공산군이 거제도를 장악한다 해도 피난민 때문에 함부로 폭격을 할 수도 없는 노릇이다. 결국 육군과 해군은 앞으로 서로 긴밀히 협조하기로 약속했다.

우리 해군은 영국군과 함께 인천상륙에 필요한 덕적도를 포격한 끝에 섬을 장악하는데 성공했다. 우리는 내일 배를 타고 마산으로 갈 계획이다.


8월 22일 오전 8시 45분.

우리는 소형 초계정을 타고 마산으로 떠났다. 부두에는 노블 참사관과 〈UP통신〉 기자 잭 제임스가 나와 있었다. 이들은 마산에 있는 킨 장군에게 배속돼 있는 사람들이었다.

오전 9시 15분, 우리가 탄 초계정이 마산에 도착하니 이응준 장군이 부둣가에 나와 있었다. 이 장군은 대통령을 킨 장군이 있는 사령부로 안내했다. 미군 사령부를 잠깐 들러본 대통령은 곧바로 한국군사령부를 방문했다.

양쪽 사령부 방문을 마친 대통령은 통영에서 온 고속초계정을 타고 부산으로 향했다. 부산에 도착하니 오후 2시였다. 대통령은 부산에서 무초 대사와 각부 장관들을 만난 후 도지사관저로 갔다. 부산에서 잠을 자려니 진해에서 밤낮으로 들었던 장거리포 소리가 오히려 듣고 싶은 생각이 났다.

대통령은 밤에 내각이나 국회가 징병에 관한 법을 통과시킨 적이 없으므로 징병 시행은 있을 리 없다는 성명서를 작성했다.


8월 23일.

오늘 아침 일찍 대통령이 징병에 관한 자신의 성명을 보도하지 않은 군 검열책임자를 불러 이 문제를 물었다. 옥신각신 끝에 대통령의 성명 내용이 발표되었다.

징병이 없을 것이라는 대통령 성명이 나가자 반응은 대단히 좋았다. 고등학교 학생들이 대거 지원병으로 자원하기 시작한 것이다. 사실 어느 쪽이 옳다고 단정하기는 매우 어려운 노릇이었다. 국방부는 3일마다 5천 명의 병력을 미군 쪽에 공급해야 할 입장이었다. 동시에 우리는 우리대로 5개 사단의 조직을 원했으나 그럴 병력이 전혀 없었다. 필요한 시간 내에 필요한 병력을 차출한다는 것은 거의 불가능한 일이었다.

정오쯤 돼서 대통령이 어젯밤에 불렀던 조병옥 내무장관과 신성모 국방장관이 왔다. 조 내무는 경찰의 현황에 관해 대통령에게 보고했다. 대통령은 이 자리에서 조 내무에게 경찰간부들을 함부로 해고한 뒤 장관의 친척이나 친구들을 기용하는 행위를 중지하라고 나무랐다. 그와 같은 것은 모든 상황을 악화시키기 때문이다.

신 국방장관은 이제부터는 지원병제도를 통해 모병을 하는데 동의했다. 신 국방은 또 미 군사고문단(KMAG) 장교들과 일을 하는데 애로사항이 많다고 대통령에게 보고했다. 오늘 현재 미 군사고문단 요원은 약 5백 명에 달했지만, 한국인들에게 동정적이거나 전투경험을 가진 요원은 거의 없었다. 신 국방의 이야기로는 미 군사고문단 요원들의 대부분은 야전 경험이 없고 파티나 즐기는 그런 사람들이라는 것이었다.

8월 26일.

　해군 초계정을 타고 오후 2시 5분에 부산 해군 부두를 떠났다. 손원일 해군 참모총장이 우리와 함께 승선했다. 진해의 전용부두에 도착해 보니 미 구축함 한 척이 항구에 정박해 있었다. 이 구축함은 오후 6시쯤 마산 쪽으로 떠났다. 그쪽 해안에서 영동을 포격하기 위한 임무를 수행하기 위해서였다.

　이날 오후 대통령은 부두에 내려가 작은 목선을 타고 나가서 낚시를 했다. 커다란 고기들이 계속 잡혀 대통령은 1시간 동안 42마리나 낚아 올렸다. 한창 고기를 낚고 있는데, 전방 3백m 가량 떨어진 산 밑에서 "그쪽은 출입금지 구역이니 어서 나가시오."하고 누가 큰소리로 외쳤다. 아마 이곳을 경비하는 해병인듯 했다.

　그때 목선에는 김장흥 총경, 이선영 경사와 해군 장교가 함께 타고 있었다. 대통령은 "여기가 출입금지구역이라면 어서 나가야지."하고 낚시를 그만 두고 되돌아왔다. 별장으로 올라온 대통령은 통제부사령관인 김성삼 대령을 불렀다. 사령관은 이 이야기를 듣고 처음에는 불안한 표정이었으나, 이윽고 대통령이 그 해병을 칭찬하며 1계급 특진을 명하니 기쁨을 감추지 못했다.

　약 1시간 후 김 대령이 그 해병을 대동하고 왔다. 대통령도 해병을 반기며 등을 두드려주었다. "참으로 훌륭한 군인이야! 이렇게 애국적인 군인이 많이 있어야해."하며 치하했다. 그 병사는 기뻐서 어쩔 줄을 몰랐.

　오늘 밤은 밤새도록 포격소리가 들렸다. 이제 우리는 대포소리와 구축함에서 발사하는 함포소리를 구별할 수가 있을 정도가 됐다. 미군들은 마산으로 가는 길목인 서북산을 장악했다.

# 종군 미국 여기자와 인터뷰

8월 27일 일요일.

　일단의 유엔군 대표들이 진해로 왔다. 오전 11시쯤 왔던 이들은 회의를 한 후 오후 1시에 마산으로 떠났다. 우리는 점심을 싸들고 부두로 나가서 바닷가에서 식사를 했다. 나는 간밤에 잠을 거의 못 잤기 때문에 몹시 피곤해 집으로 돌아와 휴식을 취했다.

　책을 읽고 있는데 갑자기 근처에서 폭탄 터지는 소리가 요란하게 들려왔다. 깜빡 놀라서 재빨리 밖으로 뛰어나가 보았으나 아무도 보이지 않았다. 별일이 없겠거니 하고 다시 집으로 돌아와 독서를 계속했다.

　한 시간 반쯤 뒤에 대통령이 나에게 진해항에 2개의 폭탄이 떨어졌었다고 일러주었다. 그 중 1개는 폭발했으나 다른 1개는 불발이었다고 한다. 우리는 진해지구 부사령관을 불러 이 이야기를 해주었다(손원일 해군참모총장과 해군의 김성삼 대령 등은 모두 유엔군과 함께 마산에 가고 없었다).

　우리는 또 공군의 장 대령을 불러 맞은편 또는 그 뒤의 섬을 수색하라고 했다. 그들 장 대령과 김 대령은 이 폭발사고는 미 해군의 함포사격 연습임에 틀림없다고 단정했다. 대통령은 조사해서 보고하라고 지시했다.

장 대령이 나중에 와서 산맥 위(이 섬들은 산이 많고 평지가 없었다)를 비행했었으나 아무것도 보지 못했다고 보고했다. 다 듣고 난 대통령은 저녁식사를 일찍 끝내고 다시 낚시할 계획을 세웠다.

저녁식사를 막 하려는데 노블 참사관, 헤스 소령, 손원일 해군참모총장 등이 찾아왔다. 이들은 대통령에게 유엔군 대표단이 마산을 방문하는 문제에 관해 보고했다.

대통령은 이들에게 어젯밤 대통령 관저주변에서 있었던 폭발사고에 관해 설명해주었다. 대통령의 이야기를 다 듣고 난 헤스 소령은 25사단으로 하여금 철저히 조사토록한 후 대통령에게 보고하겠다고 말했다. 헤스 소령은 또 자신이 전선으로 비행하려했으나 금지 당했다면서, 그 이유가 무엇인지를 알아보기 위해 부산으로 떠날 예정이라고 했다.

그는 하루 평균 6회의 비행을 하고 있었다. 그는 한국인들을 사랑했으며, 한국인들에게 더 많은 비행훈련을 시켜서 훌륭한 조종사를 양성하겠다는 의욕에 차있는 사람이다.

노블 참사관은 미국 여기자 월튼 양이 인터뷰를 원한다고 말했다(그녀는 책을 쓰기도 했다). 그녀는 지금 〈새터데이 이브닝 포스트〉를 위해 일하고 있었다.

월튼 여기자는 이미 왜관지역을 다녀왔고, 곧 10만 명의 피난민이 수용된 거제도와 마산지역을 찾아볼 계획을 세워놓고 있었다. 그녀는 이곳저곳의 전투지역을 찾아보는 도중에 잠시 인간적인 측면에서 고찰해 보기를 원했다. 대통령은 그녀의 인터뷰 요청을 수락하고, 월요일 오전 10시에 만나겠다고 약속했다.

이날 밤 자정이 넘어서 우리는 또다시 한두 번의 폭발소리를 들었다. 오전 4시께는 또 한 차례의 폭탄 터지는 소리가 들렸다. 이 폭발소리는 지금까지 우리가 밤낮으로 들어왔던 총격전 소리와는 전혀 달랐다. 우리는 도대체 이 폭탄 소리가 어디서 나는 것인지 궁금하기 짝이 없었다.

8월 28일.

월튼 양과 사진기자가 와서 대통령과 인터뷰하고 사진도 찍어갔다. 오늘은 우리가 묵고 있는 곳의 반대편 산 너머에서 하루 종일 연기가 피어올랐다.

미군들은 지난주 사천지역에 있는 5만여 명에게 철수명령을 내리고, 그 마을 전체를 불사르도록 명령했다. 한국인들은 이 같은 미국인들의 전쟁수행 방법에 대해 몹시 당황했다. 왜냐하면 마을을 불 지른다면 적군이 다른 곳으로 도망가 버리지 가만히 앉아서 타 죽을 리는 없을 것이기 때문이다. 적은 고성 쪽에서 밀려오는데 미군들은 이들을 맞아서 싸울 생각은 안하고 부락을 태워 그들이 숨는 것을 막으려는 것이다.

오후 1시쯤 미 해병대의 유명한 크레이그 장군이 창원에서 헬리콥터를 타고 왔다. 현재 미 해병대는 창원에서 휴식을 취하고 있었다. 대통령은 크레이그 장군에게 미 해병대를 만나고 싶다는 희망을 표시했었다. 그래서 장군은 대통령의 여행을 준비하느라 자신의 부관인 버크 중위를 대동하고 왔다. 크레이그 장군은 아주 명랑하고 인상적인 사람이었다. 대통령은 내일 창원에 있는 미 해병대를 방문하기로 했다.

8월 29일.

오전 8시 30분에 2대의 헬리콥터가 도착했다. 노블 참사관과 김 대위, 대통령 경호원들도 왔다. 창원까지는 헬리콥터로 10분 걸렸다. 그곳에서 크레이그 장군은 부상하고도 용감히 싸운 92명의 병사들에게 명예 전상기장(=퍼플 하트)을 수여했다. 이 사실은 미국의 〈타임〉과 〈뉴스위크〉에 보도됐다.

대통령이 헬리콥터로 진해에 돌아온 것은 오전 10시 45분쯤이었다. 오후 2시에 우리는 진해비행장에 가서 미공군기의 네이팜탄 투하와 로켓 공격, 기총소사 시범을 구경했다. 장관이었다. 조종사는 윌슨이라는 대위와 소령 한사람이라고 했다.

포항지역 전황이 별로 좋지 않았다. 3사단(* 원문에는 6사단으로 잘못 표기되어 있음)의 진격이 아무래도 너무 빠르지 않느냐는 게 모두의 생각이었다. 김석원(金錫源) 3사단장은 일제 때 일본에서 훈련받고 이번 전쟁이 일어나기 전에 이미 사단 지휘관을 역임한바 있었다. 그런데 그는 채병덕 참모총장과 사이가 좋지 않아 채 장군의 지휘를 받으려 하지 않았다. 게다가 당시 공교롭게 터진 금전문제에 김, 채 두 사람이 모두 연루되었다. 대통령은 둘 다 직위해제하고 예편시켰었다. 채 장군은 곧 재임명됐지만 김 장군은 다른 보직을 받지 않겠다고 버텼다.

6·25전쟁이 벌어지고 나서 얼마 후 김석원 장군은 3사단장(* 원문에 6사단장으로 잘못 표기, 전쟁 후 그는 최초 수도사단장에 임명됐다가 얼마 후 3사단장에 임명됨)에 임명됐다. 그의 지휘 아래 3사단은 적잖이 우여곡절을 겪었다. 한 번은 너무 앞서 북진해버리는 바람에 미군들이 그를 제 위치에 붙잡아두느라 무진 애를 먹었다. 그 뒤 영덕 쪽에 재배치되자 이번엔 후퇴명령을 지키지 않다가 때를 놓쳐 해로로 겨우 빠져나왔다. 포항 작전지구에서 싸우고 있었는데, 지나치게 서둘러 밀고 올라가는 바람에 뒤쪽이 비었다. 그러자 서쪽의 왜관지구에 있던 적군이 퇴로를 끊고 들어왔으므로 김 장군의 부대는 해안선을 따라 퇴각할 수밖에 없었던 것이다.

김석원 장군뿐 아니라 김홍일(金弘壹) 장군도 미 군단장 콜터 장군이나 한국군 제1연대와 함께 있는 브래들리 장군의 말을 잘 듣지 않았다. 바로 어제도 부대를 조금 전진시키라는 명령을 받았으나 움직이지 않았다.

이들에게 이야기를 좀 해달라는 워커 장군의 부탁을 받고 대통령이 경주로 김홍일 장군을 찾아갔다. 김 장군은 빨리 진격해야 된다며 좀 더 기다리라는 워커 장군의 지시에 이의를 표했다. 대통령은 그에게 명령은 명령이니 만큼 따라야한다고 타일렀다.

# 낙동강 저지선 붕괴

8월 30일.

부산에 왔다. 우리보다 앞서 오전 9시에 경관들이 초계정을 타고 떠나 정오쯤 부산에 도착했고, 우리는 1시에 헬리콥터로 출발했다. 진해비행장에서 부산까지는 20분 걸렸다. 헬리콥터는 부산시내 복판에 있는 대학구내의 콘크리트가 깔린 조그마한 마당에 내려앉았다.

날씨는 좋은 편이었다. 헬리콥터로 나는 기분은 비행기를 탈 때와는 또 다른 야릇한 것이다. 기체가 작고 잘 흔들려서 좀 불안하긴 하지만, 대신 주위의 사물을 관찰하는 데는 그렇게 안성맞춤일 수 없다. 시내를 나직이 날면 지나치는 집들이 어떻게 생겼는지, 그 속에서 무엇을 하고 있는지 모두 들여다 볼 수 있다. 착륙 장소엔 손원일 장군과 우리 직원 몇 명이 나와 있었다.

영국부대가 오늘 도착했다는데, 우리는 소식을 너무 늦게 알아서 부두에 나가 그들을 맞지는 못했다.

8월 31일.

오전 10시부터 정오까지 국무회의가 열렸다. 징병법이 확정 발표됐다. 신성모 국방장관이 대구에서 왔다. 그는 대통령에게 김석원, 김홍일 두 지휘관을 교체할 것을 권했다. 이들이 명령을 따르지 않으므로 교체해야 한다고 콜터 장군이 고집한다는 이야기였다.

지금 같은 상황에서 고위 지휘관을 갈아치우는 건 결코 바람직한 일이 못된다. 특히 이 두 사람은 휘하부대에 큰 영향력을 가지고 있으니 교체될 경우 부대원들의 반응이 어떨지 모를 일이다. 하지만 대통령은 국방장관 말대로 교체명령서에 서명했다. 명령에 복종하지 않는 장군은 그대로 둘 수 없었기 때문이다.

신 장관은 또 적군이 금요일 모든 전선에서 총공격을 개시할 것이라는 정보를 보고했다. 우리 쪽에서 수도사단을 뽑아내 해병대와 함께 인천 쪽으로 보내 상륙작전을 벌일 계획이라고 했다. 이건 물론 극비사항이다.

사단을 통째 빼내면 그 구멍을 어떻게 메울 거냐는 우려에 신 장관은 괜찮다고 했다. 적은 서쪽과 남쪽전선에 모든 병력을 쏟아 부었으며, 아군 부대들은 적의 기운이 빠지는 대로 곧 공격을 시작한다는 것이다.

작전지역은 왜관. 월요일 오전 5시 공격개시. 탱크가 2백대나 동원되며, 계획대로만 되면 미군은 김천까지 밀고 올라갈 자신이 있다고 한다. 자신이 있다고는 하지만 모두가 초긴장상태다.

미군의 작전은 공군기의 지원에 크게 의존하고 있다. 그런데 작전 무렵, 즉 음력으로 이달 하순께면 태풍이 또 불어올는지 모르기 때문이다. 날씨가 궂으면 비행기가 지상군 지원활동을 할 수 없다.

〈뉴욕타임스〉의 존스턴 기자가 도쿄에서 다시 왔다. 대구의 미8군사령부에선 그의 입국을 금했으나 맥아더 장군에게 직접 항의한 결과 승낙을 받아 오늘 들어왔다고 한다.

그는 지프 한대를 내달라고 요청했다. 하긴 지프 외에 타고 돌아다닐 수 있는 거라곤 조그마한 버스들 밖에 없으니까. 대통령은 그가 지프를 빌릴 수 있도록 주선했다.

4시 30분쯤 제2부두에 미군 1개연대가 도착했다. 오키나와에 있던 부대다. 모두들 덥고 지친 표정이었으나 배에서 내려 부산 바다의 서늘한 바람을 맞으며 기분이 풀리는 듯 했다. 지휘관인 대령과 두 사람의 대위는 환영 꽃다발을 받고는 흐뭇한 모습이었다.

모르긴 하지만 고향을 떠난 뒤로 달리아니 뭐니 하는 꽃송이를 본 것은 오늘이 처음이 아닐까. 바람 한 자락, 꽃 몇 송이에 저리도 즐거워하는 사람들을 누가 싸우러 온 병사로 보랴.

유엔구호관계자인 샤프 씨가 가져온 편지에 대통령이 서명했다. 우리는 아직도 서명자를 위한 복사본이 오기를 기다려야 한다.


9월 2일.

파우치가 도착했다. 낙동강전선 17개 지점에서 적군이 아군 저지선을 돌파했다는 나쁜 소식. 점심때 지나 폭격기들이 낙동강지구로 날아갔다.

전쟁에 대해선 정말 아무것도 쓰고 싶지 않다. 잔뜩 긴장만 하게 할뿐 미 사령부가 전술을 바꾸도록 할 도리도 없는데, 줄줄이 적어서 무엇 한다는 말인가. 도대체 어느 만큼이나 당해야 미국인들은 정신을 차릴까? 그들은 언제나 적을 과소평가하고 대포와 비행기에만 기대려든다. 적은 왜관에 침입했다고 한다.


9월 3일 일요일.

진주 부근에서 유엔군이 공산군을 1만 명 가까이나 죽였다는 보고가 들어왔다(미군기가 적의 사단을 집중 폭격했다고 한다). 그 결과 유엔군은 진주까지 진출했다. 영산전투도 치열하다고 한다. 이곳에선 미 해병대가 5마일쯤 전진했다는 이야기다.

포항지구의 전황이 잘 안 풀리는 건 정예부대(* 인천으로 돌려진 수도사단을 가리킴)를 빼낸 탓이 큰 것 같다. 두 장군의 교체도 영향을 주었는지 모른다. 탱크 수도 적을 막기에 충분치 않다. 저녁부터 천둥이 치며 3시간쯤 폭우가 내리더니 날 샐 무렵엔 다시 갰다. 일본에 태풍이 왔다고 한다.

# 밤새 쓴 37통의 편지

9월 4일.

대통령은 아침 내내 구술(口述)만 하다가 오후엔 6천 명의 부상병들이 입원해있는 세 군데의 병원을 둘러보았다.

다녀와서 대통령은 내게 마음이 아프다고 말했다. "병원 한 군데선 부상병들이 바닥에 거적을 깔고 누워있더군. 덮을 담요조차 없는 환자들도 많았어."

말이 나온 김에 국제적십자사의 한 보고서 내용을 인용해 우리 부상병들의 딱한 처지를 좀 소개하고 넘어가야겠다. 대구에서 있었던 일인데, 수송 중인 적군 포로들에게 미국 측에서 담요를 나눠주겠다고 한 모양이다. 그러자 포로들을 책임지는 한국군 장교는 포로들보다 우리 부상병들에게 먼저 담요를 주어야 되지 않겠느냐며 담요 인수를 거부했다는 것이다. 제네바의 적십자 본부에 보내진 이 보고서는 이 같은 한국장교의 처사가 잘못이라고 지적하고 있다.

포로들을 인도적으로 대우해야 한다는 제네바협정에 비추어 본다면 우리 장교의 행동이 그릇된 것인지도 모른다. 하지만 부상당한 우리 아이들의 입장에서 따져보자.

적군 포로들에겐 1인당 하루에 쌀 5홉과 보리 반 홉, 2백50원어치의 채소. 우리 군인들과 똑같은 양의 음식을 준다. 똑같은 것까진 그렇다 치더라도 우리 난민들보다 오히려 많다. 난민들은 하루에 두 끼 분인 두 홉 반의 쌀밖엔 배급 받지 못하고 있다. 게다가 포로들에겐 담요까지 주고 상처 입은 우리 병사들은 덮을 게 아무것도 없다. 부상병들의 심정이 어떻겠는가.

담요 한 장 못 덮기는 싸움터의 성한 병사들도 마찬가지다. 전쟁포로는 이 쪽의 일반병사들과 평등하게 대우하도록 돼 있다는데, 그렇다면 그들에게 굳이 담요를 줄 필요도 없는 셈이다. 사실 우리는 제네바협정을 지키기 위해 우리 형 편 이상으로 노력해왔다. 하지만 솔직히 말해 우리에겐 포로들보다는 국군 부 상병들이 더 중요하다. 이런 생각을 누가 탓할 수 있을까?

대통령은 부상당한 우리 아이들을 덮어줄만한 것이면 모두 챙기도록 해서 병원으로 보냈다. 심지어 자신이 사용하는 삼베 홑이불까지 싸 보냈다.

대통령과 나는 밤새워 하와이와 미주에 있는 친지들에게 덮을 것도 없이 거 적위에서 신음하는 우리 부상병들의 형편을 알리고, 담요와 시트와 구호품을 보내달라고 37통의 편지를 썼다.(대통령의 편지를 받은 우리 동포들은 모두 울 었다고 한다. 구호품을 모으러 돌아다닐 때 이 소식을 듣고 함께 울지 않은 동 포는 한 명도 없었다)

하와이부인구제회, 동지회, 릴리하 한인교회를 위시해서 최백렬, 최성대, 김창수, 김학성, 거투르투 김, 정순예 김, 노디 김, 살로메 한, 헤나 류(별명, 김 치할머니)같은 기독학원 제자들과 교인, 교회 목사님들에게 주로 편지를 썼다.

특히 미주의 송철, 송영한, 전인수, 최용진, 조엔 남궁, 김세선 등에겐 대통 령이 써 보내고, 미국인 친지들에겐 주로 내가 썼다. 빈에 있는 친정의 가족들 에게도 편지를 보냈다(우리 친정에서 제일 먼저 구호품을 보내왔고, 하와이 미

농가를 방문한 이승만 대통령과 프란체스카 여사.

주에서도 속속 구호품이 도착했다).

〈뉴욕타임즈〉의 존스턴 기자가 대통령과 회견했다.

9월 5일.

포항 쪽 전황이 아주 좋지 않다는 보고다. 하나님, 우리 아이들을 도우소서.
비가 내리고 있다. 날씨가 개어만 준다면 공군기들이 도울 수 있을 텐데ㅡ.

북괴군 유격대가 대구까지 침투했다. 그들은 자유지역 어느 곳에나 퍼지고
만 것이다. 창원에선 USIS(미공보원) 직원들을 납치해 죽였다고 한다. 끔찍한
전쟁이다.

빨리 어디에서든 우리가 상륙하여 적들의 등 뒤를 치고 기를 꺾어야지, 지
금처럼 이쪽 전선에서 줄다리기만 하다가는 언제 끝이 날지 모를 일이다. 미국

인들도 너무 많은 피를 흘렸다. 한국 사람들이 목숨을 바치는 거야 우리 일이니 어쩔 수 없다 해도, 미국인들의 희생은 무엇이라 할 것인가. 적의 뒤를 치는 길 밖엔 없다. 바로 지금 '제2 전선'이 필요하다.

# 고당(古堂)이 있었더라면…

9월 6일.

　어젯밤 들어온 포항지구 전황도 아주 나쁘다. 우리 사령부에선 적이 그쪽을 공격하지 않으리라 확신했었기 때문에 방비가 별로 든든하지 못했다. 적은 우리 방어선을 돌파해 경주와 영천, 포항 등지를 향해 공격하고 있다. 우리는 포항을 탈환하였으나 1천여 명이나 되는 한국인의 인명손실이 있었다. 적은 다시금 그곳에 출몰하고 있는 것이다.

　어젯밤 대통령은 오늘 아침에라도 비행기로 대구로 올라가 보겠다고 했다. 나는 무초 대사가 현 상황을 잘 알 터이니 우선 그의 말을 들어보자고 했다. 우리의 연락을 받고 대사가 온 것은 오후 8시 30분쯤이었다. 그는 상황이 불리하긴 하지만 절망적은 아니라고 설명했다. 미군은 적을 저지하기위해 경주와 영천에 각기 1개 연대씩을 새로 투입하고 있으며, 부산에서 탱크도 좀 올려 보냈다는 이야기다.

　〈타임〉과 〈뉴스위크〉는 포항지구의 첫 전투에 관한 기사에서 우리 쪽의 준비나 대응조치가 너무 미흡하고 너무 늦다고 보도했다. 이번에도 마찬가지다.

1개 사단을 빼낸 것이 화근이었다. 이쪽에 허점이 생기면 누구보다도 적이 먼저 알게 마련이다.

군사기밀이 얼마나 허술하게 다뤄지고 있는지를 말해주는 좋은 예가 있다. 우리 경호경관 중 한사람이 어제 미8군사령부에 갔다. 한국에 와있는 미군병사들은 거의가 일본에 주둔하다 왔기 때문에 일본말을 조금은 할 줄 알아 대부분의 한국 사람들과는 일본어로 의사소통이 된다. 게다가 미국 병사들은 무척이나 한국인들과 대화를 나누고 싶어 한다.

8군에 들어간 우리 경관도 미군 한 사람과 대화하게 됐는데, 글쎄 이 미군 병사가 하는 말이 전쟁에 대해선 걱정 말아라. 2주일 내에 우리가 상륙작전을 벌여 공수부대로 적의 배후를 치게 된다고 하더라는 것이다. 우리도 '극비'라는 전제아래 들은 것을, 미국 군인들은 만나는 한국인 아무한테나 털어놓는 셈이다. 이러니 적이 뭐든 알지 못할 리 없다.

내 생각으로는 미군병사들이 이처럼 입을 다물지 못하는 데는 나름대로 까닭이 있을 것 같다. 이를테면 심리적인 요인인데, 한국인들에게 미군은 반드시 이길 것이란 점을 강조하고 싶은 거다. 이들이 처음 이곳 전선에 올 때는 "미군이 나타났다." 하면 북한군대가 혼비백산 도망갈 줄 알았는데, 결과는 기대했던 것과 달랐다.

그래서 미국의 힘을 믿었던 한국 사람들이 낙심할 것 같아 위로도 해줄 겸, 또 스스로 자신감도 키울 겸해서 이런 비밀을 털어놓는 모양이다. 호의에서 나온 행동이긴 하지만 문제는 심각하다.

어젯밤엔 거의 잠을 이루지 못했다. 구름이 잔뜩 끼더니 비가 내렸다. 비행기가 뜰 수 없는 날씨다. 우리 부대들은 공중지원을 못 받게 된다. 다행스럽게도 자정께부터 하늘이 밝아졌다. 별들의 반짝임이 그토록 예뻐 보인 적이 없었다.

아침에 신 국방장관이 대구에서 비행기로 왔다. 대통령에게 자신과 함께 대구로 좀 가서 시민들을 격려해달라는 부탁을 했다. 미8군은 이미 대구에서 완전히 철수했으며, 국방부도 빨리 남쪽으로 소개하라고 워커 장군이 지시했다고 한다. 대구에 남은 국민들이 낙심하고 불안해하는 것도 당연하다. 군이 임무를 다하지 못했다고 여길 게 틀림없다.

두 장군(김석원, 김홍일)을 교체한 조치가 국방장관에게 불리한 방향으로 문제가 되고 있는 모양이다. 몇몇 국회의원들이 정치문제로 삼으려 움직인다고 한다.

공군사령부에서 대통령이 대구에 타고 갈 비행기 준비 때문에 전화가 왔다. 우리는 대통령의 대구방문 예정을 너무 많은 사람들이 알고 있나 싶어 방문을 하루 늦춰 내일 오전 10시에 떠나기로 했다.

신 장관은 방어선을 지키려면 신의 도움이 필요하다고 말했다. 날씨가 문제이기 때문이다. 앞으로 나흘 동안의 기상은 아직 불확실하다. 이곳뿐 아니라 지원공군기들의 기지가 있는 일본 쪽 날씨까지 좋아야한다. 신 장관은 또 자신과 정일권 장군이 현 사태에 깊은 책임감을 느낀다고 털어놓았다.

오후 1시에 미 해군의 조이 중장이 와 대통령을 모시고 제1부두에 나가 제주도에서 오는 우리 해군 아이들을 맞았다. 당초엔 이들을 전선으로 보내 전투를 돕도록 할 예정이었다. 그러나 상륙작전을 준비하고 있었으므로 이곳에서 기다렸다가 수도사단과 합류하도록 한 것이다. 대통령이 우리 해군 아이들을 사열했으며 그들은 무척 기뻐했다.

오후 2시에 국무회의가 열렸다. 대통령은 장택상, 황성수, 임영신 등 세 의원을 유엔대표로 임명했다. 이들은 의원으로서가 아니라 정부를 대표해서 유엔에 가는 것이기 때문에 대통령의 임명절차를 거쳐야한다는 점을 국회에서는 잘 이해하지 못하는 듯하다. 외무장관이 그들과 함께 갈 것이다.

국회에서 내무장관과 국방장관 해임건의안을 의결했다. 내무장관은 국회의원을 구속했기 때문이고, 국방장관은 김석원 사단장 해임 건이 이유라고 했다. 국회에선 김 장군이 해임됐기 때문에 우리 방어선이 쉽게 무너졌다고 말하고들 있다.

우리는 마음이 언짢았다. 적이 코앞까지 와있는데 험만 잡으려드니 말이다. 이런 정치상황은 다급해진 전황과 얽혀 대통령을 몹시 괴롭혔다.

이날 밤 대통령이 붓과 벼루를 가져오라고 했다. 그는 천천히, 그리고 오래도록 먹을 갈았다. 나는 하얀 화선지 앞에 단정히 앉아 붓을 든 대통령의 모습을 무척 좋아했다. 동양에서만 볼 수 있는 한 폭의 그림이라고 생각했다.

대통령은 듬뿍 먹물을 찍어 자신의 깊은 상념들을 화선지 위에 옮겼다. 임진왜란 때 선조대왕이 왜병에 쫓겨 신의주에 피신한 뒤 읊은 시구였다.


痛哭關山月 傷心鴨水風

君臣今日後 忍後各西東

(변방에 뜬달 보고 통곡을 하니 / 압록강 바람은 가슴을 에이네 / 임금 신하가 치욕을 당했건만 / 차마 오늘 후에도 서인 동인으로 당파싸움을 할 것인가)


대통령은 쓰기를 마친 뒤 나에게 영어로 번역해주었다. 나는 대통령의 이 글씨를 소중히 간직하고 있다가 뒤에 목각으로 떠 지금도 보관하고 있다.

대통령은 신익희 국회의장에게 밖에선 공산군이 쳐들어오고, 안에선 국회가 공격하고 있다고 말했다. 정치상황이 이렇게 돌아가는 주된 이유의 하나는 신 의장이 국무총리 자리를 희망하기 때문이다. 신 의장은 대통령에게 자신을 총리에 임명해달라고 다시 요구했다. 대통령은 지금은 때가 아니라고 거절했다.

대통령은 총리자리는 가능하면 북한출신 인사에게 돌아가야 한다고 생각했다. 조만식(曺晩植) 씨가 아직 생존해 있을지는 의심스럽지만, 살아있다면 그분이야말로 최고의 영예를 받아야할 애국자라는 것이다.

국회의원들은 아주 간단한 절차조차도 밟지 않으려는성싶다. 해임 권고 같은 결의안을 통과시키기에 앞서, 당사자들의 해명을 듣고 충분히 조사해야 되지 않겠는가? 그런데 본인에겐 기회조차 주지 않고 다짜고짜 해임을 요구해왔다.


9월 7일.

어젯밤도 대통령과 나는 잠을 설쳤다. 비는 그쳐 다행이지만 하루 종일 날씨가 좋지 않아 공군기들이 거의 날지 못했다.

대통령은 오전 9시15분에 관저를 나서 10시30분 대구를 향해 이륙했다. 내무장관과 국방장관은 전황이 좀 나아졌다고 보고했으나, 우리는 경주를 지키기 바란다. 대통령은 함양에 다녀왔다. 그곳의 유재홍 장군은 버틸 자신이 있다고 장담했다. 대통령도 같은 생각이다.

워커 장군은 대통령과 잠깐 이야기를 나누는 중에 다른 전투지구의 미군병력을 이쪽으로 빼돌릴 수는 없다고 말했다. 자칫하면 다른 전선마저 뚫릴지 모르므로 이제까지처럼 한국군의 힘만으로 싸워야한다는 것이다. 그는 위기가 지나려면 아직 멀었다고 솔직히 말했다.

워커 장군이 대구에 머무르는 건 정치적 이유에서다. 그가 기골이 없는 인물이었다면 남아있지 않을 것이다. 대통령은 그의 입장을 이해했다. 그리고 소총 10만 정을 달라고 했다.

워커 장군이 훈련받지 않은 병사들에겐 총을 내줄 수 없다고 대답하자 대통령은 공산군이 어린 소년들에게도 총을 주어 쏘게 하고 있지 않느냐고 반박했다.

적의 소년병들은 '6주간의 훈련' 같은 건 모른다. 이런 종류의 싸움에서 중요한 것은 사격술이 아니라 병사의 숫자라는 이야기다. 공산군 열 명 중 총을 제대로 쏘는 사람은 한 명 정도뿐이다. 그들은 병사 세 사람에 총 한 자루가 돌아가는데 미군 측은 1인당 두 자루 꼴이다. 대통령은 이게 바로 이 전쟁에서 피아의 차이라고 했다.

지난번 포항전투에서 아군의 피해는 막대한 것이었다. 우리 3사단(* 원문에는 17사단으로 잘못 표기)은 장교 80명 중 겨우 6명만 살아남았다. 전투경험이 없는 신병들이 많은 탓이다. 미군은 1백 80명의 자국 군대에 대해 1백 명 꼴로 한국군을 전투에 참가시켰다. 그러나 우리는 한 명의 전투경험자 밑에 수백 명의 신병을 두고 있는 것이다. 포항전선도 이런 이유로 분열된 것이었다.

대통령과 나는 피난민 수용소를 찾았다. 대통령이 들어서자 아이들이 우리 주위로 몰려들었다. 영양상태가 좋지 않아 아이들 얼굴은 부기로 떠있었지만 눈빛만은 총명하게 반짝였다. 텐트 한구석에서 한 어린이가 열심히 무엇인가를 만들고 있는 것을 본 대통령이 그쪽으로 다가갔다.

"제기를 만들고 있군. 이 할아버지가 도와줄까?" 대통령이 묻자 어린이는 "나 혼자 만들 수 있어요." 하고 큰 소리로 대답했다. "혼자서 만들 수 있다니 장하구먼. 뭐든지 혼자 할 수 있는 건 남의 도움을 받지 말아요." 하고는 어린이들이 제기 차는 것을 구경했다.

# 병역기피 꾀하는 고위층 아들들

9월 8일.

대통령은 경주에 갈 예정이었으나 구름이 잔뜩 껴 떠나지 못했다. 대통령은 맥아더 장군에게 보낼 편지의 초를 잡다가 저녁때는 비행단에 가서 브리핑을 들었다.

미국인들이 요즘 우리 쪽의 어려움을 별로 배려해주지 않는다고 대통령은 느끼고 있다. 포항과 경주지구의 한국군에 대한 지원초자도 거의 없고, 하늘에서 지원기를 찾아보기도 힘들다. 미군은 새 병력을 취약지구에 투입할 생각은 않고, 전선만 단축하려 드는 것 같다.

어젯밤에도 수송선 4척분의 병력이 입항했지만, 모조리 낙동강지역에 예비병력으로 배치됐다. 예비병력이라곤 없는 우리 아이들은 공격을 받으면 24시간 쉴 새 없이 싸워야 하는데….

대통령도 이젠 필사적이다. 한국군은 맡은 책임 이상으로 열심히 싸우고 싶은데, 미국 쪽에선 제대로 훈련받은 군인이 아니면 무기를 내줄 수 없다고 고집하니 야단이다. 총 없이는 적군부대와 싸우기는커녕 공비 한명 제대로 잡을 수 없는데 말이다.

비행단에서 브리핑을 받고난 뒤 대통령이 무초대사에게 이렇게 말했다.

"당신들은 가만히 앉아서 적군이 쳐들어오기만 기다리고 있지 않소. 그 사이 적은 이쪽의 가장 취약한 곳이 어딘가를 알아내서 집중 공격해 옵니다. 왜 우리도 적과 같이 밀고나가 싸우지 않소? 그렇게 하면 설사 다시 퇴각하게 되더라도 적군은 우리가 다음엔 어떻게 나올지 몰라 불안해할 것 아니오. 지금 같은 전술로는 유엔군이 계속 피해를 볼 수밖에 없습니다."

아침엔 또 손원일 장군이 와 미 해병대의 크레이그 장군에게서 들은 이야기를 대통령에게 은밀히 전했다. 크레이그 장군의 생각도 대통령과 비슷했다. 우리가 멈추고 기다리는 동안 적은 힘을 모아 공격해오고, 우리는 그들을 다시 내몰기 위해 숱한 희생을 치러야하니 매우 불만스럽다는 것이다.

지난 3일의 공산군 공세 때 그들을 격퇴하고 전진까지 한 부대는 크레이그의 해병대뿐이었다. 크레이그 장군은 마음대로만 할 수 있다면 매일같이 적진을 기습 공격해 백병전을 벌여 저들을 거의 다 때려 부쉈을 것이라고 했다. 사실 해병대는 그 같은 기동전술에 아주 능하다. 하지만 위에서 내려온 명령은 "지키기만 하지 공격은 말라"였으므로 안타깝지만 어쩔 수 없지 않느냐고 말하더라는 것이다.

이들 해병대는 일본 사세보항 외곽에서 상륙작전을 기다리고 있는 사단과 합류하기 위해 떠났다. 상륙작전의 D데이는 원래 10일이었으나 악천후 탓으로 바뀌었다. 초승달이 뜰 11일부터 며칠 동안 날씨가 좋지 않으리라는 걸 우리는 잘 알고 있었다. 그러나 미국 사람들은 이런 기상법칙을 전혀 고려하지 않는다. 물론 비행단 사람들은 그새 체험으로 잘 알게 됐지만, 정책결정자들이 믿는 건 일기예보뿐이다.

늦추어 새로 잡은 공격 예정일은 20일이라고 들었다. 이 날짜는 너무 늦다.

15일 경부터는 날씨가 좋아질 텐데 20일이라면 닷새를 허비하게 되기 때문이다. 아무튼 그때까진 버텨야 할 텐데…

한 명의 젊은이, 한 자루의 총이 아쉬운 때였다. 그런데 사회일각에서는 "힘 있고 빽 있는 사람의 자식들은 요리조리 군대를 기피하고 해외로 빠져 나간다."는 비난의 소리가 들렸다.

대통령도 무초 대사로부터 한국정부의 요인들이 자기 아들들의 유학 비자를 부탁해 와서 골치가 아프다는 불평 비슷한 소리를 듣고 몹시 괴로워했다. 대통령은 "이럴 때 우리에게 아들이 있어서 군에 입대시켜 직접 모범을 보일 수 있다면 얼마나 좋을까!"하고 한탄했다.

대통령은 지난번에 종가 댁의 장손 '황' 이를 군대에 보내라고 했다. 그리고 입대했는지를 확인하도록 했다. 그런데 '황' 이는 그때까지 군에 가지를 않았다. 대통령이 '황' 이가 군에 안 갔다는 사실을 알면 그것만도 호통이 떨어질 판인데, '황' 이 우리 임시관저를 찾아왔다.

비서들이 질겁을 하고 '황' 이를 뒷방에 숨겼다가 지프에 태워 김홍일 장군에게 보내 훈련소에 입소시키도록 부탁했다. 대통령은 어린 시절 종가의 은혜를 많이 입었다고 들었다. 나는 '황' 이가 전선에 투입되어 불행히도 전사하는 경우엔 대통령이 그 가족과 문중으로부터 얼마나 원망을 듣게 될까 하고 마음을 졸였다.

'황' 이는 떠날 때 비서들에게 내가 무초 대사에게 부탁해서 장면 대사의 두 아들에게 미국 유학 비자를 얻어 주었다는 소문이 사실이냐고 물어보더라는 것이다.

마산에선 킨 장군이 부녀자들을 모두 소개시킬 것을 명령했다고 한다. 그곳 상황도 불안한 모양이다. 그럴 수밖에 없다. 육군이 전선을 펼 때 해군과 상의가 없었다고 한다.

이렇게 그어진 방위선은 마산까지만 포함하고, 통영은 사실상 적에게 활짝 열어놓고 있었다. 해군 쪽에선 결과를 환히 내다볼 수 있었다. 통영이 떨어지면 한국 최대의 섬인 바로 옆 거제도가 넘어가는 것도 시간문제다. 거제도에선 건너편 마산과 진해항을 앞에서 봉쇄할 수 있고, 부산 해안지역을 포격할 수도 있다.

대통령은 전선을 시찰하고 돌아오자 나에게 "마미, 다음엔 빵떡 좀 더 많이 싸주시오!" 하고 큰소리로 말했다. 나는 아침에 대통령이 나갈 때 빵 속에 계란을 부쳐 넣은 샌드위치를 1개 만들어, 마실 것과 함께 국진에게 주면서 낮 12시 정각에 대통령에게 드리도록 부탁했었다.

국진이 12시 정각에 대통령에게 샌드위치를 점심으로 드렸는데, 대통령이 "자네들의 점심은 어디 있나?" 하고 물었다. 그러자 국진이 "저희들은 나중에 먹겠습니다." 하고 우물쭈물 대답을 잘못한 모양이었다. 그러자 대통령은 "점심을 못가지고 온 모양이군. 돌아가서 마미와 양 노인에게 단단히 일러야겠어."라고 했다. 그러더니 "옛날에 우리 어머니가 콩 한 조각도 나누어 먹으랬어. 혼자 먹으면 돼지가 된다고 꼭 나누어 먹으라고 이르셨거든."하며 그 샌드위치를 다섯 조각 내어 한쪽씩 나누어 주었는데, 하도 대통령이 권하는 바람에 먹었다는 것이다.

대통령이 "마미, 이다음엔 내 점심은 안 싸주어도 좋으니 아랫사람들 점심과 식사에 신경 좀 더 쓰도록 하시오!" 하면서 나를 힐책했다. 물론 이런 실수는 경호원들의 점심에 대해 일일이 신경을 못 쓴 내 잘못이었다. 하지만 부산으로 온 뒤에 대통령과 경호원들의 식사를 나와 양 노인이 분담했었기 때문에 양노인의 잘못도 없지 않았으나, 나는 말없이 대통령의 꾸중을 듣고만 있었다.

미군은 통영 함락에 대비해 유엔군이나 마산 사람들을 대피시킬 큰 배 한 척도 준비해 놓았다. 몇 주일 전 대통령이 대구에 갔을 때 워커 장군에게 이 이야기를 했더니, 장군은 그건 해군이 하는 일이라 자신은 간여하지 않는다고 털어놓았다.

바다 쪽의 문제는 그뿐이 아니다. 적군 게릴라들은 작은 어선을 타고 해안지역 곳곳에 침투해온다. 포항 때도 그랬다. 작은 배들은 잡기 힘들다.

요즘의 상황을 돌이켜보니 가장 위급했던 때는 지난 5일 수요일이었던 것 같다. 사흘 앞서 일요일에만 해도 존스턴(〈뉴욕타임스〉 기자)이 우리한테 와서 전쟁은 끝난 거나 다름없다고 말했었다. 그날 진주지방에서 아군기들의 폭격이 대단한 전과를 올렸기 때문에 미국인들은 적이 더 이상 공격해올 수 없으리라고 여겼다. 그러나 그건 오산이었다. 적들은 병력자원이 아주 풍부하다.

우리 공군부대는 다시 두 군데의 전투지구에서 1백대 가량의 적 탱크들을 발견했다고 한다. 어떻게 적이 그것을 가지고 내려왔을까? 그들은 오직 야간을 이용했을 것이다. 미군은 서둘러 경주와 영천에 탱크부대를 보냈다. 지킬 수 있으리라는 보고다. 하지만, 얼마나 버틸 수 있을는지. 적은 보충병력이 있지만 우리는 없다.

다시 비행단 브리핑에 갔던 대통령이 아군이 밀리고 있다는 보고에 심란해져 돌아왔다. 저녁에 제미슨 씨와 임병직 장관이 와서 함께 식사를 했다.

# 한심한 국회의원들

9월 9일.

날씨가 흐려 경주행은 다시 내일로 늦추어졌다. 대통령은 맥아더 장군에게 보낼 편지를 끝냈다.

벌써 며칠 밤을 대통령이 잠결에 한숨을 쉬곤 한다. 몸은 잠들어도 무거운 가슴과 괴로운 마음은 안식을 찾을 수가 없는 것이다.

상황은 아주 위급하다. 하나님, 우리를 도와주소서. 대구와 경주를 포기할 수는 없다. 그럴 처지가 못 된다. 미군은 도대체 얼마나 더 있어야 반격준비가 된단 말인가.

오전 11시에 대통령은 국회에 나가 한 시간 넘게 연설을 했다. 국회의 내무·국방장관 해임권고 결의안에 대해 대통령은 서면답변 대신 직접 나가겠다고 했었다. 반응은 꽤 좋았다.

연설 후 여러 의원들이 발언권을 요청했다. 신익희 의장은 그중 별로 알려지지 않은 몇몇 의원을 지명했다. 모두 그의 사람들로 대통령을 비난하는 게 목적이었다. 신 의장 자신은 결코 비난발언을 하지 않는다.

발언들의 골자는 이랬다. 구속된 의원의 석방을 요구하는 건 헌법상에 명기된 우리의 권리다. 일단 석방한 후 법 절차에 따라 다시 집행하라. 요구가 관철되지 않으면 탄핵위원회의 구성도 고려할 수 있다….

화가 난 대통령이 다시 등단해서 반박했다. 헌법에 보장된 행동이라도 위기에 빠진 나라에 해가 되는 것이라면 받아들일 수 없다. 무엇보다도 국가가 최우선이다. 나라와 땅이 회복되지 않으면 헌법도 존재할 수 없지 않은가. 이런 논쟁은 지금 치르고 있는 치열한 전쟁이 끝난 뒤에 해도 늦지 않다. 나라와 땅이 원상복구된 다음엔 무슨 일이든 해도 좋다.

이 같은 강한 반박 때문에 처음 연설의 좋은 효과가 모두 허사로 돌아갔다고 했다. 마치고 바로 일어섰더라면 좋았을 텐데…… 하지만 대통령은 의원들에게 현 상황과 정부의 입장을 설명하고 싶었고, 그래서 질문이 있으면 하라고 했던 것이다. 그런 의도였는데 유감스럽게도 언쟁이 되고 말았다.

신 의장은 오늘 국회가 끝난 후 대통령에게 총리자리를 달라고 다시 요구해 왔다. 또 한 사람, 장택상 의원은 내무나 국방장관을 원한다고 한다. 이 두 사람의 요구가 모든 문제의 근원이다. 조봉암(曺奉岩) 의원도 무언가 하기를 바라지만 이들보다 훨씬 스마트하기 때문에 드러내놓고 공작을 하진 않는다고 들었다.

국회의원들도 요즘은 다른 국민들이나 마찬가지로 형편이 어려워 먹고 마시는 자리라면 상대가 누구이든 마다 않고 따라가는 모양이었다. 신, 장 두 사람은 매일 거금을 들여가며 동료의원들의 지지를 얻기 위해 노력하고 있다고 한다.

지난 7월 조병옥 씨를 내무장관에 임명한 후 사람들은 그가 성실한 경찰 간부들을 해임하고 민국당 사람들을 들여앉혔다고 반대했다. 조병옥 임명 당시 미국사람들은 조 씨를 적극 밀었다. 경찰을 이끌 두뇌와 용기를 갖춘 사람은 지금으로선 조 씨 밖엔 없다는 주장이었다. 대통령은 백성도 장관이 더 이상 자리를 지킬 형편이 못 된다는 판단아래 조 씨를 임명했었다. 지금 그는 대통령의 뜻을 받들어 대구방어에 최선을 다하고 있는 것이다.

전투경찰 5천8백 명이 대구사수를 위해 전방에 있는 미군 기병사단 및 우리 1사단과 함께 적과 대치하고 있다. 전투경찰의 지휘는 작전참모 최치환이 하고 있다. 오후에 국회의원들이 몇 명 찾아와 대통령에게 이 문제를 더 이상 거론하지 않겠다고 말했다. 국회는 곧 예산안을 승인한 후 폐회할 것이니 모든 게 잘 되리라는 이야기다.

# 인천상륙작전

9월 10일.

김홍일(金弘壹) 장군이 아침에 찾아왔다. 국회의원 이종현(李宗鉉) 씨도 왔다. 미 군정시절 그의 별명은 '더티 코트 리(Dirty Coat Lee)'였다. 이 의원은 조 내무장관에게 무슨 원한이라도 있는지 그를 해임하지 않으면 국회는 끝까지 싸울 것이라는 등 대통령에게 강변을 늘어놓았다. 사람들은 국회의원 중엔 정말 좋게 보아주기 힘든 사람들이 더러 있다고들 했다.

대통령은 꼭 불가피한 경우가 아니면 굳이 국회 문제에 나서려 하지 않았다. 국회란 항상 세상일을 그대로 반영하는 곳이란 게 대통령의 지론이었다. 웬만해선 그냥 못 본 척 못 들은 척 했고, 아주 빗나간다 싶을 때만 사태를 바로잡곤 했다. 나라면 도저히 흉내도 낼 수 없는 인내심이었다.

대통령이 경주에서 돌아오기를 기다리고 있다. 너무 무방비로 돌아다니는 게 아니냐고 사람들의 걱정이 대단하다. 오늘 아침에도 비서와 경호경관들은 모두 비행장에 남겨둔 채 F51기를 홀로 타고 떠났다. 적의 야크기가 오늘도 떴는데….

9월 12일.

　아침에 손원일 해군참모총장이 대통령에게 작별인사를 하러왔다. 3천 해병을 이끌고 정오에 배로 떠난다고 했다. 울산 쪽 동해안에 12척의 큰 함정들이 대기 중이라는 것이다. 한 달 쯤 전 대구에서 일본으로 훈련 차 떠났던 8천 명의 한국군 장병들도 이번에 돌아와 미군과 함께 상륙작전을 벌이러 간다고 한다. 상륙지점은 목포라는 말도 있다.

　저녁 무렵 대구에서 국방장관이 와 대통령에게 청도에 있는 피난민촌을 방문하도록 권했다. 대구와 부산 사이 중간쯤에 있는데 기차를 타고 3시간, 다시 지프로 45분 걸리는 곳이다. 신장관은 또 총공격이 계획됐으나 일본을 덮친 태풍 때문에 연기해야 될듯하다고 보고했다.

　밤새 바람이 미친 듯 불어댔다. 도대체 어찌될 것인가. 바람 불거나 비 오는 날이면 공군기들이 적을 공격할 수가 없다.


9월 13일.

　아침에 조 내무가 대구에서 전화로 대통령이 피난민촌을 방문할거냐고 물었다. 우리 쪽에서 아직 결정을 내리지 않았다고 말했다. 이렇게 전화로 공공연하게 대통령의 움직임이 거론된다면 우리가 어떻게 조용히 다녀올 수 있겠는가? 그래서 전화가 끝난 즉시 방문일정을 취소했다. 안 그래도 날씨가 나빠 거동엔 좋지 않았다.

　윤치영 씨와 유엔총회대표들이 오늘 신임장을 받았다.

　미국 〈시카고 트리뷴〉의 시먼스 기자가 왔다. 국회를 비난하는 기사를 쓰겠다고 한다. 그러나 대통령은 국회도 결국은 국민들의 뜻에 따르지 않을 수 없을 것이므로 지금 당장은 어떻게 행동하든 별 문제가 안 된다고 말했다. 아무튼, 어떤 기사를 쓸지 주목된다.

그는 우리 상륙작전을 종군취재 할 계획이다. 임병직 장관은 매코믹 대령에게 주겠다고 소련제 권총을 하나 가지고 간다고 한다.

태풍은 오늘밤 9시쯤 가라앉을 거라고 한다. 아군은 이미 인천과 군산을 포격중이다. 포항지구에서도 밀고 올라가기 시작했다. 신의 가호를! 미군이 최선을 다하고 있음을 인정해야겠다.

대통령은 미국인들에게 추수기 이전에 공격해야 한다고 누누이 강조하고 재촉했었다. 피난민들에게 추수가 끝난 빈 들과 부서진 집에 돌아가라고 할 수는 없지 않으냐 하는 등등의 이유에서다. 추수를 우리 손으로 할 수 있다면 전쟁의 반은 이기고 들어가는 셈이다.

워커 장군은 마침내 이 같은 우리의 열망을 실현하기위해 힘을 다했다. 하나님은 언제나 우리 편에 계시다. 누가 감히 우리와 대항해 싸울 수 있으랴.

조그마한 비행기로 경주에 간 대통령이 예정시간이 지나도록 돌아오지 않아 무척 걱정했다. 비행기는 초저녁 5시 15분이 돼서야 도착했다. 이야기를 들어본즉 별다른 일은 없었지만 경주에서 꽤 스릴 있는 경험을 한 모양이다.

미군부대는 경주 안에 있지만 한국군사령부는 시 바깥 3km쯤 떨어진 곳에 있다. 그쪽으로 차를 몰고 가는데 머리 바로 위로 포탄들이 씽씽 날더라는 것이다. 알고 보니 부근 산속에 포진지를 구축하고 있는 적의 유격대를 겨냥한 미군 측 포격이었다.

대통령을 맞은 한국군사령부에선 매우 반가워했다고 한다. 전혀 예고치 않았던 불시방문이었기 때문이다. 경주에서 대통령은 처치 장군과도 만났다. 그는 막사에서 반쯤 취해서 카드놀이를 하고 있더라고 한다.

정작 아슬아슬했던 건 정일권 장군이다. 조금 앞서의 일인데, 부산으로 비행기를 타고 가던 도중 야크기 2대의 공격을 받았다. 대통령이 탄 비행기인줄 안 모양이다. 대통령이 경비행기를 타고 다닐 것이라고 상상이나 했을까? 정 장군 비행기는 적탄을 맞긴 했지만 무사히 내려앉았다.

9월 16일.

　　오전 9시를 기해 모든 전선에서 총공격이 시작됐다. 날씨가 또 궂다. 가신 줄 알았던 태풍이 다시 횡포를 부린다.

　　어제 하오 맥아더 장군이 인천 상륙에 성공했다고 한다. 공식발표나 보고는 아직 들어오지 않았다. SCAP(연합군최고사령부) 방송을 들어서 알뿐이다. 인천작전은 해군과 해병대가 주도하고 있기 때문에 워커 장군은 아무것도 모른다고 한다. 비행기로 지원 폭격도 하지 않는다. 우리가 생각하기엔 좀 이상하지만, 그게 미 육군과 해군이 이곳에서 작전하는 방식이다.

　　날씨가 계속 나빠 모두들 불안했다. 비행기가 뜰 수 없을 정도. 그런데도 불구하고 항공모함 함재기 몇 대가 출격해 임무를 수행했다는 보고다.

　　대통령은 비행단에 가 전황브리핑을 들었다. 여기서도 인천에 관한 내용은 전혀 없었다.

　　이쪽 전선에서도 전투는 아직 한창이다. 마산 쪽만 비교적 덜한 편이다. 적군의 일부는 지리산 쪽으로 도주하고 있다. 산속에 숨으려는 속셈인 듯하다.

　　당초 우리 쪽 계획은 적군을 몰아친 뒤, 그들이 어디서 재집결하는지 계속 확인하면서 추적 궤멸한다는 것이었다. 그러나 날씨 탓으로 시계가 극히 제한돼 비행기들이 제대로 움직이지 못했다. 대통령은 「한국군에게 보내는 성명」을 발표했다.

# 3부

# 서울 수복과 대통령의 북진통일 행보

# 헬렌 킴의 신발에서 튀어나온 개구리

9월 17일.

밤사이에 폭우가 쏟아져 땅이 온통 진흙탕이 됐다. 우리는 초조했다. 병사들은 무릎까지 물이 차오른 참호 속에서 싸웠을 것이다. 설상가상으로 날씨까지 차가워진다. 수용소의 불쌍한 난민들은 제대로 된 거처조차 없는데, 어디를 봐도 고난뿐 정말 형용하기조차 힘들다.

폴린 박사가 오늘(일요일) 기지 예배당에서 강연한다고 윌리엄 박사가 알려왔다. 두 사람은 지난 15일 함께 도착했다. 대통령은 거기로 가기에 앞서 최근 상태가 좋지 않았던 비행장 일대의 도로를 직접 살펴보았다. 간밤의 비로 흙이 더 파이고 씻겨나갔을 것이기 때문이었다.

비행장엔 부산시장과, 마침 이곳에 와있던 이기붕 씨(당시 서울특별시장)가 함께 갔다. 이들은 도로 형편을 살핀 후 젊은 사람들을 몇 명 불러서 길을 우선 쓸만하게 고치도록 했다. 보수작업은 이 시간까지 완전히 끝나지 않았다고 한다.

나는 오후에 미군 후송병원을 찾아 부상병들을 위문했다. 미군 부상병들은 정기적으로 일본에 보내지기 때문에 환자 수는 그리 많지 않았다. 부상병들은

148

싸우는데 대한 관심이나 열의가 거의 없어 보였다. 자신들이 무엇 때문에 누구와 싸우고 있는지는 모두들 알고 있을 것이다.

그러나 그들의 마음속에 가장 크게 자리 잡고 있는 건 빨리 싸움이 끝났으면 하는, 인간으로서 가장 자연스런 소망이다. 하긴 누군들 전쟁이 끝나기를 바라지 않겠는가.

얼른 나아서 전선으로 돌아가 다시 싸울 수 있기만을 바라는 한국군 장병들과 이들을 비교할 수는 물론 없다. 적을 섬멸하는 것이 목표라는 데에는 우리 군인들이나 미군들이나 다를 바 없다. 단지 차이라면 한국군인은 직접 적을 무찌르고 싶어 하는 반면, 일부 미국 병사들은 나 아닌 누군가가 해주기만을 바란다는 점이 아닐까?

부상병들의 대부분은 일본으로 돌아가고 싶어 했다. 이들은 증원군이 올 때까지 적을 치지는 말고 수비만 하라는 명령을 받았던 바로 그 이름난 부대원들이다. 물론 이들과 생각이 다른 사람들도 많을 게 틀림없다. 그런 군인들은 지금 전선에서 싸우고 있을 것이다.


9월 18일.

하늘이 마침내 갰다. 오가는 비행기 소리가 들린다. 전선의 우리 부대들을 위해 반가운 일이다.

윌리엄 박사에게 점심을 대접했다. 무초 대사도 초대했다. 오찬 도중 미 대사관 직원이 무초 대사를 불러내 대사가 잠시 자리를 떴다.

오후 4시, 대사가 우리에게 와서 맥아더 장군으로부터 온 전문을 보여주었다. 대통령부부와 국무위원들은 목요일(9월 21일), 혹은 며칠쯤 더 뒤에 서울로 떠날 수 있을 것이라는 내용이었다. 정말 놀랍고도 반가운 소식이었다. 가슴이 벅차선지 누구도 말문을 거의 열지 않았다.

이 이야기는 아무에게도 발설하지 말라는 부탁이었다. 그러나 어느 틈에 부산시내에는 우리가 내일 상경한다는 등 갖가지 소문들이 나돌았다.

유엔군 장병들을 위문하러갔던 헬렌 킴이 오후에 돌아왔다. 서울로 돌아갈 수 있게 됐다는 희망과 기쁨에 가득 차 우리는 오랜만에 많은 이야기를 주고받았다.

헬렌 킴이 돌아가려고 현관에서 구두를 신다 질겁하고 놀랐다. 발에 꿈틀하는 감각과 함께 조그마한 개구리 한마리가 뛰어올라왔기 때문이다. 헬렌 킴이 돌아간 뒤 대통령은 웃으며 "마미, 누가 헬렌에게 그런 장난을 했는지 아무도 못 알아맞히겠지?"하며 재미있어했다. 나는 누구의 장난인지 알고 있지만 헬렌 킴은 내가 입을 열지 않는 한 짐작도 못할 것이다.

나는 환도하기 전에 파우치를 준비해 보내려고 부지런을 피웠다. 대통령은 여러 날 만에 편하게 잠을 이뤘다.


9월 20일.

우리 머릿속엔 온통 환도 생각뿐이다. 경호경찰 중 일부는 선발대로 배를 타고 떠났다. 주위에선 대통령에게 서울로 돌아가더라도 경무대는 경비하기 힘들고, 적이 지뢰 같은 걸 파묻었을지도 모르니 그곳에 거처하지 말라고 건의했다.

서울소식에 접할 수 있는 유일한 수단은 라디오뿐이다. 대통령은 환도 후 발표할 성명문을 썼다. 한국어 원문을 파우치에 넣어 보냈다. 영문 번역본은 요약됐기 때문에 빠진 부분이 좀 있다. 모두들 목요일에 출발할 수 있도록 준비를 마쳤다.


9월 21일.

무초 대사가 오전 11시쯤 와 그들이 작성한 명단을 대통령에게 알려주고,

곧 환도문제에 관한 전문이 올지 모른다고 말했다. 그는 또 워싱턴이 노블 참사관의 귀국을 요청했다고 전했다(이에 앞서 우리는 대사에게 노블 참사관을 미국에 보내 유엔 한국대표단을 돕도록 해달라고 부탁했었으나 거절당했다).

우리는 곧 미국의 장 대사에게 연락했으나 알고 보니 결정이 바뀐 모양이었다. 대사관에 손이 크게 모자라 노블을 보낼 수 없다고 무초 대사가 마음을 고쳐먹었다고 한다.

점심 후에 노블 참사관이 와서 맥아더 장군으로부터 온 전문내용을 전했다. 환도는 며칠 더 기다려야 한다는 것이다. 우리는 실망했지만 서울에선 아직 시가전이 벌어지고 있으니 어쩔 수 없다. 정부가 돌아가기 전에 치안이 확립되는 게 훨씬 좋을 것이라고 생각했다. 법과 질서가 없으면 정부가 제대로 일할 수 없기 때문이다.

오후 2시에 국무회의가 열렸다.

4시엔 제1부두에 나가 17연대를 전송했다. 목적지는 알려지지 않았지만 인천이나 옹진쯤으로 추측된다. 곧이어 우리는 한국군 여군 훈련병들을 사열했다. 전선에 나간 남자군인들을 대신해 후방 일을 볼 튼튼한 젊은 여성들이다. 내 개인적인 생각에는 여군이 고생은 되겠지만 두루 도움은 될듯하다.

사열 후엔 비행단 브리핑에 갔다. 왜관지역에서 적 탱크 여러 대를 또 발견했으나 정찰기가 돌아다니다 놓쳐 버렸다고 한다.

아군은 서서히 밀어 올라가고 있다. 일부 부대들은 지금보다 훨씬 빨리 진격할 수도 있지만 작전상 보조를 맞춰 움직여야한다. 전선의 맨 가운데를 맡은 한국군 부대들은 중장비가 별로 없어 기동성이 높은 반면, 동해 앞쪽의 미군들은 무거운 장비와 무기들로 인해 속도가 늦을 수밖에 없다.

이보다 앞서 아침 9시에 대통령은 한국군사령부에 가서 17연대의 안(Ahn) 소령이 한국군 고문단장 패럴 장군으로부터 훈장 받는 걸 참관했다(패럴 장군은 로버츠 장군의 후임자다). 안 소령이 무슨 공으로 훈장을 받았는지 알아봐야겠다. 대강 들은 이야기로는 미국군과 함께 싸우면서 여러 시간 동안 적의 공격을 물리쳤다고 한다. 나중에 좀 더 자세한 내용을 알 수 있을 것이다.

안 소령은 작고 마른 체구다. 전형적인 한국인의 모습인 셈이다. 이런 몸집을 보고 처음에 미국 사람들은 한국군이 싸워 이길 수 있으리라고 상상조차 못했다. 하긴 영양 좋고 건강한 미국인들에 비할 때 한국사람들은 영양실조 또는 발육부진쯤으로 볼 수밖에 없다. 하지만 알고 보면 보다 강인한 건 한국인 쪽이다. 미국사람들이 한국인을 인정하고 좋아하게 될 때 한·미 두 나라 사이의 진정한 우호관계는 시작될 것이다.

앞에서도 적었지만 우리는 대구에서 일본에 8천의 장병을 보내 훈련받도록 했다. 그 결과가 좋았기 때문에 최근 맥아더 장군은 3만 명을 더 일본에 보내 훈련시키라고 지시했다. 한국군을 훈련시켜 직접 싸우도록 하는 게 미국의 입장에선 인명으로건 물질적으로건 훨씬 싸게 든다는 사실을 알게 된 것이다. 미국은 이제 일본 아닌 한국을 아시아의 투사로 키우려하지 않을까?

그들은 쓰라린 경험을 통해 한국군의 강인함을 깨달았다. 우리 아이들도 진가를 인정받게 돼 모두 즐거워한다.

# "국군이 먼저 중앙청에 태극기 게양하라!"

9월 22일.

노블 참사관이 아침 일찍 와서 서울시장과 인천시장이 환도 선발대로 김포로 떠난다고 알려줬다. 또 맥아더 장군이 어제 도쿄로 돌아갔다는 방송보도도 전했다. 그렇다면 토요일이나 일요일 이전에는 서울에 갈 수 없다는 뜻이다.

점심은 윌리엄 박사와 신성모 국방이 함께했다. 윌리엄 박사는 도지사집에서 기거하지만 식사는 우리에게 와서 한다. 도지사는 지난 20일 윌리엄 박사를 환영하는 시민대회를 열었다. 꽤 많은 사람들이 모여들어 박사는 흐뭇해했다. 이 대회에서 대통령은 한 시간도 넘게 연설을 했다.

오늘 오후 2시에 국무회의가 열렸다. 윌리엄 박사가 곧 미국으로 돌아가므로 우리는 박사에게 캘리포니아에 도착하면 부쳐달라고 편지를 맡길 예정이다.

전선 소식도 좋다. 적은 퇴각도 제대로 할 수 없다. 무리지어 도망가면 우리 전투기들이 쫓아가 기총소사를 퍼부어대기 때문이다. 그래서 그들은 버티고 싸우려 든다.

워커 장군은 공산군이 다른 곳으로 빠져나가 다시 싸움을 벌이지 못하게끔 철저히 섬멸하고 싶다고 말했다. 경험으로 깨우친 것이다. 북쪽에 올라간 뒤에도 그가 사령관을 맡았으면 좋겠다. 이런 종류의 전쟁을 제대로 이해하는 데는 시간이 걸리니까.

대통령은 신 국방장관에게 서울 중앙청만은 꼭 우리 국군이 먼저 탈환하여 태극기를 꽂도록 하라고 지시했다.

9월 23일.

어제 대통령은 중앙청 출입기자단과 사변 이후 처음 회견을 가졌다. 서울 탈환을 앞둔 소감을 대통령에게 질문했다. 대통령이 다음과 같은 요지로 답변했다.

"처음에는 무기가 없어 곤란을 당했으나 이제 서울탈환을 목전에 두게 되니 감개무량하다. 언제나 민주진영은 끝에 가서 승리한다. 그동안 동포들이 화를 당하고, 더욱이 날씨가 추워짐에 따라 전재민의 어려운 상황을 생각하니 가슴 아프다. 하루바삐 서울을 탈환하고 정부가 들어가면 앞으로 더욱 우리가 할 일이 많다.

전재민 중에는 집 없이 헤매는 사람이 많으니 우선 이들을 구해야 한다. 미국은 세계대전 때 유럽에 가서 집 없는 사람에겐 집을 지어주고 옷 없는 사람에겐 옷을 주어 구제하였는데, 우리나라에 대해서도 이와 같이 할 것이다.

현재 인천시민들이 식량이 없어 곤란을 받는다고 하기에 쌀 3백 섬, 잡곡 3백 섬을 보내주는데 미국인들이 많이 도와주고 있다. 외국인도 도와주는 이때 우리나라 사람들이 먼저 희생적으로 서로 없는 것을 나누어 먹고, 함께 살고 함께 고락을 나누는 동족애를 발휘해야한다."

이어서 대통령은 38선 문제를 비롯한 여러 현안에 관해 이렇게 설명했다.

"사상적 대립은 있을지 모르나 우리는 처음부터 38선을 허용하지 않았다. 이 문제를 여태껏 참아온 것은 국제적 관계였는데, 이번에 공산군이 이 선을 넘어 불법 남침한 것이니 자연히 없어졌다. 그것은 소련이 북한 괴뢰군을 남침시켜 대한민국을 공산화시키려했으나 유엔 민주진영이 우방을 살리기 위하여 일어남으로써 국제전쟁이 되었다. 그러므로 이번 전쟁은 한국전쟁이 아니고 국제전쟁이다. 전후 부흥책과 전재민 보호는 정부가 식량을 다소 준비한 것이 있고, 금년 추곡을 수집하여 배급할뿐더러 외국도 우리 형편을 잘 아는 까닭에 많이 도와줄 것이다. 하지만 그것보다 월동의 거처문제가 시급하므로 ECA에 목재를 요청했다. 곧 이 물자들이 들어오면 가옥을 건축하겠는데, 모든 동포의 초가집을 개량해서 기와집을 지어 살게 하려는 것이 희망이다.

그리고 피점령지 주민 문제는 소련의 사주를 받아 공산군이 불법 남침하여 살인방화를 하였다. 이자들에게 중국인과 같이 환영한 일은 우리 남한에선 전연 없다고 한다. 다만 서울에 있는 중국거류민들이 이렇게 한 모양인데, 우리 동포들은 공산군들의 총칼에 굽히지 않으니 큰 자랑이라고 하겠다.

박쥐같은 회색분자가 혼란을 일으켰다. 이런 자는 자기 형제일지라도 자구책을 위해 적발하여 처벌해야 된다. 살기위해 그놈들에게 부득이 협조했던 것은 잘 조사해서, 민간의 공론에 의해서 처리할 것이다.

태평양동맹문제는 일전에 오스트레일리아 대사가 와서 이야기하고 오스트레일리아 외상이 내한하려했다. 그러나 맥아더 장군이 그분의 신변보호를 위하여 한국전선이 아직 정리되지 않았다고 방한을 허락하지 않았으므로 그냥 돌아갔다. 오스트레일리아 외상의 태평양동맹문제에 대한 주장에 대해서는 나도 찬성을 표명함과 동시에 그분의 생각과 내 생각이 같음을 믿는다."

대통령은 오후 3시 30분 신 국방, 조 내무와 함께 출전하는 우리 아이들을 격려하고 환송했는데 우리 아이들의 사기는 대단히 좋았다. 이제 맥아더 장군이 비행기만 보내오면 된다. 서울 환도 채비는 대강 끝났다.

# 이제는 마음 놓고 추수하게 됐어!

9월 24일.

저녁에 무초 대사와 노블이 와서 맥아더 장군의 두 번째 전문을 전해주었다. 20일 서울에 입성하면 수복지역의 모든 권한을 한국정부에 돌려주는 의식을 갖겠다는 것이었다. 그는 한국정부 요인과 모든 외교사절이 그 의식에 참석해주기를 바랐다.

무초 대사와 노블도 우리와 마찬가지로 하루 빨리 서울에 돌아가기를 원하고 있었다.

신 국방장관은 서울을 탈환하는데 맥아더 장군이 예상했던 것보다 훨씬 완강한 적의 저항을 받아 치열한 격전이 계속되고 있다고 보고했다. 미 해병 1사단만으로 서울을 탈환하려했던 앨먼드 장군은 계획을 바꾸어 육군을 추가 투입하기로 했다. 그는 또 낙동강전선에서 북진 중인 미8군과 남하하던 미7사단 32연대, 그리고 우리 국군 17연대를 서울탈환전투에 참가시킬 것이라고 했다.

진격에 진격을 거듭하고 있는 우리 아이들은 어디서나 모두 잘 싸웠다. 특히 17연대는 모든 연합군 장성들과 워커 장군도 그 용맹성을 인정했다.

나는 서울로 갈 짐 속에서 다시 타이프라이터를 꺼냈다. 서울환도 준비로 타이프라이터부터 먼저 챙겨두었던 것이다. 대통령은 곤히 잠들었지만 나는 마음이 설레어 잠을 이룰 수가 없었다. 잠을 청하려고 애를 썼으나 만감이 교차하여 쉬 잠이 오지 않았다. 조용히 자리에서 일어나 다시 짐을 챙겼다.

대통령의 낡은 스프링코트를 접다가 나도 모르게 눈물이 났다. 석 달 전 남하하던 야행열차의 찢어진 시트에 기대어 이 코트를 덮고 한강철교를 건널 때, 침통한 표정으로 서울 쪽을 바라보던 대통령의 모습이 잠든 얼굴위에 자꾸만 오버랩되었기 때문이다.

이제 다시 한강을 건너 서울로 돌아가게 되다니… 정말 꿈만 같다. 오! 하나님 감사합니다.


9월 25일.

17연대의 우리 장병과 미32연대는 새벽 5시 한강을 기습도하해서 남산을 빼앗았다고 한다. 그리고 미 제5해병연대와 우리 해병대도 곧 연희고지를 돌파할 것이라고 정일권 참모총장이 보고해왔다.

내일은 추석이다. 우리는 고기를 구하지 못했다. 시장을 보러나갔던 양 노인과 경호원들이 밤과 배 등 과일과 몇 가지 찬거리를 사왔다.

아무튼 내일은 대통령이 좋아하는 밤밥을 지어드려야겠다. 양 지사 사택에서도 대통령께 드리라고 잣을 보내왔다. 나는 그 댁에서 심부름 온 사람 편에 밤 한 되를 싸서 보내 답례했다.

옛날 마포장 시절에도 푸줏간에 고기가 떨어져 추석날 아침 대통령에게 멀건 국을 끓여드린 적이 있다. 그때는 그래도 조병옥 박사가 차려 보낸 음식으로 즐거운 명절을 지냈다. 대통령은 유석부인을 '조카딸'이라고 하며 친가족처럼 생각했다. 그녀의 아버님이 독립운동을 함께하며 형제처럼 지낸 동지였기 때문

158

이었다.

저녁에 국방장관이 내일 일정을 확인하려고 전화를 했다. 대통령은 청도에서 고생하는 피난민 동포들을 위문할 계획이다.

9월 26일.

대통령과 나는 부산역으로 나가 특별열차 편으로 오전 9시 청도를 향해 출발했다. 시가지를 벗어나자 넓은 들이 펼쳐지고, 그곳에 벼가 누렇게 익어가고 있었다. 마을 초가지붕엔 빨간 고추가 널려있는 것이 보였다.

대통령은 이제는 우리 농민들이 마음 놓고 추수를 하게 되었다며 만족해했다. 기차가 마을을 지나칠 때마다 사람들은 우리를 향해 손을 흔들었다.

양지바른 산에서는 성묘하는 사람들도 눈에 띄었다. 대통령이 그들을 손으로 가리키며 "마미, 금년엔 모든 실향민들과 같이 우리 내외도 평산(황해도)에 있는 고향 선영에 성묘를 했으면 좋겠소."라고 했다. 어느덧 기차가 낙동강을 건널 때 대통령은 감개무량한 듯 눈가에 이슬이 맺혀있었다.

오전 10시 45분에 기차가 청도에 도착하자 신 국방, 조 내무, 김 교통장관과 몇 사람의 관리가 대통령을 맞았다. 대통령은 자동차로 산비탈에 있는 피난민 촌락으로 갔다. 피난민들은 짚과 나뭇잎사귀로 움막을 짓고 지내고 있었다.

전재민들은 처음엔 무슨 영문인지 몰라 놀란 표정이었으나 대통령의 위문 일행임을 알자 크게 환영했다. 대통령이 시찰하는 도중 어느 노인은 "이제 돌아가게 되었으니 참 고맙습니다."하고 대통령을 붙잡고 눈물을 흘렸다. 대통령은 약 한 시간 동안 구석구석을 돌아본 후 마이크를 통해 남북통일과 신생활 운동에 관해 연설했다.

돌아오는 길에 경산 근처 강변에서 연합군 병사들이 노역하고 있는 곳을 지나게 되자 대통령은 하차하여 그들의 노고를 치하했다. 이곳에서는 전재민들이 줄을 이어 고향으로 돌아가는 모습을 볼 수 있었다. 누더기를 걸친 채 봇짐들을 지고 걸었지만 얼굴은 희망에 차있었다.

경산 전재민 부락에는 사람들이 반은 돌아가고 일부는 비어 있었다. 대통령은 남아있는 전재민들을 위해 약 15분간 연설을 했다. 우리 일행은 점심을 못 든 채 오후 3시 반이 넘도록 간단한 요기조차 할 수 없었다.

명절날이라 식당은 쉬고 상점도 모두 문을 닫고 있었다. 나는 아침에 간이 점심을 좀 준비하려고 했었는데 대통령이 필요 없을 것이라고 해서 그만두었다. 밤이라도 좀 삶아왔더라면 하는 아쉬운 마음이 들었다.

대통령도 오늘 같은 명절날 수행원들이 점심을 거르게 된 것을 퍽 유감스럽게 생각했다. 수행원들은 역에서 사과를 좀 구해온 모양이었다.

대통령일행은 오후 4시 경산역을 떠나 임시관저로 돌아왔다. 우리 내외는 대통령 오스트레일리아머니 속에 있던 얼마 안 되는 잣을 씹으며 조금은 시장기를 면할 수 있었다.

지사관저에는 양 지사부인의 추석음식이 우리를 기다리고 있었다. 대통령은 너무나도 맛있게 음식을 들었다.

미 대사관에서 우리가 서울로 타고 갈 비행기를 모레저녁 맥아더 장군이 보낼 것이라고 연락해왔다. 이번만은 예전대로 서울로 돌아가게 되겠지 하면서도 한편으론 은근히 걱정이 된다.

대통령은 밤새워 국민들에게 전할 연설문을 초안했다. 대통령은 연설문에서 이번 전란 중에 공헌이 많았던 각계각층의 애국동포들과 순국한 젊은 영령들에게 경의를 표했다. 외국의 성의 있는 원조를 받기위해서는 우방의 신뢰를 받을 수 있는 국민적 자격과 새 정신을 갖고 근검내핍의 새 생활을 할 것을 강조했다.

대통령은 또 하루 이틀에 모든 건설과 복구작업이 이루어질 수 없으므로 집

없는 동포들이 다가오는 겨울을 잘 넘길 수 있도록 서로 돕자고 호소했다.

이밖에도 대통령은 ▲공직에 몸담고 있는 관리들이 솔선수범하여 집 없는 동포들과 동고동락할 것 ▲식량문제는 정부가 최선을 다하여 기아를 면하도록 조처하겠으나 월동할 거처만큼은 동포들이 협조할 것 ▲부역자 처리에 있어서는 사사로운 원한으로 앙갚음을 하지 말 것 ▲자수하는 인민군 패잔병은 제네바협정에 의해 적정한 처우를 해줄 것 등을 밝혔다.

맥아더 장군에게 수여할 훈장이 이제 겨우 준비되었다.

# 우리나라 국경은 압록강과 두만강

9월 27일.

저녁 늦게 신 국방장관이 우리 해병대가 중앙청에 먼저 진입해서 태극기를 게양하여 서울시민들이 환호성을 울렸다고 보고해왔다. 대통령은 그 공을 높이 치하하면서 한편으론 "만심(慢心)이 가장 큰 적이라는 새로운 각오를 하라."고 신 국방에게 말했다.

대통령은 누구에게나 38선은 이미 없어진지 오래며, 우리나라 국경은 압록강과 두만강이라는 것을 늘 강조해왔다. 정일권 장군은 대통령의 뜻을 받들어 38선 이북까지 진격하여 공산당을 몰아낼 것이라고 했다.

워커 장군은 어제 우리 국군을 찬양하는 성명을 발표했다. 그렇지만 정일권 장군에게 38선은 연합국의 결정에 의한 명령이 있을 때까지는 단 한 발짝도 넘어서는 안 된다고 강조했었다. 그러나 대통령이 이미 정 장군에게 한국군의 북진명령을 내린 후였다. 국군은 자기나라 영토에서 자기 국가원수의 명령에 따를 의무가 있음은 물론이다.

9월 28일.

〈UP통신〉의 도쿄특파원이 전화로 대통령과 통화했다. 대통령은 화평의 조건은 공산당의 무조건 항복이며, 공산군의 남침으로 38선이 없어졌기 때문에 한국군은 반드시 북진할 것이라고 단호히 말했다.

UN감시하의 한국 총선거는 1948년 이미 남한에서 실시되어 1백 석의 의석을 북한대표를 위해 남겨두었다. 이 좌석을 채우기 위한 선거는 전쟁종료 후 실시될 것이라고 했다.

오후에 노블이 와서 내일 예정대로 서울로 출발할 것이라고 연락해왔다. 9월 28일 저녁, 노블이 우리를 서울로 태우고 갈 맥아더 장군의 전용기 바탄호가 도착했다고 알려왔다.

무초 대사, 소육린 자유중국 대사도 우리와 함께 동승하게 될 것이라고 했다. 자유중국은 장제스 총통 이하 모든 요인들이 진심으로 한국을 돕고자 최선을 다하는 고마운 우방이다.


9월 29일 오전 8시,

우리는 부산수영비행장에 도착하여 환송 나온 사람들과 인사를 나눈 뒤 대통령은 비행기에 탑승했다. 조봉암 국회부의장과 김병로(金炳魯) 대법원장도 함께 탔다. 한 시간 반 이상의 비행 후에 우리는 인천앞바다에 줄지어있는 전함들을 볼 수 있었다.

대통령은 시종 말없이 아래를 내려다보고 있었다. 도시의 여러 군데가 파괴된 것이 시야에 들어왔다. 건물들은 앙상하게 파괴되었고 여기저기 포탄에 맞은 자취가 드러나 보였다. 대통령은 침통한 표정이었다. 나는 뒤에 타고 있는 황 비서에게 맥아더 장군에게 수여할 훈장과 훈기를 확인시켰다.

김포비행장에 도착하니 많은 차들이 늘어서 있었다. 우리가 탈 차는 맥아더 장군이 마련해준 카키색 세단이라고 노블 박사가 가르쳐 주었다. 눈에 익은 몇몇 특파원과 기자들이 대통령의 서울 복귀를 취재하려고 기다리고 있었다. 맥아더 장군 곁에는 워커 장군, 아몬드 장군, 조이 장군 등이 서있었다.

대통령은 비행기트랩을 내린 다음 맥아더 장군과 악수를 나누며 감격적으로 껴안았다. 그 순간 나는 눈시울이 뜨거워지고 목이 메어 대통령 뒤에 가만히 서있었다. 이어 맥아더 장군이 미소를 지으며 다가와서 나에게 자기 부인의 안부 인사를 전했다.

맥아더 장군의 부인은 아주 매력 있는 주부이고, 남편의 지위 때문에 티를 내는 일이 없는 겸손한 아내였다. 우리는 만나자마자 금방 친숙해졌고 서로 마음이 잘 통했다.

전승국 최고사령관의 부인으로서 늘 검소했으며 사치나 낭비를 죄악으로 생각하는 절제 있고 조용한 내조자였다.

맥아더 장군은 독실한 기독교인으로, 동양인을 제대로 이해하며 존경하는 겸허한 인품과 솔직한 태도 때문에 대통령은 무척 그를 좋아했다. 공적으로 자기 나라의 이익에 관계되는 일에서 의견이 다를 경우, 둘이 모두 강한 성격을 드러내고 서로가 한 치의 양보도 없었다. 하지만 사적으로 장군과 대통령은 샘이 날 정도로 항상 다정했다. 언제나 격의 없이 심금을 털어놓고 이야기했었고, 서로를 위하고 아껴주었다.

맥아더 장군이 대통령의 차를 앞세우도록 지시하려하자 대통령은 "오늘은 개선장군이 먼저 환영을 받아야 하오. 장군의 차를 앞세우시오. 이것은 한국 국민 전체의 뜻이오!" 하고 우리 차가 장군의 차 뒤를 따르도록 했다. 뽀얗게 일어나는 먼지 길을 서울로 향해 달렸다. 먼지 사이로 한강이 보이기 시작했다.

오! 얼마나 한 맺힌 눈물을 흘려보낸 강이었는가. 강물은 변함없이 흐르고 있었고, 한강을 바라보는 대통령의 눈에는 눈물이 흘러내렸다.

다리는 폭격으로 모두 부서져있었다. 차는 한강을 건너 강둑을 올라가서 마포를 지나 서대문 쪽으로 달렸다. 서울 시가는 무참하게 파괴되어 있었다.

전쟁이 할퀴고 간 도로변에는 영양실조로 수척해진 시민들이 태극기를 들고 나와서 대통령을 보자 눈물을 흘리며 만세를 부르고 손을 흔들어 환영해주었다. 대통령도 나도 감격하여 눈물이 솟구쳐 올랐다.

교차로마다 모래주머니로 방어벽을 만들어 놓았는데, 굶주린 서울시민들을 북괴군이 총칼로 위협하고 강제 동원하여 만든 것이라고 한다. 시가지로 들어설수록 공산군들의 살육과 방화와 파괴의 흔적이 더 심하게 드러났다. 중앙청 역시 검게 그을고 유리창은 모두 박살이 났으며, 아직도 매연이 가시지 않은 채였다.

멀리서는 여전히 포성과 총소리가 들려왔고, 시내에는 게릴라들이 숨어서 가끔 급습을 해오므로 조심해야 된다고 했다. 우리는 차에서 내린 다음 중앙청 현관을 지나 중앙홀로 들어갔다. 아직도 연기냄새가 사방에서 났다. 구리로 된 둥근 돔은 찌그러져 있었고, 가끔 천장에서는 작은 유리조각이 떨어져 내려왔다. 군인들과 남자들은 모자가 있었지만 우리 쪽으로 떨어지면 안전할 수 없었다.

식이 거행되는 동안 계속 달랑거리고 유리파편이 떨어져내려 신경이 곤두섰다. 그렇지만 기적적으로 다친 사람은 없는 모양이었다.

대통령이 맥아더 장군에게 훈장을 수여했다. 맥아더 장군은 수도 서울의 기능과 권한을 한국정부에 돌려준다는 요지의 훌륭한 연설을 감격어린 어조로 말했다. 대통령도 이에 감동하여 연합군의 노고에 감사하고 전사한 유가족에 위로를 보내며, 승리자로서 적에 관용을 보이기를 바라는 내용의 연설을 했다.

"비범한 군복무의 기나긴 생애를 통하여 장군이 이룩한 모든 업적가운데 가장 훌륭한 업적으로서 역사는 국제연합군을 이끌어온 장군의 통솔력을 기록에 남길 것으로 본인은 확신합니다."라고 대통령은 맥아더 장군을 찬양했다.

무초 대사는 자신과 미국정부에 관해 몇 마디 연설을 했다. 맥아더 원수는 주기도문으로 엄숙히 식을 끝냈는데, 우리 모두 함께 주기도문을 따라 외웠다.

"하늘에 계신 우리아버지, 이름을 거룩하게 하옵시며, 나라에 임하옵시며, 뜻이 하늘에서 이룬 것같이 땅에서도 이루어지이다. 오늘날 우리에게 일용할 양식을 주옵시고, 우리가 우리에게 죄지은 자를 사하여 준 것같이 우리의 죄를 사하여 주옵시고, 우리를 시험에 들지 말게 하옵시고, 다만 악에서 구하옵소서, 나라와 권세와 영광이 아버지께 영원히 있사옵나이다. 아멘."

악대도 의장대도 없었지만 참으로 감격적이고 의미 있는 환도식이었다. 중앙청에서 식이 끝난 뒤에 대통령이 맥아더 원수에게 심각한 얼굴로 말했다.

"우리는 지금 지체 없이 북진해야하오. 그들은 재편성할 시간이 없을 것이고 저항도 없을 것입니다."

맥아더 장군은 국제연합이 38선을 넘도록 자기에게 권한을 부여하지 않았다는 이유로 반대의사를 표시했다. 대통령은 장군에게 "국제연합이 이 문제를 결정할 때까지 장군은 휘하부대를 데리고 기다릴 수가 있지만, 한국군이 밀고 올라가는 것을 막을 사람은 아무도 없는 것 아니오? 여기는 그들의 나라요, 장군이 우리 군대에 공중지원을 한다면 그들은 그렇게 할 수 있을 것이오. 내가 명령을 내리지 않아도 우리 국군은 북진할 것입니다."하고 힘주어 말했다.

대통령이 9월 29일 오후 2시 대구의 육군본부에 들러, 정일권 참모총장과 참모 장군들 (강문봉, 양국진, 황헌친, 최경록, 김형일)에게 38선의 존재여부를 물었다. 대통령은 이들로부터 자신의 뜻과 같이 이미 38선의 존재를 인정치 않는다는 답변을 듣고 마음속으로 기뻐하면서 정 참모총장에게 국군의 북진명령을 내렸다.

대통령은 이 자리에서 7월 14일 맥아더 장군에게 편의상 넘겨주었던 우리

제11사단을 시찰, 참모들에게 손수 훈장을 달아주는 이승만 대통령(1953. 5. 15).

의 작전권은 우리가 필요할 때 언제나 대통령의 권한으로 회수할 수 있는 것임을 강조했다. 또 대통령은 공항에서 비행기에 오르기 직전 정 장군에게 평양은 우리 국군이 먼저 입성할 것과, 압록강과 두만강의 국경지대를 유엔군에 앞서 진격하여 확보할 것을 지시했다. 맥아더 장군도 대통령의 의중을 이해했지만 어디까지나 국제연합의 결정에 의한 명령을 따라야한다는 의견이었다.

우리는 군용 점심을 들고난 뒤에 경무대로 향했다. 우리보다 먼저 올라온 경호원과 경무대 직원들이 아직도 정리와 청소를 하고 있었다. 선발대로 올라온 경무대 식구들이 들어왔을 때 경무대 내부는 엉망진창으로 악취가 코를 찔렀다고 한다.

이선영 경사가 제일 먼저 대통령 집무실로 들어갔는데 그곳에는 남일이라는 이름이 새겨진 고급 양복 윗저고리가 걸린 채 양말까지 널려있더라고 한다.

남일이 너무 황급히 도망치느라 양복도 버려두고 양말도 제대로 못 신은 채 떠난 모양이라는 보고였다.

그리고 남일과 공산당 고위 관리들이 마시다 남겨둔 채 버리고 간 소련제 양주가 가득 들어있는 상자를 우리에게 보여주었다. 나는 이 전리품을 승전선물로 여기저기 보냈다. 무초 대사에게는 보드카 2병과 백포도주인 부르뉴 2병을 선사했고, 노블과 워커 장군에게도 몇 병을 보내주었다.

워커 장군은 우리에게 경무대가 아직도 위험하니 잠만은 서울 필동에 있는 '한국의 집'에서 자도록 하라고 제의했다. 대통령은 별로 마음에 내키지 않는 것 같았지만 나는 그쪽이 더 안전할 듯했다. 그래서 대통령에게 경호원들이 좀 더 편히 쉬도록 우리가 하루 이틀만 '한국의 집'을 숙소로 하자고 간청했더니 대통령도 승낙했다.

그런데 그때 중앙청 서편에서 불길이 타오르는 것을 대통령이 발견했다. 불구경을 하고 서있는 직원들을 보면서 대통령이 어서 가서 불을 끄라고 큰소리로 명했다.

# 돌아온 애견 '해피'

10월 1일.

우리는 필동 '한국의 집'에서 밤을 지내고 다음날 아침 다시 경무대로 돌아왔다. 멀리서는 아직도 포성이 들려오곤 했지만, 참으로 청명한 가을 날씨는 맑은 햇볕과 공기로 전쟁에 시달린 우리의 마음을 달래주었다.

그런데 해피가 나타났다고 소리치는 경호원의 목소리가 들려왔다. 이미 굶어죽었거나 행방불명된 줄 알았던 대통령의 애견 해피가 아닌가. 그러자 열어젖힌 현관으로부터 해피가 달려왔다. 해피는 곧바로 쏜살같이 대통령 품안으로 뛰어들었다. 그것은 분명히 해피였다. 비쩍 마르고 더러워질 대로 더러워진 해피였다. 워낙 갑작스럽던 피난길에 그를 돌보지 못했던 일이 떠올랐다.

약은 이 녀석이 그 험난했던 나날을 어디에 숨어서 무엇을 먹고 지냈을까? 이제 돌아온 주인 옆을 다시는 떨어지지 않으려고 저토록 정답게 반기는 모습에 눈시울이 뜨거워진 것은 나만이 아니었다.

이날 대통령은 서울의 민정을 알아보려고 나섰다. 우리는 태평로를 지나 남대문 쪽으로 차를 몰았다. 거리에는 시민들이 나와서 어질러진 길을 정리하고 청소하는 모습이 눈에 띄었다. 남대문 근처에 이르자 대통령을 본 시민들이 일제히 만세를 불렀다.

대통령은 차를 멈추게 한 후 거리에 나섰다. 삽시간에 시민들이 모여들고 대통령과 그들은 서로 얼싸안고 울었다.(흐느끼기도 하며 어쩔 줄을 몰랐다). 대통령은 갑자기 시민들에게 연설을 하고 싶어 어딘가 올라설 곳을 찾았다. 마침내 자동차 범퍼를 발판으로 딛고, 앞에 선 경호관의 등에 몸을 의지하며 연설을 시작했다.

"앞으로 아무리 뼈아픈 고통과 슬픔이 닥쳐오더라도 우리 모두가 힘을 합해 참고 견디면 밝은 날이 올 것입니다."

대통령은 그동안 공산 치하에서 고생한 시민을 위로하고 격려했다. 이때 나는 이선영 경사가 갑자기 당황하는 모습을 보았고, 황 비서관이 "수류탄!" 이라고 외치는 소리에 대통령이 위급하다는 생각이 머리에 번쩍 떠올랐다. 나는 대통령을 끌어내려 얼른 자동차에 밀어 넣었다.

또 하나의 위험이 스치고 간 것이다. 아직 서울에는 게릴라가 있다. 이 경사에 의하면 수류탄이 굴러들어왔는데, 다행히 불발탄이어서 우리가 살아남았다는 것이다.

우리는 저녁에 정일권 장군으로부터 전화를 받았다. 그는 오늘 오전 6시에 동해안을 따라 진격하던 국군 3사단의 김종순 연대장이 지휘하는 부대의 우리 아이들이 38선 북쪽에 있는 기사문고지를 점령했으며, 그들의 사기는 충천해 있다고 전했다. 대통령은 이 보고에 크게 만족해했으며 치하했다.(* 10월 1일 국군의 날은 이 때문에 제정됐다)

10월 2일.

워런 오스틴 유엔 미국대표는 9월 30일 유엔총회 정치위원회에서 38선이

경무대 뜰 연못에서 물고기에게 먹이를 주는 이승만 대통령 내외(1950. 2. 1).

라는 인위적 장벽을 제거하도록 유엔에 요청했다.

"침략군이 38선이라는 하나의 가공적인 선의 배후로 도피하는 것을 허용해서는 안 된다. 그것은 한국 및 세계평화에 재차 위협을 주기 때문이다. 한국을 남북으로 갈라놓는 인위적인 장벽은 법률적으로나 실제적으로나 존재의 근거가 없다. 이 인위적인 장벽의 존재를 인정하느냐, 또는 조정하느냐는 지금 유엔이 결정할 문제인 것이다. 6월 27일에 안보이사회에서 결의한 지령은 국제평화와 안전보장이 한국에서 완전히 회복될 때까지는 연합군의 군사행동을 허용한다는 폭 넓은 것이었다."

그는 이렇게 미국의 현실적인 입장을 재차 밝혔다.

맥아더 장군은 9월 30일 북괴군 총사령관에게 항복을 권고했다. 북괴군들의 전투력이 불원간에 전면적으로 궤멸되리라는 것을 경고하면서, 유엔결의가 최소한의 인명손실과 파괴를 희망하고 있으므로 무기를 버리고 적대행위를 중지할 것과, 유엔군 포로 전부 및 비전투원 억류자를 즉시 석방하여 보호가료한 다음 지정하는 장소로 수송해주도록 요구했다. 그리고 불필요한 유혈과 재산파괴를 막도록 할 것을 기대한다고 성명을 냈다.

9월 24일부터 28일까지 5일간의 적의 손해는 사상자 및 포로까지 합하여 약 2만 명에 달한다고 신성모 국방장관이 대통령에게 보고했다. 북괴측이 맥아더 장군의 항복요구를 묵살해버리자 맥아더 장군은 워커 장군에게 38선 이북으로의 진격준비 명령을 내렸다고 한다.

이에 앞서 9월 30일 국회에서는 신익희 의장 사회로 지청천, 정일형, 서민호 의원 등이 제안한 38선 돌파 작전요청 메시지를 유엔총회에 보내자고 만장일치로 가결했다.

공산군에게 희생된 줄 알았던 모윤숙(毛允淑) 씨와 박순천(朴順天) 의원이 살아있다는 보고를 받고 대통령은 무척 기뻐했다. 우리는 다시 부산 임시관저로 돌아왔다. 대통령의 뜻에 따라 유엔군 장성들을 위한 파티를 열어 대접하기로 했다.

나는 양 지사부인과 손원일 제독부인을 불러 상의, 점심시간을 택해 간단한 샌드위치와 음료, 그리고 약간의 한과를 준비하기로 했다. 여기에는 그럴만한 까닭이 있었다. 이전 경무대에서 파티를 열었을 때 초청받은 귀빈 중에는 대통령의 초대를 기념할 목적으로 가끔 포크나 티스푼 또는 기념이 될 만한 작은 집기 등을 슬쩍하는 경우를 종종 보았다.

가뜩이나 살림살이가 부족해 쩔쩔매는 판인데 그나마 또 없어지면 어디 가서 구한단 말인가. 그래서 조금 차기는 하지만 오미자차에 잣을 띄워 음료로 내놓고, 손으로 집을 수 있는 샌드위치를 대접키로 한 것이다.

오늘은 해군참모총장 손원일 제독부인이 통바지(몸빼) 대신 치마를 입고 왔다. 손 제독부인은 부상병 뒷바라지와 진해 해군공관에서 유엔군 장병들을 접대하느라 늘 바빴기 때문에 항상 통바지 차림이었다. 그래서 대통령은 그녀를 보고 '바지 부인' 이라고 불렀다.

오늘따라 손 제독부인은 무척 생기가 돌아보였다. 알고 보니 이번 승진은 그에게는 특별한 의미가 담겨있었다. 인천상륙작전을 수행하기 위해 집을 나서는 손 제독이 아무 내색 없이 부인 손에 작은 선물하나를 쥐어주며 "며칠 다녀올 테니 아이들과 집안을 부탁하오." 하고서 그냥 떠났다는 것이다.

후에 손 제독부인은 남편이 인천상륙작전에 참가한 것을 알았고, 더군다나 그의 앞뒤에 서있던 미군장교와 부관이 모두 전사하고 오직 그만이 천우신조로 살아났다고 했다. 나는 저절로 가슴이 뭉클해졌다.

남편이 살아 돌아온 손 제독부인의 경우는 다행이지만, 그렇게 말없이 떠나 영영 돌아오지 못하고 전장에서 사라져간 군인부인들의 슬픔은 얼마나 클 것인가. 우리는 이야기에 열중하느라 대통령이 들어오신 것도 몰랐다.

대통령은 손 제독부인을 보고 "오늘은 왜 바지를 벗고 왔나?" 하시며 웃었다. 평소에 대통령은 여자가 바지 입는 것을 싫어했지만 전쟁의 와중에서 바쁘게 뛰어다니느라고 손 제독부인이 바지를 입는 것을 대견하게 여겼다. 대통령은 손 제독부인에게 부상병들의 병세가 어떠하냐고 묻고, 전쟁미망인들의 생활이 어려울 것을 걱정했다.

북괴군은 서울 탈출에 앞서 8천여 명의 요인들과 애국인사들을 납치하여 이북으로 보냈고, 3천여 명을 살해하였다고 조병옥 내무장관이 보고해왔다. 참으로 끔찍한 일이다. 다행히 형무소에 있던 2천여 명의 애국인사들은 구출되었다 한다.

국회의원들이 대통령을 예방했다. 아직도 많은 국회의원들의 행방이 밝혀지지 않았고, 많은 수의 국회의원들이 납북되었다는 소식을 듣고 대통령은 가슴아파했다. 대통령은 국회의원들에게 전재민주택은 한 가구에 6평씩 건축케 하고, 각부 장관관사는 전재민들에게 내주는 동시에 장관은 작은 주택으로 이주케 할 것이라고 말했다.

쌀 배급은 남한 전역에 걸쳐 1인당 2홉씩 1개월분을 확보하고 있는데 북한 1천만 동포에 대한 식량을 준비 중에 있으며, 배급식량을 부정처분하는 자는 엄벌에 처할 것이라고 했다.

신 국방장관이 대전에서 많은 우리 양민들의 시체가 발견되었다고 보고해왔다. 천주교 프란시스코수도원 구내에서 7백 명의 시체가 발견되었는데, 대전에서만 약 6천 명이 학살당했다는 보고를 받고 대통령은 무척 비통해했다.

대통령은 이기붕 서울시장에게 서울에 있는 전재민들의 식량준비에 만전을 기하도록 지시했다. 이 시장은 인천에 입하된 구호양곡을 곧 인수할 것이라면서 식량운송에 필요한 수송방안을 강구중이라고 보고하였다. 대통령은 이 시장에게 직접 식량운송을 진두지휘할 것을 명하였다.

# 제네바에서 만난 '동양 신사'

10월 6일.

나는 연사흘 간 일기를 쓰지 못했다. 네루 인도수상은 북괴로부터 화평제안을 받은 일이 없다고 언명했다.

연합군이 38선을 돌파하려고 하면 소련이 이것을 중시할 것이라는 보도다. 소련은 한국에 관한 모든 문제를 유엔 또는 기타 장소에서 토의하기를 희망하고 있는 것으로 알려졌다. 기타 장소란 엄밀한 의미에서 강대국 간에 한국의 장래 문제를 절충한다는 의미로 해석된다.

미군 또는 연합군의 38선 돌파는 소련과 중공에도 중대한 결과를 초래할 것이라는 외신보도도 있다. 저우언라이(周恩來)는 "중공은 자기 이웃나라 영토를 제국주의자들이 침략하려고 한다면 가만히 보고 있지 않을 것."이라고 발표했다.

맥아더 장군은 "공산군과 그들의 전쟁시설을 조기에 완전히 정복 파괴하는 것은 이제 시간문제다."라고 방송을 통해 응수했다. 임병직 외무장관은 2일 유엔정치위원회에서 38선은 이미 존재하지 않는다고 언명하고, 한국 전체를 한국정부의 통치하에 둘 것을 요구했다.

이날 소련대표 비신스키는 한국이 북한을 침입했다면서 그 증거로 대통령의 어떤 서신을 내흔들었다고 한다. 이에 관해 대통령은 장 대사와 올리버 박사, 그리고 임병직 장관에게 보낼 서한을 초했다.

우리 아이들은 2일 오후 38선 이북 50km이상 되는 거진리까지 진격했다고 정일권 장군이 보고해왔다.

대통령은 2일, 관민이 협력하여 닥쳐올 겨울의 주택난을 해결할 것과 새 정신 새 결심으로 신생활 운동을 전개할 것을 바랐다. 그리고 원조물자와 정부재산 처리에 부정이 없도록 하라고 발표했다.

그리고 화목(火木) 대신 석탄이나 토탄 및 무연탄을 연료로 사용하도록 해서 산림을 보호하고, 식목하여 산사태를 막아 좋은 농지를 유지하며 금수강산을 만들자고 강조하였다. 대통령의 나무에 대한 관심은 예나 어제나 다름없는 집념인 것이다.

유엔정치위원회에서 즉시 정전과 외국군의 철수를 요구한 소련의 결의안이 부결되었다고 한다. 전쟁을 일으켜놓고 전세가 불리해지니 정전하여 북괴에 재기의 기회를 주려는 소련의 심산이다.

우리 아이들은 원산을 향해 용약, 북진중이라고 한다. 원산은 아름다운 명사십리와 해당화가 유명하다고 대통령이 나에게 이야기해준 적이 있다. 이제 우리나라의 절경인 금강산도 머지않아 가볼 수 있게 될 것이다. 금강산은 너무도 아름다워 진시황의 사신들이 불로초를 캐러왔다가 숨어버린 명산이라는 것을 시집오기 전에 〈코리아〉라는 책에서 읽었던 기억이 새롭게 되살아났다.

사실 금강산은 나와 대통령을 맺어지게 하는데 결정적인 다리가 됐다. 내가 대통령을 처음 만난 것은 1933년 2월 제네바의 한 호텔식당에서였다. 어머니와 함께이던 나는 웨이터의 요청으로 어느 동양신사와 합석을 하게 됐다.

신혼여행을 마친 이승만 박사 부부가 호놀룰루에 도착하여 찍은 기념사진(1935. 1. 24).

시선이 마주치자 "어느 나라에서 오셨나요?"하고 물었더니 신사는 "코리아에서 왔다."고 대답했다. 그 순간 내 머릿속으로 일주일전 독서클럽에서 받아보았던 코리아란 책의 한 구절, '금강산' 과 '양반' 이 떠올랐다.

"코리아엔 아름다운 금강산이 있고 양반들이 산다지요?" 하는 내 말에 신사는 깜짝 놀라며 반가워했다. 후에 대통령은 내가 금강산과 양반을 알고 있다는 사실에서 큰 감명을 받았다고 털어놓기도 했었다.

계속 북진하고 있는 우리 애들은 사기충천하여 동해안 쪽에서 우렁찬 노래를 부르며 북진중이라고 신성모 국방장관이 보고해왔다. 적의 저항은 별로 없었다고 했다. 지금 우리 국군 2개 사단의 주력이 38선 북방으로 북진중이고, 수도사단은 양양에서부터 진로를 서북방향으로 향하여 산악지대를 전진중이다.

북한주민들의 태도가 우리 애들에게 극히 호의적이라는 정일권 장군의 보고가 있었다. 진격중인 우리 애들에게 하나님의 가호와 은총이 있기를!

미 제1해병사단도 의정부에 돌입하였고, 미 제1기갑사단도 적극적인 수색 작전을 벌여 적병 2백여 명을 생포했다고 한다. 우리 3사단의 각 부대는 5백 명 이상의 적을 포로로 잡았다.

유엔에서 필리핀, 캐나다, 오스트레일리아의 대표들이 소련불록의 제안을 정면으로 반대하고 "유엔군은 평화통일의 길을 용이하게 하기위하여 북한군의 저항을 격파하고 전 한국을 점령해야한다."고 말했다.

필리핀의 로물로 외상, 캐나다의 스펜더 외상은 오스트레일리아의 피어슨 대표의 의견에 동조하여 한국이 먼저 북한을 침범했다고 주장하는 소련대표 비신스키의 주장을 통렬히 반박했다고 한다. 그리고 소련이 한국은 경찰국가라고 억지 비난하는 것에 대해서도 그렇지 않다는 설명을 했다.

이토록 적극적으로 우리 한국을 위해 유엔에서 활약하고 있는 필리핀의 로물로 외상은 대통령과 각별한 친분이 있고, 서로 마음이 통하는 반공투사다. 독립운동하던 시절 워싱턴에서 로물로 씨와 우리는 바로 이웃에 살면서 가족처럼 가까이 지냈다. 당시 로물로 씨도 대통령과 마찬가지로 조국의 독립을 찾기 위해 온갖 고생을 다했다. 나라는 달랐지만 모든 면에서 서로 돕고 격려하며 함께 투쟁한 동지였다.

대통령은 맥아더 장군을 만날 때 로물로 씨와 동행하기도 하고 연설을 하러 다닐 때도 로물로 씨, 임병직 씨 등 셋이서 동반하는 경우가 많았다.

로물로 씨 부인과 나는 서로 많은 손님을 접대해야 할 때는 모자라는 그릇을 빌려 쓰기도 하고 어쩌다 맛있는 특별한 음식을 만들면 나눠먹기도 했는데, 로물로 씨가 한국 음식을 좋아하던 기억이 지금도 생생하다. 로물로 씨 댁에서 전지가위나 연장 같은 것을 빌리러 오면, 가끔 대통령이 직접 가서 정원수를 다듬어 주기도 하고 창틀이나 문, 가구 같은 것을 손봐주기도 했다.

이런 대통령을 로물로 씨는 큰아버지라고 부르며 존경하고 따랐는데, 모든 일에 유장하고 낙천적인 로물로 씨의 인품을 대통령은 사랑했다. 이제 그 로물로 씨가 강인한 투지와 노련한 수단을 갖춘 반공투사로서 아시아의 반공을 위해 유엔에서 임병직 씨와 손을 잡고 공산불록에 대항하여 싸우고 있다니 한결 마음이 든든하다.

유엔에서 우리 한국을 위해 애쓰고 있는 로물로 외상과 모든 우방 대표들의 건투를 빌며, 앞으로의 활동에 큰 기대를 가진다.

모윤숙 씨가 단정하고 말쑥한 차림을 하고 생기가 도는 모습으로 우리 임시 관저를 찾아왔다. 전쟁 중 잃어버린 외딸 경선이를 찾았다고 대통령께 감사드리러 온 것이다.

지난번 서울 경무대에서 지저분한 차림으로 대통령을 찾아뵙고, 자기를 버려두고 후퇴했다고 원망하며 딸을 찾아내라고 떼썼던 일을 사과하러 왔다고 했다. 우리는 딸을 찾았다는 말을 듣고 퍽 반갑고 기뻤다.

지난번 서울 환도식이 끝난 다음 경무대로 찾아온 모윤숙 씨가 대통령에게 원망 섞인 말을 했을 때, 대통령은 "그래, 내가 죄가 많아. 딸은 꼭 찾아 줄게. 윤숙이의 건강부터 우선 회복해야 하겠어."하고 위로했다.

그 말을 들은 나는 속으로 전쟁 중에 잃어버린 딸을 정말 찾을 수 있을까하고 걱정이 태산 같았는데, 이제 딸을 찾았다니 참으로 다행이다. 어떻든 모윤숙 씨는 잃어버린 딸을 찾았으니 기쁘겠지만, 전쟁 중에 가족을 잃어버린 채 수많은 사람들이 고통 받고 있을 것을 생각하니 가슴이 아프다.

대통령은 모윤숙 씨에게 "내 죄가 많아, 내 죄가 많아."하고 말했지만 정말 죄를 지은 자는 공산침략자들이다. 나는 양민을 학살하는 그들이야말로 벌을 받아 마땅하다고 마음속으로 생각했다.

대통령의 전란수습을 위한 원조요청과 맥아더 원수의 주선으로 한국의 전재민을 위해 4천만 달러에 달하는 의료품과 식료품, 천막들이 이미 한국을 향해 떠났다고 경제협조처 앤더슨 소장이 알려주었다.

애치슨 미 국무장관은 미국방송협회에서 엘리노어 루스벨트(프랭클린 루스벨트 대통령 부인) 여사의 질문에 한국의 부흥촉진이 유엔총회의 당면임무라고 말했다.

민주진영의 집단안보체제 확립과 함께 한국의 부흥책은 이 안전보장기구 속에서 인류의 생활을 향상시키는 거대한 건설적 사업을 추진시키는데 있다. 한국은 이번 전쟁으로 인해서 폐허가 되었으며, 실로 이곳이야말로 우리가 건설 사업을 개시할 곳이다.

유엔군은 침략을 저지하는 동시에 전쟁을 거의 종결시키려고 노력하고 있다. 지금이야말로 국제연합제국은 그 지식과 역량을 경주하여 한국 민중을 위해 새로운 대책을 수립해야한다. 우리는 과거 수개월간 공동 목적을 달성하기 위해 유엔을 통해 모든 산업과 건설 면에서의 상호 협력을 이루어왔음을 강조하며, 여러 우방의 협력을 구했다.

한편 대통령은 전후 복구와 건설 사업에 최선을 다할 것과, 악을 악으로 갚는 일은 정의와 인도에 어긋나므로 절대로 피해야 하며, 사사로운 원한으로 분을 푸는 일이 없도록 국민들에게 호소했다.

주한미국대사관으로 쓰고 있는 반도호텔을 수리하러 온 노먼 디한이라는 젊은 건축기사가 우리를 예방했다. 지금 수리공사가 진행 중인데, 급히 복구하는 대로 집무하게 되겠지만 난공사라고 한다.

경무대는 유리 석장만 깨진 채 비교적 피해가 적다고는 하지만 모든 하수도 시설이 막혀있고, 내부가 모두 엉망진창이 되어 총무처에서 수리가 필요하다고 한다. 대통령은 경무대에 되도록 수리비를 들이지 말고 꼭 필요한 곳만 손보도록 지시했다. 나는 경무대가 빨리 수리되어 입주했으면 좋겠다.

오늘 서류를 정리하다가 대통령이 써놓은 시 한편을 발견했다.

    며느리는 생선바구니 이고 시어머니는 소를 몰고

    낙동강 십리 길에 장보러들 가는구나

    아우 형 전쟁에 다 나가고 전쟁은 상기 아니 멎고

언젠가 진해 부산 길에서, 늙고 젊은 부녀자들이 낙동강 장터를 향해 가는 것을 보고 대통령이 지은 시였다.

# 백선엽, 인엽 형제

10월7일.

오전 9시 대통령은 대구로 떠나 육군본부에 들러 정일권 장군으로부터 38선 이북의 전황을 보고받았다. 동해안에서 진격중인 제3사단의 우리 애들은 통천과 송전을 점령했고, 중부전선에서도 제2군단 예하의 3개 사단이 38선을 넘어 북진을 개시하여 진격중이라고 했다.

제6사단은 춘천 북방에서 38선을 돌파하여 저항하는 적군을 무찌르고 전진중인데 사기가 드높다고 한다. 서부전선에서 우리 애들에게 저항하던 적은 막대한 피해를 보고 후퇴했다. 그리고 만주로부터 평양으로 남하 중이던 적의 수송트럭 70여대를 미 공군이 폭격하여 격파시켜 적의 타격이 컸다고 했다.

대통령은 38선 이북에서 전개될 맥아더 장군의 전략과 워커 장군의 전략을 여러 면으로 검토해온 정일권 참모총장의 견해를 심각하게 청취했다. 대통령은 정 장군과 비행기로 동부전선을 시찰한 후 서울로 비행하여 여의도에 내린 다음 경무대로 향했다.

서울 시가지는 지난번에 왔을 때보다 훨씬 깨끗하게 정리되어 있었고, 활기를 띠고 있는 것 같다. 여기저기서 국군들이 시민들을 도와주고 있는 모습이 눈에 띄었는데 대통령을 보자 사람들은 손을 흔들며 만세를 불렀다. 경무대는 그동안 깨끗이 청소하여 그런대로 정돈되어 있었다.

오후 늦게 신 국방장관과 백인엽 준장이 찾아왔다. 백인엽 장군은 이번 서울 탈환에 공을 세우고 승진하여 별을 달았는데, 지난번 서울 환도식이 끝난 후 조병옥 내무장관과 함께 경무대를 찾아온 적이 있었다. 당시 서울시내에는 아직도 전운이 가시지 않아 이곳저곳에서 연기가 치솟고 있었다. 대통령은 두 사람을 보자 "서울이 지금 여기저기 불타고 있는데 진화 작업은 안하고 무엇 때문에 멀쩡한 나를 불렀느냐?"고 호통을 쳐서 내보냈었다.

물론 대통령이 대구방어에 최선을 다한 조 내무와 서울탈환에 큰 몫을 한 17연대 백 연대장의 공을 모를 리가 없었다. 아직도 불타고 있는 서울시의 진화 작업을 어서 서둘도록 하라는 독려였던 것이다. 오늘 백 장군이 지난번에는 조 내무와 함께 대통령의 칭찬을 받을 줄 알고 왔다가 혼만 나고 쫓겨났었다고 솔직하게 털어놓아 우리 모두 웃었다.

조 내무나 백 준장은 모두 세련된 멋은 없지만 남자다운 태도와 대담하고 호탕한 기질 때문에 대통령의 사랑을 받는 것 같다.

신성모 국방장관은 백인엽 준장을 정보국장으로 임명했다고 대통령에게 보고했다. 백 준장은 이어 지난번 부산에 있는 자기 어머니에게 베풀어준 대통령의 후의에 감사드리러 왔다고 눈물을 글썽이며 말했다.

지난 9월 21일, 17연대가 인천 상륙작전과 서울 탈환전투에 참가하기 위해 군함을 타고 떠날 때 대통령과 나는 저녁 8시 반까지 함상에서 17연대의 우리 애들을 격려하고 돌아왔었다. 싸움터로 가는 우리 애들이 탄 배가 부산항을 떠나 어둠속으로 사라지는 것을 지켜보던 대통령이 나에게 "20대에 홀로된 백 대령의 어머니가 선엽과 인엽 형제를 고생하며 길러서 이제 두 아들을 모두 싸움터에 내보내고 며느리와 함께 쓸쓸하게 판잣집에서 지내고 있다는데, 그 홀어머니를 위로해주었으면 좋겠다."고 말했다.

나는 황 비서 편에 과일 한 바구니를 백 대령 집으로 보냈었다. 이때 황비서는 백 대령의 어머니가 기거하고 있는 판잣집을 찾는데 무척 애를 먹었으며, 오랜 시간이 걸렸다고 한다.

대통령은 부모님께 효도하고 형제간에 우애 있는 사람을 재주나 능력 있는 사람보다 좋아했고, 책임 있는 자리에 앉은 인사들의 재능과 학력보다는 인간됨을 더 중요시했다. 늙고 병든 아버지나 어머니를 사랑하지 않는 사람이 어찌 목숨을 바쳐 나라에 충성하며, 동포를 위해 헌신할 수 있겠는가고 항상 말했다. 정일권 장군도 효자라는 이야기를 들었다. 대통령은 부모에게 불효하는 사람을 아주 싫어했다.

맥아더 장군의 명령에 따라 38선을 돌파한 유엔군이 오늘 정오에 개성을 점령했다고 신성모 국방장관이 보고했다. 미 제1해병사단은 이미 10월 5일 부대를 이동했으며, 서부전선에는 미8군 예하 제1군단소속의 처치 장군이 지휘하는 미 제24사단, 국군 제1사단, 영국군 제27여단이 임진강 북안인 고랑포부근에서 전개를 끝냈다고 한다.

그리고 콜터 장군이 지휘하는 미 제9군단의 제2사단과 킨 장군의 제25사단은 후방지역에서 경부간 병참선을 보호하는 한편, 한국경찰과 협조하여 남쪽에 남아있는 잔적들의 소탕임무를 맡았다. 미8군은 오늘 정오 서울에서 미 10군단과 정식으로 전선임무를 교대했다

미 10군단 예하의 미 해병 1개 사단, 한국 해병대와 미 제7사단은 인천과 부산에 집결, 원산상륙을 준비하고 있다고 손원일 제독이 보고했다. 유엔의 민주우방 24개국이 우리나라에 대한 군사원조를 신청했으며, 모두 합해서 38개국이 양곡과 의료품, 구호품 원조를 신청했다고 유엔에서 임병직 외무장관이 보

고해왔다.

정기섭 박사와 함석훈 씨가 찾아와서 공산당에게 진심으로 협조했던 죄가 무거운 부역자들은 대부분 도망쳐버렸고, 남아있는 사람들은 살기위해 억지로 부역했거나 협조한 사람들이니 관대하게 봐주어야 한다고 대통령에게 건의했다. 손원일 제독도 같은 의견을 건의해왔었다. 부역자 처리문제에 있어서는 대통령도 가능한 한 관대히 처리할 것을 지시했었다. 대통령은 황해도 출신인 함석훈 씨에게 황해도가 탈환되면 바로 그곳에 가서 민심을 수습하도록 지시했다.

아직도 서울시 주변의 산속에서는 공산당들이 학살하고 간 연고자를 찾기 어려운 시체들이 발견된다고 한다. 이와 같이 무참히 죽음을 당하거나 납치된 인구는 수만 명에 달하리라고 하는데, 전란으로 서울시의 인구가 줄었다는 보고다. 납치된 사람들 중에는 서울에 남아있던 외국인 선교사와 공관원도 포함되어 있다고 한다.

수도방위를 담당하는 17연대가 그 임무를 수행하는 한편, 서울시 여러 곳에서 청소작업을 돕고 있다는 보고에 대통령은 크게 기뻐했다. 또한 대통령은 전쟁으로 인해 부상한 국민들을 치료해주도록 지시했다. 보건부에서는 중환자를 서울대학병원에 입원시키는 한편 서울시내 여러 곳에 치료소를 설치하였고, 각 지방에도 전담의사를 파견할 것이라고 보고했다.

오늘 대통령을 크게 노하게 한 것은 공산군이 서울을 점령한 후 문화재에 불을 지르고, 파괴 강탈해 갔다는 이병위 문화재관리국장의 보고였다. 대통령은 앞서 진주의 촉석루가 이번 전쟁에 소실되었다는 보고에 크게 침통해했으며, 서울탈환 후 이 국장에게 문화재의 실태를 조사 보고하라고 지시했었다. 대통령은 촉석루 등 복원 가능한 문화재의 복구공사 계획을 세우도록 이 국장에게 지시했다.

# 장미 한 송이로 결혼기념일 선물

10월 8일.

로물로 씨가 기본스 휘장을 받기로 결정되었다고 한다. 대통령은 로물로 씨에게 축전을 보냈다.

대통령은 오전에 김광섭, 고재봉 비서를 대동하고 서울 시민들의 생활 상태와 복구작업 상황을 돌아본 후, 서울시청에 들러 이기붕 시장으로부터 시정보고를 들었다. 서울시에서는 시민의 월동용 연료 마련에 부심하고 있다. 일단 다량의 토탄 확보를 검토 중이라고 하며, 폐허지구에 무허가 건물 신축을 금지시켰다고 보고했다. 그리고 배전선 정비와 수리를 서두르고 있어 곧 전기사정이 나아질 것이라고 했다.

서울시의 전재민 구호식량은 뉴질랜드와 필리핀에서 원조해준 식량 5만 톤이 이미 인천에 도착해있다. 하지만 군용물자 수송이 긴급한 관계로 반입이 다소 늦어지고 있으나, 민간트럭을 동원하여 문제를 해결할 방도를 찾는 중이라고 보고했다. 대통령은 가능한 한 모든 대책을 강구하여 서울시민의 식량해결에 차질이 없도록 하라고 지시했다.

186

쌀값을 걱정하는 대통령에게 서울시장은 현재 구호미(救護米)만으로는 시장 쌀값을 조절하기가 곤란하므로, 각자가 시외에서 쌀을 반입해올 수 있도록 필요한 조치를 취하고 있다고 했다.

대통령은 구 보건장관으로부터 유엔에서 보낸 3백50만 달러 상당의 구호 의약품 및 수백억 원에 해당하는 예방주사약과 DDT가 인천항으로부터 들어오고 있다는 보고를 받았다. 보건장관은 우리 보건당국과 밀스 씨가 이끄는 유엔 의료후생단이 유엔군의 협조를 얻어 의료문제를 해결해 나갈 것이라고 전망했다. 그리고 전염병을 방지하기 위해서 어제부터 오는 14일까지 시민 전부가 예방주사를 맞도록 하고 있다고 보고했다.

우리 이화장이 위치한 낙산에서도 공산당원들이 달아나기 전에 학살한 80여 구의 민간인 시체가 발견되었다고 김장흥 총경이 보고했다. 이화장은 큰 피해는 없지만, 괴뢰군들이 들어와 장독을 깨뜨리고 정원에 서있는 대리석 선녀상의 목을 꺾고 팔목을 부러뜨리는 등 행패를 부리다 가버린 자취가 역력하다는 것이다. 게다가 뒷동산에서 다수의 시체가 발견되었다고 한다.

어제부터 국회가 열리고 있는 모양이다. 대통령이 오늘 외국기자와 만났는데, 그가 남북한을 통한 새로운 선거를 실시할 것이냐는 질문을 했다. 대통령은 우리나라가 탄생하는 것을 우리의 요청으로 유엔이 감시한 결과, 선거가 전적으로 합법적이며 공평했다는 판단을 내렸다, 또 우리 국회는 1백 석의 빈자리를 유엔이 북한에서 자유선거를 감시할 수 있을 때까지 남겨두었다고 답변했다.

대통령은 이어 그 시기가 이제 급속히 다가오고 있다고 말했다. 사실상 우리 정부는 북한의 각 도지사를 임명, 부임을 준비하고 있다. 대통령은 얼마 전 기자들에게 이 같은 사실을 전해주었다. 나는 점심식사 후 쉴 틈도 없이 책상에 앉아 외국으로 보낼 전문과 편지들을 타이핑하느라 바쁜 오후를 보냈다.

한창 편지들을 차례로 타자하고 있는데 창밖에서 장미꽃 한 송이가 휙 날아들어 내 앞의 타이프라이터 위에 떨어졌다. 깜짝 놀라 창밖을 내다보니 대통령이 저편으로 걸어가는 뒷모습이 보였다. 생각해보니 오늘은 우리의 결혼기념일이다. 이 와중에서도 잊지 않고 한 송이 꽃을 던져주는 대통령의 포근한 마음씨에 나는 행복감에 젖었다.

16년 동안의 결혼생활을 통해 대통령은 나에게 단 한 번도 돈을 주고 산 선물을 한 적이 없다. 그러나 한 송이 꽃이나 한 개의 사과 같은 것을 주더라도, 그 때마다 방법이 신기롭고 걸맞아 나를 한없이 즐겁게 해주곤 한다.

나와 결혼할 당시만 해도 한국의 민족지도자가 서양여자와 결혼한다는데 대해 독립운동하던 동지들이나 대통령을 지지하던 동포들에겐 실망과 반발이 대단했다. 설상가상으로 신랑의 호주머니는 비어있었다. 결혼비용은 모두 신부인 내가 부담했었고, 심지어 결혼반지도 친정식구들이 알았다면 기절하겠지만 내 돈으로 샀었다.

다만 대통령은 언제부터인가 호주머니 속에 넣고 다니던 녹두알만한 제주도산 진주알 한 개를 결혼선물로 나에게 주었을 뿐이다. 나는 그것으로 반지를 만들어서 지금도 소중히 간직하고 있는데, 경사스러울 때나 파티에 갈 때에만 낀다.

결혼 후에도 외국여자인 나를 아내로 맞은 대통령의 어려움은 한둘이 아니었다. 결혼 직후 하와이 교포들이 대통령을 초청한 적이 있었다. 그런데 대통령의 독립운동 동지들이 서양아내는 동반하지 말고 혼자만 오라는 전보를 두 번이나 보내와, 나는 남몰래 많이 울었었다.

그러나 대통령은 그때 하와이여행에 나를 동반해 주었다. 하와이에 가까워지자 대통령은 배 위에서 나더러 이번에는 우리를 환영해줄 사람이 아무도 없겠지만, 다음에는 다를 것이라고 말했다. 그러나 배가 하와이에 도착한 후 우리를 맞아들인 동지회에서 3천7백여 명의 동포들을 불러 모아 당시의 한인 집회

이승만 대통령이 합죽선에 직접 글씨를 쓰고 난초를 그려 프란체스카 여사에게 준 선물. 왼쪽의 메모는 1958년 프란체스카 여사의 생일을 맞아 자신의 명함 뒷면에 전한 영문 축하 쪽지이다

사상 가장 큰 잔치가 되었다.

그날 그토록 많은 동포들이 모이게 된 데는 우리 부부를 환영하겠다는 따뜻한 마음도 있었겠지만, 서양인 신부인 나에 대한 궁금증과 호기심이 더 컸을 것이다. 나는 이때부터 한국인의 아내로서 한국과 한국인을 내 마음 깊이 사랑할 수 있다는 느낌을 가지게 되었다.

게이 장군과 킨 장군이 무공훈장을 받게 된 것이 기쁘다. 우리는 진심으로 축하해주었다.

일본에 있는 우리 동포들이 상이장병들을 위해 보내준 의류와 통조림과 비누 등 1만 상자가 도착했는데, 수송방법을 강구중이라고 사회부장관이 보고했다. 수송트럭이 부족해서 서울시에서는 구호미를 반입하는데 인천에서 우마차까지 동원했다면서 사회부장관이 대통령에게 수송방법과 어려움을 토로했다. 대통령은 사회부장관과 상이장병들의 현황과 활로문제에 관해 의견을 교환했다.

북진을 거듭하던 제3사단과 수도사단의 우리 애들이 마침내 동해안의 원산시를 점령했다고 신성모 국방장관이 보고했다. 대통령이 무척 기뻐하며 치하했다. 필리핀의 퀴리노 대통령이 수도귀환을 축하하는 메시지를 대통령에게 보내왔다.

한편 김 교통부장관은 철도 복구작업이 신속히 이루어지고 있어서 곧 경부선과 호남선이 개통될 것이라는 보고를 해왔다. 공보처장인 헬렌 킴은 한국통일과 독립문제에 대한 우방 8개국의 제안이 유엔에서 결의된데 대해 감사하며, 한국의 평화와 재건이 조속히 실현될 것을 믿는다는 담화를 발표했다.

내일은 한글날이다. 내일 우리는 청량리 밖에 있는 조지 루 박사가 경영하는 안식교회의 병원과 우리 전쟁고아들이 수용되어 있는 고아원들을 찾아볼 예정이다. 내 책상 위에는 아직도 타이핑해야할 많은 서신들과, 써 보내야 할 답장이 산적해있다.

# 쑥밭이 된 이화장

10월 11일.

　너무도 바쁘고 할일이 많아서 일기 쓸 틈이 없다. 춘천을 점령했던 6사단의 우리 애들이 밤중에 험준한 철령을 넘어 적의 퇴로를 차단하여 큰 전과를 올렸다고 신 국방장관이 보고해왔다.

　우리 편에도 약간의 희생이 있었으나, 적들은 많은 무기와 보급품과 의약품을 남겨둔 채 우리 애들의 급습에 놀라 정신없이 도망쳐버렸다고 한다. 많은 적들이 진격중인 우리 애들에게 생포되거나 투항해온다고 한다. 〈뉴욕타임스〉 제1면에서도 북진 중에 있는 우리 애들을 북한주민들이 호의적으로 대해주고, 태극기를 들고 나와 환영해주는 모습을 대대적으로 보도했다.

10월 12일.

　임병직 외무장관은 북한공산군들에게 억류되어 있는 우리 측 인사들을 석방해주도록 촉구했다.

　파우치 편으로 올리버 박사의 편지와 함께, 임 외무장관이 10월 7일의 유엔

결의사항에 대한 상세한 보고와 그에 대한 견해를 적은 글이 도착했다. 대통령
은 즉시 미국의 임 장관에게 전화를 걸어, 한국은 4천3백년의 오랜 역사를 가
진 독립국이고 주권국가이므로 한국의 운명은 한국정부가 결정해야 된다는 점
을 유엔회원국에 인식시키도록 지시했다.

대통령은 한국과 국제연합의 공동 목표인 공산침략을 분쇄하고 북한점령을
종식시킴과 동시에, 유엔의 승인을 받은 한반도의 유일한 합법정부인 대한민국
이 통일한국을 통치해야 한다는 점을 강조했다. 그러면서 1948년 5월 10일에
있었던 총선거를 통해 전체 한국을 대표하는 자주적인 정부가 유엔 감시 하에
탄생했음을 상기시키도록 지시했다.

대통령은 한국주권에 대한 어떠한 간섭도 받지 않기 위해서는, 신속하고
과단성 있게 행동하며 대처해야 한다고 유엔에서 활약하는 임 장관에게 당부
했다.

서북청년회 리더인 문봉제 씨가 와서 대통령에게 북한지역 인원배치와 여
러 가지 대비책을 보고했다. 대통령은 진격부대의 후방에서 민심을 수습하고
행정을 담당하기 위해 북한 각지의 신망 있는 인사들을 가능한 한 빨리 연고지
에 배치할 것을 조 내무에게 지시했었고, 이제 문봉제 씨는 특명을 받아 도·
시·군마다 21명씩의 책임자를 인선 배치하는 임무를 띠고 있는 것이다.

대통령은 조만식 씨의 안부를 몹시 걱정하며 정인보 씨 등 납치된 많은 인
사들을 함께 구출하는데 힘쓰도록 당부했다. 그리고 신 국방장관과 정일권 참
모총장에게 북진 중인 우리 애들이 어떠한 경우에도 북한주민들에게 민폐를 끼
치는 일이 없도록 하라고 강력히 지시했다.

대통령은 조 내무로부터 남한 각 지역의 치안에 대한 보고를 받는데, 북
한 지역의 치안문제도 신속한 조처와 함께 만전을 기하도록 당부했다. 조 내무
는 북한지역 치안을 담당할 경찰을 모집 중이라고 보고했다.

대통령의 지시로 이기붕 서울특별시장이 전재민들에게 배급하고 있는 모든 양곡들을 조금씩 경무대로 가져왔다. 나는 그 구호양곡으로 조밥을 지어 대통령의 저녁식탁에 내놓았다. 안남미라는 이 쌀은 우리나라 쌀처럼 끈기는 없지만 밥의 양은 무척 많았다. 밥에서 약간 냄새가 났지만 대통령도 두부찌개와 함께 맛있게 들었다.

이갑수 씨 부인이 황해도 기장쌀을 대통령께 드리라고 몇 되 가져왔다. 그것을 보니 무척 반가웠다. 언젠가 대통령은 어릴 때 어머니가 건강에 좋다면서 기장쌀을 섞어 밥을 지어주곤 했다는 이야기를 내게 해준 적이 있었다.

요즘은 잠자리에 누우면 전쟁고아들의 애처로운 모습이 아른거리고 부상병들의 신음소리가 귓전을 맴돌아 통 잠이 오지 않는다. 서울시의 구호대상 전재민 수만 해도 40만이 넘는데, 건장한 젊은 청년들이 전쟁터에서 불구의 몸이 되 몸부림 치고 있다. 전쟁미망인도 수없이 늘어만 가는 이 엄청난 비극 속에서 나라와 국민을 이끌어 가야하는 대통령의 잠자리는 오죽하겠는가.

한밤중에 침대에 엎드려 "하나님, 이 미련한 늙은이에게 보다 큰 능력을 허락하시어 고통 받는 내 민족을 올바로 이끌 수 있는 힘을 주소서!"하고 기도하는 대통령의 모습을 보면 나도 모르게 눈물이 뺨을 타고 흘러내린다. 고난의 역사를 지고 가야하는 민족지도자의 그 무거운 어깨를 누가 백분의 일이라도 이해할 수 있을 것인가. 하나님! 우리를 불쌍히 여기사 큰 힘을 내려주시옵소서!

서울대학병원에 있는 중환자들을 위문하고 학교 구내를 지나서 이화장에 들렀는데, 집이 가까워지자 이웃사람들이 대통령을 보고 손을 흔들고 눈물을 흘리면서 만세를 불렀다. 나도 가슴이 뭉클해지며 눈물이 솟구쳐 고개를 숙인 채 손을 흔들었다. 대통령은 차에서 내려 사람들과 얼싸안기도 하고 악수도 했다.

참으로 얼마 만에 찾아온 내 집인지…. 나는 환도하자 이화장이 궁금해서 곧 와보고 싶었다. 하지만 너무 바쁜데다 이화장에도 시체가 여러 구 버려져 있다는 이야기였고, 또 지뢰 같은 것을 제거한 뒤라야 들어갈 수 있다고 해서 지금까지 미루어왔었다.

대통령은 집 주위를 먼저 돌아보고 싶어 했지만 나는 이화장 안이 더 궁금했다. 우리가 아끼던 물건이나 내가 쓰던 정든 살림살이가 하나라도 남아있기를 바라는 기대 때문이었다.

지난번 경무대에 돌아왔을 때 우리가 쓰던 물건들을 공산당들이 온통 다 약탈해가고 카펫과 의자만이 남아 섭섭했었다. 그런 나를 보고 대통령은 "가족과 집을 잃고 괴로워하는 전재민들이 수없이 많은 이때 그 정도로 마음을 상해서 되겠느냐?"고 꾸중했다. 이화장도 침대만 하나 남겨 놓고 몽땅 털어가 아무 것도 없었지만 나는 서운한 내색도 못한 채 발길을 돌렸다. 대통령이 "공산군은 적이라기보다는 강도 집단이다"고 하던 말이 떠올랐다.

이 어려운 나라형편에 경무대의 살림을 장만하겠다고 돈을 쓸 수도 없을 텐데…. 그렇다고 외국 귀빈접대를 샌드위치로만 할 수도 없지 않은가? 다만 정원의 수목들은 전과 다름이 없었다.

밤새워 대통령과 내가 번갈아가며 타이핑했던 5통의 편지를 파우치 편으로 발송했다. 유엔과 뉴욕·워싱턴에서 활약 중인 임병직 외무장관과 장면 대사, 필립 한, 올리버 박사와 뉴욕주재 한국총영사 데이비드 남궁에게 각각 보내는 대통령의 기밀서한이었다.

데이비드 남궁은 일찍이 대통령과 함께 독립운동을 했던 인품 좋고 성실한 동지였다. 그의 부인 조앤 남궁은 우리가 결혼할 당시 한국 풍속에 어두웠던 나를 여러모로 도와주었다. 김치와 물김치 담그는 법, 콩나물 기르는 법, 한국요리는 물론 한국의 예의범절과 명절풍습, 생일날에는 쌀밥을 짓고 미역국을 끓이는 것까지 가르쳐주었다.

교양 있는 남궁부인은 어린애도 여럿 둔 다복한 어머니이기도한데, "좋은 가문에서 가정교육을 받고 자라나 비교적 많은 한국풍습을 그로부터 배울 수가 있었다. 대통령은 그 집 애들을 퍽 좋아했다. 특히 막내딸 혜원이를 '이쁜이' 라고 부르며 가끔 목말을 태우기도 하고 안아주며 귀여워했다.

나는 결혼하고 처음 맞이하게 된 대통령의 생일 아침상에 미역국, 잡채, 콩나물, 물김치와 함께 쌀밥을 차려 놓았었다. 이를 본 대통령이 무척 놀라며 기뻐했던 기억이 생생하다. 수십 년 간 해외에서 홀몸으로 독립운동을 하며 줄곧 어려운 생활을 해왔기 때문에 대통령은 생일날 굶을 때도 있었다. 때로는 뉴욕의 중국요리 집에서 일하며 고학했던 최용진 씨와 함께, 울면 두 그릇을 놓고 생일파티를 하며 고향이야기로 마음을 달랜 일도 여러 번 있었다고 한다.

남궁 총영사에게 대통령은 미국의 한국정책에 영향력을 발휘할 수 있도록 한미협회 설립을 위한 모금운동과 함께, 영향력 있는 대통령의 미국인 친지들을 방문해서 그 결과를 보고해주도록 당부했다.

대통령이 올리버 박사에게 보낸 서한은 한국정치에 대한 대통령의 견해를 설명한 것이다. 또한 전쟁에 완전히 승리한 다음 어떻게 나라를 다스릴 것인가에 관한 신념과 정책의 근본원리를 내용으로 한 것이었다. 즉 대통령이 표방하는 일민주의는 온 국민이 알아야할 민주주의 지도이념으로, 전통사회의 양반과 상인, 빈부, 남녀, 남북출신 등을 가릴 것 없이 모두가 평등하며, 모든 국민이 지지할 만큼 민주주의적이어야 한다는데 토대를 둔 것이었다.

이 원리에 대한 대통령의 선언 이후 많은 정치인들이 이것을 기초로 하여 정당을 조직하려고 했다. 정당 구상을 찬성하는 인사들이 원리 그 자체보다는 파벌위주의 정치에만 관심을 두어, 행여 정당조직이 국민의 국가적 단결을 위태롭게 할까봐 두려운 마음이 들어서 그 운동을 더 이상 지원할 수 없었던 것이 대통령의 심경이었다.

대통령은 이러한 자기 견해를 늘 숨김없이 국민에게 여러 차례 발표했었는데, 일반국민들이 대통령의 소신을 묵묵히 따르며 이해해주는 것으로 판단했다. 대통령은 국민에게 우리나라에서 정당제도가 아직은 시기상조라고 설명한 적이 있었다. 해방 후 미군이 우리나라에 진주했을 때, 세계의 언론은 하루저녁 사이에 40개나 60개의 정당이 버섯처럼 솟아났다고 보도한 적이 있었다.

미국언론 보도에 한국의 정당수가 4백 개에 달한다고 발표될 만큼 과장 선전되었다. 그래서 이런 우스꽝스러운 외국 언론의 비방을 중지시키기 위해 대통령이 호소한 결과, 한독당과 한민당이라는 2대 정당이 서서히 두각을 나타내게 되었다.

양대 정당은 대통령이 모두 그들에 속한다고 주장했다. 심지어는 그 당시 공산당 측에서도 대통령을 그들의 영수로 추대해서 널리 선전하려고 들었다. 그 때문에 이 모든 주장들을 부인해야만 했다.

대통령은 국가이익을 위한 범국민적 운동에 초당적인 협력을 얻기 위해 이 정당들의 대표를 뽑아 '민족'과 '대한독립 촉성 국민회'를 조직하여 국민단합을 이루려고 했다. 당리보다 국가이익을 우선하는 정당제도에 대한 우리 국민들의 준비가 아직은 덜 되어있다는 사실을 대통령은 체험을 통해 알게 되었다. 그래서 대통령은 정당과 우리나라의 봉건적 당파를 분별할 수 있도록 충분한 교육과 훈련을 받게 되기까지 서구적인 정당방식을 무조건 끌어들이는 것이 위험하다는 확신을 갖게 되었던 것이다.

대통령은 국민으로 하여금 여기에 대비하도록 점진적으로 준비를 갖추게 하는 민주교육부터 실시하기 위해 교육사업을 벌여왔다. 백낙준 문교부장관은 특히 이점에 유의하여 민주교육과정과 새 교육을 하는데 있어 전 문교부장관 안호상 씨의 뒤를 이어 애쓰고 있다.

대통령의 이러한 신념과 태도표명으로 국내의 기존정당은 자기들의 세력이 약화될 것을 우려하여 반발했고, 지난번 선거에는 상당수의 입후보자들이 정당

에 가입하고 있으면서도 무소속으로 등록했다고 설명했다.

국제연합군이 38선 이북으로 진격해 들어가게 되자 대통령은 북한지역에 대한 민심수습과 통치는 오직 한국정부만이 가능하다는 확고한 자신의 견해를 맥아더 장군과 미 국무성에 표명해야겠다고 전문을 초안하기 시작했다.

김광섭 비서가 대통령의 위문과 격려를 받은 많은 부상병들이 경무대로 보내온 '용사들의 편지'를 여러 통 가져왔다. 영천전투에서 부상당한 장병들과 여러 전투에서 싸우다 불구가 된 상이용사들의 편지가 대통령을 감동시키고 눈시울을 젖게 하였다. 대부분의 편지가 대통령 할아버지의 심려를 끼쳐드려 죄송하다는 것과, 비록 불편한 몸일망정 남북통일의 대열에서 분골쇄신할 각오이니 다시 군대에서 분투할 수 있도록 배려해달라는 감격적이 내용들이었다.

수복지구의 학교들을 가능한 한 빨리 정돈해서 수업을 계속할 계획이라는 백낙준 문교장관의 보고가 있었다. 많은 학교와 교실이 소실되었다고 하며 교실이 부족하여 2부제, 3부제를 검토 중이라고 한다. 피난민들이 대거 고향으로 귀환함에 따라 기차 편과 선박 및 버스와 트럭까지 총동원하여 편의를 봐주고 있다는 교통장관의 보고도 있었다.

괴뢰군이 패주하면서 이곳저곳에 묻어놓은 지뢰와 소형폭탄 때문에 많은 어린애들과 농민들이 뜻하지 않게 희생을 당했다는 보고가 있었다. 대통령은 빨리 폭발물에 대한 철저한 주의사항과 함께 조속한 제거를 내무부장관에게 지시하고, 신문에 보도하여 시급한 대책을 세워 희생이 없도록 하라고 당부했다.

북한공산군 병영에 황열병이라는 무서운 전염병이 발생하여 많은 병사들과 포로들이 죽어가고 있다는 정보를 들었다. 대통령은 즉시 신 국방장관, 조 내무장관, 구영숙 보건부장관과 이갑수 차관을 불러 북한 점령지역에 대한 황열병 예방대책을 조속히 세워 실시하도록 지시했다. 황열병은 참으로 무서운 전염병이다. 고열에 얼굴이 황색으로 변하여 생명을 잃는 병인데 전염이 잘되므로 빨리 예방해야 한다.

임병직 장관이 장택상 씨와 트루먼 대통령을 방문하고 온 결과를 보고해왔다. 임 장관은 타고난 외교관으로, 너무 성품이 좋고 일을 낙관적인 면으로만 생각하는 편이라서 마음이 안 놓일 때도 있다고 대통령이 염려했다.

# 술 즐기는 시인 김 비서

10월 15일.

밀린 일기를 한꺼번에 쓰는 일은 정말 어렵다. 대통령은 나에게 한 줄이라도 좋으니 날마다 간단하게 기록하라고 당부했다. 어제는 김광섭 비서가 연락도 없이 늦게 왔다.

대통령은 그에게 시킬 일이 많이 있어서 아침부터 김 비서를 기다렸다. 대통령은 시간을 잘 지켜야만 문화인이라고 누구에게나 가르쳐 왔으며, 시간을 안 지키는 사람을 좋아하지 않는다. 김 비서는 시인이기 때문에 문인기질이 있어서 자유분방한 면이 있지만, 나와는 달리 대통령은 항상 그를 감싸준다.

김 비서가 조용히 문을 열고 들어서자 남의 잘못을 예민하게 알아차리는 너그럽지 못한 성미 탓에 나는 부석해진 김 비서의 얼굴과 술 냄새로 "또 술 마시고 늦었구나"하고 바로 직감했다. 대통령도 기분이 좋지 않은 음성으로 늦게 온 이유를 김 비서에게 물어보았다. 김 비서는 납북됐거나 죽은 줄로만 알았던 친구들을 만나 밤새껏 막걸리를 마셨다고 실토했다.

이 말에 화가 풀린 대통령은 "절친한 친구들이 안 끌려가고 용케도 살아남아 있었으니 반가웠겠구먼. 그래 별다른 소식들은 없었나?"하고 물었다. 김 비서는 많은 문인들이 적 치하에서 온갖 고생을 다 견뎌냈으며, 현재 확인한 바로는 박종화(朴鍾和), 김동리(金東里), 유치진(柳致眞), 방기환(方基煥), 오종식(吳宗植), 양주동(梁柱東) 씨 등이 무사하다고 보고해서 대통령이 무척 기뻐했다.

12일 유엔한국임시위원회는 비밀회의를 열어 유엔군이 점령한 북한 해방지역의 임시 민간행정권을 한국정부 치하에 두지 않고, 국제연합군 총사령관의 관할 하에 둔다는 오스트레일리아 제안을 가결했다고 임병직 장관이 전화로 알려왔다. 이와 같은 조치는 통일한국정부를 수립하기 위한 한국 전체의 총선거가 행하여질 때까지라고 한다. 이에 따라 한국에 파견된 각 나라 군 대표를 북한에 설치될 민간정부에 참여하도록 하고, 한국위원회와 긴밀한 연락 아래 이 안을 시행하리라는 것이었다.

공산당들의 잔인무도한 통치하에서 혼난 북한동포들이 이제는 연합군 군정 하에서 우방의 철부지들이 휘두른 총대에 시달리게 될 것 같다고 대통령은 한탄했다.

그러나 이에 대비할 현명하고 지혜로운 대책을 세워 과단성 있게 행동을 취해야한다고 대통령이 말했다. 대통령은 맥아더 장군에게 보낼 비밀전문을 작성하여 도쿄의 연합군총사령부로 보냈다.

국제연합 임시위원회의 결의는 받아들일 수가 없습니다. 한국 국민은 국제연합 한국위원단의 감시와 협조 하에 자기들의 자유의사에 따라 선거를 실시하고 정부를 수립한다는 스스로의 양도할 수 없는 권리를 주장하는 것입니다. 평화와 질서회복을 위해 2년 전에 임명한 이북 5도지사들을 파견함으로써 전투행위가 끝나는 곳마다 우

200

리 정부가 민간행정을 인수 중에 있습니다.

현지사정이 선거에 대비할 준비가 된다면 남한국민이 누리고 있는 시민의 권리와 특권을 북한의 모든 국민에게도 똑같이 베풀어진 자유분위기 속에 국민들이 자기네 자신의 도지사들을 선거하도록 허용될 것입니다.

국제연합의 임시한국위원회의에 따라 본인은 장차 적당한 시기에 대통령직을 사임할 의사가 있으나, 이번 전쟁의 유일한 목적인 공산당문제는 전적으로 해결지어야 하겠습니다. 그리고 북한과 남한 국민의 뜻은 소련이나 어떤 기타 외부세력의 영향을 받지 않는 자유로운 가운데 성취되어야 할 것입니다.

맥아더 장군이 트루먼 대통령과 회합하러 웨이크도로 출발하기 직전에 대통령에게 보낸 회신이 왔다.

본인은 제자신의 동정적인 확인과 함께 각하의 전문을 워싱턴에 보냅니다. 본인은 이 문제를 무초 대사와 의논하였는데 그가 귀임하는 대로 그 문제에 대한 본인의 충분한 견해를 각하께 전할 것이고, 그가 각하께 드리는 권고를 본인은 아주 강력히 천거하는 바입니다. 한편 본인은 워싱턴에서 정세검토를 위한 기회를 가질 때까지 각하께서 지나친 염려를 하시어 이 문제를 공개적으로 토론하시는 일을 피해주시도록 부탁드리는 바입니다.

대통령은 맥아더 장군의 전문을 받아 쥐고 안면에 경련을 일으키며 강한 우려를 나타냈다. 한동네 사는 집에 난 불을 끄는데 도와준 이웃친구들이, 그 대가로 불난 집 주인의 눈과 귀를 가려놓고 손발을 묶어 놓은 채 이제는 남의 집 살림까지 좌지우지하겠다는 경우가 아닌가? 그런데도 가만히 앉아있을 집주인이 어디 있겠느냐면서 걱정스럽게 쳐다보는 나에게 대통령이 말했다. 이런 경우 우방을 어느 정도까지 믿을 수 있단 말인가?

러일전쟁 후 시어도어 루스벨트 미 대통령은 일본에 미국의 필리핀에 대한 권익을 확인시키면서 일본의 한국지배를 승인했다. 그로 인해 급기야 한국의 독립을 빼앗게 한 역사적 사실에 비추어 보더라도, 이제는 중공과 소련에 대한 유화정책의 제물로 한국의 통일을 희생시키지 않으리라고 누가 보장을 한단 말인가?

2차 대전 중 선견지명을 가지지 못했던 미국의 세계정책 수립자들은 마침내 멀쩡한 한반도를 38선으로 분단하여 한민족의 비극을 초래했다. 그나마 남한을 소수의 공산주의자 손에서 벗어나게 하여 국권을 회복하려는 대통령의 노력을 당시의 군정은 얼마나 백안시하고 탄압했던가.

그리고 신생공화국의 자체방위 노력에 그들은 얼마나 기여했다고 생각하며, 지난 1월 한국이 서태평양의 미국 방위권에서 제외된다는 애치슨 국무장관의 연설은 무엇을 의미하였던가? 이제 애국하는 우리 애들이 통일을 위해 용약 북진하고, 북한 동포가 우리를 환영하여 하나의 민족이 지난날의 울분을 씻으려 한다. 그런 판국에 한국을 알지도 못하는 여러 나라 군인들의 군정이 가져올 혼란을 그들은 생각이나 해보았을까?

그들은 가까운 지난날의 역사나 경험에서조차 배우려 들지 않으며, 또한 배우지도 않는다. 대통령은 오랜 독립운동 중 미국의 정책담당자가 한국을 올바르게 인식하도록 노력해 왔으나 많은 경우 그들은 배우려 들지 않았고, 결국에는 자타가 감당하지 않아도 좋았을 희생을 자초한 일이 허다했다.

이 어려운 때를 당해 대통령은 더욱 확고한 신념에 차있는 것을 나는 안다.

민족자결의 원칙에 따라 우리의 일은 우리가 해결하는 것이 당연하지 않겠는가. 대통령의 마음처럼 나의 마음에도 각오가 서는 것 같다.

초저녁부터 참으로 달갑지 않은 가을비가 내리고 있다. 북진하고 있는 우리 애들이 찬비를 맞으며 고생할 것을 떠올리니 안타깝기 그지없다. 집 없는 전재민들은 이 비를 또 어떻게들 피하고 있을 것인가? 계속 몰아치는 강풍과 함께 비가 내릴 것이므로 추수기를 앞두고 곡물에도 약간의 피해가 예상된다는 일기예보가 있었다. 아무튼 요즈음은 괴롭고 골치 아픈 일뿐이다.

# "나는 통일의 광신자이다!"

10월 16일.

미 대사관 드럼라이트 참사관이 아침에 찾아왔다. 그는 대통령에게 대한민국의 통치권을 남한에 국한시킨다는 유엔임시한국위원회 선언에 대항하는 어떤 성명도 내지 말아 달라는 부탁을 했다. 2, 3개월만 참으면 모든 일이 잘 될 터이니 염려할 게 하나도 없다고 드럼라이트가 말했다.

대통령은 드럼라이트에게 바로 그 몇 개월 안에 당신네들은 우리가 이 전쟁에서 피 흘려 싸워 얻은 것을 전부 잃게 될 터이고, 한국사람들은 결코 그와 같은 조치를 받아들이지 않을 것이라고 일러주었다. 독립된 민주정부 아래 누리게 될 한국인의 자유와 행복이 대통령이 평생을 몸 바쳐 싸워온 목적이었다. 자유국가의 자유민으로서 궁극적 통일과 평화는 우리 민족 전체의 염원이기 때문에, 어떠한 장애나 어려움에 부딪치더라도 우리는 기어이 극복해내고야 말 것이라고 대통령은 힘주어 말했다.

나라가 통일이 되면 그동안 겪었던 우리 민족의 고난과 불행이 덜어질 것이므로 우리 국민은 전쟁의 고통과 파괴 속에서도 확신을 가지고 미래에 희망을 걸고 있다.

"피난민들은 모두 고향집으로 돌아가 남북으로 헤어졌던 가족들이 함께 만나 살 수 있고, 같은 부모의 한 형제가 서로 총을 겨누는 비극은 이 땅에서 영원히 사라질 것이다. 북한의 풍부한 전력과 함께 광물과 석탄을 광산에서 캐내어 산업을 부흥, 발전시키면 부강한 나라가 될 것이다. 그렇기 때문에 우리 국민과 장병들은 물론 부상병들까지도 불구의 몸이지만 통일전선에서 다시 싸우게 해달라고 청원해오고 있다."고 대통령이 드럼라이트에게 말했다. 이에 감동된 드럼라이트는 조용히 돌아갔다.

드럼라이트가 돌아간 뒤 얼마 후에 〈뉴욕타임스〉의 리처드 존스턴 기자가 들어왔다. 존스턴은 우리에게 북한사람들이 대한민국과 합치기를 원하는지, 원하지 않는지를 묻기 위해 국제연합이 북한에서 국민투표를 실시할 계획이라는 이야기를 들려주었다. 그러나 불과 3주일이면 북한에는 겨울이 닥쳐올 것이니 그렇게 속히 선거를 실시하기가 불가능하다는 사실도 알고 있었다.

대통령은 존스턴에게 미군정을 북한에 설치하는 문제에 대해 질문했다. 존스턴은 국제연합 결의에 위배되기 때문에 그렇게 할 수 없을 것이라고 대답했다. 존스턴은 그 일은 계획에도 없고, 아무도 생각지 않는다고 굳게 믿고 있었다.

그러자 대통령이 존스턴 기자에게 군정법령 사본을 보여주었다. 그는 몹시 흥분하여 "이 사람들이 어떻게 공산당국을 인정하고, 한국국민이 이를 받아들일 것으로 기대한단 말씀인가요?"하고 반문했다. 대통령은 "지금 한창 올라있는 미국의 명성은 떨어지게 될 것이고 우리 국민들은 이런 일에 반대하는 시위를 벌일 것이며, 지금까지는 트루먼 대통령과 맥아더 장군을 우러러 보았지만 앞으로는 크게 신망을 잃게 될 것입니다. 미국은 언제나 전쟁에는 이기지만 평화에는 지고 있어요. 왜 그런지 아시오?"하고 물었다.

존스턴은 한국국민이 결코 이러한 계획을 받아들이지 않을 것이라는 대통령의 이야기를 그대로 인정하면서 "그것은 어리석기 짝이 없는 계획입니다."라며 대통령의 뜻에 동감을 표했다. 존스턴은 대통령에게 이 이야기를 어디서 들었다는 출처를 밝히지 않고 기사를 쓰겠다고 말하며 자리를 떠났다.

새로 국제연합의 임시위원회가 회의를 열고 대한민국 통치를 남한에 국한시키고, 국제연합은 북한에서 선거를 실시하겠다고 발표했다. 대통령은 그것이 트루먼 대통령과 맥아더 장군이 바라던 게 아니며, 하나의 타협안으로 나타난 것임을 알고 있었다. 이 임시위원회는 북한의 모든 단체조직을 존속시키려는 것인데, 사실상 거기에는 공산당에 의해 획일적으로 통제되는 조직체들만이 존재한다는 사실을 모두가 알고 있었다.

인도의 거중조정이 받아들여진 것이 분명했다. 트루먼 대통령은 세계대전을 피하려면 소련과 타협하지 않으면 안 되었고, 그렇지 않을 때에는 그들이 전력을 총동원하여 남으로 밀고 내려올 것이라는 국무성의 의견을 받아들였음이 틀림없다고 대통령이 우려했다.

소련은 위성국가들 앞에서 체면을 유지하기 위해 이러한 역할을 연출하고 있다. 또 미국선거에서는 '세계대전을 피하기 위하여'라는 말보다 더 잘 먹혀들어갈 명분이 없을 것이다. 누구보다도 트루먼 대통령의 막료들만큼 열심히 이에 뛰어들기를 바랄 사람이 없다. 부드러움이 넘쳐흐르는 애치슨 국무장관의 연설, 중공에 대한 그의 견해 등 모두가 그의 유화정책을 나타내는 것이라고 대통령은 지적한다.

태평양전쟁을 회고해 볼 때, 소련이 끼어들었을 때는 이미 연합군이 승리해 있었다. 소련의 참전으로 얼마나 많은 불필요한 파괴가 이루어졌던가?

지금 이 전쟁은 거의 승리했으며 적은 무너지고 공산당을 한국에서 몰아냈다는 확신은 누구나 틀림없이 가지고 있었다. 자기네 보급기지에서 너무 멀리 떨어진 전쟁을 수행할 여유가 없을 것이며, 준비도 안 되어 있음이 분명하다고 대통령은 분석했다. 그러나 미국 국민들은 마치 전쟁이 시작되면 공산당에 유리할 것처럼 선동을 당하고 있다.

소련은 직접 싸우는 것을 원치 않고 자기의 괴뢰들이 싸워 주기를 바라는데, 북한의 괴뢰들은 패배했다. 이것은 철의 장막 뒤의 모든 인민들에게 심한 타격을 주는 것이다. 그리하여 그들은 대한민국을 북한에서 몰아내라, 북한의 권력기구와 법정을 온존시켜라, 국제연합이 북한에서 선거를 먼저 시행하고 나라는 나중에 통일시키라-- 하는 식의 제안으로 단일민족인 한국을 또다시 각각 자신들의 세력권으로 갈라놓고자 책동하는 것이다.

만약 이 같은 책동이 주효하여 이 전란에도 불구하고 민족의 통일이 성취되지 않는다면, 그것은 관여 외국의 재분할 목적에는 기여하겠지만 동족상잔의 엄청난 비극을 치른 당사국인 우리에겐 그이상의 희생이 없다.

우리는 이 순간에도 통일의 기쁨을 안고 발걸음도 가볍게 험난한 북진길을 달음질치는 우리 아이들을 생각했다. 벌써 수많은 꽃들이 져갔다. 대통령은 이 같은 민족의 비극을 넘어서 하나의 커다란 보람, 즉 통일을 위해 헌신해야 한다고 말했다. 그리고 그 자신이 또다시 미치광이소리를 들어야겠다고 했다.

독립운동 당시에 듣던 그 말이다. 그러나 이번에 들을 미치광이소리는 소위 우방의 정치지도자들로부터 올 것이라고 하며, 통일만 된다면 그것이 얼마나 감수하기 좋은 욕이냐고 웃었다.

맥아더 원수와 함께 웨이크도 회담에 동행했던 무초 대사가 트루먼 대통령으로부터 미국 외교관으로서 최고영예의 훈장을 수여받았다고 존스턴 기자가 알려주었다. 북괴가 기습 도발해오자 무초 대사는 신속히 대처하여 주한미국인들을 최선을 다해 귀환시켰고, 전시 중 한국과 유엔군에 기여한 공로를 크게 인정받았기 때문이다. 나는 대통령에게 무초 대사가 서울로 귀임하는 대로 경무대에서 간단한 축하만찬을 준비하여 초대할 것을 제의했다.

적 치하에서 숨어 다니며 구사일생으로 목숨을 건진 대통령의 가까운 친척들이 찾아왔는데, 너무도 반가워서 서로 껴안고 울었다.

공산치하의 서울에서 자기들을 숨겨주고 살려준 은인들이 공산당에 부역한 죄로 여러 수사기관에 끌려가서 곤욕을 치르고 석방됐었는데, 제일 무섭다는 특무대로 또 잡혀갔다고 대통령에게 그들의 특사를 호소했다.

피난 갈 틈도 주지 않고 한강다리를 폭파해버려 석 달 동안을 온갖 고생 다 겪어 낸 것도 억울한데, 이제 와서 죄인 취급까지 당하게 됐다고 서울시민들이 무척 분노하고 있으며, 이에 대한 원성이 높다고 조카 심 씨 형제가 대통령에게 이야기했다.

대통령은 이들의 이야기를 듣더니 몹시 침통한 음성으로 "서울시민들을 먼저 피난시키지 못한 내가 죄인일세. 아무튼 나를 찾아보러 와서 고맙네." 하고 말했다. 친척들이 돌아간 다음 의자 옆에 조그만 선물보따리들이 놓여있어서 풀어보니 대통령이 좋아하는 고추장과 한국음식들이 들어있었다. 나는 음식들을 식당으로 옮겨놓았다.

마침 김광섭 비서가 들어와서 오늘 초등학교 어린이들이 개학을 했는데, 무척 밝고 즐거운 표정으로 등교하는 모습을 보았다고 했다. 또 우리 어린이 위문단들이 유엔군부대를 방문하여 귀여운 율동으로 민속춤과 각 나라 민요를 불러주어 굉장한 환영을 받았다는 보고를 해주어 나는 정말 고마운 마음이 들었다.

유엔군 장병들에 대한 고마움을 한국의 자랑스러운 고유문화인 아름다운 춤과 노래를 통해 표함으로써 큰 위안을 주고 있다는 이야기를 듣고 대통령의 표정이 퍽 밝아졌다. 시인비서는 술 먹고 지각할 때도 있지만, 대통령의 무거운 마음을 부드럽고 맑게 해주는 독특한 성품이 있다.

대통령이 친족처럼 아꼈던 이선식 비서가 공산당에게 총살당했다는 비보를

'약진백마(躍進白馬)'
6 · 25 당시 용맹을
떨친 백마부대를
시찰한 이승만 대통령이
휘호를 써주며
격려하고 있다(1956).

김장흥 총경이 전해주었다. 이 비서는 월남 이상재(李商在) 선생의 손자로, 바르고 곧은 선비집안의 품격과 고결한 면이 있었는데…. 대통령은 참으로 애통해했다.

이유선 의원이 대통령의 문중 동생뻘 되는 이승국 씨가 납북되어 소식이 끊긴지 오래라고 알려왔다. 양녕대군파의 도유사(都有司)로 있었던 이승국 씨는 대통령과 옛날부터 퍽 가깝게 지내며 좋아했던 학자다.

인품이 훌륭하고 덕망 있는 선비로서 독립운동을 한 경력이 있었기 때문에 대통령이 늘 의중에 두고 있었는데, 정인보(鄭寅普) 씨와 함께 감찰위원장 물망에 오른 적이 있었지만 대통령은 정인보 씨를 택했었다.

이승국 씨가 술을 무척 좋아해서 건국 초에 대통령이 이화장으로 초청해 술로 테스트를 했다. 그 결과 너무 기분이 좋았던지 술을 마시고 인사불성이 되어 정부요직을 맡기지 않았지만 인간적으로는 무척 가까운 친척이었다. 대통령은 공직자는 사심이 없고 공정해야하며, 술 먹고 실수해서는 안 된다고 생각하여 술과 담배를 일체 안한다.

대통령도 젊어서 서당친구들과 어울려 시를 지으며 제법 술을 들었다고 한다. 그렇지만 신문을 발행하면서부터 "나라 위해 중요한 일하려면 술 마시고 실수하면 안 된다."고 술을 끊은 뒤 담배도 입에 안 댄다. 윤석오 비서와 이기붕 씨가 집에서 빚은 한국 술과 막걸리를 보내오면 '불로장수약'이라고 즐길 때도 있었으나, "굶는 국민이 있는데 무슨 염치로 내가 경무대에서 쌀로 빚은 막걸리를 마실 수 있겠는가?"하며 못 가져오게 했다.

신성모 국방장관이 김창룡(金昌龍) 장군과 이선근 대령을 대동하고 와서, 북진중인 우리 애들이 곧 평양과 함흥에 유엔군보다 먼저 진입할 것이라고 보고했다. 대통령은 김창룡 장군에게 경미한 부역을 했던 서울시민들이 수사기관마다 끌려 다니며 곤욕을 여러 번 치르고, 또 특무대에 대한 원성이 있다는데 어찌된 일인가를 물었다.

김 장군은 군·검·경의 합동수사본부를 설치하기 이전에는 과잉수사와 보복감정에 의한 여러 가지 불상사가 있었지만, 지금은 시민들이 억울하게 당하는 사례가 전혀 없다고 보고했다. 특무대에서 잘못된 일이 있다면 즉시 시정하겠다고 하면서 자기의 불찰로 대통령께 심려를 끼쳐 죄송하다고 사죄했다.

대통령은 하루아침에 바보나 병신을 만들 수는 있지만 인재는 단시일에 만들 수 없으니 특히 사회에 공헌할 수 있는 사람들은 더욱 신중히 다룰 것이며, 처벌보다는 훈방위주로 일을 처리하라고 단단히 일렀다. 대통령은 악질부역자라도 회개하고 전향시켜 동포 한명이라도 더 구해주기를 바랐다.

이우익(李愚益) 법무장관이 와서 부역자 심사문제와 처리에 대해 대통령께 긴 보고를 했다. 대통령은 억울한 시민들이 없도록 각별히 유의해서 심사할 것

210

을 당부하면서, 김창룡 장군에게 했던 같은 질문을 되풀이했다.

이 법무장관도 합동수사본부 설치 이전에는 부역자들이 곤욕을 치른 적도 많았고 여러 수사기관으로 끌려 다니기도 한 것이 사실이나 지금은 그런 폐단은 없어졌다고 보고했다. 일부 지방에서는 약간의 보복행위가 있었고, 개인감정에서 무고를 일삼는 무리들이 있어서 일선수사관들이 애를 먹었다는 보고도 했다.

이어 이 법무가 현재 부역자 심사를 맡고 있는 심사실장은 적 치하에 서울에서 숨어서 구사일생으로 살아남은 정희택(鄭喜澤) 검사인데, 공정한 사람이라고 설명했다. 그러자 대통령은 적 치하에서 숨어 생사고락을 함께했던 사람이 심사를 한다면 시민들의 원성은 듣지 않을 것이라고 하면서, 많은 인재들이 납치당하고 희생된 이때 한사람의 동료라도 더 살리라고 당부하였다.

10월 17일.

일기를 쓰는 일이 힘들기는 하지만, 쓰고 난 다음에 대통령의 칭찬을 듣게 되면 기쁨과 보람을 느끼게 된다. 대통령이 문인인 김광섭(金珖燮) 씨를 비서로 기용한 것은 우리의 경무대일기를 한글로 적도록 하고, 대통령의 기념사나 축사 같은 연설문을 받아쓰도록 하기 위해서였다.

그러나 김 비서는 우리의 일기를 너무나 시적으로 아름답게 써냈기 때문에 대통령의 본뜻에는 맞지 않았다. 대통령은 그날그날 일어났던 일을 꾸밈없이 사실대로 적어두기를 원했는데, 김 비서가 쓴 일기는 멋있게 표현된 서사시에 가까웠다. 그래서 할 수 없이 대통령은 나더러 매일 일기를 기록하도록 했다.

나는 본래 수학을 좋아해서 중학교 수학선생님은 나를 '수학의 진주'(Peal of Mathematics)라는 애칭으로 불러주었었다. 솔직히 나는 시를 짓거나 감상문과 독후감을 적는 글짓기 시간에는 큰 취미를 못 느꼈었다. 그러나 남에게 지기를 싫어하는 성미여서 일기는 열심히 적었는데, 선생님이나 어머니의 칭찬을 받은 기억은 없다. 내 일기가 칭찬을 받지 못한 이유 중에는 미루어두었다 한꺼번에 쓰는데도 있었지만, 어머니나 선생님의 마음에 들만큼 문학성이 없었기 때문인 것 같다. 대통령은 나에게 평범한 일기를 쓰도록 했는데, 계속해서 쓰라는 격려의 의미에서 칭찬해준다는 사실을 나도 안다.

적 치하에서 부역했던 일반시민과 사회지도급 인사의 대부분이 자술서만 쓰고 훈방되고 있으며, 전원 불문에 부치기로 방침을 세웠다고 오제도(吳制道) 검사가 대통령에게 보고했다.

지난 일이지만 오 검사를 공산당이라고 모함하는 투서 등과 함께 그럴듯한 정보가 경무대로 전달되어 6·25 두 달 전에 조사를 하게 되었다. 그 정보를 날조하여 오 검사를 제거하려던 치안국 중앙분실장 백형복 총경이 자신의 정체가 탄로 날까 봐 기밀문서를 훔쳐가지고 월북해버려 배후를 완전히 밝혀내지는 못했었다. 오 검사를 없애버리려는 공산당의 밀고에 속아서 하마터면 독실한 교인이며 투철한 반공투사를 잃을 뻔했으니, 참으로 어처구니없는 일이었다.

오제도 검사 모함과 비슷한 시기에 황규면 비서도 공산당이라는 정보를 백 총경이 날조해서 김태선 시경국장에게 제공하는 바람에 황 비서의 입장이 난처해진 적도 있었다. 설상가상으로 이때 경무대의 은밀한 동정이 김일성에게 보고된 사실을 미국정보를 통해 알게 되었기 때문에 나는 은근히 긴장되었다. 참으로 신경이 곤두서는 괴로운 일들이었으나, 황 비서에 대한 공산당 혐의는 곧 풀렸었다. 아무튼 대통령은 외국으로 보내는 비밀서한은 자신이 직접 타이프하거나 나에게 타이프 하도록 했다.

윤영선(尹永善) 농림부장관이 금년도 추수와 쌀 수확량에 대해 대통령에게 보고했다. 작년에 비해 약 3할 정도가 적은 것으로 예상된다는 것이었다. 다행히 비가 그치고 햇볕이 나서 우리 농민들의 마음이 한결 가벼워 질듯하다. 제발 매일 맑은 날씨가 계속되어 농민들과 전재민들은 물론, 계속 북진하고 있는 우리 애들의 고생을 덜어주었으면 좋겠다.

# 평양입성으로 축제 분위기

10월 18일.

　동해안에서 북진중인 우리 애들은 원산·영흥·함흥을 유엔군에 앞서 해방시켰고, 또 백선엽(白善燁) 장군이 지휘하는 1사단과 유재흥(劉載興) 장군 휘하의 우리 애들이 유엔군보다 먼저 평양에 입성할 것이라고 정일권 참모총장이 밤늦게 보고해왔다.

　게이 장군이 지휘하는 미 제1기병사단에 비해 우리 제1사단은 차량이나 장비가 엄청나게 불리한 여건 하에서 출발도 늦었다고 한다. 미 제1기병사단은 차량만도 1천대 이상을 보유하고 있지만, 우리 애들은 겨우 50대 밖에 안 된다고 대통령이 염려했었다. 그러나 굳센 의지와 각오로 우리 애들은 비를 맞으며 밤낮으로 산길을 행군하여, 미군의 탱크와 차량을 앞지르게 된 것이라고 대통령이 나에게 설명해주었다.

10월 19일.

　드디어 자랑스러운 우리 애들이 미군보다 앞서 평양에 입성했다고 신성모 국방장관과 정일권 참모총장이 보고해왔다. 대통령이 "됐어, 됐어"하며 저토록 기뻐하는 모습을 보니 나도 모르게 눈물이 솟구쳤다.

대통령은 빠른 시일 안에 평양을 직접 방문하여 시민들과 기쁨을 함께 나누겠다고 말했다. 오늘은 온통 축제분위기다. 엊저녁부터 계속 타이프를 쳤더니 손끝이 화끈거린다.

저녁에는 무초 대사 축하만찬과 함께 평양입성 축하까지 겹쳐 기쁨에 넘치는 훈훈한 분위기 속에서 대통령도 시종 무초대사와 다정한 모습을 보여주었다. 다만 워커 장군이 샐러리와 당근 곁에 있는 조그만 유리그릇에 담아놓은 초고추장을 야채와 함께 찍어먹고 매워서 어쩔 줄을 모르는 모습을 보니 미안한 생각이 들었다.

마요네즈 소스를 곁들여 놓았는데도 대통령과 무초 대사가 찍어먹는 것을 보고 워커 장군도 토마토케첩으로 알고 먹었는지 저토록 혼나는 모양이다. 대통령은 오이나 당근, 샐러리, 심지어는 풋고추까지도 마요네즈나 토마토케첩보다는 초고추장에 찍어먹기를 좋아하기 때문에, 고추장에 식초와 설탕을 조금씩 넣어서 먹기 좋게 해 담아 놓았었다.

대통령은 파, 마늘을 다져넣거나 깨소금을 넣지 않고 식초와 설탕만 넣은 것을 좋아한다. 그래서 가끔 토마토케첩으로 오인하는 외국인들이 있다.

평양 입성 전투에서 미군은 3명의 경상자 밖에 나지 않았지만 우리 애들은 28명이 전사하고 70명이 부상했다고 한다. 적은 3천6백95명이 죽고 2천48명이 포로로 잡혔다고 정 참모총장이 대통령에게 보고했다.

올리버 박사에게 보낼 대통령의 편지를 밤늦게까지 타이프 했더니 몹시 피로했다. 대통령은 장면 대사에게 편지를 써 보냈다.

나는 어제 무초 대사에게 전직 미군장교 상당수가 민간행정을 인수하기 위해 북한으로 갈 목적으로 대거 입국하고 있다는 말을 했습니다. 대사는 신문보도를 믿지 말라고 하면서 사실과 다르다는 것이었습니다. 나는 그것이 반드시 신문에 실린 이야기에 그치는 것이 아니라는 사실을 입증하는 증거를 언젠가는 대사에게 보여주겠다고 했습니다.

나는 그에게 미군정을 한국 사람에게 또다시 강요하는 것은 잘못이라는 점을 미국정부에 알려주라고 충고했습니다. 자리를 뜨기 전에 그는 나에게 맥아더 장군은 내가 이북5도의 도지사를 지명해주기 바라고 있으며, 내가 선택한 사람들을 장군이 임명하게 될 것이라고 덧붙였습니다.

맥아더는 공공연하게 국제연합과 맞서기를 원치 않으며, 그런 식으로 적당히 넘기는 편이 현명한 것 같기도 합니다. 이것은 법령에 정해진 대로 군 당국이 임명권을 행사하고 있는 또 하나의 증거일 것입니다.

무초 대사는 38선을 돌파하기 전에 내려진 명령들은 지금 현실에 맞지 않으며, 자기생각에 그것들은 효력이 없다고 말했습니다.

틀림없이 그는 실정을 알고 있었으나 거기에 대해 어떻게 할 방도를 모르고 있는 것입니다. 그는 한국인이 명령을 받아 그것을 수행하지 않으면 안 된다는 것은 그릇된 생각이며, 한국국민에게는 먹혀들지 않으리라는 사실을 알고 있습니다.

국제연합 한국통일 부흥의원단(UNKURK)은 우리나라가 적의 점령 하에 고초를 겪으면서도, 민주국가로서 얼마나 훌륭하게 대처하였는지에 관한 매우 유리한 보고서를 총회에 제출했다. 대한민국은 전시의 긴장상태에 대해 눈에

뜨일 만큼 훌륭하게 대처했다.

정부기능은 여러 가지로 애로, 혼란, 그리고 위험에도 불구하고 무너지지 않았다. 각 지방이 해방됨에 따라 민간행정은 단시일 내에 다시 회복되었다. 국회는 아직도 미숙하고 때로는 책임감을 못 느끼고 있으나, 긍정적인 활동을 유지했다는 요지의 보고서였다.

성실하고 책임감 있는 대부분의 우리 공무원들은 박봉과 함께 온갖 어려움 속에서도 최선을 다해 자기임무를 수행했다.

대통령은 국제연합에 의해 한반도의 유일한 자주정부로 지정받은 독립국가의 원수로서, 자유재량을 가진 것으로 믿고 있다. 우리 정부가 해방된 지역을 인수한다는 것은 당연하며, 임명해 놓은 5명의 도지사들은 민간행정을 개시하여 임무를 수행해나가야 한다. 뒷날 북한 국민들이 도지사를 자기들 의사로 선출할 때까지 행정의 공백상태를 두어서는 안 된다. 이것을 마련할 법률이 지금 국회에 회부되어있다.

대한민국은 이미 토지와 통화에 대한 대책을 계획해 놓고 있다. 대부분의 통화는 공산당과 그들의 협력분자들의 수중에 있기 때문에 화폐를 바꿀 필요는 없다. 공산당이 아닌 사람들에게는 자신들의 돈을 지불하지 않았으므로 남한에는 공산당 화폐를 가진 사람은 거의 없다. 돈은 오로지 공산당의 수중에만 있었기 때문이다. 지금 공산당은 막대한 액수의 통화를 시중에 풀어놓아 최하의 환율로도 화폐를 바꾸기가 불가능할 것이다.

토지에 관여하는 과거 소련군정의 토지개혁이 어떤 토지도 양도하지 않았다. 따라서 토지의 소유권을 입증할 수 있는 사람은 누구든지 자기 땅을 가질 수 있다. 일본인들이 소유했던 땅만은 소작농부들에게 주어서 소출의 일부를 농부들이 정부에 공출함으로써 그 토지에 대한 대가를 지불했다. 우리 정부는 토지개혁법에 따라 이 토지를 처분할 것이다.

이런 것들과 함께 더 많은 정책이 발표되어 북한국민들은 열심히 지방행정부의 설립을 기대하고 있는 것이다. 대한민국의 통치를 남한에 국한시키고, 공산당에 의해 통제되고 있는 북한의 모든 단체조직들을 존속시키려는 유엔임시위원회의 발표는 북한국민 모두에게 앞으로 무슨 일이 일어날는지 회의를 느끼게 한다.

공산당이 있는 곳에는 평화가 존재할 수 없으며, 아무런 해결 없이 세월만 흘러가는 가운데 질질 끌려갈 것을 사람들은 알고 있다. 어떻게 미 군사당국의 법령에 따라 정부를 담당하도록 요구할 수 있단 말인가? 무초 대사와 미국 측에서는 대통령에게 입 다물고 있도록 부탁한다.

대통령은 조용히 입 다물고 있는 동안 미국 측이 무엇을 할 것인가를 우려한다. 틀림없이 미 대사관 측에서는 국내언론을 조작하고, 이 문제에 대한 진실을 왜곡시킬 것이 뻔하다. 세계대전을 피한다는 것 이상으로 미국 국민에게 호소력을 가지는 것은 없기 때문이다.

미국인들은 자신들이 여러 대가를 치르면서 어떤 짓을 하고 있는지 모르며, 전쟁은 연기되는 것이지 피할 수 없다는 사실에도 생각이 아직 미치지 못한다. 소련은 언제든지 준비만 되면 밀고 내려올 것이며, 그들의 외교정책은 오랜 세월에 걸쳐 세밀히 계획되고 거기에 따라 준비되었다는 사실을 우리는 모두 알고 있다.

한국사람은 고사하고, 미국인의 피의 대가로 한국을 또다시 소련에 팔아넘기려는 것은 상상조차 할 수 없는 일이다. 이것은 말도 안 되는 소리다. 그러나 미 국무성의 정책담당자들은 실제로 이러한 일을 하고 있다.

소련은 "국제연합이 북한에서 선거를 먼저 실시하여 나라를 통일시켜라"는 식으로 조종하며 제안한다. 이것이 이번 전쟁에 대한 소련불간섭의 보상책이라는 것이다. 소련이야말로 이 침략군을 훈련하여 무장시키고 지원한 선동자라는 것이 너무도 명확한 사실인데, 또 무슨 증거가 필요하단 말인가?

북한에서 이승만의 영향력을 몰아내야 할 이유가 어디 있겠는가? 유엔의 미국대표 워런 오스틴과 미 국무성 사람들이 우리 국회의 불신과 반대를 들먹이면서까지 벌이는 비판의 속셈은 무엇인가? 그것은 "대한민국 정부의 인기가 없으므로 북한 국민을 강제로 지배하게 해서는 안 된다."는 구실을 내세워 미국 국민을 설득할 목적으로 꾸며지고 있다.

대통령과 더불어 온 민족이 피 흘리며 귀중한 생명과 모든 것을 바쳐온 이유는, 오직 이 나라의 자유 민주통일을 위해서임을 우리 국민은 잘 안다. 고난의 역사는 우리 당대에 겪어내고, 후손들이 자유와 평화를 누릴 수 있도록 하기 위해 대통령은 어떠한 희생이라도 각오하고 있는 것이다. 이번 기회에 통일을 성취시키지 못한다면, 장래 우리 민족이 겪게 될 더 큰 비극과 희생을 누가 막아줄 것인가?

이제 대통령은 몹시 화를 잘 내는 고집 센 동맹자로 알려지기 시작했다. 심지어는 부패하고 돈 많은 사람이라고 거짓소문을 퍼뜨려 고의적으로 대통령의 이미지를 흐리려고 한다. 미국은 온갖 방법과 수단을 동원하여 한국 통일을 염원하는 대통령을 뒤에서 공격하기 시작했다. 심지어 그들 중에는 대통령을 통일한국의 초대 대통령이 되고 싶어 하는 야심가로 비꼬는 측도 있었다. 우리의 동맹자인 미국은 대통령이 걸어온 생애를 너무도 잘 알고 있을 뿐만 아니라, 현재 우리의 어려운 속주머니 사정을 우리 이상으로 잘 알고 있다.

우리나라가 힘을 길러서 우리 힘으로 똑바로 설 때까지 우리는 모든 것을 참고 견디며 극복해내야만 한다고 대통령은 마음속으로 다짐하고 있다. 계획적으로 되풀이해서 들려주는 단순한 말들이 어느덧 진실로 받아들여질 수도 있기 때문에, 불행하게도 다수의 선량한 미국 시민들이 대통령을 잘 모르는 경우엔 오해하게 될지도 모른다.

역사가 증명해줄 때까지 우방의 친구들이 씌워주는 모욕과 누명을 참고 견디며, 약소민족 지도자의 십자가를 짊어지고 국토통일을 위해 전력을 다해야만 한다. 다만 하나님은 우리 편에 계실 것이며, 우리 국민은 진실을 알고 있으므로 헛소문에 좌우되지는 않을 것이다. 사심 없이 대통령과 뜻을 같이하는 우리 국민들의 지혜롭고 현명한 판단이 이 어려운 시기에 고난과 역경을 헤치고 민족의 역사와 운명을 개척해 나가는데 힘이 되어줄 것이며, 이 나라를 지켜낼 것이라고 대통령은 확신하고 있다.

소련에 대한 애치슨의 태도가 대강 알려졌고, 조만간에 소련과의 유화정책에 반대하는 사람으로 교체되기를 바랐다. 그런데 하필 마셜이 국방장관으로 임명됨으로써 우리는 크게 실망하지 않을 수 없었다. 마셜은 중공의 겉만 보고 장제스(蔣介石) 총통에게 강제로 국공합작의 연립정부를 세우도록 압력을 가했던 장본인이기 때문이다.

우리는 지금까지 국무성과 국방성에 어떤 변화의 조짐이 나타나기를 지켜보며 기다려왔으나 이젠 기대할 것이 아무것도 없다. 노르망디 상륙작전으로 명성을 떨쳤고, 현재 컬럼비아대학 총장으로 재직 중인 아이젠하워 원수가 공화당 대통령후보로 유력시된다고 존스턴 기자가 알려줬다.

# 소설가 친구 구하러 가겠다는 시인 비서

10월 20일.

어젯밤 대통령은 올리버 박사에게 보내는 개인메모를 나에게 타이핑하도록 했다.

친애하는 올리버 박사, 스태거스 씨가 현재 밝히고 있는 이야기나 그가 한국에서 한 이야기들에 관해서 그 사람과 조용히 만나주었으면 좋겠습니다. 우리는 그 이야기를 비서들로부터 들었으나 믿지 않았습니다. 그는 사람들에게 자신이 대한민국 측에 사무실을 무료로 빌려주었으며, 이박사가 워싱턴에 묵고 있던 옛날에도 그렇게 했노라고 말했다고 합니다. 신문기사에 나온 것처럼 그는 또한 나를 재정적으로 도왔다고 밝히고 있습니다.

나는 아무리 어려워도 개인적인 필요로 외국 친구들로부터 돈을 빌리지 않았다는 것을 자랑으로 여겼습니다. 나는 결코 존 스태거스든 누구든 단 푼도 요구한 사실이 없습니다. 그것은 모두 나의 신조

에 어긋나는 것입니다. 스태거스는 단 한 번도 나의 수입금을 취급
한 사실이 없습니다.


대통령의 오랜 친구인 스태거스 씨는 그런 허튼소리를 할 사람으로 여기지
않았는데, 어딘가 석연치 않은 점이 느껴졌다.

워싱턴 정계에서는 군 장비 구매에 있어 경제협조처 대충자금의 5% 정도는
자체 재량으로 사용하도록 허용해야 한다고 주장한 대통령을 비난하는 모양이
다. 대통령은 그 돈으로 일본 대신 우리가 직접 탄약과 무기 같은 것을 만들어
쓸 수 있기를 원하고 있다. 설상가상으로 미국에서는 '대한민국을 반대하는 한
국인그룹' 이라는 단체가 막대한 돈을 뿌리며 국제연합대표들을 대상으로 "대
한민국정부의 권한을 북한까지 확대시켜서는 안 된다"는 설득 공작을 펼치고
있다고 한다.

즉 "내란과 유혈극과 장기간의 끈질긴 투쟁을 초래할 것이므로, 과도기에
는 북한주민들이 스스로 문제를 해결하도록 내버려두어야 한다."면서 열심히
활동을 벌인다는 것이다. 그런데도 장 대사는 아무것도 모르고 있었다. 대통령
은 한국대사가 유엔에서 일어나는 일을 모른다는 것은 호되게 우리의 뺨을 치
는 꼴이라고 말했다.

미국에 있는 우리나라 대사는 "너무 바쁘다."고만 하면 만사가 해결될 것으
로 믿는 모양이라고 대통령이 한탄했다. 아무튼 우리는 올리버 박사에게 유능
한 신문기자 한사람을 보내주도록 부탁했다. 특히 한국아내와 결혼한 사람이면
더욱 좋겠다는 조건을 제시했다.

그리고 몇 주일 전에 장 대사에게 경제전문가 한사람을 부탁했었다. 김세선
씨가 한사람을 추천했는데, 제2차 세계대전 당시부터 우리가 잘 아는 사람으로
그는 적임자가 아니다. 대통령은 ECA(경제협조처)와 유엔이 하고 있는 구제사

프란체스카 여사는 미국에서의 독립운동 시절부터 이승만 대통령의 편지와 공문서, 비밀문서, 원고 등을 타이핑했고, 한국전쟁 때에도 이 역할은 그치지 않았다.

업을 점검할 우리 측 전문가의 필요성을 느끼고 있다. 아무튼 영어로 타자해야 할 많은 일들이 내 어깨를 짓누른다.

나는 외국에 있는 교포친지들에게 담요와 구호물자를 경무대로 직접 빨리 보내주면 좋겠다고 부탁했다. 경무대의 비서들과 경호경관들도 전쟁으로 피해를 본 전재민들인데, 폭격 받고 불탄 집터 위에 천막을 치고 살면서 먹을 것이 없어 고생하는 모양이었다.

이 보고를 받고 대통령은 한동안 고생이 되겠지만, 살고 있는 동네의 동회나 적십자사에 각자 신청해서 차례를 기다려 구호품을 배급받도록 지시했다. 경무대 직원이라고 해서 남보다 먼저 특전을 누린다면 다른 관청직원들도 모두 같은 특전을 원할 것이다. 병든 노부모를 모시고 있는 직원에겐 대통령 자신이 덮는 담요를 내주도록 나에게 지시했다.

서울시장 이기붕 씨 부인도 집이 헐어빠진 쓰레기통처럼 지저분하게 파괴되어 어디서부터 손을 대야할지 모르겠다고 했다. 겨우 담요 한 장이 있어서 시어머니와 친정어머니가 두 애들을 데리고, 네 식구가 함께 덮고 자는 것을 다행으로 여긴다는 것이었다. 그 집의 귀여운 딸이 작년에 병사하여 아들만 둘이다.

중앙청에 있던 대통령비서실에서 민원담당 비서로 일했던 나이 많은 유창용 비서가 납북된 후 소식이 끊어졌다는 보고를 받고 대통령이 무척 침통해했다. 유 비서는 일제의 압정에 시달리던 암흑기에 YMCA 지도자 이상재 선생과 어깨를 견주어 민족을 위해 공헌했던 조선교육협회의 지도자 유진태 씨의 아드님으로, 이선식 비서와 함께 대통령이 직접 채용했던 유일한 세교(世交) 집안 자손들이었다.

대통령은 이 비서들을 보면 옛 어른들을 뵙는 것 같다며 퍽 든든해했었는데, 두 사람 다 이번 전쟁에 희생된 것이 참으로 가슴 아프다.

경무대의 시인 김광섭 비서가 대통령에게 전쟁 전에 월북했던 그의 문인 친구 이태준(李泰俊)을 구하러 평양을 다녀오겠다며 허락을 받으러 왔다. 그러지 않아도 경무대의 일손이 달리고 할 일은 산더미 같은데, 찾을 수 있다는 보장도 없는 친구를 구하러 가겠다는 김 비서의 배짱이 부럽다.

나는 타이프치기가 지겨웠지만 대통령이 불러주는 대로 워싱턴의 장 대사에게 보내는 편지를 타이핑했다.

이재민 문제에 관해 태국대사관과 접촉을 가지시오. 외무부는 인원이 부족하여 귀하에게 쓸 수가 없기에 내가 개인편지로 이 문제를 언급하겠다고 그들에게 약속했습니다. 우리 전재민들이 정착하기 위해서는 비용이 얼마나 들것이며, 우리 농민들만 이주할 것으로 보아 토지는 얼마정도 배정을 받을 수 있을 것인지, 그리고 기타 조

건들도 우리가 알고 싶습니다. 우리 국민이 정당한 대우를 받도록
모든 일을 확실하게 해야 할 것입니다.

신성모 국방부장관과 백낙준(白樂濬) 문교부장관, 이윤영(李允榮) 사회부
장관이 공보처장 헬렌 킴과 함께 북한 국민을 안심시키려고 준비한 포스터를
가지고 평양으로 출발했다.

올리버 박사로부터 고려대의 이인수 교수를 사면해주도록 간청하는 긴 전
문이 왔다. 이 교수는 영국에서 교육을 받고 온 영문학자로 올리버 박사와는 각
별한 친구였다.

공산당의 서울 점령 후에 그들을 위해 방송에 참여한 죄로 군사재판에서 사
형을 선고받았기 때문에 그의 구명을 호소해온 것이다. 우리도 이 교수에 대해
서 자라온 배경과 함께 영국 유학시절을 알고 있다. 돈암장에 있을 때 대통령은
그에게 영문번역을 시키려 했었고, 김동성(金東成) 공보처장 후임으로 기용할
생각을 한 적도 있었다. 대통령은 이런 인재를 희생시켜서는 안 된다고 믿는다.

# 미국을 불신하는 북 주민들


10월 23일.

　며칠 동안 몹시 피로하고 목이 아파서 일기는 못쓰고 급한 편지만 괴로움을 참고 견디며 타이핑했다. 대통령이 현재의 한국 실정을 알리기 위해 〈AP통신〉의 킹 기자를 초청하겠노라고 말했다. 그는 상당수의 미 군정요원들이 민간 행정을 인수하러 북한으로 간 사실을 보도했던 기자였다.

　킹 기자가 이틀 후에 돌아올 것이라고 해서 우리는 〈뉴욕타임스〉의 존스턴 특파원을 부르기로 했다. 대통령은 존스턴을 '정의의 사도'라고 불렀다. 그의 진실한 인품과 신뢰감을 느끼게 하는 태도는 누구에게나 호감을 갖게 했다. 대통령은 〈UP통신〉의 제임스 특파원을 초청해서 제법 긴 대화를 나누었는데, 그의 반응은 냉담한 편이었다. 아마도 대사관측의 설득과 충고에 세뇌된 모양이었다.

　대통령은 이미 미국정부가 언론에 영향력을 행사하고 있어서 앞으로 북한 주민들이 겪게 될 혼란과 고통을 생각하며 괴로워한다.

　평양을 다녀온 백 장관과 이 장관, 헬렌 킴, 그리고 국방장관은 대통령이 예상하고 염려했던 대로 미국인과 국제연합에 대한 불신감과 의심이 대단했다고 보고했다. 도시가 거의 텅 비어 있었고, 주민들은 공산당의 선전에 속아 미국인과 국제연합이 자신들을 죽이러 오는 줄 오해하고 있었다. 사람들이 평양으로 돌아오기도 했는데, 시가지를 걷다가 백낙준 박사와 이윤영 목사가 자기들을 알아보거나 상대방을 아는 그런 사람들을 더러 만나게 되었다.

백선엽 장군의 안내를 받으며 몇몇 미국 신문기자들과 함께 다녔는데, 그곳 사람들이 "누가 당신들을 여기에 보내서 왔소?"하고 묻더라고 한다. 백 장군이 "여기는 내가 태어난 고향이고, 내 고향사람들을 해방시키기 위해 싸우고 있다."고 대답했다. 그런 다음 우리 대통령이 보내서 왔노라고 하자 "그런데 어째서 그렇게 많은 미국사람들이 평양에 있으며, 그들은 왜 우리정부를 빼앗았소?"하고 묻더라는 것이다. 백 박사가 내각에는 북한출신 장관들이 많이 있다고 말해주었다고 한다.

이 사람들이 말하기를 공산당은 평양 사람들을 황해도의 높은 자리에 앉히고, 황해도 사람들은 평양에서 좋은 자리를 차지하고 있다고 했다. 공산당이 여기 주민들에게 한국을 집어삼키려는 외국인들이 많이 쏟아져 들어올 것이라고 선전하는 바람에 외국인에 대한 의심을 잔뜩 품고 있었으며, 미국사람보다도 왜 대통령이 안 왔는지 모르겠다고 하더라는 것이다.

그들에게 앞으로 대통령이 꼭 올 것이라고 약속해주었지만, 미국사람들에 대한 의심을 여전히 풀지 않았다. 아무리 길든 짧든, 그리고 아무리 과도기라 할지라도 미국인들이 민간행정을 맡아서는 안 된다고 주장하는 또 하나의 이유가 여기에 있다. 북한에서는 공산당이 대한민국을 미국이나 국제연합의 괴뢰에 지나지 않는다고 너무나 철저히 가르쳐 놓았다. 그로 인해 해방된 지역에 우리 정부의 권한이 즉각 미치도록 하는 것 이외에는 아무런 방법이 없다는 게 대통령의 생각이다.

보건문제를 조사하러 여기에 온 흄 장군이 대통령을 예방했다. 이야기가 끝날 무렵 대통령이 맥아더 장군에게 사적인 메시지를 전해주도록 부탁했다. 흄 장군은 퍽 지적이고 이해심 있는 장군이었다.

대통령은 그에게 헤아릴 수 없이 많은 전직 군정장교들이 선거 후까지도 북한에서 계속 민정을 담당하기 위해 들어온다는 소문이 파다하다고 말했다. 대통령은 그렇게 하는 것이 얼마나 현명치 못한 일인지 흄 장군이 맥아더 장군에게 충고해주도록 부탁했다. 왜냐하면 그것이 결국에는 장군의 명예에 해가 될 뿐, 일이 제대로 되지는 않을 것이기 때문이라고 설명했다. 대통령은 이어서 한국인들은 맥아더 장군에게 감사하는 마음을 영원히 지니고 싶어한다는 사실도 전해달라고 말했다.

북한사람들은 가정과 생명의 불안정으로 신경이 날카로우며, 우리에게 자신들을 보호해줄 경찰을 보내달라고 호소했다고 헬렌 킴이 대통령에게 보고했다. 대통령은 조병옥 장관에게 즉시 평양으로 경찰을 파견하도록 지시했다. 대통령은 되도록 평양출신 경찰관들을 보내도록 하라고 덧붙였다.

하늘은 티 없이 맑고 서늘한 가을바람이 뜰 앞의 국화향기를 한결 더 향기롭게 해주건만, 대통령의 가슴은 무겁기만 해서 이마의 주름살이 늘어만 간다. 그러나 어떤 어려움과 난관이 앞을 가로막는다 해도, 기필코 극복하고 싸워 이겨서 남북통일을 이룩하여 북한사람들을 해방시키겠다는 대통령의 투지와 결의는 젊고 새롭기만 하다.

# 장작 패며 울화를 달래다

10월 24일.

평양으로 파견한 2백 명의 우리 경찰병력이 해주에서 미24사단에 의해 정지되었다는 보고를 받고 대통령은 안면신경을 움직이며 손을 후후 불었다. "그 자들이 여기가 감히 어디라고 그따위 짓을 하다니…. 기어이 탯덩이 녀석을 정신 차리도록 해주겠어." 하며 대통령은 흥분했다. 대통령은 미 24사단장 처치 장군을 탯덩이 녀석이라고 부르며 항상 못마땅해 했는데 바로 그곳이 처치 장군이 관할하는 미군지역이었다.

우리는 워커 장군에게 항의하려고 했으나 그는 오늘 아침 일본에 가고 없었다. 대통령은 뒤뜰로 나가 한참동안 장작을 패며 화를 가라앉혔다. 어느 정도 안정한 대통령은 무초 대사를 불렀다.

처음에는 대사에게 "미국사람들이 자신들이 가는 곳이면 어디든지 한국인은 들어오지 못한다고 생각한다면 그것은 잘못이오."하고 말했다. 그런 다음 "북한 주민들이 요청해서 파견한 경찰을 처치 장군이 막았다는 사실을 우리 국민들이 알게 되면 가만히 있지는 않을 것입니다."고 덧붙이면서 이 사실을 즉시 워커나 맥아더 장군에게 알리도록 요청했다.

무초 대사는 우리 경찰을 처치 장군이 정지시킨 데는 필시 어떤 이유가 있을지 모른다고 대답했다. 그러자 대통령은 "이 나라 안에서 우리에게 어디로 가라, 어디는 가지 말라고 명령하는 자가 과연 누구냐?"고 화를 내며 언성을 높였다. 대사는 나에게 도와주었으면 하는 눈치였으나 나도 차갑게 외면해버렸다.

그러면서도 한편으로는 염려가 되어 험악한 분위기를 누그러뜨리기 위해 "대통령은 대사께서 미 군정인물들이 더 이상 입국하는 것을 막고 있다는 사실을 알고 계셔요."하고 무초 대사에게 말을 걸었다. 그랬더니 무초 대사도 그제야 살았다는 표정을 지었다.

대통령은 오늘 오전 11시 시청 앞 광장에서 거행된 유엔의 날 기념식에 참석했다. 유엔이 한국을 도와 한반도에서 공산침략을 완전히 물리치고 통일을 이룩하려는 것은 자유와 정의를 사랑하는 전 세계 사람들에게 큰 공헌을 한 것이며, 또 유엔의 안전을 보장한 것이라고 치하했다.

우리국민들은 국제연합군이 한국의 평화에 기여한 공로와 유엔당국이 한국민의 복지를 위해 계속 후원해주는데 대해 마음깊이 감사하고 있을 뿐만 아니라 영원히 잊지 못 할 것이며 앞으로 더욱 유엔과 한국이 긴밀한 상호협력 하에 유엔헌장에 표명된 고상한 유엔의 의도와 목적을 끝까지 달성하자는 요지의 기념사를 했었다.

그리고 유엔과 유엔군에 대한 한국민의 감사를 표시하기위한 여러 가지 행사가 진행되었다.


10월 25일.

일본방송에 의하면 유엔군 당국에서는 이미 민간 행정관을 임명했으며, 그는 다시 한 위원회를 구성하기 위해 바로 30명의 한국인을 임명했다는 발표가

230

있었다고 한다. 그러나 우리는 여기에 대해서 전혀 아는 것이 없다.

이런 방향에서 최근에 시도되고 있는 일은 내무장관 조병옥 박사를 민간행정관으로 임명하려는 움직이라고 한다. 그렇게 되면 조 박사는 내무장관직을 사임해야 될 것이라고 했다. 미국사람들은 조 박사를 좋아했고, 해달라는 대로 무엇이든지 해줄 것으로 믿는 모양이었다. 미국은 조 박사가 군정에 참여했었고, 한민당과 흥사단에 관련된 영향력 있는 인물로 평가하는 모양이었다.

무초 대사는 대통령이 〈UP통신〉에 국제연합을 무시하겠다고 선언했음을 시사하는 미국정부 전문을 보여주었다. 대통령은 이런 성명을 발표한 적이 없다고 무초 대사에게 완강히 부인했다.

그리고 대통령은 무초 대사에게 맥아더 장군이나 국무성으로부터 비밀로도 좋고, 공개적으로도 좋으니 북한에서 활약 중인 대한민국을 간섭하지 않겠다는 어떤 문서상의 보장을 받아달라고 요청했다. 그러나 아무런 회답이 없었다. 대통령은 대한민국을 남한에 국한시키려는 유엔 임시위원회의 결의는 받아들일 수 없다고 무초 대사에게 분명히 말했다.

대통령은 아무래도 우리 국민들에게 대통령직을 사임해야할 이유를 밝히는 게 현명할 것 같다고 말했다. 그리고 내부에서보다 오히려 밖에서 싸우면서 차라리 배은망덕한 사람이라고 낙인찍힐망정, 어떤 나라나 국제기구의 꼭두각시가 되어 나라를 팔아먹는 자가 되지는 않겠다는 결심을 나에게 털어놓았다.

대통령은 만일 대한민국이 미국이나 국제연합 당국의 협력으로 북한에서 기능을 개시한다면 국민의 불안한 마음을 가라앉히게 될 것이다, 북한주민은 심히 외국 사람들을 의심하며 불안하게 여기고 있음을 여러 차례 미국 측에도 알려주었다. 그러나 미국이나 국제연합이 단독으로 어떤 종류의 행정을 실시하겠다고 고집한다면, 그것은 오직 국민을 혼란에 빠뜨릴 뿐이며 결코 용서받지 못할 짓이라고 대통령은 확신했다.

북한주민들은 자신들을 보호해줄 우리 측 사람들을 보내달라고 호소하고 있는 것이다. 그들은 우리를 알고 있고, 타민족의 행정보다는 같은 민족의 행정을 훨씬 더 바라지 않겠는가고 대통령이 말했다.

대통령은 우리 국군과 국제연합군이 생명을 바치면서 싸워 없애려고 한 38선을 미국사람들이 다시 설치하려 든다면서 심히 걱정했다. 그러면서 유엔과 미국이 반한 선동분자들이 제의한 계획을 수행하려고 한다면, 일본 패망 이후 남한에서 미군정이 조성한 것과 비슷한 사태를 북한에 다시 만들어낼 것이라고 우려했다.

다만 우리는 이러한 사정을 잘 아는 맥아더 장군과 몇몇 고위층의 친지들이 있으므로 머지않아 잘못이 시정될 것으로 바랐다. 하지만 미 국무부에는 친일세력과 친공 세력의 입김이 너무 거세기 때문에 마음을 놓을 수가 없었다.

대통령이 미국에서 독립운동을 함께했던 발이 넓고 사교적인 데이비드 남궁에게 편지를 보냈다. 미국 내의 반한세력에 대비할 우리 측의 영향력 있는 미국친지들을 규합하기 위해서였다.

지난번 편지에서 나는 한미협회는 특수 분야에 경험 있는 사람이 시작하도록 하는 것이 바람직스럽다고 말한 바 있습니다. 그런 인물이나 동료들을 찾아내도록 최선을 다하고, 그 결과를 속히 내게 알려주시기 바랍니다. 우리 모두 좋은 기회를 놓치고 있고, 국내외의 우리 적들은 이것을 최대로 이용하고 있습니다.

우리가 미국의 대한 정책에 영향을 줄 수 있는 어떤 단체를 가지고 있었더라면, 지금처럼 구체화되지는 않았을 것이고, 국내에서도 상당한 싸움을 면할 수 있었을 것입니다. 나는 우리의 언론계 친구들에게 알림으로써 적어도 어느 정도까지는 그것을 역전시키도록 최선을 다했어야 했습니다. 그러다보니 자연 내가 미국과 국제연합을 무시하는 것으로 여겨져 즉각 비난의 대상이 되었습니다.

우리는 국제연합과 미국의 협조를 필요로 하므로 이러한 사태는 피해야 됩니다. 그리고 또한 우리는 선량한 미국인들의 선의를 저버릴 수 없습니다. 이런 일들이 늦추어지지 않도록 누군가가 뒤에서 일을 추진하고 언론에도 영향을 주도록 해야 할 것입니다. 그러나 만일 우리가 기대할만한 인사들을 확보하지 못한다면, 우리는 곤경에 빠지게 될 것입니다.

설상가상으로 맥아더 장군은 북한 처리문제가 국제연합에서 결정될 때까지 국제연합군이 북한지역을 수복한 상태 그대로 통치하기로 한다는 작전명령을 발표했다. 대통령은 미국사람들은 누가 누군지 알지도 못하면서 주민들을 다루어 나갈 것이고, 숨어있던 공산분자들은 곧 전원이 돌아오게 될 것이며, 국민들은 확실히 극도의 혼란을 겪을 것이라고 괴로운 심경을 토로하면서 새벽까지도 잠을 이루지 못했다.

마음속으로 북한동포들의 앞날을 걱정하며 잠을 설치는 대통령을 안타깝게 여기면서도, 염치없이 잠이 와서 나는 곤히 잤다.

대통령이 담요 안으로 내 두 손을 밀어 넣는 바람에 자다가 깜짝 놀라 깨었다. 평소에 대통령은 잠을 얌전히 자야한다면서 간혹 내손이 이불 밖으로 올라가 있는 것을 보면 주의를 줄 때가 있었기 때문에 나는 늘 조심을 한다.

시집온 이후 남편이 잠 못 이루는 밤엔 비교적 자유롭게 자란 나로서는 이중으로 고통을 느꼈다. 하지만 워낙 큰 책임을 지고 있는 남편이기에 불만스러워도 말없이 참고 지냈다. 부부가 살려면 누구나 서로 맞지 않는 점이 있게 마련인데, 서로가 이해하고 양보해야 탈 없이 지낼 수 있다고 한다.

특히 밖에서 활동하며 괴롭고 아니꼬운 일을 참고 견디어내는 남편을 가정에서 아내가 감싸주지 않으면, 자기 능력을 제대로 발휘할 수 없을 뿐 아니라 생명이 단축된다면서 어머니가 시집오기 전에 단단히 일러주었다. 전형적인 한국남편으로 나이 차이가 많은 대통령과 나는 사고방식이나 뜻이 맞지 않는 때도 있지만, 어려운 생활여건 속에서도 늘 행복한 편이다.

변영태 박사, 이기붕 씨 부인, 장덕수 씨 미망인 박은혜 여사는 학교가 방학하는 12월까지 미국여행을 연기한다고 했다. 변영태 씨 가족은 무두 무사했다. 우리가 염려하던 구자옥 지사와 양 주교는 아무래도 납북됐거나 실종된 모양이다. 구자옥 경기도지사 후임에 이해익(李海翼) 씨를 임명했다.

장 대사와 그의 형, 그리고 부모님은 개성에 숨어있었는데 남쪽보다 안전했던 모양이다. 장 대사의 아이들은 무사하나 임시조치법 때문에 미국으로 떠날 수가 없다.

무초 대사는 경제전문가이며 우리와 가까운 레디 씨를 한국으로 돌아오게 하지 않을 것이다. 우리는 경제협조처 ECA에 자문해줄 사람이 없고, ECA는 우리에게 우호적인 편은 못된다.

대통령의 미국정책에 대한 강경한 자세가 우리나라 국익에 도움이 되길 바랄뿐이다. 제발 맥아더 장군과는 서로 조금씩 양보하면서 친밀한 관계가 유지되었으면 하고 진심으로 바랐다.

# 미군 허가 받으라는 대통령의 원산 시찰

10월 26일.

참으로 고마운 우리의 이웃이며 우방인 타이완의 자유중국 정부는 우리에게 타이완 쌀 1천 톤과 석탄 8천5백 톤, 소금 3천 톤, DDT 20톤 등 구호물자를 듬뿍 보내주어 부산항에 도착했다고 양성봉 지사가 보고해왔다. 양 지사는 또 타이완에서 온 구호미 한 말을 견본으로 경무대로 보내왔는데, 저녁에 밥을 지어보니 우리나라 쌀처럼 품질이 좋아서 밥맛이 좋다.

대통령은 두부에 새우젓을 넣고 끓인 찌개와 함께 저녁을 맛있게 들었다. 지금 서울과 지방 주부들의 걱정은 채소와 마늘, 고추 등 김장감들이 3배 이상 올라서 날씨가 싸늘해짐에 따라 걱정이 한결 더해간다고 이기붕 씨 부인이 말해주었다.

북진 중인 우리 국군이 곧 압록강에 도달할 것이라고 신 국방장관이 보고해와서 대통령은 무척 기뻐하면서도 미 국무성의 석연찮은 움직임 때문에 마음이 무겁다. 맥아더 장군의 낙하산 부대가 숙천과 순천에 낙하하여 맥아더 장군의 직접적인 작전지휘를 받는데, 전과가 신통치 않았다고 정일권 참모총장이 보고해왔다. 맥아더 장군이 국제연합에 식량 1백70만 톤과 공업용 물자와 의료품을 요청했다고 한다.

평양의 민정장교 아키볼드 멜콰이어 대령이 65세의 교육자인 임준덕 씨를 평양시장에 임명했다. 군 당국은 또 해주시 행정관도 임명할 모양이다. 어처구니없게도 동해안의 항구도시 원산을 시찰하고자 하는 대통령이 원산 방문허가를 얻기 위해 미 제10군단을 지휘하는 에드워드 앨먼드 장군에게 서면으로 허가를 요청해야만 한다고 했다.

동해안 쪽으로 북진했던 우리 국군이 미 제10군단을 10여일 앞질러 먼저 원산을 점령하는 바람에 잔뜩 약이 오른 워커 장군의 경쟁자 앨먼드 장군은 마음이 편치 못하다고 했다.

북한에 우리 행정권이 미치지 못하게 미 국무성과 유엔군이 방해를 해서 지방주민으로 구성된 임시치안대와 주민들의 보복행위가 심해서 선량한 동포들까지 피해가 극심하다고 했다.

대통령은 원산시민들의 환영대회에서 "통일을 목전에 둔 지금 과거 외세에 강제된 사상으로 저지른 죄과는 관용하고, 같은 민족끼리 서로 돕고 사랑하며 일체 보복을 하지 말자."고 타이르는 연설을 했다고 한다.

평양 쪽을 점령하고 있는 미8군의 장교들은 전투가 아직 진행 중인 동안은 대통령의 평양방문을 삼가도록 건의해왔다. 그러나 평양방문은 어떤 일이 있더라도 기꺼이 할 것이라고 대통령이 단호히 말했다.

평양을 다녀온 헬렌 킴은 그곳의 고적과 국보와 문화재들이 전쟁으로 많이 소실되고 피해가 크다고 대통령에게 보고했다. 보고를 종합하면 소련대사관 근방에 집중된 평양 시가지의 러시아 장교주택 창고에는 포도주와 보드카와 캐비어 같은 고급음식과 화장품이 값비싼 물건들과 함께 가득 차 있었다고 한다.

김일성의 집무실도 스탈린의 초상이 걸린 4개의 방을 거쳐 들어가야 하는데, 호화롭고 사치스런 양탄자와 값비싼 가구로 휘황찬란했고, 거대하고 위압적인 마호가니 책상 앞쪽으로 김일성과 스탈린의 흉상이 놓여있었다고 한다.

김일성의 방공호 속에는 오르간이 있고, 축음기가 갖추어진 음악실이 있으며, 이발실이 달려있었다고 한다.

10월 27일.

대통령은 오늘 서울운동장에서 개최된 국민대회에서 누구나 다 방 한 칸이라도 나누어 살며, 전재민과 함께 무사히 이 겨울을 넘기자고 호소했다. 그리고 경무대 같이 넓은데서 우리 내외가 거처하기는 너무 미안해서 정부기관에서 함께 쓰도록 하고, 우리는 조그만 거처 하나를 만들어 거기로 옮길 예정이니 일반국민도 서로 도우며 일해 나가기 바란다는 요지의 치사를 했다.

딘 소장이 서울로 압송 도중 사망했다는 이야기가 있으나 확인된 보고는 아니다. 제6사단의 우리 국군용사들이 어제저녁 한만(韓滿)국경에 도달했다고 신국방장관이 대통령에게 보고했다.

대통령은 남북한 동포들이 서로 협조하도록 당부하는 방송을 했다. 민족이 한데 뭉쳐 합심해야만 통일을 이룩할 수 있으며, 우리 모두 단군의 한 핏줄을 이어받은 형제자매니 서로 잘못을 용서하자고 호소했다. 수복 직후 지방에서는 불행한 일들이 있었지만, 지금까지 서울이나 기타 도시에서 보복행위는 거의 없었다. 어찌할 수 없는 몇몇 개인적인 경우가 있었으나, 정부가 강력히 이런 일을 반대하며 제지하고 있다.

대통령은 한국을 위해 미국에서 일하며 여러모로 우리에게 도움을 주는 올리버 박사에게 편지를 보냈다. 올리버 박사가 그와 각별한 친분이 있었던 영문학자 이인수 교수에 대한 구명을 호소해온 장문의 전보문에 대한 회답이었다. 이 교수는 공산당의 서울점령 3개월 동안 공산당을 위한 방송에 참여하는 바람에 군사재판에서 사형선고를 받았다.


올리버 박사 내외분께.

특무대는 이인수 교수가 인천에 은신중인 것을 찾아냈으며, 우리는 모두 이 교수에 대하여 크게 근심하고 있습니다. 불행하게도 이 교수는 서울을 떠나려는 생각도 없었고, 오히려 공산당을 환영했다고 합니다.

여러 사람에게 알려진 두드러진 죄과 때문에 이 교수를 석방하기는 곤란할 것 같습니다. 그의 교육 등으로 보아 이 교수는 지금 큰 도움이 될 수 있는 좋은 인재이지만, 우리가 개인적으로 할 수 있는 일은 거의 없습니다.

내가 그 사람에 대해서 몇몇 사람들과 의논하였으니 그 사람들이 최선을 다할 것입니다. 나는 그가 영국에 있었을 때 그의 배경에 대해서 귀하에게 글로 설명한 일을 기억하고 있습니다.

무초 대사는 어제 도쿄와 워싱턴 방문차 이곳을 떠났습니다. 나는 나라의 국가원수로서 마음에 내키지 않는 일을 받아들이기보다는 대통령직을 사임하는 것이 좋겠다고 대사에게 말했습니다. 대사는 이곳 실정과 사태의 심각성을 알고 있습니다.

내가 우리의 권리를 이토록 고집하지 않으면 안 되는 것이 미안한 일이지만, 모든 일이 진행된 뒤보다는 지금 이 문제를 결정짓는 것이 더 나을 것이라고 대사에게 말했습니다. 이번에 전달받은 작전 명령서에는 국제연합군이 북한지역을 수복한 상태 그대로 통치할 것이 분명하며, 유엔은 한국정부가 북한에 대해 관여하지 않도록 하리라는 것을 알 수 있습니다.

238

앞으로 어떤 모양의 선거가 실시될 것인지 귀하는 상상할 수 있을 것입니다. 주입식으로 세뇌되고 공산당이 일러준 말만을 알고 있는 북한 주민들은, 자기네 지역을 다스리는 외국인만을 눈으로 보고 대한민국에 반대표를 던질 것이 확실합니다. 이 사람들은 국제연합이나 미제국주의자들의 괴뢰가 되기를 원치는 않을 것입니다.

당장 우리 국민에게는 군정을 위한 작전명령서보다는 실지로 더 급히 필요한 것들이 많이 있습니다. 우리 국민이 지금 절실히 필요로 하는 것은 식량입니다. 타이완으로부터 들어온 약간의 지급용 보급물자와 식량 이외에는 뚜렷한 월동대책이 마련되어 있지 않습니다. 적시에 필요한 물자를 보급해주지 못하면 국민들이 살아갈 수 없습니다. 남한과 마찬가지로 북한에서도 식량문제는 절실한 것이나 아직 확실한 대책이 논의된바 없습니다. 이미 서리가 내리고 추수기는 벌써 끝났기 때문에 더 이상의 식량수확은 없을 것입니다.

다행히 남한의 식량은 우리 손에 남아있지만 북한의 식량은 모조리 공산군들이 빼앗아 가버리고 없다고 합니다. 북한주민들이 굶주리고 있기 때문에 북진중인 우리 국군들은 식량을 주민들과 나누어 먹기 위해 하루 세 번인 식사를 두 번으로 줄이기로 했다는 보고를 받았습니다. 북한으로 식량을 보내려면 적어도 한 달 이상은 걸릴 것입니다. 지금부터 우리 돈으로 열심히 구호미를 사들여서 보낸다 해도 시간은 더 이상 걸릴 것으로 여겨집니다.

그런데 국제연합군과 군정 당국은 식량운반 같은 시급한 문제보다는 주민을 다스리는 방법과 대한민국을 여기서 제외시키는 방법에 대해서만 의논을 거듭하고 있답니다. 그들은 군사적인 각도에서만 일을 생각하는데, 이것으로 충분한 것이 아닙니다.

대통령은 맥아더 장군을 직접 만나 지금 일어나고 있는 사태의 심각성을 이야기하기 위해 맥아더 장군에게 전보를 보냈다. 변영태 박사가 29일 미국으로 떠나기로 결정되어 변 박사 편에 보낼 편지들과 물건들을 급히 준비하느라 무척 바빴다. 이틀 전부터 지폐가 교환되고 있는데 11월 3일까지 돈을 바꿔야 된다고 한다. 4일부터는 현 지폐는 사용하지 못할 것이기 때문이다.

대통령은 모레 평양으로 가서 시민들을 만날 예정이다. 1911년 대통령이 전국 순회 전도(傳道) 강연을 할 때 가본 이래로 실로 39년 만이라고 한다. 나는 대통령이 평양에 갈 때 입을 한복과 두루마기를 정성껏 손질해 두었다.

평양은 아직 안전한 곳이 아니므로 은근히 염려도 된다. 이번에 대통령을 수행하게 된 김광섭 비서는 처음 소풍가는 어린이처럼 들떠있고, 대통령도 기쁨을 감추지 못한다.

# 평양시민의 열렬한 환영받은 대통령

10월 30일.

대통령이 평양을 무사히 다녀와 하나님께 감사드린다. 대통령은 이날 오전 7시 반 경무대를 출발하여 8시35분 여의도 비행장을 이륙, 평양으로 향했다. 신성모 국방장관, 김광섭 비서, 김장흥 총경, 이선근 대령 등이 수행했으며, 공군의 김정렬(金貞烈) 장군이 경호비행을 했다. 동행하지 못한 나는 대통령이 돌아올 때까지 마음을 죄며 기다렸다.

바로 열흘 전까지 평양은 우리의 적인 공산당들의 아성이었기 때문에 나는 대통령의 안위가 몹시 염려되었다. 태극기를 든 평양시민들이 만세를 부르며 대통령을 열렬히 환영했다고 한다. 연설을 마친 대통령이 군중 속으로 들어가서 수많은 시민들과 악수하며 껴안고 등을 두드리는 바람에 수행했던 사람들과 정일권 장군이 무척 애쓰고 혼이 난 모양이었다. 신 국방장관은 물론 항상 느긋한 김광섭 비서도 대통령의 뜻하지 않은 행동에 어찌나 놀랐던지 "목숨이 10년 이상 단축되었다."고 말했다.

무기를 숨기고 있는 패잔병이나 적색분자가 끼어있을지도 모르는 군중 속에서 대통령에게 몰려드는 시민들 때문에 경호원들은 온 신경을 곤두세우며 식은땀을 흘렸고, 김장흥 총경은 그저 무사하기를 하나님께 빌었다고 한다.

시청 발코니에 올라선 대통령에게 환영식장에 운집한 군중들이 눈물을 흘리며 뜨거운 환호를 보내자, 감격한 대통령은 긴 연설을 하고 많은 박수를 받았다고 한다. 평양시민 환영대회에서 대통령이 연설했던 내용을 김광섭 비서가 적어서 가져왔다.

"우리는 단군의 후손으로 모두 형제요, 한 핏줄이니 다시는 서로 헤어지지 말자. 한 덩어리로 굳게 뭉쳐서 공산당을 몰아내고 기어이 남북통일을 완수하여 우리 삼천리강토에서 영원무궁토록 자유와 평화를 누리며 힘을 합해 살아가자. 우리는 고대로부터 독립된 나라이니 완전무결한 독립을 찾아야하며, 죽을 수는 있어도 자유권을 포기할 수 없으며, 더욱이 우리 민권의 자유만은 아무도 막을 수 없다.

우리는 피를 흘리며 싸워서 자유 독립국을 세운 것이니 어떤 나라든 들어와서 우리에게 '이래라 저래라' 하지는 못할 것이며, 또한 우리가 간섭받을 이유도 없고 받지도 않을 것이다. 남북동포가 오직 한 덩어리가 되어 통일된 민족의 기상과 의지로 내 나라를 만들어 새 생활을 하자.

모두 함께 생사를 같이하며 이 강토를 우리끼리 지켜야 할 것이니 과거의 잘못은 서로 용서하고 사랑하자. 이제는 한마음 한뜻으로 뭉치고 또 뭉쳐서 살아도 같이 살고, 죽어도 같이 죽자.

4천년을 이어 내려온 한 혈족으로서 아무리 어렵고 가난해도 있는 것은 서로 나누어 쓰고 나누어 먹으며 서로 돕고 양보하여 하나로 굳게 뭉치자."

평양 탈환 후 평양을 찾아가 시민들로부터 열렬한 환영을 받은 이승만 대통령(1950. 10. 27)

대통령은 모든 행사를 무사히 마치고 오후 1시 35분 여의도 비행장에 안착했다. 비행기에서 내린 대통령은 가슴에 넘치는 기쁨과 감격을 감추지 못한 채 순진한 소년처럼 흥분해 있었다. 대통령이 경무대 식구들에게 이제 남북동포가 한데 모여 잘 살 수 있는 통일의 날이 머지않을 것이라고 말했다.

대통령이 두루마기를 벗는 것을 도와주는 나에게 웃으면서 평양에서 가져온 선물이 있다고 했다. 나는 대통령이 손바닥에 슬며시 쥐어주는 작은 선물의 감각에 소스라치게 놀라며 들여다보니 그것은 살아서 꿈틀거리는 '이' 였다. 이 조그마한 손님은 대통령이 평양시민들과 함께 껴안고 반가워했을 때 두루마기에 옮아 옷깃에 숨어서 경무대까지 따라온 것이었다.

대통령은 전쟁으로 잿더미가 된 도시와 마을을 재건하는 문제와, 특히 피난민들의 구호문제를 걱정하며 대책을 강구 중이다. 그리고 이북동포들의 식량난

이 극심하여 우리정부가 취할 수 있는 모든 방도를 다해 도와야할 텐데, 전쟁으로 인한 식량수확 감소로 결국에는 구호미에 의존해야하므로 그 도입에 부심하고 있다. 국제연합 측과 군정당국에서는 아직 이에 대해 어떤 대책도 없다.

10월 30일.

대통령이 국내 기자들에게 유엔총회 결의안에 따라 행동할 것이며, 유엔 한국통일부흥위원단(UNCURK)과 적극 협력할 것임을 밝히는 성명을 발표했다.

북한에서 시행할 선거에 대해서는 북한주민들이 자유의사로 선거할 수 있는 분위기가 조성되는대로 곧 실시할 것을 바란다는 것과, 우리 정부가 언커크 대표단을 힘껏 도와줄 것임을 밝혔다. 대통령은 환도 후 첫 지방장관회의를 주재하였다.

평양에서 군민대회를 열고 38선이 완전히 없어진 지금, 평양군민들이 대한민국정부의 민주정치를 하루속히 베풀어달라는 메시지를 대통령에게 보내왔다.

# 끊어진 한강철교 재개통

　　11월 달 일기가 분실되어 당시 내가 국외로 보낸 서신자료를 참고로 12월 2일까지는 기억을 되살려 생각나는 대로 몇 가지 사실을 적고자 한다. 12월 3일부터 내 일기는 다시금 이어진다.

　　나는 지금(1983년) 이화장 서재에 앉아 33년 전에 내가 쓴 편지들을 보면서 감회어린 옛 추억을 더듬고 있다. 33년 후에 내가 다시 보게 되리라고는 꿈에도 생각 못한 1950년 11월 4일 올리버 박사에게 보낸 편지를 보며 세월의 무상함을 느낀다.

　　교통부가 한강을 가로지르는 철도를 복구·가설하였는데 한강 모래밭과 물위를 지나는 이 철도는 모래주머니로 받쳐져 만들어졌다. 처음에 미국사람들은 이 철로 복구계획을 말도 안 되는 황당무계한 것이라고 생각했는데, 차차 일이 진척되는 것을 보자 관심을 가지고 장비도 빌려주고 도와주게 되었다.

　　두 주일도 안 걸려서 한강 위에 단선 철도가 복구되어 완공을 보자, 대통령과 나는 첫 번 기차가 건너오는 것을 보러갔다. 그토록 적은 재료들을 가지고 그런 일을 가능하게 만들어낼 수 있다니 정말로 놀랍고 감탄할 수밖에 없었다.

거기에서는 모래와 주머니와 노동이 가능했을 뿐이다. 이 세 가지를 모두 합쳐 강을 가로지르는 철도를 가설하는데 도움이 됐던 것이다.

그런데 단 한 사람의 신문기자도, 미국인이건 한국인이건, 이 사실에 주목해서 다음날 신문에 기사를 쓴 사람은 없었다. 다만 몇 사람의 미국인들과 이 일을 도와준 미국군 대령이 자랑스럽게 여겨 많은 사진을 찍었을 따름이었다.

미국 대령은 기차가 건너는 광경을 우리가 보러온데 대해 무척 기쁘게 생각하며, 큰 상을 받은 느낌이라고 말했다. 실은 며칠 전 한강 인도교가 미군 수송기로 공수 공급된 알루미늄합금 골재로 복구 가설되는 공사광경은 신문에 크게 보도되었다. 나는 11월 8일, 올리버 박사 부인에게 다음과 같은 편지를 보냈다.

친애하는 올리버 부인께.

10월 23일에 보내주신 편지 감사히 보았습니다. 나는 이인수 씨에 대해 더 알아낼 수가 없었습니다. 가까이 사는 사람을 통해 아무도 난처하게 하지 않게 간접적으로 전해달라고 부탁하신 돈을 전할 수 있는지 알아보겠습니다.

무엇이 확정 되는대로 알려드리겠어요. 아무튼 가능한대로 영수증을 받고 돈을 전하도록 할 작정입니다. 부인께서 문 리 또는 이문산 이라고 불렀던 분을 기억하시리라 믿습니다. 이문산 씨 부인은 공산당에게 학살당했다는 보고를 받는데, 이문산 씨는 납북되었다는 소문도 있어 확인할 수가 없습니다.

그들은 공산당에게 협력하기를 거부했기 때문에 집이 불태워졌고 부인은 총살을 당했습니다. 다행히 그 댁 며느리는 이웃에 숨어서 어린애와 함께 생존해 있다고 합니다. 그쪽 어느 병원에선가 의학 수련을 받고 있는 그의 아들 이 씨를 만나거든 이 소식을 꼭 좀 전

246

해주십시오.

만일 올리버 박사께서 다음에 워싱턴에 가시게 되면, 박사님 책의 서평을 쓴 가톨릭잡지에 대해서 장 대사님께 말씀을 드리도록 하시기 바랍니다. 천주교 신자인 장 대사는 이 잡지사에서 일하는 사람들을 혹시 알지도 모르니까 한국 실정에 대해서 좀 더 자세히 밝혀주도록 한두 마디 할 수도 있을지 모릅니다.

네루 수상에 대한 기사를 동봉해 주셔서 감사합니다. 대통령은 네루 수상에 대한 견해를 여러 번 피력하려고 했는데, 아무튼 아직 손대지 못하고 있었습니다. 인도가 한국문제를 거중 조정하겠다고 나섰을 때, 대통령은 네루 수상이 잘 알지도 못하는 다른 나라 국민들의 일에 참견하려 들기 전에 자기 나라를 통합하는 일에나 힘쓰도록 하라고 성명하는 뉴스를 타자해 놓은 적이 있습니다.

지금쯤 미국시찰 여행을 하고 있는 변영태 박사를 만나셨을 줄로 생각합니다. 변 박사에게는 상당히 스릴 있는 여행이 될 것으로 여겨지며, 그분은 모든 일에 최선을 다할 것입니다.

리치먼드양이 변 박사를 라디오 인터뷰나 특별 프로그램에 나가도록 주선할 수 있다면 도움이 될 것 같습니다. 변 박사는 우리나라를 위해 그런 일을 제대로 해낼 수 있는 사람입니다.

이기붕 씨 부인이 1주일 후쯤 미국으로 떠날 예정인데 박사님 내외분을 찾아가 뵙도록 부탁했습니다. 두 내외분과 가족여러분의 건강과 행복을 비오며.

프란체스카 리

친정어머니가 11월 9일 별세하셨다는 기별이 왔다. 6 · 25전쟁이 난 후 우리 내외와 우리나라를 위해 줄곧 금식기도를 하며 밤낮으로 걱정하다 돌아가신 어머니. 막내딸인 나를 먼 나라로 시집보낸 후 그토록 보고 싶어 하셨는데, 17년 동안 한 번도 못 만난 채 그냥 세상을 떠나셨다.

전쟁이 끝나는 대로 꼭 찾아가 뵈려고 마음먹고 있었는데 이제는 영영 어머니를 뵐 수 없게 된 것이다. 어머니가 틈만 나면 내 사진을 한없이 들여다보는 것이 일과였다는 말을 들을 때 나는 가슴이 미어질듯 아팠다.

대통령이 어머니 장례식에 다녀오라고 권했으나 내 마음에는 여러 가지 생각이 엇갈렸다. 기분 같아서는 모든 것을 잊어버리고 달려가서, 고향의 언니나 친지들과 함께 울기도하고 회포라도 풀고 싶었다.

그러나 엄청난 전쟁을 치르며 주야로 쉴 사이도 없이 나라 일에 골몰하고 있는 대통령과, 한시라도 그 곁을 떠나서는 안 될 내 위치를 생각하니 여러 날이 걸릴 머나먼 여행길을 훌쩍 떠날 수가 없었다. 결국에는 떠나기를 포기한 채 바쁜 나날의 일과에 묻혀 슬픈 마음을 달래는 길밖에 없었다.

미 제8군의 세리 목사와 미 공군의 월버트 목사가 각각 1천 달러씩 2천 달러를 한국고아들을 위해 써달라고 대한적십자사에 기증해왔다.

# 6년 만에 이어진 서울과 평양 전화

어느 국군사병이 일선에서 전사하면서 목사님의 기도를 들으며 평안한 마음으로 숨을 거둘 수 있게 해달라는 청원을 했다고 손원일 제독이 대통령에게 군목(軍牧)제도 설치를 건의했다.

감리교목사의 아들인 손 제독은 해군에는 이미 몇 사람의 목사가 종군하고 있어서 여러모로 도움이 된다고 했다. 대통령은 국군 창설 당시 이범석 장군과 군목제도에 대한 상의를 했었다. 그런데 군에는 기독교 신자도 있고 불교와 천주교, 천도교에다 원불교 신자도 있기 때문에 특정 종교인을 위한 군목제도는 차차 연구해서 실시하는 것이 바람직하다는 이범석 국무총리의 의견에 따라 그때까지 미루어왔었다.

그러나 우리 국군의 절실한 요청이 있었으니 빠른 시일 안에 가능한대로 군목제도를 실시하는 방향을 모색해보도록 하라고 신 국방장관에게 대통령이 지시했다.

대통령은 평북 정주가 고향인 백낙준 박사를 국무총리에 지명하여 국회에 승인을 요청했으나 부결되었다. 대통령은 당시 조만식 박사가 돌아가셨다는 비보를 듣고 백 박사를 국무총리로 지명했는데, 국무총리는 이북사정을 잘 알아야 되고 또 북한주민들이 친밀감을 느낄 수 있는 인물이라야 한다는 게 대통령의 믿음이었다. 대통령은 우리나라를 빨리 복구하고 건설하기 위해서는 건축가와 기술자들이 많이 양성되어야 하겠다고 말했다.

우리 기술자들은 단기간 내에 철도 복구작업을 훌륭하게 해내어 외국인들의 칭찬을 받았다. 그러니 기술을 수련하고 연마할 수 있는 기회만 주어진다면 다른 어느 나라 기술자보다 일을 더 잘할 수 있을 것이라고 대통령은 말했었다.

그리고 나무를 사랑하며 나라의 장래를 생각하는 대통령은 특히 삼림을 보호해야한다면서 농림부장관에게 나무를 함부로 베는 일이 없도록 하라고 강력히 지시했다. 경무대에서도 겨울에 경호원들이 나무를 베어다가 땔감으로 썼다가 모두 구속되어 벌을 받은 뒤에야 훈방되기도 했다.

미국에서 구축함 2척이 도착하여 부산항에서 명명식이 있어 참석했는데, 배이름을 압록강호와 두만강호라고 했던 것으로 기억된다. 13일엔 서울~평양 간의 전화가 6년 만에 개통되었다. 곧 서울과 원산, 서울과 함흥 전화도 연결되리라고 한다. 당시 특히 우리나라의 전쟁고아들을 미군병사들이 따뜻이 보호해주고 잘 돌봐준 사례들이 있어서 참으로 고맙게 느낄 때가 가끔 있었다.

그리고 우리나라 처녀들이 얼마나 순결하고 정조관념이 대단한지 모른다. 어느 외국병사가 반가워서 껴안았는데 그 수치감을 못 이겨 한강에 떨어져 투신자살한 일까지도 있었다.

트루먼 대통령이 반미 푸에르토리코 단체에 속하는 청년에게 블레어하우스 앞에서 저격당했으나 무사했다. 미국 상원의원 놀랜드 씨가 우리나라의 통일과 부흥문제를 위해 내한했다. 원래 놀랜드 상원의원은 한국문제를 퍽 성의 있게 도와주려고 애쓰며 공헌이 있는 우리의 친구였다. 놀랜드 의원이 찾아왔던 날, 난방시설 불비로 추워서 얼마나 고생을 했던지 지금도 잊히지 않는다.

대통령은 놀랜드 상원의원에게 유엔이 한국민족을 분단시킨 선이었던 38선을 다시 만드는 것은 가장 현명치 못한 일이라고 말했다. 트리그브 리 사무총장이 몇 주일 전 연설하면서 다만 임시적인 선일뿐이라고 했지만, 아무튼 언어도단이라는 게 대통령의 생각이었다.

우리 애들이 38선을 통과하는데 1주일이나 기다리도록 유엔군이 제지시키지 않았더라면 더 빨리 압록강에 도착했었을 것이다. 유엔군과 한국군이 일치해서 북진했더라면 훨씬 희생도 적었고, 전과도 더 컸을 것이다. 1주일간을 기다린 것이 상황을 뒤집어놓게 된 원인이었다.

우리 군대가 미군들과 청천강에서 합류키 위해 후진할 때 우리 측에 많은 희생이 있었다. 그러는 동안에 적은 많은 무기와 장비를 공급받을 수 있었다. 아무튼 압록강다리를 폭파시키지 않았기 때문에 중공군이 더 손쉽게 내려올 수 있었던 것이다.

미국인은 많은 중공군이 압록강다리를 건너오는 것을 목격하고 놀란 나머지 결국 다리를 폭파해야만 그들을 제지시킬 수 있다는 판정을 내렸다.

미국의 유화정책자들은 중공군을 제지시킬 제2의 최선책은 중국공산당을 만족시키기 위해 수풍댐을 할애해서 전기를 쓸 수 있도록 약속해주는 일이라고 생각했다. 그것이 어떤 이들을 위한 외교상의 배려였는지는 몰라도, 군사적인 계획을 잘 추진시켜야 옳았지 않았을까.

한국인들은 맥아더 사령부가 수풍댐을 가지고 흥정을 벌이고 있다는 발표를 듣고 무척 비위가 상했다. 왜냐하면 누구나 알다시피 그 비열한 공산집단과 상호협의 할 수 없다는 사실을 알고 있었기 때문이다.

대통령이 놀랜드 상원의원과 동해안을 시찰했을 때, 어찌나 혹한이 몰아쳤던지 해안가에도 엷은 얼음이 얼었다고 한다. 하지만 미군들도 제대로 따뜻한 옷을 못 입을 정도였다니 우리 한국 군인들의 고생은 이루 표현할 수가 없었다.

그 고생과 추위 속에서도 우리 국군과 미군들의 사기는 대단히 높았다. 특히 우리 국군들은 기어이 통일의 과업을 완수하겠다는 결의에 차있었다. 미국의 유화정책은 모두가 우리를 배반하는 것들이었다.

몇몇 군사전문가들은 보급물자와 장비를 더 많이 공급받을 수 있는 봄까지 싸움을 지연시켜보려고까지 했었다. 이 전문가들은 압록강이 얼면 중공군들이 더 많은 중장비와 보급물자를 싣고 내려오기가 얼마나 좋은지를 까마득히 잊어먹고 있었다. 어디로든지 중공군 탱크가 한국 땅에 들어와 돌아다니기 좋다는 사실을 알아야만 한다.

콘스탄틴 브라운은 11월 7일자 그의 칼럼에서 "중공이 그들의 특권을 계속 누릴 수 있도록 방치해 둘 것인가? 유엔은 만주에 있는 중공의 보급기지에 대한 공격을 하지 않을 것인가? 그것은 군사적으로 가능하지 않은가?"고 지적했다.

# 대통령의 자주독립노선 헐뜯는 미국

유엔은 중공이 만주의 중공업을 위한 전력을 공급할 전력원인 수풍발전소의 소유를 원하며, 바로 그로 인해 한국전에 개입하려한다고 판단했다. 그러나 대통령은 중공군이 한국전에 개입한 것은 소련의 사주를 받은 탓도 있지만, 사실은 한국에 대한 정치적 목적이 더 강할 것이라고 여겼다. 왜냐하면 한국을 차지하는 나라가 아시아를 지배할 수 있기 때문이다. 만일 공산당들이 한국을 잃게 되면 중공이나 러시아를 유지시켜줄 부동항이나 광산자원들을 잃게 된다.

실은 미국인들도 북한에 있는 풍부한 광산자원과 공장들을 보고 놀랐다. 흥남비료공장이나 흥남제련소 및 진남포제련소의 규모와, 황금과 백금 생산량에 깜짝 놀라지 않을 수 없었던 것이다. 다시 말하지만 유엔이 한국에 있는 완충지대를 양보하거나 전력원이 있는 곳을 양보하여 타협하는 것은, 낙타에게 발판을 제공해주는 일일 뿐 공산 측의 군사계획에는 큰 영향을 미치지는 않을 것이라는 게 대통령의 생각이었다.

ECA(경제협조처) 자금을 사용하고 있는 나라들을 순방하기 위해서 내한한 포스터 경제협조처장이 우리에게 경제고문을 보내주고, 또 대통령이 필요로 하는 어떤 인사든 확보해주겠다고 약속했다. 그래서 우리는 기다리기로 했다.

물론 비서도 채용할 계획이다. 대통령은 포스터 씨가 제의하는 사람이면 우리가 원하는 일을 해낼 수 있으리라고 판단했다. 이 시기에 한국의 부흥계획을 수립하는데 있어 대통령을 성심껏 도와주고 애써 주었던 포스터 씨를 나는 지금도 고맙게 여긴다. 만일 포스터 씨가 한국경제 부흥발전 수립계획에 필요한 인원을 보충준다면, 이중으로 사람을 쓸 필요가 없어진다. 따라서 가능한 한 빨리 사람 추천을 의뢰했던 장 대사, 한표욱 씨, 김세선 씨와 올리버 박사에게 보류하도록 알려야했다.

나는 대통령이 올리버 박사에게 보내는 『공산당과의 투쟁』이라는 제목의 긴 논설문과 함께 간단한 메모를 적어 보냈다.

> 이인수 씨 부인에게 전해달라고 하신 2만5천원을 전했습니다. 영수
> 증은 곧 받아올 것입니다. 이인수 씨 부인은 가족들과 함께 살고 있
> 으며, 그런대로 잘 있다고 합니다.

대통령이 써 보낸 『공산당과의 투쟁』이라는 글의 내용은 공산당이 세계 각국으로 세력을 뻗게 된 배경과 역사를 설명하고, 또 왜 우리가 공산당을 배척하고 싸워야만 하는가를 밝혀준다. 특히 무엇 때문에 한국이 공산당과의 타협을 배격하고 유화정책에 반대하는 이유가 어디에 있는가를 상세히 밝히면서, 현재의 한국 실정과 앞으로의 대(對)중공관계를 자세히 설명한 것이다.

부역자들의 실사와 처리를 맡고 있던 합동수사본부의 김창룡 방첩대장과 정희택 심사실장 등 여러 인사들이 피의자 조사과정에서 분실된 줄만 알았던 『조선왕조실록』을 찾아내어 대통령은 무척 다행으로 여기며 기뻐했다. 이때 대통령은 『조선왕조실록』을 찾는데 공로를 세운 사람들에게 훈장을 수여하며 치

하했었던 것으로 기억된다. 대통령은 우리민족이 험난한 앞길을 개척해 나가는 데 있어서 사실을 제대로 기록한 '바른 역사'야말로 우리의 길을 밝혀주는 등불이자 가장 확실한 안내자요, 이정표라고 무척 소중히 여겼다.

11월 중순에 평양행 열차가 개통되어 시운전하던 날, 대통령의 기뻐하던 표정이 지금도 잊어지지 않는다. 시간 나는 대로 일선장병을 위문하고 부상병들을 위안해주며, 전재민들 구호상황을 살피거나 전쟁고아들을 안아주고 어루만져주던 대통령. 그 바쁜 일정을 도우며 나도 무척 분망한 11월을 보냈다.

대통령과 내 자신이 보내는 수많은 편지를 타이핑했는데, 다행히 이 시기의 서신자료 일부가 남아있어 위안으로 삼는다. 1960년 4월 대통령이 하야한 후 우리가 집을 비운 동안에 여러 곳에서 상실되어버린 귀중한 역사적 자료를 떠올리면 가슴 아픈 일이다. 하지만 후일에 가서라도 어디에선가 이와 같은 자료들이 없어지지 않고 발견되어, 역사상 하나의 어려웠던 시절의 진실이 밝혀짐으로써 한국민족에 도움이 되기를 바랄뿐이다.

대통령은 국민들에게 정신적 통일로 영원한 번영의 기초를 세우자고 호소하는 연설을 했었다.

> "세계 어느 나라든지 공산당의 환란을 거의 겪었는데, 특히 우리나라는 포악무도한 공산당의 화를 가장 혹독하게 당하는 바람에 세계의 동정과 원조를 더 많이 받은 것이 사실이다. 이 모든 시련을 이겨내고 공산당과 끝까지 싸워 통일을 이룩하겠다는 각오와 의지를 더 굳건히 갖자.
> 통일의 과업은 순조롭게만 완성될 수는 없을 것이다. 그러나 보다 큰 손해와 희생을 치르는 한이 있더라도, 통일을 해야만 국민도 살 수 있고 나라도 살 수 있기 때문에 더욱 더 각오가 있어야할 것이다.(…)

우리가 이제까지 자유과 독립을 위해 많은 피를 흘리며 희생했고 우방 여러 나라의 귀중한 인명까지 희생했으나, 우리나라의 진정한 독립과 민족의 자유를 위해 더욱 분발하여 통일과업을 완수할 것을 결심하고 천추만대에 길이 빛날 역사를 남기자."

11월 21일자의 편지를 보면, 대통령의 자주독립노선에 대해 미국언론이 대통령의 이미지를 손상시키려 얼마나 움직였는지 엿볼 수 있다. 그 배후에 당시 미 국무성 당국의 저의가 숨어있던 것은 물론이다.

한국에서 미국의 정책을 임의대로 수행하는데 방해가 되는 대통령과 그의 자주노선을, 이처럼 언론의 영향력을 동원하여 대통령의 이미지를 깎아 내림으로써 상대적인 약화를 기도했던 것이다. 대통령이 이 같은 일을 당하는 것은 처음이 아니었다. 미주에서의 독립운동 중에도 그랬고, 남한에서의 지난 미군정 3년도 마찬가지다. 선의의 우리 정부를 뒤에서 헐뜯으며 잘못된 책임을 전가시키고, 한국의 운명을 좌우하는 힘이 자신들에게 있음을 한국민에게 인식시키려 했던 것이다. 마치 자유중국정부가 당한 일을 되풀이하자는 수법과 똑같았다.

어떤 구실을 마련하여 미국의 국익에 맞춰 저울질하는데 조건 없이 따르게 하려면, 대통령은 분명히 그들에게 최대의 방해거리임에 틀림없었다. 대통령은 미국이 언제나 전쟁에는 이기면서도 평화에는 지고 있으니, 다시금 이 전쟁에서 미군과 한국군이 이룩해놓은 성과를 거두지 못하리라고 전망했다. 미 국무성은 맥아더 장군이 급속히 팽창하는 크렘린세력에 대항하여, 모든 아시아 제국을 민주국가로 독립시키려는 결의가 실현되기를 바라지 않았다.

우리는 대통령에 대한 미국 측의 헐뜯기 공세에 대응하여, 한국 실정을 잘 아는 미국 언론인 콘스탄틴 브라운 씨와 이번 H 피터먼 씨를 격려해서 바른 언론을 펴주도록 요청했다.

# 판치는 가짜 경찰, 가짜 군인

이와 같은 와중에서 한 가지 다행스러운 것은 트루먼 대통령과 맥아더 장군, 무초 대사, 그리고 다른 몇몇 고위층 인사들이 상황을 알고 있다는 사실이며, 우리가 싸워온 목적을 좌절시킬 어떠한 잡음도 용납하지 않으리라는 것이었다. 다만 당시 우리를 괴롭혔던 일은, 대수롭지 않은 것을 가지고 문젯거리를 만들어내는데 있었다. 남북한의 분단은 38선에 기인했다. 이 분단선의 중요성은 우리 군대에 의해 해소되었으니 나라가 자동적으로 다시 통일된 것이었다.

공산정권 아래 시달렸던 까닭에, 아마도 북한동포들이 남한동포들보다 대한민국에 더욱 충성스러울 것이다. 그들은 붉은 적군을 몰아내려는 한국정부에 적극 협조할 것이고, 불과 몇 주일이면 이 땅에는 선거 태세가 갖추어질 것이었다. 그런데 유엔의 결정은 38선을 다시 만들어 놓고 북한에서 공산관헌을 옹호해주며, 우리로 하여금 북한에 가지 못하게 하는 것이었다. 따라서 북한 주민들은 도대체 이것이 무엇을 의미하는지 알 수가 없었고, 특히 중공군이 이 땅의 공산주의자를 위해 싸우러 오는 것이니까 자연히 무엇이든 하기를 두려워했다. 여기에서 나타난 것이 바로 혼란과 무정부 상태였고, 이러한 상태가 더 이상 지속되면 우리가 북한주민에게 선거를 대비시키기에는 여러 달이 소요될 것이었다.

공군의 박범집 장군이 동해안에 있는 자기고향 근방 상공에서 전투비행 지휘를 하다 부하조종사와 함께 전사하여 대통령이 무척이나 애통해했다. 대통령은 바로 박 장군이 전사했던 그쪽 상공을 비행하면서 넋을 위로했다. 그리고 신 국방장관, 김광섭 비서를 대동하여 함흥시를 시찰하는 길에 그곳 시민들을 위한 연설을 하여 열렬한 환영을 받았었다.

당시는 중공군이 한국전에 참여해서 여기저기 나타났고, 또 피아의 비행기들 사이에 공중전이 워낙 치열하던 때라 대통령의 귀경을 기다리는 동안 나는 무척 가슴을 죄었었다. 그러나 대통령은 사흘이 멀다 하고 전선을 시찰하며 장병들을 격려했다. 평양에서 학생들이 대통령에게 북한도 대한민국으로 조속히 통일시켜주고, 북한에 우수한 교수와 교과서를 보내달라는 결의문과 진정서를 보내왔었다.

우리 정부가 파견한 행정관리들이 미 군정요원들에 의해 밀려나고, 북한 동포들을 돕고자 북한에 갔던 우리 측의 덕망 있는 인사들이 자기 출신지역에서 활약하지 못하도록 방해받았다. 그로 인해 북한 주민들은 혼란과 무질서 속에서 멋대로 날뛰는 전시 모리배들에게 시달리는 경우가 많았다.

심지어는 가짜 경찰과 가짜 장교들이 사기와 협잡을 하는 바람에 순경이 경사계급장을 단 사람을 잡아가는 광경과, 사병이 장교계급장을 단 사람을 데리고 가는 광경에 구경꾼들이 몰려들기도 했었다고 한다. 그래서 대통령은 11월 27일 국민 누구나 국가와 민족에 방해되는 일을 삼가하도록 경고하는 담화를 발표했다.

"우리 정부의 유일한 목적은 이북동포를 일일이 해방시켜 우리와 같
이 안전보장과 생활개선을 하루속히 완수하려는 것이다. 이에 따라

정부의 행정기구를 이북 각도에 속히 실시하려 노력하는 중이다. 짧은 시일 안에 성공할 수 있기를 기대하며 최선을 다 할 것이다.

군경이나 다른 기관, 민간단체나 개인 등 어느 누구를 막론하고 남의 재산을 횡령하거나 남의 자유권을 침해해서는 안 된다. 사리사욕을 도모하기 위하여 민심을 이반시키는 등의 불법 행위는 일일이 조사하여 군법으로 엄격히 다스릴 것이다. 관리나 민간인이나 모두가 도의에 어긋나는 일은 일체 하지말자. 협잡하는 모리배들은 모두 반성하고 후회가 없도록 할 것이며, 또한 없는 말을 조작해서 국가나 민족에게 방해가 되는 일은 삼가야 한다. 오직 동포가 서로 보호하며 구제해서 다 같이 한마음 한뜻으로 뭉쳐서 동고동락하며 살길을 찾도록 하자."

이기붕 씨 부인이 교육시찰차 도미하면서 파괴된 서울의 실상을 우리 동포들과 미국의 학교 및 교회 또는 한국을 돕고자 하는 단체들에 소개하기 위해, 전쟁 전의 기록영화로 서울시에서 촬영해둔 『아름다운 서울』이라는 영화필름과 전쟁 후에 무참히 파괴된 서울을 찍은 영화필름 2개를 가지고 갔다.

나는 이기붕 씨 부인 편에 올리버 박사 부인에게 편지를 보냈다. 우리는 당시 미국 국민과 요로에 한국의 실정을 인식시키며 다각적인 외교활동에 임했다. 이때 올리버 박사는 장면 박사를 도와 많은 활약을 하고 있었으며, 그의 일을 보조해줄 마땅한 사람을 한국유학생 가운데서 채용해보라고 권고했었다.

친애하는 올리버 부인에게.

보내주신 11월 10일자 편지는 감사히 보았습니다. 장 대사를 도와 당신의 훌륭한 남편 올리버 박사가 많은 활약을 하고 계신다는 소식을 듣고 있습니다. 우리는 올리버 박사의 타이핑과 함께 여러 가지 일을 보조해드릴 수 있는 사람을 채용하실 수 있기를 바랍니다. 대학에서 박사과정을 이수하고 있는 정도의 한국유학생을 채용해 보시면 도움이 될 수 있지 않을까 생각합니다.

주미 한 영사나 김세선 씨, 또는 한표욱 씨에게 부탁해보시는 것도 좋을 듯싶습니다. Y J 김 씨는 한국시민입니다. 왜 그 사람이 미국 시민이라고 생각하시는지 잘 모르겠습니다. 우리 한국에서도 해외 홍보 관계와 여러 가지 해외통신을 담당할 일꾼을 공보처에서 긴급히 필요로 하고 있습니다.

특히 외국의 신문 및 해외관계 자료를 다룰 사람이 누구보다도 필요합니다. 지금 아무도 외국에서 들어오는 뉴스나 기사를 담당하는 사람이 없습니다. 김활란 박사는 11월 18일 공보처장직을 그만두고 학교로 돌아갔습니다. 결국 공보처에서 일해 줄 사람이 비어있는 형편인 것입니다.(......)

프란체스카 리.


그 후 이철원 씨가 다시 공보처장에 임명되었던 것을 기억한다. 11월말부터는 특히 일선장병과 병원의 부상병들, 그리고 고아원에 보내줄 위문품 및 선물 준비관계로 분망한 나날이었다. 특히 유엔군을 위한 크리스마스 선물을 준비하기 위해 애썼던 기억들이 파노라마처럼 지나간다.

이 해에 나는 가장 많은 크리스마스카드를 외국에 보냈다. 그동안 우리에게 구호품을 보내준 친지들에게 가능한대로 성탄절과 새해인사를 하고 싶었기 때문이었다.

# 압록강 얼어붙자 중공군 인해전술

11월 26일.

　유엔한국위원단 일행이 서울에 도착하여 파키스탄의 미안 지아우딘 대표가 성명을 발표했다.

　"우리는 유엔총회가 결의한 한국의 통일과 부흥을 이룩하기 위한 고귀한 목적을 가지고 왔다. 통일과 국력증진을 위해 한국인이 품고 있는 결의가 한국을 다시 강력하게 재건할 것으로 믿는다.
　우리는 한국의 유구한 역사와 전통을 알고 있으며 한국이 어려운 속에서도 문화와 개성을 가진 책임 있는 민주정부 하에 많은 업적을 이루어내고 있음을 잘 안다. 우리는 이 엄청난 전쟁을 당해 함께 싸우는 전우이며, 평화 및 안전보장과 우방의 친선을 위해 승리를 이룩할 것이다."

　대통령은 「전 국민이 합심하여 남북통일 완수를 위해 매진하자」는 성명을 발표했다.

"국민 모두가 자유국민으로서의 권리를 찾는 동시에 자유국민으로
서 우리가 할일을 해나가야 정부의 토대가 확고하게 될 것이며, 남
북강토의 통일뿐만 아니라 정신적 통일을 이룩해서 민주국가의 영
원무궁한 복리의 기초를 닦아야 할 것이다.
유엔위원단의 유일한 목적은 남북통일 완수이다. 그래서 이북5도
에 총선거를 속히 실시하여 국회의원을 선출, 현 국회 안에 비워둔
1백여 좌석을 채우려 한다. 우리가 이 일이 속히 진행되도록 만들어
주는 것이 통일 완수를 위해 우리가 할 일이다."

당시 유엔한국위원단이 경무대로 대통령을 예방했고, 영국의 순회대사 데
닝 씨의 예방도 받았다. 반도호텔이 미국대사관으로 사용되었고, 조선호텔은
영빈관 역할을 하여 외국 귀빈들의 숙소로 쓰였다.

수복 후 모든 기술을 동원하여 수리했으나 시설이 미비하고 날씨는 추워서
손님들은 물론 호텔에서 일하는 사람들의 고생이 많았다. 그나마 우리 종업원
들의 친절한 영접태도와 정성이 외국 귀빈들에게 좋은 인상을 심어주었다.

경무대 사정도 손님접대 할 때는 불편이 많았으나 그런대로 성심성의를 다
해 영접했었다. 그 당시 여러 가지 에피소드도 많이 있었는데, 특히 미8군에서
보내온 소금을 양 노인이 설탕그릇에 담아 놓은 것을 모르고 커피를 대접하면
서 내놓아 실수했던 일이 기억난다.

그리고 한국전에 개입한 중공군이 인해전술을 펴는 바람에 심란했던 11월
말께 나는 올리버 부인에게 편지를 썼고, 대통령도 올리버 박사에게 편지를 보
냈다. 마침 그 편지의 사본이 있어 소개한다.

친애하는 올리버 부인께.

보내주신 11월 16일과 21일 편지와 올리버 박사께서 22일 보내주신 편지를 감사히 받았습니다. 대통령은 한국을 지원하게 될 단체의 대체적인 강령을 기안했습니다. 아시다시피 공산주의에 대한 투쟁은 한국이나 미국이나 마찬가지입니다.

그러므로 이 투쟁에서 한국을 지원하기 위해 우리는 바른 생각을 가진 모든 미국인들을 동원해야 할 것입니다. 우리는 전 세계를 향해 펴고 있는 공산주의자들의 선전공세에 반격을 가해야 할 것입니다. 그들의 이 같은 선전공세는 특히 미국을 향하고 있습니다. 이제 많은 미국인들은 소련이 전 세계를 공산화하고 정복하는데 있어서 자유민주주의를 그들의 최대의 적으로 여겨 투쟁한다는 사실을 틀림없이 알고 있을 것입니다.

만일 두 분께서 작은 규모로부터 시작하여 이러한 단체를 조직할 수 있는 적임자를 발견하게 되시면, 지체 없이 재정적으로도 지원 해서 착수하시기 바랍니다. 부인께서는 이 일을 맡을 사람으로 웨인 가이싱거 씨를 추천하셨는데 그 사람의 의중을 타진해보시기 바랍니다. 미국인 단체를 만드는데 별 지장은 없겠는지, 또는 보다 나은 방법이 있겠는지요?

여기 우리가 추천받은 사람들의 명단을 보내는데 대통령이 선택한 사람들의 명단은 아니므로 아무에게나 보이지 마시기를 바랍니다. 이런 일을 계획하여 추진하는 것은 매우 힘들고 신경이 쓰이며, 많은 회원을 모집하기가 참으로 어려울 것입니다. 아무튼 이 일을 맡을 사람은 6개월 계획으로 약 5만 명의 회원을 가입시킬 목표를 세워야 할 것입니다.

한미협의회와 한미기독교친선협회의 지원을 받으시거나, 우리 기업인들의 친선여행을 통해 1달러 정도를 기꺼이 낼 수 있는 몇 천명 회원들의 협력을 받을 수는 있을 것입니다.

그들은 다시 얼마간의 회원을 늘려갈 수 있을 것입니다. 이것은 프라이 부인과 제가 시작했던 한미기독교친선협회에서 일하던 방식인 것입니다. 공식적으로는 에비슨 박사와 더글러스 박사를 내세웠으나 실지로 일은 우리가 했습니다.

누구나 처음에 이런 회원에 가입하여 일할 마음이 별로 없을지라도, 일단 단체에 가입이 되고 일이 활발히 진행되어 활기를 띠게 되면 관심과 흥미를 기울이게 됩니다. 우리는 올리버 박사가 이 일을 주관하는데 남궁 씨가 도와줄 것으로 봅니다.

이 일은 돈 버는 데 관심을 쏟는 사람과는 할 수 없는 일입니다. 대통령은 두 분께서 기싱거 씨나 브래그 씨가 적임자로 여겨지면 신중히 검토하여 접촉해보시기를 바랍니다.

프란체스카 리.


대통령은 올리버 박사에게 "읽고 난 다음 파기 하십시오"라고 쓴 11월 30일자 편지를 보냈다.


우리 국방부는 미국사람들에게 총공세를 취하기 위해선 방위선이 너무 부실하다고 경고했습니다. 우리는 6만 명이 아닌 20만 명의 중공군을 앞에 두고 있습니다. 그러나 미국 측은 지금 저항도 없으며, 한국에는 중공군이 그렇게 많지도 않다고 주장하고 있습니다. 우리는 무슨 이유로 미국인들이 중공군의 규모를 과소평가하려드는지를 모두지 이해할 수가 없습니다. 귀하도 알다시피 모든 계획은 도쿄에서 이루어지고 우리는 이에 따를 수밖에 없는데, 총공세는 시작되었습니다. 우리가 싸움을 시작만 한다면 문제될 것이 없다고 한 맥아더 장군의 말은 절대적으로 옳습니다.

그들은 언제나 수적으로 더 많아 우리가 오래 기다릴수록 더 많은 인원을 데려올 터이니 말입니다. 우리는 38선을 넘어도 좋다는 승인을 얻기까지 1주일을 기다렸습니다. 우리는 북진을 계속하기 위해 또다시 평양에서 기다렸습니다. 그리고 미국 선거에서 민주당원에게 이용되지 않게 중공군의 출현은 선거일까지 발표되지 않았습니다. 이러한 모든 시간상의 손실은 미군이 한국군을 장소적으로 따라올 수 없었던 것에 원인이 있습니다. 그들은 하나의 견고한 전선을 이루어 북진했어야 합니다.

미 10군단은 10군단대로 싸우고 미8군은 8군대로 싸울 것이 아니라 서로 연락하여 소탕작전을 폈어야 옳았습니다. 이러한 비평을 비난으로 받아들여서는 안 되며, 혹한의 날씨가 찾아들기 전에 우리 군대가 국경선까지 완전히 북진할 수 없게 만든 하나의 비통한 사실을 지적했을 뿐입니다.

이제는 강물이 얼었으니 교량이 없어도 적군이 어디든 원하는 곳으로 넘어올 수 있는 기회를 준 것입니다. 오직 하나님만이 이러한 형편에서 우리를 구원할 수 있을 뿐입니다. 좋은 날씨여야 적을 폭격하는데 도움이 되겠으나, 불행히도 지난 며칠은 기상이 나빠 적이 주야로 전진해왔습니다.

# 중공군에 원폭투하 검토

11월 29일.

　대통령이 각료회의에서 참모총장의 보고를 들은 다음, 중공군이 지금 침략해온 것은 하나님이 한국을 구하려는 방법인지 모른다고 말했다. 이것은 대통령이 각료와 아랫사람들을 격려하기 위해서 한 말이었다.

　"만일 소련이 한국국경 너머로 후퇴하고 국제연합에서 이제는 특권이나 이권들을 흥정하게 되었더라면, 국제연합과 미국사람들은 소련연방과의 협력을 과시하기 위하여 무슨 일이라도 했을 것이며 군사상의 승리만이 아니라 외교상의 승리라고 만족하였을 것입니다. 국제연합군부대와 장비들은 조만간 철수되었을 것이며, 한국군은 효과적으로 방어하기에는 너무나 긴 국경선을 점령하도록 남겨놓았을 것입니다. 미국 국민의 분노와 외신이 가라앉고 공산당의 평화선전 공세로 국민들이 잠잠해진 가운데 중공군의 준비가 끝났다면, 이들의 압도적인 병력과 장비, 현대적인 항공지원, 그리고 한국의 전 해안선을 둘러싼 해군작전 등을 저지하기가 어렵게 될 것입니다. 현재 해안선을 봉쇄하고 있는 함선들을 철수시키는 것이 무엇을 뜻하는지 한번 상상해 보십시오.

우리는 한국 지배가 소련의 계획에 들어있고, 북한군의 실패가 그들 계획의 포기를 의미하지 않는다는 사실을 잊어서는 안 됩니다. 지금 한국에 중공군을 끌어들인 것은, 국제연합군이 철수한 뒤에 그런 일이 발행하는 것보다 우리에게는 낫다는 것입니다. 그러므로 우리는 싸워야합니다. 최악의 경우가 한국에 닥칠지 모르나 민주주의를 구하게 될 것입니다.”

우리는 자유민주주의를 위해 목숨을 바쳐 끝까지 공산당과 싸울 것이며, 하나님이 기어이 우리나라를 구해주실 것이라고 대통령은 확신했다. 11월 28일 맥아더 장군이 워싱턴에 전문을 보냈다.

본 사령부는 능력범위 내에서 인간적으로 가능한 모든 것을 다하였으나 지금은 그 통제와 힘이 미치지 못하는 사태에 직면해 있음.

트루먼 대통령은 국가안보회의 특별회합을 소집했다. 이 회합에서 애치슨 장관은 “전쟁을 종식시키기 위해서 어떤 다른 방법을 찾아야할 것.” 이라고 자기의 견해를 밝혔다.

트루먼 대통령은 11월 30일 기자단과의 주례회견 석상에서 “필요한 단계에는 중공군에 원자폭탄을 사용하기 위한 모든 적극적인 고려를 하도록 명하였다.”고 밝혔다. 그는 이어서 3차 세계대전은 피할 수 있을 것이라고 말했다.

“중공군의 대대적인 공격으로 인하여 앞으로 더 후퇴할지 모르나 국제연합군은 한국에 있어서의 사명을 포기할 의도가 전혀 없다. 만일 중공의 침략이 한국에서 성공한다면, 공산당의 침략이 전 아시아는 물론 유럽과 미국에까지 확대될 것."이라고 트루먼 대통령이 예상했다. 트루먼 대통령은 "우리는 우리나라의 안전과 생존을 위해 한국에서 싸우고 있다."고 말했다.

그리고 "중공군은 아시아에 있어서의 소련의 식민지 정책에 더 이상 굴복, 또는 기만을 당하지 않기를 바란다."면서 중공의 한국침략 책임이 소련에 있다는 것을 간접적으로 시사했다. 트루먼 대통령은 또 "원자탄 투하 여부의 결정을 현지 사령관의 재량에 맡겼다."고 한 뒤 "유엔군이 한국 국경을 넘어갈 것이냐?"는 질문에 대해 "그 문제는 유엔이 결정할 것이다."고 답변했다.

그러나 워싱턴으로 달려온 영국수상 애틀리와의 회담 뒤에 트루먼은 원자탄은 사용되지 않을 것이며, 동맹국과의 사전협의 없이는 미국이 결코 원자탄을 사용하지 않을 것임을 밝히는 성명을 발표했다.

특히 12월초에 있었던 잊히지 않는 일이 있다. 대통령도 무척 기뻐했는데, 유엔군 관할지역이어서 우리 국군과 김종원 대령의 출입이 금지되어 있던 진남포제련소의 금괴를 감쪽같이 반출하여 국고에 수납한 일이 그것이다.

미군들은 당시 금괴책임자였던 방진호 씨를 회유하여 금과 백금을 찾아내려고 무진 애를 썼다. 그렇지만 다행히 민족정신이 투철하고 애국심이 강했던 방 씨는 금괴의 소재를 끝까지 외국인들에게 알려주지 않았다. 그가 은밀히 김종원 대령에게 연락하여 모든 금괴를 미군 몰래 무기로 위장하여 우리나라 배에 싣고 안전하게 부산까지 운반하여 나라의 어려운 재정에 큰 공헌을 했었다.

우리나라 사람들의 투철한 민족의식과 애국심, 그리고 치밀한 작전이 성공하여 개가를 올렸던 쾌거였다. 김종원 대령은 '백두산 호랑이'이라는 별명으로 불리는 애국심 넘치는 군인이었다. 성격이 괄괄한 편이어서 남에게 호감을 못주는 경우가 더러 있었지만, 국제연합군 관할지역인 이북에 올라가서 우리나라 사람들의 권리를 옹호하기 위해 한 치의 양보 없이 싸웠던 투사였다. 특히 이북에 있는 제련소의 금괴들을 많은 난관과 어려움을 무릅쓰고 은밀히 반출하여 국고에 수납시킨 공로를 대통령은 오래 잊지 않고 있었다.

대통령은 이틀 전 다음과 같은 대국민 메시지를 발표하여 공산주의자를 우리나라로부터 축출하기 위하여 각 부락에 이르기까지 무장하도록 요청했다.

> "공산주의자가 가져온 것은 공포밖에 없다는 사실을 우리는 체험으로 잘 알고 있다. 공산주의자의 최후의 한 사람까지 한국에서 축출하지 않으면 안심할 수 없다. 이러한 비상사태 아래 우리는 공산당을 무찌르기 위하여 각 부락을 각각 병영화 하지 않으면 안 된다."

맥아더 장군은 〈UP통신〉 사장의 질문에 대해 "한국에서 승리하지 못하면 유럽에서도 패배 한다."는 요지의 답변을 했다고 한다. 12월에는 중공군이 밀어닥쳐 우리 2군단이 전멸했고, 평양과 이북의 도시와 마을에서 피난민이 남으로 남으로 밀려오기 시작했다. 서울에서도 다들 봇짐을 지고 피난길에 나섰다.

중공군의 참전과 함께 자행되고 있는 북한공산 패잔병들의 무자비한 보복행위로 인해 공포에 질려 고향을 떠나온 피난민들이 날마다 서울 근교의 여러 마을로 한없이 밀려들었다. 우리 정부의 행정요원들이 이 피난민들을 학교와 교회, 마을회관과 모든 민가에 수용시키고 있는데, 서울 동쪽 근교에 집결된 피난민의 수효만 11만 명이 넘는다는 보고를 받았다.

사회부에서는 피난민 구제사업에 최선을 다하고 있었다. 그러나 충분한 구호를 받지 못한 채 혹독한 추위와 굶주림 속에서 떨고 있는 피난민들이 아직도 수없이 많다고 부인회 회장이 와서 나에게 알려주었다.

우리 적십자사에서는 다행히 피난민 환자들을 치료해주기 위해서 의사와 간호사들을 파견하여 전력을 다하고 있다. 현지에서 치료하기 힘든 중환자는 서울 적십자병원으로 옮겨 치료해주고 있다. YMCA와 적십자사의 부인 봉사대원들은 산모에게 가능한대로 미역과 면으로 된 융(絨)을 구하여 배급해 주고 있으며, 이 사업을 춘천 근방까지 확대시켜 나가기 위해 우리는 우선 양성봉 경남지사부인의 협조를 요청했다.

서북 산악지대의 혹한 속에서 고생하며 싸우는 우리 국군이 적을 물리쳤고, 덕천과 안주방면에서도 용감한 우리 애들의 강력한 저지작전으로 적의 공세가 약화되고 있다고 신 국방장관이 대통령에게 보고했다.

청천강 북방의 우리 국군과 유엔군은 영변과 박천 주변에서 적과 치열한 전투를 하고 있었는데, 유엔군은 청천강 남안으로 철수를 완료한 후에 교량을 폭파해버렸다. 이로 인해 우리 국군의 퇴로에 많은 어려움이 예상되어 대통령이 무척 걱정했으며, 이에 대한 대책을 세우도록 신 국방장관에게 지시했다.

물밀듯이 밀고 내려오는 30만 명 이상의 중공군과 공산패잔병들은 유엔군의 공격을 회피하는 수단으로 수천 명의 선량한 시민들을 앞세워 방패로 삼았다. 뿐만 아니라 우리나라의 흰옷을 입고 일반시민으로 가장하고 있다고 한다.

공산군은 참으로 간악한 무리들로서 상상을 넘어서는 비열한 작전을 펴고 있다. 이들은 죄 없는 양민과 노인들, 심지어는 어린이까지 끌어내어 전쟁의 참화 속에서 총알받이로 희생시키고 있다는 것이다.

유엔 한국통일위원단 일행을 환영하기 위해 12월 5일 오후 2시 시공관에서 대대적으로 거행하기로 한 환영행사계획에 대한 준비상황을 이기붕 서울시장이 대통령에게 보고했다.

# "무기가 없으면 낫이라도 들겠다!"

12월 4일.

대통령이 경무대에서 기자단과 정례회견을 했다.

영국의 애틀리 수상이 유럽 제일주의를 주장하고 있는데 이번 미국방문에 대한 외교적 전망 및 한국에 미치는 영향을 묻는 질문에 대통령은 아래와 같이 대답했다.

> "세계 어느 나라든지 자기나라의 안전을 먼저 염려하고 있다. 지금 동서양을 막론하고 여러 나라가 미국의 원조를 필요로 하며, 더 많은 원조를 받고자 애쓰고 있는 것은 사실이다.
>
> 이러한 관점에서 생각할 때 제2차 세계대전의 맹방인 영국으로서는 미국에 더 강한 영향력을 미치려고 할 것이며, 미국은 아시아의 중요성을 잘 인식하고 있기 때문에 정당한 판단을 내릴 것으로 믿는다."

국민들의 사기를 앙양하는 일대 국민운동을 전개할 의사가 없느냐는 물음에 대통령은 "국민회나 청년단체 같은 민간인이 주도하는 애국단체에서 스스로 나서서 해주기를 바란다."고 대답했다. 국민운동은 민이 주도하는 자연발생적인 것이라야 진정한 효력과 지속력이 유지된다고 대통령은 믿고 있다.

유엔군과 우리 국군의 보도에 따르면 지금 형편이 심각하긴 하나 위급한 정도는 아닐 것으로 여겨진다. 유엔당국이 한국에 와있는 유엔군의 생명을 중공에 그냥 살육당하도록 놓아두지는 않을 것으로 확신한다고 대통령이 말했다.

정부 측과 유엔 한국위원단과의 협의 내용에 관한 질문에 대통령은 "유엔 한위 측이 우리 정부 측의 의견을 충분히 이해하고 있어서 우리 실정의 제반 조건을 고려하여 작성한 제안서를 제출했다."고 대답했다. 유엔 한위를 통해 무기를 요청할 의사를 묻는 질문에 대통령은 "유엔 한국위원단의 일행으로서 우리를 돕고자 온 분들은 누구보다도 우리의 무기부족 현실을 잘 안다."고 대답했다.

우리가 지금 공산당과 싸우다 죽거나 공산당과 협력하다 죽거나 죽는 것은 마찬가지다. 하지만 공산당과 협력하는 것은 우리 민족에 영원히 용서받지 못할 죄라고 믿는다. 따라서 남녀노소 모든 국민이 합심 단결하여, 무기가 없으면 낫이라도 들고 최후까지 공산당과 싸워야만 우리나라의 독립과 자유가 보장될 것이라고 대통령은 힘주어 말했다.

주미대사의 후임은 어떻게 되었으며, 장면 총리는 언제 귀국할 예정인가를 캐묻는 질문에 대통령은 "주미대사 후임은 곧 임명될 것이며, 장면 총리도 머지않아 귀국하겠다는 서신이 왔었다."고 대답했다. 대통령은 주미대사 후임 결정에 미국의 간여를 일절 배제하고 있으며, 특히 장면 총리가 이토록 힘든 국난에 처하여 이유 없이 귀국을 지연하고 있는데 대해 여러모로 걱정하고 있다.

12월 5일.

대통령은 긴급명령으로 현물세를 받게 하여 하루라도 빨리 시행하도록 시달했다. 그리고 담화를 발표했다.

"정부가 지세(地稅)를 현물세제로 채택한데 대해 농민 여러분들이 받을 수고와 희생을 생각하면 송구하기 그지없으나, 전쟁을 수행함에 있어 국민의 희생 없이 승리를 얻기는 힘든 법입니다. 우리는 전쟁을 승리로 이끌어 기어이 남북통일을 완수하기 위해서, 먹고 입고 쓰는 것도 마음대로 못하고 희생과 봉사정신으로 전 국민이 고생하고 있는 것입니다.

우리는 이런 실정을 잘 아는 농민 여러분의 후의와 지원에 힘입어 전쟁에 이기고 민생을 구제하며, 모든 우리나라의 공장과 산업시설을 재건하여 나라를 부흥시킬 것입니다. 우리가 어려운 때일수록 각자 자기의 책임을 다하여야 하며, 누구나 회피하지 말고 앞장서서 내 나라와 내 민족을 돕는 일에 적극 협조해주기 바랍니다."

진해기지 공군장병을 시찰하는 이승만 대통령(1950년 8월)

# 4부

# 1·4후퇴와 대통령의 고군분투

# 맥아더의 기자회견에 실망

12월 5일.

    미국에서 한국을 위해 활약하고 있는 올리버 박사에게 편지를 보냈다.


    친애하는 올리버 박사께.

    저는 귀하에게 보내는 편지를 속기시켰습니다만 아직도 타이프가 되지 않았습니다. 그분의 이름을 지금 기억하지 못하겠습니다만, 50달러를 지불할 그 사람을 채용하십시오.

    저의 일기는 만일 그것이 한국에 도움이 된다고 판단하시면 출판하도록 하십시오. 저는 그것을 대단하게 여기지 않습니다만 대통령은 출판을 해도 좋다고 하십니다.

    이곳 사태는 매우 악화되어 있습니다. 공산도배들이 막 물밀듯이 달려 내려오고 있습니다. 우리를 위해 기도해 주십시오.

    프란체스카 리.

나는 오늘 다음과 같은 편지를 올리버 박사에게 또 보냈다.

우리는 지금 어떻게 해야 할지 모르고 있습니다. 이곳에 있는 미국
사람들은 위험할 것이 없다고 말하지만, 실제 사정이 그렇지 않다
는 것을 지금쯤은 아실 것입니다.

미국 군사당국은 평양에서 민간인들을 철거하지 못하게 막고 있다
가 나중에야 피난민들에게 다리 2개를 쓰도록 했다고 (미군정이 임
명하였던 한국인인) 김성주 평남지사와 임준덕 평양시장이 와서 말
했어요. 그들은 민간인들이 도로를 막는 일이 없도록 하겠다고 약
속했지만, 미군은 시민들이 남아있으라고 고집을 했답니다. 우리는
김 지사와 임 시장에게 이곳에 있는 유엔 한위에 가서 사실을 밝히
도록 했습니다.

사리원에는 약 10만의 피난민이 야외에서 떨고 있습니다. 우리가
듣는 바에 의하면 전투명령은 거의 취소되었고, 미8군의 일부는 내
일 부산으로 내려가고 또 일부는 인천으로 가서 포로들을 감시할
것이라 합니다.

또 미 제10군단은 원산에서 일본으로 철수할 것이고, 미8군은 인천
에서 일본으로 철수할 것이라고 합니다. 이것은 유엔군의 철수를
의미합니다. 그들은 국경 너머를 폭격할 수 없기 때문에 중공군이
들어오는 것을 막을 수 없습니다.

물론 10군단이 만일 동부전선에서 그 군단 자체의 전투를 하지 않
고 전선의 공간을 메우는 일을 했더라면, 적군이 그렇게 빠른 속도
로 진격하지는 못했을 것입니다. 지금 그들은 5대의 LST(상륙용 선
박)로 우리 수도사단을 청진으로부터 철수시키고 있으며, 미군은

원산으로부터 철수하고 있습니다.

트루먼 대통령은 한국을 포기하지 않겠다고 했는데 우리는 그 말이 무슨 뜻인지 알지 못하겠습니다. 지금까지의 모든 상황은 그들이 최대의 속도로 철수하고 있다는 것을 보여줄 따름입니다.

우리는 오늘 각의를 열었습니다. 각의에서는 미 국무성과 유엔에 대해 미국은 아시아로부터 철수하여 유럽을 무장하기로 하며, 수백 만의 한국 사람이 야만적인 공산주의자들에게 살육되도록 내어주자고 영국이 제안했다는 것이 사실인지 아닌지를 묻는 결의를 통과시켰습니다. 나는 각의 후에 무초 대사에게 보여줄 메시지를 초안했습니다. 만일 시간이 있으면 무초 대사가 무어라고 했는지 알려드리겠습니다.

나는 토요일 그에게 전화를 걸었고, 일요일에도 그와 영국의 태도에 대해 이야기를 나눴습니다. 무초 대사는 그런 것이 아니다, 미국은 한국을 포기하지 않을 것이고 이 모든 것은 신문기자의 억측에 불과하다고 했습니다. 우리는 어제 있었던 맥아더 장군의 기자회견에 실망했습니다.

그의 모든 답변은 대단히 약했고, 미국이 중공에 대해 확고한 태도를 가지고 있지 않다는 것을 드러냈습니다. 만일 우리가 미국 신문과 미국 당국자들이 지난주 동안에 발표한 것을 믿을 수가 있다면, 우리는 염려하지 않을 것입니다.

그러나 우리는 외교가 무엇인지는 알고 있습니다. 지금까지 영국은 외교전에 있어서는 미국을 이겨왔습니다. 영국은 아마도 아시아에서 싸우는 것보다 유럽에서의 전선을 강화하기 원하는 프랑스나 캐나다를 자기편에 가담시켰을 것입니다.

만일 유엔군이 전체의 공군 지원을 철수해 버린다면 해상봉쇄도 그렇게 될 것입니다. 그렇게 된다면 우리 군대가 아무리 용감하다고 해도 중공군 무리가 내려오는 것을 막을 도리가 없을 것입니다.

백낙준 박사가 무초 대사에게 이야기해서 서울 시내에 있는 귀중한 책들과 보물들을 포장하기로 합의를 보았습니다. 백 박사는 미국 국회도서관의 하멜 박사에게 편지를 써서 이 책들이 보존되도록 요청하기로 했습니다. 또 우리는 서울이 폭격되거나 중공군이 들어올 경우를 감안하여 우리가 선물 받은 자개가구 몇 개를 우리 대사관에 보내주려고 합니다.

늦기 전에 이 물건들을 보낼 수 있기 바랍니다. 만일 미군이 철수하게 된다면 이런 화물들은 가져가지 않으려고 할 것입니다.

## 12월 7일.

올리버 박사에게.

외신에 보도된 것을 보면 지난번 기자회견에서의 나의 말이 명확치 못했던 것 같습니다. 우리 정부가 공산당과 타협하는 것을 받아들일 것이냐 하는 질문에 대해서, 공산도배들과 타협하는 것은 쓸데없는 짓이라고 했습니다.

과거를 보면 공산도배들은 말이나 문서로 체결한 국제협정을 지키지 않았습니다. 만일 우리가 지금 타협한다고 해도 그들이 그러한 협정을 지킬 것이라는 보장은 없다고 말했습니다.

한국정부와 국민은 얼마나 오래 걸리든지 통일이 되고 자유를 찾을 때까지 계속해서 싸울 결심을 하고 있습니다. 나는 민주주의와 공산주의 간의 문제가 해결될 때까지 한국에서의 사태가 해결되리라고 믿지 않습니다. 양 진영 간의 해결이란 모든 민주국가들이 하나의 붉은 세계에 흡수되든가, 모든 군사적 침략자들이 지난 두 세계대전에서처럼 다 같이 패망되든가 하는 것입니다.

대통령은 이 전문을 미군의 전보시설을 이용하여 보냈다. 미국 측이 이 전보내용을 탐지하기 바랐기 때문이다. 비록 올리버 박사에게 보내는 전문이지만, 사실은 미국 측에 보내는 성명서였다.

# "다시는 서울 떠나지 않겠다!"

12월 7일.

신성모 국방장관은 전국 일원에 비상계엄령을 선포하고 민심동요를 막기 위해 담화를 발표했다. 사회부는 긴급 구호 대책본부를 설치하여 피난민 구호 사업에 총력을 기울이겠다고 허정 장관이 발표했다. 그리고 노인과 부녀자들은 가능한 한 지방의 연고지로 소개시킬 것을 제의했다.

북한으로부터 수많은 피난민들이 몰려오고 있어서 그 혼잡을 피하기 위해 해주방면으로 집단 수용시키고 있다고 한다. 대통령은 올리버 박사에게 또 편지를 보냈다.

> 올리버 박사에게.
> 나는 여기에 동봉하는 전문을 어제 보내드렸습니다. 그 전보가 귀하에게 도달됐는지 모르겠습니다. 미국 정부는 우리 전보들을 검열하고 있는 것 같습니다. 검열은 하지 않더라도 며칠 동안 깔고 앉아 전보의 효과가 없어지게 만드는 것 같습니다.

〈뉴욕타임스〉의 기자는 내가 타협에 응하겠다고 했다고 내 말을 잘못 인용했습니다. 〈AP통신〉의 킴 기자는 옳은 말을 보도했었는데, 오늘 자기 노트를 가지고와 보여주면서 그것이 맞는 것인지 모르겠다고 물었습니다.

그의 말에 의하면 〈미국의 소리〉 방송은 이승만 대통령이 타협을 받아들이겠다고 보도했다고 합니다. 〈뉴욕타임스〉 기자는 내 말을 한 구절만 인용하고, 그 앞에 무슨 말을 했는지 보도하지 않았습니다.

나는 지금 나의 입장을 명확히 밝히기 위해 다시 성명을 발표하려 합니다. 내 말이 다르게 인용된 것을 보시면 곧 알려주십시오. 우리들의 계획에는 타협이나 그런 것이 포함되어 있지를 않습니다. 유엔군은 싸우지 않고 후퇴하고 있고, 한국군은 그것을 원치 않기 때문에 지금 이곳에는 대혼동과 혼란이 일어나고 있습니다.

그러나 한국군은 미국사람들의 지휘 하에 있기 때문에, 관계를 끊지 않기 위해서 유엔군을 따르고 있습니다. 평양의 시민들은 남하하려고 했는데, 문친 대령 휘하의 군 당국은 그것을 허락하지 않았습니다. 김성주 평남도지사의 압력에 의해서 교량들이 폭파되기 전에 약 10만 명의 시민을 남하시켰습니다.

지금 서울시민들은 남쪽으로 내려가는 중이고, 상점은 모두 문을 닫고 있습니다. 미국사람들은 비행기를 가져다가 그들의 인원들을 떠나보내고 있습니다. 미국정부 측의 우유부단은 유엔과 미국정부의 권위를 손상시켰을 뿐만 아니라, 그들은 싸우지 않고 후퇴하고 있습니다.

동해안에 있는 우리 사단은 아직도 중부전선에 있는 우리 병력과 합세할 수 없는 형편에 있습니다. 만일 그들이 합세할 수만 있다면 진격해오는 공산군에 대적할 수 있을 만큼 강해질 것입니다. 중공군은 지금 후방에 있고, 4만에서 6만 명의 북한군들이 남쪽으로 움직이고 있습니다.

## 12월 9일.

이범석 장군이 중화민국 주재대사로 임명된데 대해 소육린 중국대사가 무척 기뻐하며 환영의 뜻을 표시했다고 한다. 이 장군은 중국에서 우리 독립군을 지휘했던 장군으로서 많은 중국 친구들이 있다.

나는 오늘 올리버 박사에게 편지를 써 보냈다.

친애하는 올리버 박사.

우리는 오늘 아침에 발표된 트루먼 대통령과 애틀리 영국 수상과의 공동성명서 발표에 크게 실망했습니다. 우리는 한국을 포기하지 않을 것이라고 한 트루먼 대통령의 첫 성명에 모두 기대가 컸었습니다.

그 성명은 집을 떠나서 얼어붙은 길을 걸어 남하하지 않아도 되겠다는 소망을 안겨주었습니다. 그러나 지금 우리는 중공군이 철수하지 않을 경우 유엔의 대안이 무엇인가를 조급하게 기다리고 있습니다. 대통령께서는 전에도 그랬던 것처럼 이곳을 떠나지 않고 경무대에서 죽어야 한다고 결심하고 있습니다. 왜냐하면 만일 유엔이 철수하는 경우, 자신의 영도 아래 공산주의자들에 대항해 싸운 남한의 2천만은 도살될 것이기 때문입니다.

중공군은 만행에 있어서 한국 공산주의자들보다 더할 것입니다. 시민들은 지금 공포에 싸여 밤새도록 짐을 싸서 남쪽으로 떠나고 있습니다. 한강에는 가교가 하나밖에 없어서 사람들은 나룻배를 타고 도강해야 합니다. 한강의 일부는 지금 얼어붙어서 사람들이 걸어서 건너기도 합니다.

유엔군이 한국에서 철수한다면 남하 행군은 아무 소용도 없을 것입니다. 공군지원도 없어질 것이고, 한국군을 지원해주는 것은 무엇이나 다 없어질 것이니까요.

박사께서는 공산주의자와 싸워온 민족을 포기함으로써 공산주의자들의 횡포에 맡기게 되지 않도록 여론을 환기시켜야 하겠습니다. 한국은 자기 동족과 치열하게 싸워 왔는데 물론 외국 침략자들과는 더 힘껏 싸울 것입니다. 미군이 싸우지 않고 후퇴만 하는 것이 그들의 가슴을 찢고 긍지와 사기를 상하게 만듭니다.

유엔군은 유엔의 결정을 기다려야 하므로 지금 후퇴하고 있으며, 달리 할 일이 없습니다. 맥아더 장군은 대통령에게 참아달라고 부탁했습니다. 장군 자신도 지금 참을 수 없는 지경에 있답니다. 이것은 절대로 비밀로 해주시기 바랍니다.

마리아에게 그의 애들과 노부인들을 남쪽으로 피난시켰으니 염려 말라고 전해주십시오. 장면 씨 부인과 아이들은 며칠 내로 남쪽에 있는 그의 동생에게 보낼 것입니다. 이만 편지를 끝내야겠습니다.

추신, 『한국의 서사시』(Epic of Korea)를 읽어 보십시오. 대단히 좋기는 한데 끝의 잠들은 『한국의 소리』에서 옮긴 것이 많습니다.

그 분을 저의 우편물 발송대상자 명단(Mailing List)에 올리십시오. 그리고 124페이지와 125페이지에 실린 대통령의 말이 틀린 것을 수정해 주시기 바랍니다.

프란체스카 리.

# 파면설 나도는 맥아더

12월 10일.

우리는 오늘 올리버 박사가 12월 3일에 적어 보낸 편지를 받았다.

존경하는 이승만 대통령 각하 내외분께.

타협에 대한 말이 많이 오가고 있습니다만 저는 우리 미국이 공산주의자들 앞에서 물러서리라고는 한순간도 믿지 않습니다.

이번에 나오는 〈페리스코프〉에 저는 타협에 반대하는 의견을 강력하게 전개했습니다. 영국과 프랑스와 인도는 전선을 어떤 지점에서 안정시키고, 압록강 이남에 완충지대를 설립하도록 공산주의자들과 타협하라는 주장을 맹렬하게 전개할 것입니다. 그러나 지금까지의 사태가 이런 주장을 성공시키기에는 도저히 불가능하기 때문에 저는 이런 주장이 성공하리하고는 믿지 않습니다.

그러는 동안 유엔군이 상당한 거리를 밀려나오게 될 위험성에 직면하고 있는데, 반공 태도를 취한 북한의 용감한 사람들에게 이 후퇴가 무엇을 뜻하는가를 생각할 때 전율을 느낍니다. 수많은 피난민들이 또 남으로 내려와서 정부의 구제사업과 통치상의 부담을 가중시킬 것이 틀림없습니다. 우리는 이곳 우편당국에 구제품을 보낼 수 있는 길을 열어 달라고 계속 요청하고 있습니다. 하지만 모든 선박은 군수물자를 수송하는데 필요할 것이므로 구호물자가 늦어지게 될 것 같아 염려가 됩니다.

한국에 대한 강연 요청은 계속 들어오고 있습니다. 저는 작은 단체들이 해오는 초청은 거절하고 있습니다만, 큰 단체들이 해주는 초청은 될 수 있는 한 많이 받아야 한다고 생각하고 있습니다. 이곳 사람들에게 한국 사정을 알려주는 데는 이 방법이 좋기 때문입니다. 강연을 할 때마다 신문에서 많이 보도하니까 그만큼 많은 사람들에게 한국 사정을 알리는 계기가 됩니다.

오늘 저녁 저는 오하이오의 우스타 시에 있는 로터리클럽과 우스타 대학에서 강연하기위해 떠납니다. 12월 12일에도 펜실베이니아의 루이즈타운에 있는 교원양성소에서 강연을 할 것입니다. 그밖에 12월에는 가족과 시간을 좀 보내고 대학의 일을 보려고 합니다.

이번 가을학기에는 대학 일을 너무 소홀히 하였습니다. 지난 3개월 간에 그랬듯이 1월에는 또 여러 곳에서 강연을 하겠습니다. 가는 곳마다 사람들이 "우리가 사정을 제대로 알지 못하고 있었다."고 말합니다. 그래서 저는 하나하나가 보람 있는 일로 여겨집니다.

저는 이 대통령과 그분의 의견에 대한 긴 논문을 쓸 시간을 가졌었는데, 이 글은 『천주교세계』라는 잡지에 발표될 것으로 믿습니다. 이 잡지는 많은 독자가 있습니다. 그리고 우리는 서신 연락도 대단히 빈번하게 펼치고 있습니다. 매리(올리버 박사 부인)도 많은 조역을 하며 살로메. 리치먼드양도 돕고 있습니다.

빈오카 씨도 연설을 하고 신문사에 보내는 편지를 쓰는데 큰 도움을 줍니다. 그는 워싱턴대학에서 스피치교수로 1년 동안 있었는데, 그곳 동양학과의 편견에 대해 잘 아는 사람입니다. 그는 대단히 유능한 연설가이고 글을 잘 씁니다. 그는 우리에게 대단히 귀중한 사람이 될 것으로 믿습니다.

저는 제3차 세계대전이 이미 일어났다는 것을 믿지 않을 수가 없습니다. 그 과정은 아직 몇 달 동안 더 걸리기는 하겠습니다만, 그렇게 되면 우리가 지금 당면한 문제들은 더 큰 전쟁 속에서 보이지 않게 되겠지요. 우리는 이 비참한 전쟁을 통해서 평화를 이룩하여 차후의 세계는 좀 더 건전한 토대위에 이룩되도록 싸워야하겠습니다.

두 분에게 뜨거운 경의를 보냅니다. 정중한 마음으로.

R. 올리버.

12월 12일부터 내 일기를 올리버 박사에게 편지 쓰는 형식으로 써 보냈다. 우리의 운명이 어떻게 될지 모르는 절박한 상황이었기 때문이었다.

12월 12일.

이곳 실정을 잘 알고 계실 줄 믿습니다.

서울에는 기자단이 와있고, 그들은 누구든지 그들에게 가서 이야기만 하면 모든 것을 바로 보도해 버립니다. 공산주의자들은 유언비어를 퍼뜨리고 있습니다. 특히 많은 패배주의적인 유언비어를 기자들에게 전하고 있는데, 기자들 간에는 그런 이야기를 확인도 하지 않고 보도하는 사람들이 있습니다.

유엔군이 평양과 진남포, 원산에서 시민들을 버리고 후퇴하게 되자 시민들은 참으로 실망했습니다. 한국군은 포항에서 도보로 동해안을 따라 북상했는데, 그대로 돌아와야 했습니다. 시민들은 왜 유엔군들이 터키 군인이나 해병대와 같이 싸우지 않는가 하면서 무척 걱정하고 있습니다.

유엔군이 싸우지 않고 후퇴함으로써 한국 사람들의 사기를 죽이는 결과를 자아내고 있습니다. 그것은 패배주의로 판단되고 있으니까요. 지금 한국군의 사기가 저하된 것은 유엔군의 후퇴작전 탓입니다. 미 군사고문단이 존스턴 기자에게 말해준 것처럼 무슨 파커(오버멘트)를 원해서 그런 것이 아닙니다.

우리 한국군은 중공군과의 전투를 피하려는 생각은 추호도 하지 않습니다. 단지 한국군은 공격전을 시작하기 전에 동해안에 있는 2개 사단이 다른 병력과 합세하기를 원하고 있습니다.

한국군 총사령부가 대통령에 보고한 바에 의하면 그들의 전선은 너무나 병력이 약하답니다. 중부전선에 있는 한국군은 트럭을 한대도 가지고 있지 못합니다. 그래서 우리 군대는 그들의 무기를 인력으로 운반해야 하고, 도보로 이동해야만 합니다. 제2군단 전체가 미군의 도움을 받지 못하고 있습니다.

미군고문관들은 아무 인정도 받지 못하면서 그들과 고난을 같이 할 이유가 없다면서 우리 제2군단과 행동을 같이 하려고 하지 않는답니다. 대통령과 제가 서울의 육군본부를 시찰하였을 때, 미고문관들은 파랗게 질린 얼굴을 하고 그들 방에 앉아 있었어요. 바로 우리 국군이 한창 북진하고 있을 때였습니다. 그러니 지금은 어떻겠습니까?

유엔군이 평양을 철수할 때 그곳 시민들은 철수하지 못하도록 했기 때문에, 지금 서울시민들은 남하하려고 애쓰고 있습니다. 그들이 북한에서 온 피난민들에게 들은 바에 의하면 미국은 극소수의 피난민만 남하시키고는 다리들을 폭파하였다고 합니다. 그래서 다른 사람들은 차디찬 강물을 건너야 했다고 합니다.

288

길에는 얼어 죽은 애들이 보이고, 이루 말로 형용할 수 없는 참상이 벌어지고 있습니다.

그러니 사람들은 더욱 흥분할 수밖에 없습니다. 이 사람들은 과연 유엔이 중공의 침략에 어떻게 대응할 것인가를 알고 싶어 합니다. 한국 정부는 시민들의 철수에 대해 무슨 대책을 세웠는지 알고자 합니다. 특히 6·25때 후퇴하지 못했던 시민들은 이번에는 기어이 남하해야 하겠다고 결심하고 있습니다.

대통령은 이미 두 가지의 성명서를 준비하기는 했으나, 시민들에게 어떻게 하라는 마지막 구절을 쓰지 못하고 있습니다. 국군이 후퇴하게 되는데 시민들은 남아서 싸우라고 할 수도 없지요. 그러나 또한 우리 편의 약세를 보여서는 국민의 사기를 저하시킬 염려가 있어 곤란하답니다.

대통령은 누구라도 자의로 남하하고자 하는 사람은 한강다리를 건너도록 하라고 이기붕 서울시장에게 지시했습니다. 시민들은 밤낮으로 보따리를 싸 남하하려합니다.

한국대사 무초 씨가 7일(토요일) 대통령을 방문했었는데, 그에 의하면 유엔이 싸울 것이라는 정보가 들어왔답니다. 그러나 대통령께서는 미국대사의 말을 그대로 믿기는 하지만, 유엔본부로부터 무슨 통지가 오기를 기다려야겠다고 대답했습니다. 유엔에서 무슨 지시가 오기 전에는 맥아더 장군도 행동을 취할 수가 없기 때문입니다.

그러는 동안 군대는 후퇴를 계속하고 있습니다. 그런데 평양까지 갔다 온 비행기들은 평양 이남에서는 적을 발견하지 못하고 있습니다. 무초 대사는 대통령에게 시민들이 남하해서는 안 된다고 설득하려 했습니다. 대통령은 9일 아침에 민사처장 챔프니 대령을 방문하고, 시민들을 위한 다리 두서너 개를 한강에 설치해달라고 부탁했습니다. 그것만이라도 시민들에게 아무 때나 남하할 수 있다는 안도감을 줄 수 있을 것이니까요. 현재 상태로는 한강에는 우리 국군이 서울을 탈환할 때 만들어 놓은 가교 2개 밖에는 없습니다.

10일 일요일에 대통령이 직접 한강다리를 시찰했습니다. 10시 30분에 노블 박사가 저에게 와서 워커 장군과 무초 대사가 대통령을 찾고 있다고 전달해 왔어요. 그래서 저는 노블 박사더러 한강으로 가보라고 했습니다. 그리고 11시 45분에 만나기로 약속했습니다.

전시내각의 국방장관, 내무장관, 재무장관, 상공장관도 같이 만나자는 요청이 있었습니다. 대통령이 도착하였을 때 워커 장군과 무초 대사, 그리고 전시내각장관들이 이미 응접실에서 기다리고 있었습니다. 워커 장군이 자리에 앉아서 입을 열었는데, 왜 사람들이 서울을 떠나느냐고 묻는 것이었습니다. 그럴 이유가 없다는 것입니다.

그러면서 하는 말이 한국군의 일부, 즉 제2군단은 싸우지 않고 있다는 것입니다. 그가 말했습니다. "여러분에게 분명히 말씀드리는데 미8군은 싸울 것입니다. 나는 서울로부터 철수하지 않을 것입니다. 나는 모든 힘을 다해서 서울을 방위할 것입니다. 그러나 한국군이 싸우지 않으면 나는 서울을 방위할 수 없습니다. 한국군이 싸우도록 무슨 조치가 취해져야 하겠습니다."

대통령이 무슨 말을 하려고 하자 워커 장군은 "제 이야기가 끝날 때까지 기다려주십시오."하며 제지했습니다. 그의 태도는 적개심에 차있었는데 아무래도 그 후에 트루먼 대통령의 성명서에 쓰인 단어, 즉 '원치 않는 후퇴'를 하게 되었다는 구실을 찾고 있는 듯한 인상을 주었습니다. 워커 장군이 이야기를 끝낸 다음 대통령이 이렇게 반박했습니다.

"한국 사람들은 당신이 말한 것을 믿습니다. 그것은 당신이 솔직하고 마음에 품은대로 털어놓기 때문입니다. 그런데 내가 솔직히 말한다면 한국군의 어떤 부대가 싸우지 않고 있다는 소리는 처음 들는 바입니다.

한국 사람의 입장은 이러합니다. 즉 맥아더 장군이 보고한 바에 의하면, 장군이 명령받은 과업은 이미 완료했고 현재의 상태는 새로운 전쟁이라고 했습니다. 그래서 그는 침략자들에 대처할 새로운 명령을 기다리고 있다고 했습니다.

물론 그는 적군의 군수품과 적군 군사들을 폭격하기를 원하지만, 그가 받은 명령은 경계선을 넘지 말라는 것입니다. 그래서 공군의 위력은 제한된 채 적군을 결정적으로 분쇄할 수 없었던 것입니다. 우리가 모두 아는 바와 같이 미국 내에 있는 맥아더 장군의 적수들이 여러 가지 이유로 그를 비난하는 외에도, 영국에서는 맥아더 장군의 파면을 공공연하게 주장하고 있습니다.

그렇기 때문에 전쟁은 갑자기 소강상태에 들어갔고, 워커 장군이나 한국군도 명령대로 싸우지 않고 철수하는 것 밖에는 별다른 조치는 취할 수 없는 상태에 들어갔습니다. 그러는 동안 중공군의 전초부대들은 남진을 계속하여 유엔군을 좌우로 포위하고 있습니다.

한국군이 남하하여 한국군의 전선을 강화하지 않고 아직도 동해안에서 북상한다는 것은 착오로 여겨지는데, 우리는 싸우지 않고는 주요전선을 방위할 수 없다고 믿습니다. 작전상 후퇴는 우리 군과 국민의 사기에 큰 충격을 줍니다."


그리고 대통령은 워커 장군에게 우리 군 수뇌부에 여러 가지로 설명해주겠다고 했으며, 우리 국군은 조국을 위해 죽을 각오가 돼있다고 말했습니다.

# 각료들 훈계한 대통령

우리는 유엔 한위의 파키스탄대표인 지아우딘 대사를 점심에 초대했습니다. 지아우딘 대사는 현 정세를 잘 이해하고 있고, 자신들이 도움이 되는 한 여기에 체류할 것이라고 말했습니다. 유엔 한위의 대표들 중에는 본국으로부터 한국이 38선을 넘기지 못하게 하라는 지령을 받고 온 경우가 있었는데, 상황이 변함에 따라 그들의 의견이 완전히 바뀌었다고 우리는 들었습니다.

내무장관 조병옥 박사가 최근 유엔에 제출할 성명서를 준비한 바 있는데, 그 성명서의 취지는 정부 의사와 부합하는 것이지만 개인의 의견이라고 대통령이 지아우딘 대사에게 설명했습니다.

대통령은 단 한 가지 조 박사의 성명서에 부연하고 싶은 것이 있다면서, 한국정부는 유엔이 대한민국을 38선 이남에 제한한다는 10월 7일의 유엔소위 결의에 따라 제약을 받고 있다는 사실을 잘 안다는 것이라고 말했습니다.

조 박사도 요청한 바와 같이 대한민국을 38선 이남에 국한시킨다는 제한조건을 제거해달라는 우리 정부의 요구가 유엔에 협력하지 않겠다거나, 심지어 유엔의 결정에 한국이 반항하는 것으로 해석되고 있을지 모릅니다.

우리는 유엔과 긴밀히 협력할 것이며, 북한지역이 해방됐을 때 바로 그 지역에서 법과 질서를 세워 혼란을 막기 위해서는 우리 정부의 도움이 필요하므로 38선 이남이라는 제한조건을 없애달라고 요구했던 것입니다. 그 외에도 한두 가지 도움이 될 만한 것으로 유엔소위의 결의와 상충되지 않는 의견이 있기는 하다고 대통령이 말했습니다.

파키스탄대표는 대통령의 이야기가 대단히 적절한 것으로 여겨진다고 했습니다. 대통령은 오후 4시에 전시내각, 즉 국방장관·내무장관·재무장관·상공장관을 불러 회의를 했습니다. 여기서 대통령은 장관들이 눈치가 있는 사람들이라면 대통령이 남의 나라 사람, 즉 워커 장군과 언쟁을 벌일 때 말꼬투리를 잡아줬으면 좋았을 텐데, 김훈 상공장관만이 몇 마디 했을 뿐 다른 장관들은 주일학교 생도들처럼 얌전히 앉아만 있었다고 꾸짖었습니다.

장관들도 나름대로 몇 마디 더 했더라면 워커 장군의 비난에 대응하는데 도움이 되었을 뿐만 아니라, 워커 장군과 무초 대사에게 우리 입장이 어떤 것인가를 더 잘 알려줄 수 있었을 텐데 그렇지 못했다고 했습니다. 만일 우리가 우리 입장을 밝히지 못한다면 결국에는 미국사람들과 우리 국민들의 비난의 대상이 될 것이라고 대통령은 설명했습니다.

"저기, 인천 앞바다에 머물고 있는 빈 LSD(상륙용 전함)들은 무엇을 위해 대기하고 있으며, 왜 미8군의 일부는 대구로 옮겨가고 있는지를 물어볼 수도 있었을 거 아니오?" 또한 "여러 가지 다른 의문이 국민들의 마음속에 가득 차 있는데도 해답이 없지 않느냐"면서 "모든 정세는 미군이 후퇴하는 것을 보여주는데 오로지 말로만 남아서 버티겠다고 하느냐?"고 따질 수도 있는 문제라고 대통령이 덧붙였습니다.

도대체가 우리는 어느 것을 믿어야만 한단 말인가? 우리는 이 문제에 대한 대답이 필요합니다. 이 문제는 우리 국민의 생사를 판가름하는 것입니다. 만일 유엔군이 후퇴할 작정이면 왜 솔직히 그렇게 털어놓고 우리에게 무기를 주어서 최후의 결전을 우리라도 할 수 있도록 하지 않는가? 우리는 유엔군들이 한 치 두 치 뒷걸음질 치면서 물러가다가 나중에는 전체적으로 철수를 해버리고, 우리 국민과 국군을 중공군의 마음대로 희생시키도록 해서는 안 된다는 말입니다. 우리는 우리 국민과 국군이 어떻게 될 것이냐 하는 문제를 신중히 고려해서 무엇을 가지고 싸울 것인가를 고민해야합니다.

11일 오후 2시에 무초 대사가 대통령을 찾아와 워싱턴에서 온 몇 가지 비밀 전문을 보여주었습니다. 한국 정세가 그렇게 나쁘지 않으며, 미국은 전력을 다한다는 것을 지적하고 있었습니다. 그래서 대통령은 지금 로마는 불타고 있는데 미국과 유엔이 하는 것은 말뿐이라고 비꼬았습니다.

소련은 지금 임전태세를 갖추고 있으므로 태도를 분명히 하지 않는다면 소련이 참전해올 것이라고 했습니다. 미국 여론은 공산당과 유화하는 것을 반대하고 있지만, 만일 유엔이 중공과 무슨 협상을 하기로 작정한다면 미국이 할 수 있는 일은 무엇인가? 영국은 지금 미국과 의견을 달리하는데, 그것이 현 정세에서 제일 큰 약점이고, 또 소련은 이 사태를 잘 이용할 것입니다.

대통령은 무초 대사에게 지금 필요한 것은 토론이 아니고 유엔의 행동이라고 강조했습니다. 여기저기서 서성거리고 있는 사이에 우리 국민은 수 천 명씩 학살되고 있다는 뜻입니다. 우리는 유엔이 우리 국민을 해방시켜 주었다고 믿으며 유엔을 적극적으로 지지하고 나섰는데, 유엔은 도리어 우리 국민들을 헌신짝같이 저버린 채 남겨두고 떠나가는 상태라는 그런 말씀입니다. 미국 속담으로 우리를 마치 뜨거운 감자 내팽개치듯 하고 있다는 것입니다. 무초 대사는 대통령의 흥분을 진정시킬 수가 없었습니다.

오후 3시에 기자회견이 있었습니다. 두 영국기자가 있었는데, 부정적인 질문만 내던져 비관적인 분위기를 조성하려고 했습니다.

신성모 국방장관이 와서 대통령을 모시고 동대문 밖으로 가서 제2군단사령관 유재홍 장군과 그 휘하 장교들을 은밀히 만났습니다. 그들은 이번에 있었던 중부전선 돌파작전에서 가장 치명적인 타격을 받았던 사람들입니다. 대통령은 최후의 한 사람까지 싸워야한다고 그들을 격려해 주었습니다.

신 국방장관의 보고에 의하면 그들은 유엔군 부사령관인 앨런 소장과 이야기를 했다고 합니다. 워커 장군이 지적한 '싸우지 않는 부대'에 관한 이야기인데, 그 부대는 5일 동안 세 번의 상충되는 명령을 받았다는 것입니다.

처음에는 남하하라는 명령을 받았고, 다음에는 동으로 이동하라고 했답니다. 세 번째는 서북방으로 이동하라고 했고, 네 번째는 서북방으로 가서 미8군과 합세하라는 명령을 받았다는 것입니다. 그 부대는 트럭을 한 대도 가지고 있지 않아 모든 무기를 사람이 운반해야 했답니다.

그래서 그 부대는 지난 5일간 걷는 것 외에는 한 일이 없습니다. 그리고 그 중 1개 사단은 전에 있던 1개 연대와 새로 편성된 2개 연대로 구성되어 있답니다. 그 가운데 한 연대는 개성에 가서 대기하라는 명령을 받았고, 사단장은 두 연대, 그것도 1만 명의 병력이 아닌 겨우 6천 명만 휘하에 갖게 되었답니다. 이 모든 것이 8군사령부의 명령에 의해 일어난 일입니다. 도대체 워커 장군은 우리 국군들을 도보로 이리저리 이동시키면서 언제 어떻게 싸우라는 것입니까?

# 미8군의 제주도 피난계획

오후 5시께 챔프니 대령이 찾아왔는데 방금 받은 극비명령서 때문에 대통령을 뵙기를 원했습니다. 민사담당의 챔프니 대령은 8군사령부로부터 교사, 기술자, 의사들을 포함하여 저명한 민간인들과 그 가족들의 명단을 준비하라는 명령을 받았다는 것입니다. 8군은 3천5백 명의 가족을 선박으로 제주도에 피난시킬 준비를 갖추었는데, 비상시에는 그들을 우선 피난시키겠다는 것이었습니다.

내가 한참동안 챔프니 대령과 이야기를 나누고 있는데 대통령이 들어왔습니다. 챔프니 대령이 대통령에게 이틀 이내로 8군이 피난시키고자 하는 민간인들의 명단을 제공해달라는 요청을 함으로써 자연히 정세가 급박해진 것을 알 수 있었습니다.

대통령은 "어제 워커 장군이 왜 서울시민들이 서울을 떠나느냐고 나에게 힐문을 하더니 도대체 이게 무슨 일이냐?" 고 따졌습니다. 어제와는 딴판으로 지금은 8군 자체가 민간인들을 피난시키겠다니 무슨 소리냐는 것이지요.

우리는 미 대사관이 몇 사람만 남기고 모든 직원들을 비행기로 철수시킨 사

전방의 육군부대가 펼친 '눈송이 작전'을 참관한 이승만 대통령(1958. 1. 27).

실을 알고 있었지만, 유엔군은 서울에서 철수하지 않고 싸울 것으로 믿었습니다. 그러니 이것은 분명히 겉과 속이 다른 두 개의 얼굴을 지닌 행동이 아니냐는 말입니다.

12일 아침에 신성모 국방장관이 와서 워커 장군은 대통령 각하의 마음을 상하게 할 의사는 전혀 없었으며, 아주 솔직히 사과드린다는 뜻을 대통령께 전해주기를 바란다고 했답니다. 지금은 전선이 강화된 모양입니다. 우리는 왜 워커 장군이 그토록 흥분했었는지를 알았습니다.

맥아더 장군이 일선 검열을 하러 나오게 되어 워커 장군은 모든 일선 병력을 합쳐서 강화된 모습을 보여주고 싶었는데, 실정은 그렇지 못했습니다. 한국의 참모총장은 동부전선에 있는 2개 사단을 춘천방면에 집결시키도록 요청했었습니다. 왜냐하면 한국 군인들은 적군이 그곳을 뚫고 공략의 목표지점인 부산으로 내려갈 가능성이 큰 것으로 예상하고 있었기 때문입니다.

서울의 전 시민은 지금 짐을 싸 남쪽으로 내려가고 있습니다. 신문기자들은 군에서 아무런 정보도 주지 않기 때문에 여기저기 수소문을 하고 다닙니다. 기자들이 지금까지 얻어온 정보를 너무 함부로 조심성 없이 취급하는 바람에 적군이 우리 편의 모든 정보를 알게 됨으로써 불리한 입장에 서게 되었답니다. 시민들은 서울을 방어할 것이라는 희소식을 기다리고 있지만 아무도 무슨 말을 할 수가 없습니다. 우리 정부 관리들이 개성에서 철수하고 있으니까, 아마도 전투가 벌어진다면 그곳에서 벌어지리라 추측하고 있을 것입니다.

오후 2시부터 4시까지 대통령은 내각회의에 참석했습니다. 그런 다음에 서대문형무소를 방문했습니다. 수감자들의 대부분은 지난번 공산군이 우리 양민들을 체포하고 살해하는 것을 도와준 공산도배들이랍니다. 대통령이 각 방을 지날 때 그들 중의 어떤 사람들은 대통령을 위해 만세를 불렀습니다.

수감자들 중 많은 사람들이 자신들이 저지른 일들을 참회하는 모양인데, 시민들은 어떤 경우이든 반역자 노릇을 한 그들에 대해 대단한 적개심을 가지고 있습니다. 이 사람들은 참으로 많은 죄 없는 사람들을 죽음으로 몰아넣은 장본인이었던 것이 사실입니다. 대통령은 감옥시찰로 감방사정이 호전되고, 수감자들의 사기향상에 도움이 되기를 원했습니다. 대통령이 참으로 침울한 심정으로 돌아왔습니다.

12월 13일.

오늘 노블 박사가 나에게 전화를 걸어와 하는 말이 대통령의 기자회견은 대통령이 낙심하고 있는 듯한 인상을 주었다고 합니다. 국민들에게 용기를 북돋워주고 격려해야 할 때인데 말입니다.

그러나 사실은 기자회견에서 대통령에게 질문했던 기자들은 대부분 영국기자들이고, 그들은 우리에게 호감을 갖지 않은 기자들입니다. 특히 발렌타인 같은 기자는 공산주의자로 알려져 있으며, 또 영국기자들은 의식적으로 자극적인 질문을 던져 대통령을 궁지로 몰아넣으려 했던 것입니다. 그래서 대통령이 연설을 했고, 그것이 영문으로 외국기자들에게 배부되었습니다.

내각회의에서 각료들은 유엔 한위대표들과 당면한 비상사태에 대비할 연석회의를 갖도록 결정했습니다. 수요일 오후 3시 30분에 만나기로 하였습니다. 대통령은 유엔 한위대표들에게 현 사태는 유엔이 즉각 행동을 취함으로써만 해결될 수 있다고 강조했습니다.

대통령은 유엔 한위와 긴밀히 협력할 것을 다짐했고, 유엔 한위대표들에게 레이크 석세스에 있는 유엔본부에 손이 묶여있는 맥아더 장군이 원하는 방향으로 행동을 취할 수 있도록 해줄 것을 요청했습니다.

이번 회의가 열리기 전에 신 국방장관과 백낙준 문교장관이 대통령을 만나뵙고 회의석상에서 너무 언성을 높이시지 말 것과, 한국 국군의 독자적인 지휘권을 회수해야겠다고 요구하시지 말도록 대통령께 조언했습니다. 만일 그렇게 한다면 미군은 당국과 협조하기가 힘들게 될 것이라고 했습니다.

아무튼 유엔 한위대표들은 대통령과의 회견에 대단히 만족해했습니다. 그러나 노블 박사에 의하면 유엔 한위대표들은 어떻게 해야 할지 모르고 있다고 합니다. 왜냐하면 그 사람들은 유엔본부의 결정을 재촉할 길이 없다는 것입니다.

챔프니 대령 휘하에서 철수작업을 담당하고 있는 미국사람들은 모든 민간인들을 철수시킬 계획을 추진하고 있습니다. 사람들은 이 추위 속에서 어디에선가 꼼짝 못하게 될지 모르는데도 여전히 계속 남하하고 있습니다.

# 한국 적화되면 일본과 필리핀도 위험

(* 프란체스카 여사가 올리버 박사에게 보낸 편지의 계속)

13일 오전 9시에 노블 박사는 미국대사가 워싱턴으로부터 받은 전문을 가지고 왔는데, 그것은 미국정책을 요약한 것으로 다음과 같습니다.

① 유엔총회에서 6개국 공동결의안을 밀고 나갈 것.
② 동시에 미국은 아시아 13개국이 제출한 정전안을 유엔총회에서 원칙적으로 지지할 것. 그 나라들이 중공에 요청하여 동의를 구하려는데 대해 반대하지 않음.
③ 이러한 조치는 한국에 대한 미국의 기본정책에 되도록 많은 지지를 얻기 위한 것임.
④ 미국의 목표는 자유롭고 통일된 한국을 이룩하기 위한 것임.
⑤ 만약 명예로운 조건이 확보될 수 있다면 정전과 지금 하고 있는 전투의 평화적인 해결이 바람직함.

⑥ 미국과 영국은 중공을 승인하는데 대해서는 의견을 달리함. 그러나 쌍방은 한국 사태를 평화적으로 해결하기 위해서 유화에 반대하는 것에는 완전히 의견을 같이함. 특히 양국은 한국과 타이완 지지정책을 변경하지 않을 것이며, 일본과의 평화조약에 중공이 참여하는 것을 허용하지 않을 것임.

⑦ 한국에서의 전투는 유엔의 행동에 따라야하며, 또 한국사태의 해결은 유엔의 정책안에서 이룩되어야 함.

⑧ 만약에 상기한 방침의 테두리 안에서 평화적인 해결이 이룩되지 않는다면 미국과 영국은 공산침략에 대항하여 한국에서의 전투를 지속할 것임.

⑨ 영국은 타이완의 전략적 중요성과 중공이 타이완을 수중에 넣게 해서는 안 된다는 점에서 미국과 의견을 같이 함.

이러는 동안 우리는 (미국 측의) 라디오가 미 국민은 이 추위 속에서 전투하는 것을 회피하고자 정전을 바라는 방향으로 흔들리고 있다고 보도하는 것을 들었습니다. 우리가 염려하는 것은 영국보다도 영연방 여러 나라가 전투를 종식시키기 위하여 인도를 통해 중공과 타협을 시도하는 것입니다. 우리는 트루먼 대통령이 한국문제에 대해서 정직하다는 것을 믿습니다. 그러나 우리는 영국을 믿을 수 없고, 또한 믿어서는 안 된다는 것입니다.

이미 영국이 베이징에 대표단을 보낼 것을 제의한 사실을 보면 유엔은 이 문제에 대해서 굴복하려는 것 같습니다. 즉 베이징이 대표단을 오라고 한 것은 그들과 의논해보겠다는 바로 그 이유 때문이니까요. 만약에 그들이 가서 미국과 한국을 모독하는 일만이 허용될 때, 도대체 그들이 속한 유엔의 체면은 무어란 말입니까?

중공이 의향만 있다면 유엔 측 제의에 따라올 것입니다. 베이징에 간다는 일 자체가 이미 동양 사람들의 눈에는 유화로 비칩니다. 유화일 뿐 아니라 벌써 저쪽에서는 첫 라운드에서 이긴 것입니다.

우리는 네덜란드 대표인 판 에드알드 남작을 경무대로 점심초대를 했었습니다. 그는 대통령에게 한국의 앞날이 매우 암담하다고 하였습니다. 그의 말에 의하면 유엔군은 유럽의 군세를 강화하기 위해서 조만간 한국에서 철수하지 않으면 안 될 것이라고 하였습니다. 그의 견해로는 유엔군이 한국에서 방위할 수 있는 곳은 남한 한 모퉁이의 작은 지역— 그것은 전보다 작은 지역— 밖에 되지 못할 것이랍니다.

심지어는 한국정부가 망명해야 할 때가 올지도 모른다고 했습니다. 그렇게 된다면 약 10만 명의 청년을 오키나와(沖繩)나 일본으로 철수시켜 공격대를 조직하기 위해 훈련시키게 될 것이라고 합니다. 그는 대통령만이 아시아에서 공산주의에 대항하는 투쟁에 불을 켜주는 오직 하나의 불꽃이라고 굳게 믿었습니다. 아시아의 모든 나라들은 대체로 공산주의에 굴복하였다는 것입니다. 그가 유럽인의 사고방식으로 믿는 바에 의하면, 아시아는 한동안 공산주의 세력 앞에 포기될 것이고, 약 6개월 후에 모든 나라들이 소련과 싸울 준비를 갖추면 그때 다시 한국이 강대국들의 관심사가 될 것이라는 것입니다.

판 애드알드 남작은 굿펠로 대령(대통령의 친지로서 제2차 세계대전 때 OSS에 지원한 한국청년들을 돌봐준 친한 인사)의 친구입니다. 제2차 세계대전 당시 그는 미국 OSS(전략사무국)의 임무로 네덜란드 장교들을 훈련시킨 사람입니다. 그는 유럽 제일주의자입니다.

대통령은 대답하기를 "당신의 말이 맞을지도 모르겠지만 공산주의자들은 6개월은 고사하고 3개월도 기다리지 않을 것입니다. 한국이 공산주의자들의 수중에 떨어진다면 동양에서의 이 철수 행위는 그 심리적 영향이 전체 공산세력에 곧 파급될 것이고, 일본이나 필리핀도 오래가지 못할 것입니다. 인도네시아나 그 밖의 동양 각국도 그런 식으로 넘어갈 것이 확실합니다." 라고 하였습니다.

에드알드 남작은 대통령의 의견에 동감하면서, 대통령의 장래에 대한 견해가 정확하며 다음에 올 일이 무엇인가를 잘 알고 계시다고 대답했습니다. 그러나 그는 자기 생각으로는 지금 유엔이 할 수 있는 일은 이 이상 없을 것이라고 했습니다.


## 12월 16일 토요일.

개성은 미국사람들에 의해 완전히 철수되었고 교량들은 남김없이 파괴되었습니다. 왜 그렇게 되었는지 아무도 모릅니다. 보고는 언제나 모든 전선은 아무 이상이 없다는 것이며, 춘천지역에서만 치열한 전투가 계속되고 있습니다.

우리의 수도사단은 전선을 강화하기 위해 부산으로부터 북상하고 있습니다. 미 해병대(약 2만 1천 명)는 부산에서 철도로 올라오고 있습니다. 군대의 대부분은 서울 주변에 집결하고 있습니다. 터키군과 미2사단도 있습니다. 대통령은 14일 목요일 오후 2시 기진맥진해 있는 미2사단 사령부를 방문하였습니다.

이 이야기는 아무에게도 하지 마시기 바랍니다. 내막인즉 미2사단장인 로렌스 카이저 장군이 중화기를 모두 잃어버린 채 진지를 뺏긴 탓에 미국으로 송환되어 군사재판에 회부될 것이라고 합니다. 사실이야 어떻든 사단장은 다른 사람으로 바뀌었습니다.

미군은 우리 경무대 직원의 가족들이 화물차로 부산과 대구로 피난하도록 준비를 하였습니다. 직원들 대부분은 가족과 함께 보낼 친척들과, 또 그 가족들이 있습니다. 부산까지 가는데 3일이 걸립니다. 서울시민들이 서울을 떠나는데 대해 얼마나 비참함을 느끼는지 알려드리겠습니다.

우리 경무대 변호사인 임철호 씨는 부친이 여러 해 동안 중환에 걸려 병석에서 앓고 있는데, 그는 병든 부친 때문에 서울을 떠나지 못하겠다고 말했었습니다. 그런데 며칠 전에 그 부친이 별세했다는 보고를 받고 우리는 무척 가슴이 아팠습니다. 왜냐하면 그 병든 부친은 효성스런 아들과 그의 가족이 서울에 남아 공산군에 당할 일을 두려워한 나머지 아무도 몰래 독약을 먹고 자결하였답니다. 늙은 아버지는 아들과 자손들이 자유를 찾아 피난하도록 하느라 자손 몰래 목숨을 스스로 끊은 것입니다.

오스트레일리아 대표인 프림솔 경을 점심에 초대하였습니다. 프림솔 경은 매우 정직하고 동정적인 분입니다.

오늘 새벽부터 눈이 많이 왔습니다. 비행기가 뜰 수 없는 기후입니다. 점심 때가 지난 후 눈은 멈추었지만 지금 강풍이 불고 있습니다. 우리는 우리 육군을 공중 지원할 수 있는 좋은 기후가 필요합니다.

나는 짐을 쌀 엄두도 내지 못하고 있습니다. 도무지 모든 일이 믿어지지가 않습니다. 사람들은 두려워하지 말라고 몇 번이나 다짐을 했는데, 지금은 그렇게 다짐했던 바로 그 사람들이 제일 먼저 남하하고 있습니다. 소련은 공공연하게 미국을 쑥밭으로 만들어 놓아야 한다고 떠드는데, 어떻게 휴전과 평화를 논할 수 있겠습니까? 대통령은 모든 미국사람들이 매국적인 유화정책에 반대하여 일어나기를 원합니다.

대통령이 어떤 입장에 처해 있는지를 귀하는 잘 아실 것입니다. 중간노선이란 있을 수 없습니다. 적의 비행기가 김포까지 오기 때문에 노스웨스트항공회사는 서울행 비행을 중지하였습니다. 부산까지의 비행도 언제까지나 할 수 있을지 모르지요. 이곳에서 일본으로 가는 마지막 비행기는 지금 곧 떠난다고 합니다.

# 미국, 원화 평가절하 압력

12월 19일.

　　워커 장군이 오늘 오전 11시에 훈장을 받았습니다. 무초 대사와 유엔 한위위원장 및 수석비서가 그 자리에 동석했습니다. 우리는 그 훈장을 도쿄에서 가져오는데 무척 애를 먹었습니다. 노블 박사는 우리가 미국 국회에 서한을 보내서 훈장 수여에 대한 승낙을 받아야한다고 고집했고, 미8군 측에서는 크리스마스 전에 훈장을 받기를 간절히 원했습니다. 도쿄의 우리 주일대표부에서는 훈장을 2주일 동안이나 가지고 있었는데, 연합군총사령부(SCAP)에서는 대통령의 편지가 함께 와야만 그것을 보낼 수 있다고 핑계를 대더랍니다. 도쿄에 있는 김 공사는 어떻게 해야 좋을지 몰랐고, 또 이 연합군 총사령부 측 사람들을 어떻게 다루어야 할지 난감했다고 합니다. 연합군총사령부에서는 훈장 수여를 달갑게 여기지 않았고, 우리 대표부는 그들이 은근히 압력을 넣어 지연시킨 것을 눈치채지 못했습니다.

12월 20일.

　국제적십자사의 베어리 씨가 와서 서대문형무소에 수감 중인 죄수들의 처우문제에 대한 서한을 제출했습니다. 사실 그의 소관업무는 전쟁포로 문제이고, 민간인 죄수는 그가 관여할 일이 아닙니다.

　심지어는 미국대사관도 베어리 씨가 자기 담당 업무만 처리해야지 한국 정부의 소관업무까지 관여해서는 안 된다고 여기고 있습니다. 베어리 씨는 민간인 수감자들도 군 포로수용소로 옮겨야 한다고 제안했습니다. 우리나라 사람들은 이 죄수들이 많은 양민을 학살하는데 협조한 사람들이어서 퍽 심란하게 느끼고 있답니다.

　대통령은 지난 12일 서대문감옥을 다녀온 뒤 진심으로 잘못을 뉘우치는 수감자들을 희생시키지 않기 위해 특사할 수 있는 대책을 세우고 있습니다.(* 22일부터 정부에서는 이 문제에 대한 상당한 토의가 있었고, 50년 12월 24일에는 마포형무소에서 부역자 특사령 전달식이 열렸다. 25일에는 군법회의 관계 부역자의 감형 또는 특사가 발표되었으며, 12월 28일에는 부역자 특사령이 공포되었다. 이상의 기록은 국방부 정훈국 〈한국동란 일년지 1950〉의 일지와 신문자료에 의함.)

　귀하는 대통령이 젊은 시절 감옥에서 사형을 언도받고 수감되어 있다가 7년의 옥고를 치른 뒤에 풀려난 사형수였던 사실을 기억하고 계실 줄 믿습니다. 대통령은 감옥에서 처형됐던 옛 친구들의 억울한 죽음을 늘 가슴 아프게 여기고 있기 때문에 가능한 한 많은 수감자들을 특사할 계획입니다. 대통령은 비지땀을 흘리며 매달리던 사형수들의 창백한 얼굴과, 자신의 감방 바로 뒤에서 목에 칼이 떨어지기 직전 우리나라 만세를 세 번이나 불렀던 애국자 장호익 장군의 모습을 꿈에 보셨답니다. 저도 되도록 많은 수감자들이 풀려나기를 기원하고 있습니다.

12월 21일.

오전 9시 경제협조처장 마이어 씨가 부책임자 콜맨 씨와 로랜 씨를 데리고 왔습니다. 마이어 씨는 도쿄로 가기로 되어있고, 부책임자인 콜맨 씨가 남기로 했답니다.

마이어 씨는 미화 환율이 1달러당 4천원으로 변경되어야 한다고 주장했습니다. 대통령은 그럴 필요가 없다고 대답했습니다. 쌀값이나 다른 물가가 오르지 않고 있답니다. 필리핀에서는 1달러가 2페소인데 아무도 그곳의 경제 상황을 염려하지 않고 있습니다.

그런데 왜 여기서만 환율문제를 고려해야 합니까? 지금 화폐가 그토록 많이 나가고 있는데, 만일 원화를 절하하게 되면 물가가 한없이 오르고 민생이 어려워져 걷잡을 수 없는 사태가 생겨날 것입니다.

12시 30분에 유엔 한위의 필리핀대표 아푸리카 박사를 초대하여 점심을 같이 들었습니다. 대통령은 아푸리카 박사에게 달러를 인상해 달라는 미국 측의 요청에 대한 이야기를 했습니다.

예를 들어 한국정부는 유엔군에 4백억 원의 원화를 대여하게 되어있습니다. 그런데 이 돈을 위한 외화나 금으로 된 준비금이 있는 것도 아니고, 우리는 전적으로 그 돈을 인쇄해내야 합니다. 그 돈을 흡수할 수 있는 물자는 없는데 그처럼 거액의 돈을 시장에 풀어 놓게 되면 당연히 인플레가 될 것입니다. 아푸리카 박사는 한국정부가 달러나 물자를 받지 않고 그렇게 많은 돈을 유엔군에 제공해야 한다는데 대해 무척 놀랐습니다.

한국정부는 그 많은 돈을 찍어내고 어떻게 경제를 유지할 수 있겠습니까? 우리는 참으로 능력 있는 재정 전문가가 필요합니다. 레이디 씨가 있다면 큰 도움이 될 것입니다. 그러나 경제협조처와 미국대사관 사람들이 레이디 씨를 돌아오지 못하게 방해합니다. 우리는 유엔에 경제문제 해결을 위한 재정전문가를 보내주도록 요청했습니다.

　지금 서울은 시가지와 동네의 집들이 많이 비어있고 물자가 귀해서 손님접대를 하는데도 애로가 많습니다. 고기나 생선을 구하기가 힘들어서 계란과 두부를 주로 요리해서 손님접대를 합니다. 다행히 아푸리카 박사가 두부요리를 무척 좋아해서 기뻤습니다.

# 골치 아픈 외국기자들

12월 22일 금요일.

오전 10시30분에 대통령은 춘천 전선을 향해 출발했습니다. 대통령은 워커 장군의 2인승 비행기로 갔습니다. 린치 대위가 조종했습니다. 춘천사람들은 대통령이 올 것을 상상조차 하지 않았으므로 무척 놀라며 반가와 했답니다.

회의를 하던 도지사가 즉시 대통령을 뵈러 왔답니다. 대통령은 그곳에 있던 사람들과 우리 국군 장교들과 오랫동안 이야기를 나누었습니다. 그들에 따르면 산 위와 들판에 있는 장병들은 밥을 지게로 운반해 먹는데 밥이 얼어붙어 있답니다. 그들에게 전투용 식료품을 줄 수 없으니 문제입니다. 차라리 건빵 같은 것이 꽁꽁 얼어버린 찬밥보다 훨씬 낫지 않겠어요?

그렇지 않아도 우리는 미국당국에 그들의 레이션(=비상용 군대식품)을 보급해 줄 수 없느냐고 요청했는데 한국군을 위한 보급량이 없답니다. 그들의 레이션은 그대로 불에 데워먹을 수 있습니다.

대통령은 우리 군인들에게 레이션을 보급하지 못하는 실정을 무척 가슴 아프게 여겨 조속한 대책을 강구하고 있습니다. 그 혹독한 전선의 추위 속에서 언밥을 먹고 있을 우리 애들을 상상해 보십시오. 미군들처럼 따뜻한 군복도 보급 받지 못한 채 추위를 견뎌내야 하는 우리 아이들을 생각하면 안타깝지 그지없습니다.

춘천에서 대통령은 원주로 비행하여 미국 군사고문관들과 유재홍 장군의 사령부를 시찰했습니다. 대통령은 오후 4시에 돌아올 예정이었는데 5시30분에야 도착하여 무척 염려했습니다. 요즈음의 전선시찰은 수많은 적군의 출몰로 인해 아주 위험하기 짝이 없습니다. 대통령은 늘 우리 장병들을 찾아가서 격려하기를 즐기는데, 이번에도 장병들의 사기를 드높이는 좋은 결과를 가져올 것이 틀림없습니다.

신 국방장관은 매일 아침시간에 보고를 합니다. 오늘의 보고는 춘천전선의 병력이 매우 미약하다는 것이었습니다. 동부전선에는 훈련을 제대로 못 받은 채 투입된 2개 사단만이 배치되어 있는데, 병력이 대단히 약하답니다.

김백일(金白一) 장군이 지금 강릉에 주둔하고 있는데, 그것 자체는 좋으나 병력이 춘천까지 미치지를 못한답니다. 지금 동부전선에는 넓은 공백이 있는데 조만간에 적군은 그것을 탐지하게 될 것이고, 따라서 그들은 그곳에 병력을 집중해서 돌파하려고 할 가능성이 많습니다.

2주일 이상이나 신 국방장관은 워커 장군에게 미군부대가 그 공백을 보강해주도록 요청했답니다. 미군부대만 중화기나 전차를 가지고 있으니까요. 한국 사단들은 18문의 야포 외에 탱크는 한 대도 없습니다. 미군사단들은 72문의 야포와 탱크를 가지고 있습니다.

친애하는 올리버 박사 내외분께.(* 12월 22일자로 쓴 편지임)
11월29일, 12월3일, 6일, 13일과 14일의 편지를 고맙게 받았습니다. 파우치가 워낙 늦게 도착한 까닭에 두 분의 편지를 모두 엊그저

께야 받아볼 수 있었습니다.

저의 일기에 대해 다시 말씀드린다면 그중의 어떤 부분이라도 제 이름과 관련시켜 쓰시는 것을 원치 않습니다. 그냥 한국전쟁을 겪고 있는 어떤 사람의 이야기라고 쓰는 것은 괜찮습니다. 저는 가능한 한 사실을 기록하려고 애쓰고 있습니다. 최근에 또 몇 장의 일기를 보냈습니다.

올리버 박사께서 우리 한국을 위해 그토록 많은 말씀을 해주실 수 있었다는데 대해 저희들은 대단히 감사하며, 기쁘게 생각합니다. 사람들과의 직접적인 접촉은 항상 큰 도움이 되지요.

두 분께서 유익한 일들을 하기 위해서는 필요한 휴식을 취하시는 게 좋으리라 여겨집니다. 아시다시피 우리의 앞길에는 더욱 힘들고 험난한 일들이 놓여있습니다. 따라서 우리에게는 보다 강한 의지와 힘이 필요합니다.

뮬랜 씨에 대한 말씀인데요, 우리는 해외홍보를 담당할 사람을 절실히 필요로 합니다. 공보처장직을 맡았던 김활란 박사가 사임했습니다. 적임자가 없어서 대통령은 공보처장직을 다시 이철원 씨에게 맡겼습니다. 전쟁만 터지지 않았더라면 이철원 씨는 그런대로 잘해냈을 터인데, 워낙 이번에 좌절감을 느낀 탓인지 그렇지 않아도 침울하고 비관적인 서울 주재 신문기자들의 사기를 북돋워주지 못하고 있답니다.

한편 외신기자들은 8군이 무료로 제공해준 호텔에서 우두커니 앉아있으며, 무슨 기사를 써 보낼까 궁리하고 있답니다. 군 당국은 그들이 하도 여러 번 군기밀이 새나가도록 보안규칙을 어겼기 때문에, 그들에게 뉴스를 주지 않고 있답니다.

민간인이건 누구건 무슨 이야기를 해주기가 무섭게 외신기자들은 받아쓰지요. 특히 경솔한 신문기자들일수록 그런 이야기를 잘 듣고 함부로 글을 쓰곤 하지요. 물론 그 외신기자들의 사정을 생각해보면 참 딱하지요.

이 추운 나라에서 갈 곳도 없고, 그저 들어앉아서 나쁜 소식이건 좋은 소식이건 새로운 소식이 들어오기를 기다리고 있어야 하니까요. 매일매일 그런 생활이 되풀이 되고 있으니 무슨 좋은 결과가 있겠습니까? 연합군사령부는 그들이 한국에 오는 것을 막지는 않지만 그들을 지치게 하려고 은근히 골탕을 먹이고 있지요.

이런 형편에서 이철원 공보처장은 이들 '뉴스 사냥개'들의 적수 노릇을 해야 하니 딱합니다. 바로 그저께 무초 대사가 말하기를 존스턴 기자는 한국에 대해 퍽 우호적이었는데 이젠 정반대로 달라졌답니다. 그는 어찌나 겁을 먹고 비관적인지 사물을 올바로 보지 못할 정도로 이성을 잃었답니다.

그는 퍽 배경이 좋은 기자인데 형편이 불리해지자 아군에게도 해로운 존재로 변해버렸답니다. 대구에서 이런 불상사가 있었기 때문에 군 당국이 존스턴 기자의 입국을 거부해버렸답니다.

올리버 박사 내외께서 변영태 씨의 방문을 즐기셨다니 반갑습니다. 그분이 미국사람들과 접촉함으로써 많은 도움이 되었을 것으로 믿습니다. 한미협회에 관한 이야기인데요. 대통령은 지금이 과거나 미래, 그 어느 때보다도 한미협회를 조직할 수 있는 좋은 시기라고 하십니다. 일이 잘되어갈 때보다도 지금과 같이 위기에 처했을 때 우리는 미국여론의 지원을 더 필요로 합니다.

미국정부나 트루먼 대통령도 여론의 지지 없이는 아무 일도 할 수

312

없답니다. 아시다시피 트루먼 대통령은 자유롭고 독립된 통일한국을 이룩하기를 원하며, 그것을 위해 싸우고자 할지라도 미국여론이 지지해주어야 정책을 밀고 나갈 수가 있다는 것입니다.

미국의 여론을 우리 편에 서게 하려면 어떤 특별한 홍보활동을 해야 한답니다. 한국은 더 많은 유력한 친구들을 가져야만 미국 국회의원들의 행동에 영향을 미칠 수 있습니다. 귀하는 브렉 씨를 어떻게 보시는지요? 그분이 한미협회를 시작한다면 어떨는지요?

가이싱거 씨도 대단히 유능한데, 그분은 단체를 시작하는 것보다는 우리의 미국 내 홍보사업을 담당하여 대통령을 돕는데 더 적임자일 것 같습니다. 제 생각으로는 어쩐지 그 사람이 뮬렌 씨 보다 더 잘해낼 것 같습니다.

우리는 영어로 된 보고서나 성명서들을 읽고 수정하는 일을 도와줄 사람이 너무 없어서 곤란을 당하고 있습니다. 두 분과 온가족이 성탄절과 새해에 기쁨과 은혜가 충만하시기를 빕니다.

프란체스카.


12월 23일.

어제 대통령은 춘천과 동부전선을 시찰하기 위해 각료회의를 취소했었습니다. 그리하여 오늘 아침 9시에 각료회의가 열렸습니다. 조병옥 내무장관은 군대가 후퇴하고 있다는 사실을 국민들에게 알려야 하며, 또 정부도 중요한 부서 이외에는 비상시에 서울로부터 신속히 철수할 수 있도록 남하해야 한다고 주장했습니다. 여러 장관들이 이 주장에 반대했습니다. 그러나 조 내무장관은 이미 미 군사고문단이 전부 대구로 철수했으며, 정부도 부서 전체가 서울에 함께 남아 있어야 할 이유가 없다고 주장했습니다.

오전 11시 30분, 무초 대사가 대통령을 방문하여 국회의원들과 그 가족들이 서울에 있을 필요는 없다고 했습니다. 무초 대사는 약 1주일 전에 우리에게 했던 것과는 정반대의 이야기를 했습니다.

대통령은 20일의 국회 개회식 축사를 통해 정부는 여기 서울에 남아있어야 하며, 왜 국회의원들이 서울을 떠나려고 하는지를 알 수가 없다고 했었습니다. 국회의원들은 정부의 요인들이니까요. 대통령은 결사적 각오로 싸우자는 요지의 연설을 했었습니다.

대통령은 "우리 국군과 유엔군이 힘을 합해 전선을 방어하고 있으므로 서울은 10만 대군이 들어온다 하더라도 흔들리지 않을 것이다. 조국의 위기 속에서 우리가 혼자만 살려고 해서는 안 되며, 모두 다 죽을 각오로 싸워야 할 것"이라고 강조했었습니다. 나중에 보니 연설의 일부가 잘못 보도된 것이 있었습니다. 대통령이 한국에는 4백만의 군대가 있어야 된다고 말한 것으로 보도했는데, 실은 1백만의 군대라고 말했습니다. 그러나 외신기자들은 결코 정정기사를 내지 않을 것으로 생각됩니다.

무초 대사는 정부의 대부분을 부산으로 옮겨야한다고 대통령에게 조언을 했습니다. 그래야 국민들에 대한 식량조달도 더 쉽게 할 수 있어서 도움이 된다고 했습니다. 대사는 퍽 낙관적으로 관망하면서도, 동시에 우리더러 서울을 떠나도록 충고했습니다.

정오쯤 무초 대사가 와서 방금 긴급 전화연락을 받았는데, 워커 장군이 자동차사고를 당했다는 것이었습니다.

낮 12시30분에 우리는 유엔 한위대표인 태국의 사라신 상원의원과 점심을 함께 들었습니다. 그는 아주 재치 있는 젊은 분이었습니다. 그의 이야기에 의하면 유엔군은 아직 중공과 맞붙어 싸워 이길 수 있을 것이므로 절대로 철수해서는 안 되며, 싸움에서 지게 되면 큰 낭패가 일어날 것이랍니다.

그리고 미국이 군 장비 면에서 싸울 준비가 되지 않은 채 소련과 싸우기 시작한 탓에 그동안 큰 타격을 입은 것이라고 했습니다. 그는 또 15년에서 20년 안에 일본이 재무장하게 될 것이라고 예상했습니다. 그는 자기 나라에서는 결코 공산주의가 득세할 수 없다고 확신하는 멋진 젊은이였습니다. 태국 국민은 국왕을 사랑하고, 무척이나 행복을 느끼며 만족한답니다.(* 전체 편지 끝)

# "리지웨이 사령관 임명은 맥아더 견제용"

12월 23일.

대통령은 오후 3시 반 미 8군사령부로 가서 특별실에 안치되어 있는 고 월튼 S. 워커 장군의 영전에 조의를 표하고, 장군의 외아들 샘 심스 워커 대위를 위로했다. 그리고 용감한 장군을 잃고 슬퍼하는 우리 국민의 깊은 애도의 뜻을 전하고, 한국과 자유세계를 위해 큰 공헌을 한 장군의 업적은 영원히 기억될 것이라고 찬양했다.

장군은 크리스마스를 앞두고 영국군 27연대를 표창하러 가는 도중이었다고 한다. 의정부 근방에서 반대편에서 달려오던 미군트럭을 피하려다 장군이 탄 지프가 전주에 부딪쳤다. 지프가 세 번이나 구르는 바람에 중상을 입고 곧 근처 야전병원으로 옮겼는데 애석하게도 아들 샘 워커 대위가 도착하기 직전에 숨을 거두었다고 한다.

워커 장군의 외아들 샘 워커 대위는 최전방에서 싸우는 24사단에 배속되어 있었다. 워커 장군은 미24사단에도 표창장을 가지고 들를 예정이었다. 자랑스러운 아들과 사령관인 아버지가 같은 전선에서 만나는 장면을 상상하다가 청천

벽력 같은 비보를 전해 듣게 된 도쿄의 워커 장군 부인이 얼마나 애통해할까를 생각하니 한숨이 절로 나온다.

워커 장군의 유해는 아들의 호위를 받으며 내일 오전 10시 간단한 고별식을 가진 후 특별기편으로 김포공항을 출발, 도쿄를 거쳐 본국으로 운구될 예정이라고 한다.

연합군최고사령부는 워커 장군의 뒤를 이어 미 8군사령관으로 매튜 리지웨이 중장을 급히 임명했다. 리지웨이 장군은 2차 세계대전 당시 미국 낙하산부대를 지휘하여 혁혁한 공훈을 세운 역전의 용감한 장군이라고 한다. 다만 은밀한 정보에 의하면 리지웨이 장군은 맥아더 장군을 견제하기 위해 임명한 것이라고 해서 대통령이 은근히 염려하고 있다.


12월 24일.

내일이 크리스마스여서 우리는 예배를 보러 오전 11시 정동교회로 갔다. 성탄절을 맞는 예배당 안에는 아무런 장식도 없이 너무나 쓸쓸하고 황량하며 난롯불 하나 없이 썰렁했다. 손발이 꽁꽁 얼어 감각이 없어질 만큼 추운 이 넓은 예배당 안에는 손으로 꼽아 약 20명의 교인이 모여 있었다. 목회를 인도할 목사가 없어서 평신도 한사람이 예배순서를 진행하고 있었다.

그 신도의 설교는 매우 감동적이었다. 교인들이나 대통령은 함께 예배를 보게 되어 모두 기뻐하였다. 그 신도는 성경의 마태복음 10장 29절을 봉독했는데, 사람들이 모두 울었다. 대통령은 그 사람들에게 하나님이 우리를 지켜주시니 아무리 강한 적이 쳐들어와도 기어이 물리칠 수 있다는 믿음을 갖도록 격려했다. 이 예배는 지금껏 우리가 참석해온 예배 중 가장 감명 깊게 기억에 새겨질 만큼 감동적이었다.

우리는 예배가 끝나기 전인 낮 12시에 교회를 나와야만 했다. 12시 30분에 의정부방면의 전선을 향해 떠나야 하기 때문이었다.

우리는 신성모 국방장관의 지프를 타고 출발하였다. 대통령과 신 국방장관, 그리고 나 이외에 운전기사가 타서 네 사람이 함께 갔다. 해는 맑게 빛나고 확 트인 시골로 속력을 내어 달렸다.

워커 장군이 하루 전날 자동차사고로 참변을 당했던 지점을 통과했다. 우리가 맨 처음 간 곳은 완전히 파괴된 의정부 외곽의 콜터 장군 사령부였다. 콜터 장군은 트레일러 안에서 생활했다. 안에는 침대와 책상과 세면대와 작은 냉장고가 있었다. 그곳을 잠깐 방문한 뒤 6마일 떨어진 한국군 제6사단으로 갔다.

6사단은 콜터 장군 휘하에 배속되어 정보활동을 담당하고 있다. 그들은 길에서 떨어진 작은 마을에 주둔했다. 그들이 쓰고 있는 집은 파출소 건물이었던 것 같았다. 미국고문관과 사단 장교들이 기다리고 있었다.

장도영 장군은 젊고 유능한 사람으로, 콜터 장군의 많은 칭찬을 받고 있었다. 부대의 미 군사고문관은 피츠버그에서 최근에 온 피어슨대령인데, 한국 군인들과 일을 잘하고 있었다. 그러나 다른 세 명의 약간 계급이 낮은 고문단 장교들은 오히려 실망하고 있는 듯했다.

그들은 위스키가 왔느냐, 안 왔느냐에 대해 더 관심을 쏟았다. 만약에 안 왔으며 가지러 가야겠다는 것이었다. 나는 그들과 잠시 이야기를 나누었는데, 전의 미 군사고문단이 일을 잘하지 못했다는 사실을 알게 되었다. 그래도 나는 그들의 도움에 감사를 표했다.

그들은 나에게 이번 전쟁이 시작되었을 때 싸웠던 다른 8개의 군사고문단처럼, 자신들도 대통령으로부터 표창을 받을 것인가를 물었다. 나는 워커 장군이 이미 표창장을 사무실에 보관하고 있었으며, 처치 장군에게 표창장을 전달하러 가는 길에 교통사고로 참변을 당했었다고 대답해주었다.

만일 워커 장군에게 아무런 사고가 없었더라면 지금쯤은 장군이 군사고문단에 그 표창장을 수여했을 것이라고 덧붙였다. 그들은 내가 그들도 표창장을 받게 되리라는 말을 하고난 다음 다소 즐거운듯하였다.

장 장군은 적의 위치를 찾아내기 위해 부대원을 어디로 보내는지 지도를 하나하나 지적하여 설명하면서 몹시 신바람이 났다. 그리고 대통령에게 족자를 만들 수 있게 붓글씨로 무엇인가를 써달라고 했다.

우리는 거기서 약 한 시간 동안을 함께 보냈다. 대통령은 우리 장병들을 만나는 것에 무척 흡족해했고, 그들의 사기 또한 충천해 있음을 알았다. 미 군사 고문단의 피어슨 대령은 대단히 좋은 사람이며, 우리 장병들의 존경을 받고 있었다.

우리는 6사단을 떠나 다시 의정부로 되돌아왔다. 길을 왼쪽으로 꺾어 처치 장군의 본부가 있는 미 제24사단으로 갔다. 처치 장군은 우리를 보고 대단히 기뻐했다. 22일 대통령이 밀번 장군을 방문하자, 처치 장군은 약간 시기심이 난 듯 콜리어 대령에게 대통령이 언제 자기를 방문하러 오느냐고 물었었다.

처치 장군의 트레일러는 눈이 녹아서 진흙탕이 된 논 속에 있었다. 그 논에 있는 천막들과 자동차들도 날씨가 따뜻해지면 진흙탕 속에서 꼼짝 못하게 될 터이니 논 밖으로 모두 이동시켜야 할 것 같았다. 처치 장군은 우리가 보낸 양주상자를 받고 퍽 기뻐했다.

대통령은 유엔군의 각 사령관들, 즉 미국과 여러 나라에서 온 외국 사령관들에게 칠기상자를 예쁘게 포장하여 성탄카드와 함께 보냈다. 우리는 그들로부터 진심으로 감사해하는 편지를 받았다. 처치 장군은 6·25동란 초기 임병직 장관에게 "우리가 일주일 안에 당신들이 서울로 돌아가도록 해주겠다!"고 호언 장담하던 때보다 훨씬 더 한국전에 익숙해진 듯했다.

우리가 그곳을 떠나올 때는 오후 5시가 되어가고 있었다. 벌써 해가 지기 시작하면서 눈 덮인 하얀 산등성이에는 붉은 노을이 물들었다. 대통령이 "소련

사람들은 한국을 얻기 위해서는 모든 것을 다 내놓으리다. 내 말을 잘 들어요."
하고 장담했다. 그리고 지프 안이 어찌나 추운지 발이 시리다 못해 얼어들어오
자 "오늘 내가 갔던 제일 추웠던 곳은 교회 안이야."라고 말했다.

저녁에 나는 친정언니가 몇 가지 크리스마스 선물과 함께 보내준 작은 촛불
6개를 켜놓았다. 언니의 크리스마스카드에는 "참으로 어려운 고난을 이겨내고
있는 내 동생 페니(* 프란체스카 여사의 애칭)야, 하나님께서 하루속히 한국에
평화를 내려주시어 전쟁의 공포와 괴로움으로부터 모든 사람들을 구해주시고
보호해 주시기를 기도드리고 있다. 자기 몸을 태워서 어두운 구석을 밝혀주는
촛불처럼 주님의 뜻에 따라 거룩하고 기쁜 성탄을 맞이하기 바란다. 새해에도
하나님께 큰 영광을 돌릴 수 있게 되기를 기원한다."고 적혀있었다.

나는 경무대 사람들에게 상록수의 작은 나뭇가지들을 마련해달라고 했는
데, 그들은 내 부탁을 잊어버리고 있었다. 그래서 나뭇가지와 잎사귀로 둥근 촛
불장식을 하려던 계획을 바꾸어 쟁반위에 촛불을 켜서 장식했다.

나는 대통령의 서재에 크리스마스 식탁을 꾸미고, 대통령이 좋아하는 동치
미와 한국음식으로 오붓한 식사를 차렸다. 쟁반 위에 켜진 촛불을 식탁 한가운
데 놓고, 미리 준비해둔 대통령에게 필요할 선물 — 털장갑과 털양말 — 그리고
두 언니가 보내온 선물을 식탁 한편에 쌓아 놓았다. 나는 대통령이 오늘저녁 단
한순간만이라도 이 비참한 전쟁의 비극들을 잊어주길 바랐다.

이 추위를 변변한 준비도 없이 견뎌내야만 하는 우리 아이들과 부상병, 객
지에서 떨고 있을 전재민들과 의지할 곳 없는 고아들, 그리고 전쟁에 시달림을
당하는 남북의 동포들과 감옥 안에 있는 죄수들에 이르기까지, 어려움을 당하
는 애절한 모습들이 이 크리스마스 전야에 잠시만이라도 대통령의 뇌리에서 떠
날 수 있었으면 하는 마음에서였다.

크리스마스와 신년을 맞이하여 감옥에서 많은 부역자들이 석방되어 가정의

따뜻한 품안으로 돌아가게 된 것이 다행스럽고 기쁘다.

공산군들은 후퇴할 때 형무소에 있던 모든 담요들을 가져가버렸고, 감방의 유리창까지 다 깨뜨려버렸다. 전시라 예산이 없어 유리창도 끼워주지 못하고, 담요를 제대로 줄 수 있는 형편도 아니었으므로 엄동설한에 수감자들의 고생은 이루 형언할 수가 없었다. 대통령은 사법이란 법률을 철저히 적용해서 벌을 주는 것보다, 형벌을 경감함으로써 더 좋은 성과를 거둘 수 있다는 신념을 갖고 늘 이를 강조해왔다.

법 없이도 살 수 있는 세상이 제일 좋은 세상이라고 항상 대통령은 말했다. 대통령은 여자죄수나 병자는 아무리 악질일 경우라도 특별히 고려할 것을 당부했었다.

대통령은 뉴욕에서 최용진 씨가 보내준 크리스마스 선물인 따뜻한 모포를 감옥에 있는 병자들을 덮어주도록 의무실로 보냈었다. 나는 대통령을 즐겁게 해드리려고 "거의 모든 부역자들이 풀려났으니 감옥에서 석방된 식구를 맞이하게 된 가족들이 얼마나 기뻐하겠어요."하고 말했다.

그러나 대통령은 "감옥에서 석방되지 못한 사람들과 그 가족들의 슬픔과 고통이 얼마나 크고 심각한 것인지 당신은 모를 것이오."하면서 침울한 표정을 지었다. 대통령은 젊어서 오랜 감옥생활을 할 때, 옥문이 열려 한꺼번에 모든 친구들과 동지들이 자유의 몸이 되어 나간 후 홀로 빈 감방에 외롭게 남아 몇 달 동안을 고통스럽게 지낸 적이 있었다.

정치범이라는 죄목이 붙은 죄수는 모두 특사되는 명부에 그의 이름을 끼워 넣으려고 애쓴 친구들의 노력이 수포로 돌아간 후, 대통령은 감옥 속에서 일생을 끝마치는 것이 아닌가 하는 공포심에 사로 잡혔었다. 그리고 그는 또다시 죽음을 기원하고 싶은 유혹을 떨칠 수가 없었다. 이때가 대통령이 겪었던 가장 괴로운 고통의 시절이었고, 깊은 신앙심마저 흔들릴 정도였다고 한다.

대통령은 고국에서 멀리 떠나와 이역만리 전선의 추위를 견디고, 가족과 집을 그리워하며 큰 명절인 크리스마스를 지내야 하는 유엔군장병들에게 축복의 메시지를 보냈다.

.

# 소꿉친구의 간청마저 거절한 대통령

12월 25일.

대통령은 전 국민에게 다음과 같은 요지의 특별성명을 발표했다.

"지금 우리의 전세는 별 변동이 없으며 지난 며칠 동안 내가 직접 춘천지역과 동두천지역의 최전방을 시찰했는데 국군과 유엔군의 사기가 높고 완벽한 군세를 갖추고 있었다. 현재의 형편으로 보면 전황이 점점 나아질 것이며 중공군에 대한 큰 우려는 없다고 한다. 우리는 국군병사들과 장교들에게 정부와 국민이 한 마음 한 뜻이 되어 뒤에서 받쳐주고, 또 죽을힘을 다해 싸울 결심을 하고 있다고 밝혔다. 우리 국민은 다함께 이와 같이 각오하고 오열들의 거짓선동에 넘어가지 않기를 바란다.

그리고 각 항구에는 군기 군물과 유엔 후원군이 잇달아 들어오는 중이다. 미국에서는 트루먼 대통령이 비상사태를 선포하여 전국 각 공장에서 군수품을 밤낮으로 만드는 한편, 전국적으로 징병령을 공포하여 매일 몇 만 명을 소집하고 있으므로 곧 1백만 대군을 이루게 될 것이다. 그러니 소련과 중공에서 무엇을 하든지 막론하고 미국이 계속 싸워나갈 것은 의심할 여지가 없다.

그러나 우리로서는 우리가 우리나라의 주인이오, 이 전쟁이 또한 우리의 전쟁이므로 우리가 나라와 자유를 위해서 끝까지 굴하지 않고 싸워나가야만 한다. 그래야 우리의 손님들이 우리를 도와줄 수가 있고, 더욱 돕고자하는 마음이 커질 것이다.

만일 우리 정부와 국군과 국민들이 다 같이 미약해서 각자가 자기만 살겠다고 피해 다니며 피난할 곳이나 찾고 있다면, 이는 세계우방이 모두 다 도우려고 해도 도울 수가 없는 것이다. 그러므로 우리의 먼 조상 때부터 내려온 영광스러운 역사를 계승해야할 용기와 힘을 발휘해서 중공군을 타도하고, 다시 이북으로 몰고 올라가 통일을 완수하도록 전 민족이 다 같이 지키고 싸우며 전진해나가야 할 것이다.

근자에 어떤 외국신문에 보도되기를 한국 사람들이 중공군과 싸우지 않으려고 한다고 했으나, 이것은 중간에서 우리를 해치려는 자들의 모략이다. 이런 허무맹랑한 낭설을 지어내어 한국인이 중공군과 싸우지 아니하려는데 유엔군도 어찌할 수 없다는 식의 선전을 할 의도가 보이므로, 이에 대해서는 우리 국군이나 국민이 그것이 사실이 아니라는 것을 행동으로 보여주어야 한다.

그러기 위해서는 더욱 힘을 다해 싸워야하며, 한사람이라도 도망가는 자는 발붙일 곳이 없어야 할 것이다. 우리가 이 금수강산을 잃어버리고 우리 집과 땅을 남에게 빼앗긴다면, 우리는 살 수도 없거니와 남의 노예가 되어 또다시 압박과 설움을 받게 될 것이다.

우리가 맹세코 죽기를 각오하고 싸우면 중공군을 완전히 물리칠 수 있을 것이다. 중공군은 북한 공산군에 비해 무력하다는 것을 우리 국군들이 직접 싸워봐서 알고 있으며, 또 우리 역사에서 중국의 침략을 받은 것이 한 두 번이 아니지만 그때마다 뭉쳐서 싸워 이겨내어 모두 몰아냈었다. 우리가 함부로 남을 업신여기는 것은 지혜가 아니지만 중공군은 무서워 할 것이 없다.

우리가 다 일어나 국군과 방위대를 도와 맹렬히 싸우기만 하면 중공군은 무찌를 수 있으니 두려워할 것이 없다. 지금 한 가지 문제는 우리를 위해 온갖 힘을 다해서 싸우고 있는 유엔군과 미국인이 우리의 결심을 보고 용기를 얻어 싸우고 있으나, 작전상 후퇴가 필요할 때 군사행동에 지장이 없도록 국회의원들과 정부 일부가 부산으로 잠시 옮길 것을 요청해 왔다. 또 국민 여러분도 소개할 수 있는 대로 소개시키는 것이 좋겠다고 하므로 권고하는 바이다.

우리는 여러분과 더불어 죽을힘을 다해서 최후의 한 사람이 남을 때까지 싸울 것이며, 기어이 중공군과 괴뢰군을 몰아내어 민족의 대업인 통일을 완수하고 최후의 승리를 거둘 것을 확신한다."


우리는 〈뉴욕타임스〉의 존스턴 기자와 점심을 함께 들었다. 해마다 그랬듯이 올해도 무초 대사가 우리에게 크리스마스 선물로 칠면조고기를 선사했고, 우리는 외국 신문기자들이 가족 없이 쓸쓸히 지내는 것을 알기 때문에 점심에 초대했었다.

작년에는 빌 무아 기자, 에머리 잭 제임즈 기자와 존스턴 기자가 우리와 함께 있었다. 그러나 금년에는 잭 제임즈 기자가 도쿄에 있는 병원에서 요양 중이어서 존스턴 기자가 유일한 손님이 되었다. 존스턴은 어찌나 겁을 먹었던지 한

때 이성을 잃은 상태에 있었다. 그는 며칠 내에 부산으로 갈 것이라고 우리에게 말했다.

그는 그의 상사에게 석 달의 휴가를 달라고 요청했으며, 또 한국 전선에서 첫 원자탄을 투하하게 될 비행기에 자기를 탑승시켜 줄 것을 요구했다고 한다.(* 이때 한국전에 원자탄을 쓸 것인지가 논란된 일이 있음) 그는 맥그리거라는 젊은 기자가 후임으로 올 것이라고 했는데, 맥그리거 기자는 전직이 해병 장교라고 한다.

나중에 우리는 경무대 뜰을 산책하였다. 하얀 눈이 얼어서 참으로 아름다운 정경을 이루고 있다. 오후에 대통령의 종가댁 종손이며 서당친구였던 이병주 씨가 성탄절이라고 작은 선물 보따리를 가지고 우리를 보러왔다. 이 어려운 전시에도 불구하고 대통령이 어려서부터 좋아했다는 약과와 마르지 않은 인삼 세 뿌리를 가져왔다.

대통령은 인삼을 다시 종이에 싸들고 이병주 씨에게 "이 인삼은 덕재를 주어야겠어."라고 말했다. 대통령을 특별히 생각해서 모처럼 가져온 인삼을 덕재에게 주어야겠다는 말이 혹시 병주 씨의 마음을 상하게 할까봐, 내가 얼른 대통령은 우유와 인삼이 맞지 않는 체질이라고 의사가 말하더라고 설명해주었다. 대통령의 어린 시절 서당친구로서 지금 살아남은 사람은 병주 씨와 덕재 씨 두 사람 뿐이다.

장난이 심했던 철없는 개구쟁이 시절 대통령은 이웃 친구 덕재와 함께 어른의 담배쌈지에서 담배를 몰래 집어내어 골통대를 만들어 둘이 앉아서 한없이 빨았었다. 그러다가 저녁에 아버지와 함께 저녁상을 받는 자리에서 별안간 토하고 냄새가 나서 어른들이 사정을 알게 되어 호되게 매를 맞고 벌을 선 적이 있었다. 해방이 되고 건국 초에 덕재 씨가 대통령을 만나러 와서 대통령은 무척 반가워했고, 오랫동안 헤어질 줄을 몰랐다.

그런데 덕재 씨가 늘그막에 산삼이나 먹게 고성군수 한자리 시켜달라고 부탁했으나 대통령은 그의 청을 받아들일 수가 없었다. 그 후 대통령은 덕재 씨의 아들을 경찰학교에 보내어 교육을 받게 한 후 경찰관으로 채용했다.

대통령은 구(舊) 황실 관리책임을 맡고 있는 이병주 씨에게 중요한 국보와 문화재를 대피시키는 일에 만전을 기할 것을 당부했고, 윤비 마마를 부산으로 모시는 비행기 편과 부산 거처에 대한 상세한 보고를 들었다.

저녁에 우리는 조선호텔로 가서 유엔에서 베푼 만찬회에 참석했다. 초청은 했었지만 오리라 기대하지 않았기 때문에 우리가 들어가자 무척 기뻐하며 반겨주었다. 대통령은 그들에게 우의를 표시하러 그곳에 나와 함께 간 것이었다.

경무대 비서들은 다음날 부산으로 떠나게 되어있다.

# 맨손 대통령에 달군 조약돌 선물

12월 26일.

워싱턴의 알링턴묘지에 묻히게 될 고 월튼 워커 장군은 죽기 전에 대장 승진이 맥아더 장군에 의해 내신되어 있었다고 한다. 신성모 장관의 말에 의하면 사고 당시 워커 장군의 지프는 미군트럭이 아닌 우리 6사단 소속의 스리쿼터와 충돌했으며, 장군이 직접 운전했었다고 한다. 워커 장군도 대통령처럼 항상 차를 과속으로 운전하는 버릇이 있었다.

그리하여 나는 무슨 일이 있더라도 대통령이 직접 자동차의 핸들을 잡는 일이 없도록 해야겠다고 마음을 먹었다. 대통령은 오늘 김백일 장군의 사단을 시찰하기 위해 강릉으로 비행할 예정이었다. 그런데 신 국방장관이 새로 부임하는 미 8군사령관 리지웨이 장군을 맞이하기 위해 대구로 가야했기 때문에 이 계획은 취소되었다.

사진으로 보는 리지웨이 장군의 인상은 호감이 가지만, 제발 후퇴하지 말고 공격해서 중공군을 몰아낼 수 있는 장군이었으면 좋겠다. 사실상 대통령은 워커 장군과 유엔군의 후퇴전술에 역정을 내고 있는 것이다. 아무리 전략이라고 해도 자꾸 오락가락하면 곤란과 고통을 받는 것은 우리 국민들뿐이라며 대통령은 불만이 크다.

작전상 후퇴라고는 하지만 미국사람들은 어떻게든 한국을 빠져나갈 궁리만 하는 것 같다고 대통령은 우려했다. 더욱이 들리는 바에 의하면 연합군사령부의 참모들이 한국에서 유엔군을 철수시킬 계획까지 세우고 있다니, 리지웨이 장군이 어떤 복안을 가지고 부임해 오는지 걱정이 앞선다.

나에겐 리지웨이 장군이 어딘지 다른 데가 있을 듯한 느낌이 들었다. 반대로 대통령은 그 사람이나 이 사람이나 마찬가지일 것이라며 별로 탐탁하지 않게 여겼다. 대통령은 서부전선의 임진강 상류 38선 지역방위를 담당하고 있는 백선엽 장군 휘하 제1사단의 우리 장병들을 격려하기 위해 표창장을 수여했다.

12월 27일.

오전 11시50분 리지웨이 장군이 무초 대사와 함께 대통령을 뵈러왔다. 콜리어 대령과 신 국방장관이 이 자리에 함께 있었다. 처음에 대통령은 표정 없이 담담한 태도로 리지웨이 장군을 맞이했다. 리지웨이 장군은 좀 긴장한 기색을 보였다. 그러나 악수를 나눈 뒤 "대통령 각하, 저는 한국에 온 것을 기쁘게 생각합니다. 저는 한국에 주둔하려고 온 것입니다. 기어이 적을 박살내겠습니다." 하고 군인답게 말했다.

리지웨이 장군의 결의에 찬 말을 들은 대통령은 낯빛을 누그러뜨리고 힘차게 장군의 손을 잡으면서 나를 소개했다. 그리고 제일 맛있는 차를 끓여오라고 했다. 장군은 차를 마시면서도 한반도에서 한 발짝도 물러서지 않을 것이며, 8군은 태세를 재정비하는 대로 공세를 재개할 결심이라는 것을 대통령에게 알렸다.

대통령이 만족해하는 것을 보고 리지웨이 장군도 시종 기쁨을 감추지 않았다. 나중에 안 이야기지만 대통령이 리지웨이 장군에게 나를 소개하고 차를 가져오도록 한 후 장군이 유난히 기뻐한 이유는 또 있었다. 미국의 장군들이나 여러 나라 대사들은 나를 대통령의 마음을 관측하는 청우계(晴雨計)라고 했다고 한다.

예를 들면 중앙관상대에서 날씨를 미리 예보해 주는 것과 마찬가지로 내가 대통령 옆에 나타나는 날은 청명한 날씨로서 면담 분위기나 결과도 좋다는 것이고, 내가 안 나타나는 날은 찬바람이 돌고 먹구름이 뒤덮이며 천둥번개가 치는 날이라고 누군가가 새로 부임해오는 사람들에게 귀띔해 주었다고 한다. 그래서 리지웨이 장군은 나를 보면서부터 줄곧 기쁨을 감추지 못한 것 같다.

시민들은 서울을 떠나고 있었다. 시골에 연고지가 있거나, 또 어디든지 살 수 있는 장소를 찾아가려고 남하하고 있었다. 우리는 교회로 차를 타고 가면서 이러한 가슴 아픈 처량한 광경을 보았다. 그들의 앞길에 하나님의 은총과 가호가 언제나 함께 하기를 빌었다.

정들었던 모든 것을 뒤에 버려두고, 오직 가지고 갈 수 있는 것이라고는 담요나 포대기 밖에 없었다. 어디서든 추위를 막고 지내려면 덮고 잘 것이 제일 필요하기 때문이다. 그러면서도 하나님께 감사할 일은 전쟁이 발발했던 지난 6월에 비해 좀 더 시간의 여유가 있다는 것이었다.

그리하여 우리 정부는 시민들이 불편을 참으면서도 다소나마 기차와 배편을 이용하여 피난할 수 있도록 했으며, 곳곳에 구호소를 설치하여 피난민들을 돕도록 하고 있었다. 우리는 모든 공무원들에게 두 달 치 월급을 한꺼번에 주고 피난가게 했고, 경무대의 직원들과 고용인들도 두 달 분 월급을 받았다. 그중 어떤 사람들은 시골에 친척이 있어 다행이지만 어떤 사람들은 연고자도 없이 대구와 부산으로 정처 없이 내려갔다.

부산과 대구에 가도 무엇을 해야 하며 어떻게 생계를 꾸려야 할지 막연한 경우가 대부분이다. 부산에서는 조그만 방 하나를 얻는데도 월세가 10만 원으로 껑충 뛰어올랐다고 하니, 그런 형편에서 어떻게 살아갈지 참으로 큰 걱정이다. 어른들의 이 답답한 심정을 아는지 모르는지 한강의 얼음 위에서는 철없는 동네 어린이들이 즐거운 듯 팽이를 돌리며 노는 모습이 눈에 띄었다.

한강부교 부근에서는 얼음을 타고 강을 건너는 피난민의 대열이 처참했다. 그 피난민의 대열을 바라다보던 대통령이 침통한 마음을 이기지 못한 듯 한참 눈을 감고 깊은 한숨을 내쉬었다.

어제 오후 리지웨이 장군이 일선을 시찰했는데, 임진강 상류 38선 지역을 방어하는 백선엽 장군 휘하 제1사단의 우리 애들을 절대로 믿는다고 격려했음을 신 국방장관이 보고해왔다. 앞으로 후퇴는 용납하지 않을 것이며 방어선에서 사수할 것을 리지웨이 장군이 명령했는데, 한국군 전 장병에게도 다음과 같은 메시지를 전해주도록 국방장관에게 요청했다고 한다.

> "많은 수효를 가진 적이 곧 공격해 올 것은 아는 바다. 그러나 우리는 이를 분쇄할 수 있고 또 분쇄해야만 한다. 장병제군들은 방어선에서 사수하라. 설혹 희생이 있다 할지라도 현 위치의 방어선을 지킴으로써 희생이 적어질 것이다. 그러므로 장병제군은 어떠한 난관이 있더라고 용감히 싸워서 공격해 오는 적을 쳐부수라. 최후의 승리는 우리에게 있다."

새로운 바람이 미8군 전체에도 일고 있는 모양이다. 리지웨이 장군은 미10군단의 지휘권도 인계받을 것이라고 하는데, 정일권 참모총장은 이것을 다행으로 여기고 있다. 유엔군의 통합단일화가 미 육군참모총장 콜린스 장군에 의해 이루어진 것이라고 한다. 지난번 워커 장군의 8군은 서부전선을 담당하고 앨먼드 장군의 10군단은 동부전선을 맡았다. 따라서 지휘권이 일원화되지 않고 협조가 잘 안되어 중공군이 우리 방어선을 쉽게 뚫을 수 있었다고 정일권 장군이 유엔군의 취약점을 지적했었다.

장도영 장군이 지휘하는 우리 6사단 장병들을 표창했다. 중공군의 위협 앞에 있는 장병들의 사기를 북돋워 주기 위해서 대통령은 6·25사변 이래 영천 지구의 작전을 비롯하여 북진작전에서도 제일 먼저 6사단이 압록강에 도달한 데 대해 그 혁혁한 공을 치하한 것이었다.

대통령은 콜터 장군을 통해 우리 6사단에서 일해 온 미군장병들에게도 약식 수장(繡帳)을 보내 이들을 격려하기도 하였다.

쌀값이 뛰어 올랐다. 사람들에게는 쌀값 오르는 것이 전황이 호전되고 있다는 오직 하나의 신호였다. 만약 전쟁이 아군에게 불리해진다는 소식이 들려오면 쌀값은 즉시 떨어진다. 쌀값은 증권시장의 주식시세처럼 민감하다. 일반적으로 긴급한 사태를 당하면 사람들이 먹을 쌀을 비축하려고 해서 쌀값이 오르게 마련이다. 하지만 전황이 불리해지면 사람들은 남쪽으로 피난을 가게 되고, 공산군이 들어와 식량을 송두리째 약탈해가므로 쌀값이 떨어지는 것이다.

후송되어 온 부상병들을 돌아보고 온 대통령은 몹시 침통한 표정으로 들어왔다. 무거운 마음으로 나도 말없이 대통령의 오버코트를 받아들었다. 대통령의 코트주머니 속에는 외출할 때 내가 넣은 장갑과 잣 주머니 대신 종이와 헝겊으로 겹겹이 싸인 조약돌이 들어있었다.

나중에 나는 조용히 김장흥 총경에게 오늘 외출 때 대통령에게 무슨 일이 있었는가를 알아보았다. 대통령은 일선으로 시찰 떠나는 신 국방장관이 장갑이 없는 것을 알게 되자, 내가 이번 크리스마스 때 대통령에게 선물했던 장갑을 사양하는 그에게 억지로 주어 보냈다고 한다.

부상병들을 위문한 후 대통령은 서울역 부근을 돌아보았다. 추위 속에서 대통령이 장갑도 끼지 않고 맨손으로 다니는 것을 본 어떤 노인이, 불에 데워 꼭 꼭 싸서 손에 쥐고 있던 따뜻한 조약돌을 대통령에게 주었다. 그에 대한 답례로 대통령은 오스트레일리아머니에 들어있던 작은 잣 주머니를 피난 가는 노인에게 선물했다고 김장흥 총경이 말해주었다.

12월 29일.

국방장관이 와서 아침에 리지웨이 장군이 정일권 장군과 함께 한국군 전선을 돌아보기 위해 떠났다고 보고했다. 신 국방은 패트리지 장군의 태도가 좀 다른 것 같다고 했다. 국방장관은 대구에서 서울로 올라오면서 패트리지 장군에게 함께 가겠느냐고 물었다고 한다. 일전에 패트리지 장군은 모든 사령부가 대구로 이동했음에도 불구하고 워커 장군과 함께 서울에 남아 있었다. 그런데 이번에는 "아니, 나는 여기 남아 있겠어요, 서울에서 할 일이란 아무것도 없어요…"하고 대답했다는 것이다.

패트리지 장군, 워커 장군, 그리고 대부분의 장군들은 일본으로부터 와서 한국전에 참전하였으며 서로가 오래된 친구들이었다. 펜타곤(=미 국방성)이나 미 국무성은 일부러 리지웨이 장군을 임명하여 맥아더 장군의 이번 전쟁에 대한 고압적인 전법을 방해하느라 그들의 심복을 이곳에 배치한 것으로 보여진다.

이곳의 미국 군인들은 워커 장군의 후임으로 도쿄의 연합군최고사령부의 누군가가 지휘권을 인계받으리라고 기대했다. 그런데 리지웨이 장군이 임명된 데는 모두가 의외로 여겼다. 예를 들면 콜리어 대령도 리지웨이 장군과 이곳에 왔을 때 즐거운 표정이 아니었다. 이제 우리의 걱정은 어떻게 이 문제를 해결할 것이냐에 있다. 대통령은 여러모로 신중히 검토하며 최선의 방법을 모색 중이다.

리지웨이 장군이 정말 맥아더 장군을 견제하거나 활동을 제한하려고 임명된 사람이라면, 이제 맥아더 장군이 한국에 대해 어떤 행동을 취하게 될 것인가? 리지웨이 장군에 대해 워싱턴에서는 어떤 말을 하는지 무척 궁금하다.

# 평양 사과는 손님 접대용

12월 30일.

오늘 아침에 국방장관이 와서 보고하기를 리지웨이 장군이 한국군 방어전선을 돌아보고 깜짝 놀랐다고 한다. 미국 군대가 72문씩 보유한 야전포를 우리의 각 사단은 겨우 16문만 밖에 갖고 있지 않았고, 탱크는 아예 없었기 때문이었다. 그래서 리지웨이 장군은 전선을 보다 강화할 것을 약속했다고 한다. 국방장관은 적이 만약 그곳을 공격해오는 경우 어떻게 되리라는 것을 리지웨이 장군이 알아차린 것 같았다고 했다.

신 국방은 몇 주일을 두고 워커 장군에게 전선이 너무 허술하다고 지적했으며, 미군에게 증원요청을 했었다. 그들만이 그곳에 필요한 야전포를 가졌기 때문이다. 그러나 우리 국방장관은 뜻을 이루지 못했었다. 이제 그는 다소간의 원조를 받아 전선을 강화할 것이라고 상당히 희망적으로 생각하고 있다.

리지웨이 장군은 또 우리 국군이 과거에는 별로 받지 못했던 공중지원을 해주기로 약속했다. 우리 모두는 일들이 개선되어서 적의 공격을 당하는 경우 우리 애들이 지탱해낼 수 있게 되기를 간절히 바랐다. 미군은 4km를 1개 사단이 담당하지만, 우리 국군은 그 10배인 40km를 1개 사단이 맡고 있다.

우리가 미군이 방어하고 있는 전선을 방문했더니 언덕마다 대포가 배치되어 있고, 탱크와 기타 여러 장비들이 보였다. 대통령은 미 국민에 대한 새해 메시지를 방송했다. 방송을 하고 돌아오는 길에 대통령이 운전기사에게 "이렇게 좋은 운전솜씨로는 승용차를 운전할 것이 아니라 탱크를 몰고 일선으로 나가 싸우는 것이 좋겠구먼 그래! 탱크를 몰고 전방에 가서 한번 힘껏 싸워보지 않겠나?"하고 물었다.

운전기사가 "탱크운전은 승용차 운전과 전혀 다르다고 하던데요."하고 대답했다. 그래도 대통령이 "탱크 운전하는 법을 배우는 것이 뭐가 그렇게 어렵겠나? 재주 있는 젊은 사람이면 할 수 있는 일이지."하고 넌지시 권하자 운전사는 무척 당혹해하는 기색이었다. 나는 운전하는 사람의 마음을 불안하게 만드는 대통령이 민망해서 더 이상 운전사에게 말을 걸지 못하도록 대통령의 옷소매를 가만히 잡아당겼다.

지난 여름 우리 전선이 남쪽으로 밀려 대구와 부산을 지키려고 낙동강 방어전이 한창 치열할 때도 그랬다. 대통령은 우리 승용차를 운전하는 김국진 씨에게 "탱크를 몰고 전선으로 나가 싸울 용의가 있느냐?"고 자꾸 물어 김국진 씨가 그때마다 당혹해했다.

미군의 어느 고급장교가 우리에게 워커 장군의 사망은 한국에서 싸우기를 바라는 많은 미군들로서는 차라리 어떤 면에서 안도의 숨을 쉬게 했다고 말했다. 워커 장군은 오직 그의 군대를 싸우게 하느니보다 안전하게 보호하는 데만 마음을 썼으며, 모든 작전계획이 이러한 관점에서 이루어진 탓에 오히려 희생이 더 컸다고 한다.

그의 이와 같은 전략을 정상적인 상태로 바꾸기에는 상당한 기간이 걸릴 것이다. 왜냐하면 워커 장군은 부산 돌출부의 방어선을 계획했고, 그 이외의 지역을 위해서 싸울 마음은 전혀 없었기 때문이다. 더 많은 이야기가 있지만 어찌다 적을 수 있으랴.

전재민과 피난민을 위한 많은 유엔 원조물자가 부산에 도착되었다. 사회부에서는 각 도로 배당하여 1백만 명의 피난민이 혜택을 받게 되었다고 허정 장관이 보고해왔다. 구호물자는 담요 6만7천950장과 여자용 재킷 17만5천 점, 이불 1만2천여 점 등등이다. 사회부에서는 이를 각 도에 고루 할당하여 남하하는 피난민들에게 나누어주고 있다고 한다.

그리고 피난민에게 주던 쌀 2홉과 현금 50원을 며칠 전부터 쌀 3홉과 현금 30원으로 바꿨는데, 구호대상자 중 특히 이북에서 내려온 동포들에게 우선적으로 배급한다고 했다. 그 외의 피난민들도 생계가 어려운 동포는 누구를 막론하고 구호대상자로서 배급해 준다고 한다.

각 도지사들은 집세나 방세도 반드시 6·25이전의 시세로 받도록 여러 번 권고했다. 만일 이를 어기는 경우에는 폭리로 규정하여 엄중히 단속할 방침이라는 것이다. 특히 따뜻한 동포애로 가능한 한 많은 피난민들에게 방을 나누어주도록 대구와 부산시민들에게 호소하고 있다고 했다.

한편 부산으로 몰려드는 피난민들을 거제도 피난민 수용소로 이송 중인데, 앞으로도 간이주택을 신축하기 위해 많은 예산을 할당하여 3만 명 이상을 더 수용할 것이라고 한다.

오늘 오후 나는 그동안 손님접대를 위해 아껴왔던 평양사과와 함흥사과를 지금까지 우리와 함께 남아있는 경무대 부엌식구들과 고용원들에게 나누어주었다. 대통령은 경무대로 특별한 손님을 청해서 식사 대접을 할 때마다 이 사과들을 후식으로 내오도록 하여 "이것은 우리나라 평양에서 생산된 사과인데 맛이 썩 좋답니다."하며 권하거나, "이 사과는 함흥사과입니다."하며 자랑했기 때문에 나 역시 줄곧 아껴왔었다.

그리고 지난번 공산군의 남침 때 그들이 가져와 우리 경무대 창고에 쌓아 두고 도망간 양주상자들 중에서, 금년 크리스마스에 각 유엔군 지휘관들에게 선물하고 남은 마지막 양주상자를 신 국방장관에게 보내 미군장교들에게 선물해서 망년파티 때 쓰도록 했다.

# 경무대 뒤뜰에 놓인 장독대

12월 31일.

　대통령이 전국의 도로를 수리하는데 온 국민이 앞장서줄 것을 호소하는 담화를 발표했다.

　"그동안 관에서나 민간에서나 모두 공산군을 처부수고 승리하기 위해 싸우느라 가장 시급한 도로를 수리하지 못했다. 국민들이 피난하는데도 그렇고, 필요한 구호물자를 운반하며 군인 및 군수물자를 수송하는데도 도로 보수는 퍽 긴급한 실정이다.

　우리가 승리할 수 있도록 전쟁을 수행하려면 도로 사정이 좋아야한다. 얼마 전 고량포 근처의 전선을 시찰할 때, 트럭과 지프, 탱크가 많이 다녀 도로가 패이고 무너져 자동차가 다니기에 무척 힘들어하는 것을 보았다. 특히 군수물자를 수송하고 생필품을 운반하는데 지장이 없도록 해야 할 것이니 국민여러분이 솔선하여 길 고치는 일에 참여해주기 바란다. 무자비한 공산군의 참화를 피하기 위해 각자가 피난하느라 도로 보수할 겨를이 없었음을 잘 알고 있다.

그러나 우리 한국 사람들이 모두 피난하는 데만 정신이 팔려 도로 사정이 엉망인데도 남의 일 보듯 한다면, 국군은 물론 만리타국인 우리나라에 와서 목숨을 바쳐 싸우는 유엔군들이 힘껏 싸울 수 있겠는가?

지금부터 예산이 없느니, 경비가 없느니 하는 소리를 하지 말고, 내무부와 치안국을 주무부서로 각 도지사와 각 군수의 책임 하에 길 고치는 일에 착수하여, 지역마다 하루 속히 도로개량이 이루어질 수 있도록 최선을 다해주기 바란다.

그리하여 우리를 돕기 위해 많은 물자를 보내주고, 우리나라의 통일과 완전독립과 우리국민의 자유와 삶을 보장하기 위해 귀중한 생명을 바치는 우방의 군인들과 국군을 위해 길을 고쳐 감사의 뜻을 표시하고, 함께 도와 전쟁을 빨리 승리로 끝맺어 남북통일을 완수하자.

이 땅에 영원한 자유와 평화의 날이 하루속히 앞당겨 올 수 있도록 전 국민은 모두가 도로를 고치는 일에 다함께 협조하기 바라는 바이다."


국방장관은 국민들이 대체로 희망을 가지고 전황을 낙관적으로 내다보고 있다고 말했다. 쌀값이 6천 원으로 올랐다. 전황이 호전되고 있다는 조짐이다. 어떤 사람들은 벌써 피난지에서 서울로 돌아오고 있다. 리지웨이 장군은 철수하지 않고 반격할 것이라는 소문이 요원의 불길같이 퍼져나갔다.

리지웨이 장군은 전선시찰을 끝내고 우리 국방장관에게 중부전선과 동부전선의 우리 애들이 사용할 수 있도록 일본으로부터 산포(mountain artillery)를 급히 보내주도록 요청했다고 밝혔다. 리지웨이 장군은 산포가 일본에는 있는데도 한국에는 없다는 사실에 놀랐다고 한다. 우리는 이 말에 오히려 어리둥절할 수밖에 없었다. 왜냐하면 신 국방이 워커 장군에게 한국군 각 사단이 너무나도 적은 수인 18~19문 밖에 없는 대포를 더 달라고 여러 번 요청했었기 때문이다. 그러나 우리는 워커 장군으로부터 대포가 없다는 대답만 들어왔었다.

우리는 오전 11시 교회에서 예배를 보려고 정동예배당으로 떠났다. 그러나 있어야 할 심야예배와 아침예배가 모두 취소되어 교회에는 오직 우리 두 사람 밖에 아무도 없었다. 우리는 한강을 향해 조금 차를 달렸는데 아주 적은 수의 사람들이 길을 가고 있었다. 경무대로 돌아왔다. 점심을 들고 나서 잠시 쉰 후 경무대 뜰을 돌아보며 산책을 했다. 뒤뜰을 거닐 때마다 대통령은 그곳에 묻어 놓은 김장독을 바라보며 흐뭇해했다.

나는 오늘 오후 뒤뜰에 줄지어 묻어놓은 김칫독을 하나하나 바라보면서, 이 제는 후퇴하지 않고 대통령이 경무대 동치미와 김장김치를 즐길 수 있게 되기를 마음속으로 간절히 빌었다. 대통령은 해방 후 우리나라에 돌아와서 김장철에 배추를 담글 때마다, 부엌 식구들과 내가 김장하는 모습을 흡족한 얼굴로 바라보며 어린애처럼 기뻐했다.

내가 특히 멸치젓국 달이는 냄새가 경무대 방마다 밸까봐 걱정했을 때도, 나와는 반대로 맛있는 냄새가 구수하게 난다면서 오히려 즐거워했다. 전시 중이지만 내일이 설날이라 부엌에서는 안남미로 가래떡을 만들겠다고 하여 허락해주었다. 대통령은 떡국을 무척 좋아해서 미국에서 고생하며 독립운동을 할 때도 나는 설날 아침이면 꼭 떡국을 끓였다.

오후에 가벼운 치료를 받기위해 안식교회병원(* 서울 청량리 밖의 위생병원)의 조지 루 박사를 만나러 갔다. 병원에는 짐을 싸라는 지시가 내려져 있었다. 그 전에 병원에 남아있던 간호원들은 모두 떠나기를 원했으며, 환자들도 마찬가지였다. 군대가 건물 일부를 접수하고 있었다. 우리는 조용한 초저녁을 보냈다.

# 생선은 머리 부분, 소는 꼬리 부분

1951년 1월 1일.

회고하기조차 끔찍한 고통과 슬픔 속에서 보낸 수난의 해가 지나고 새해 새 아침이 밝아왔다. 작년은 사나운 호랑이해였지만 금년은 순한 토끼해라고 한다. 눈물과 피로 얼룩진 호랑이해의 상처를 토끼해인 올해는 말끔히 아물게 해주기를 우리 모두는 기원하고 있다.

대통령은 오늘 아침 고깃국물이 아닌 북어국물로 끓인 떡국을 동치미와 함께 두 그릇이나 들었다. 대통령이 "설날인 오늘, 우리 국민 모두가 배고픔과 추위를 면할 수 있게 해달라."고 기도하는 순간 나는 목이 메어 눈물이 나왔다.

주로 일본에서 신선한 고기와 온갖 산해진미를 비행기로 날라다 먹고 있는 미군장성들과 미국대사가, 가끔 우리에게 보내오는 이런 음식물을 대통령은 결코 달갑게 여기지 않았다. 뿐만 아니라 그들에게 개인적인 신세를 지는 일을 몹시 싫어했으므로 우리는 쉽게 마련할 수 있는 북어국물로 떡국을 끓이기로 했던 것이다. 한 가지 다행한 일은 대통령이 고기로 만든 음식보다 오히려 북어를 재료로 한 음식을 더 좋아한다는 사실이다.

342

그렇기 때문에 북어찜과 북어무침은 우리 집 단골메뉴일 뿐만 아니라, 북어 대가리나 껍질도 절대로 버리는 일이 없다. 경무대 주방에서 음식을 만드는 양 노인이 북어대가리를 열심히 모으는 것을 대통령이 칭찬하는 것을 보고 나는 북어껍질까지도 함께 모았었다. 맨 처음 나는 마음속으로 이 북어대가리와 껍 질은 끓여서 개밥에 섞어주면 좋겠다는 생각을 했었다.

　　그런데 6·25전란이 일어나기 전 이른 봄 어느 날 새벽, 동이 트기도 전에 양 노인이 경무대 주방에서 국 끓이는 냄새가 나자 대통령이 잠옷 바람으로 나가 한 참을 기다려도 돌아오는 기척이 없었다. 그래서 방문을 열고 나갔더니 주방에서 대통령과 양 노인이 도란도란 이야기하는 소리가 들려왔다. 나는 대통령이 새벽 의 찬 기운에 감기라도 들까봐 잠옷 위에 걸치는 가운을 들고 주방으로 내려갔다.

　　그곳에서는 북어대가리를 듬뿍 집어넣고 파와 풋고추를 썰어 넣고 끓인 국 냄비를 가운데 놓고 대통령과 양 노인이 대접 가득히 담은 국물을 마시고 있었 는데, 대통령의 표정이 무척 행복해 보였다. 부인을 여의고 혼자 사는 양 노인 은 술을 대단히 좋아했다. 전날 밤에도 술을 마시고 아침 일찍 와서 자신이 먹 으려고 끓인 해장국을 대통령에게 나누어 드린 것이었다.

　　대통령이 나에게 생선은 머리 부분이 제일 맛있고, 소는 꼬리부분이 맛이 좋다고 일러준 적이 있었다. 그토록 대통령이 즐겨하는 북어머리 탕에는 비타 민 D와 칼슘이 풍부하여 몸에 좋을 것 같았다. 그 후 나는 양 노인이 넣은 재료 외에도 당근과 양배추와 고기를 더 넣어서, 영양가가 훨씬 많은 국물을 만들어 대통령에게 권했었다.

　　그런데 대통령은 양 노인이 하는 식으로 끓여 달라는 것이었다. 역시 한국 음식 맛을 내는 데는 내가 양 노인을 능가할 수 없었던 것이다. 그러나 대통령 은 떡국 끓이는 솜씨만은 언제나 내가 제일이라고 칭찬해주었다.

　　국방장관이 와서 적이 우리 1사단과 미24사단을 돌파했다고 보고했다. 이것은 적이 일부러 택한 것 같다. 한국군 제1사단은 최정예사단이다. 여러 달 동안을 미군의 측면을 지켜주면서, 가장 필요하고 상황이 급박한 곳에 배치되어 왔었다.

지난 며칠 동안은 날씨가 몹시 추워 임진강이 얼어붙는 바람에 적이 별 어려움 없이 강을 건널 수 있었던 것이다. 이렇게 적이 공격해올 위험이 커지자 적을 분리시키기 위해 아군은 철수해야만 했고, 거의 1개 연대 병력을 희생하게 된 것이었다. 미군들은 설치해놓은 가시철망이 적의 공격을 지연시킬 것으로 확신했었으나, 적에겐 병력 손실이란 전혀 안중에도 없다는 사실을 잊은 것이다.

적은 가시철망 위에 쓰러지고 쌓여서 마치 사람으로 된 침대요 같이 된 데를 뒤따르는 병사들이 밟고 넘어 오더라는 보고가 들어왔다. 한국에서나 미국에서는 군인들이란 곧 귀한 아들들이어서 후방에 남아있는 가족들은 몹시 걱정을 한다. 그러나 중공군의 경우에는 전혀 달랐다. 죽음을 아무렇지도 않게 여기는 것 같았다. 공중으로부터의 기총소사와 맹폭격에 무수하게 많은 적군이 죽었다. 그러나 적병들은 두려워하면서도 몰려오고 또 몰려왔다.

오전 10시 정부는 경무대 앞마당에서 직원들의 신년하례 모임을 가졌다. 대통령은 그들에게 전시경제와 국가안보에 관해 이야기했다. 오전 11시에는 외교사절단이 방문했다.

11시 30분쯤에는 패트리지 장군에게 표창장을 수여하기로 되어있었다. 그러나 패트리지 장군이 도착하지 않아 일단 취소했다. 그 후 장군이 전화로 지금 대구에 있으며, 12시께 비행기로 도착하게 될 것이라고 연락해왔다.

장군은 낮 12시 30분에 도착했다. 표창장 수여 광경을 오스트레일리아의 방송회사에서 기록해갔다. 패트리지 장군은 성실하고 정직한 사람이다. 그는 이 전쟁에서 참으로 큰일을 했다.

오후에는 각계각층의 많은 시민들이 신년 하례를 위해 찾아 왔다. 그중 어떤 사람은 황해도 곡산 등 북한의 여러 지방에서 온 피난민들이었다.

344

# 천국행 티켓 품고 서울 사수 결심

1월 1일 오후 11시 15분.

여비서 미시즈 강이 침실 문을 노크하며 조병옥 내무장관이 대통령을 뵙고자 한다고 말했다. 이미 조 박사는 대통령 집무실에 와있었다. 대통령은 급히 옷을 입고 집무실로 내려갔으며, 나도 그 뒤를 따랐다. 조 내무는 적군이 유엔군의 방어선을 돌파하여 우리 측이 후퇴중이라고 보고했다. 경찰은 의정부를 철수하라는 지시를 받았으며, 시민들은 이미 미아리를 떠나고 있다고 했다.

조 내무는 대통령에게 다음날 아침, 즉 화요일 오전 6시에 경무대를 떠나도록 권고했다. 그는 챔프니 대령에게 대통령을 위한 비행기를 준비시키겠다고 했다. 대통령은 우리가 먼저 서울을 철수해서는 안 된다면서, 국방장관과 리지웨이 장군 또는 무초 대사의 이야기를 들어볼 때까지는 서울을 떠나지 않겠다고 말하였다. 그들은 대통령에게 서울을 떠나도록 충고해올 것임이 틀림없었다. 조 내무는 돌아갔다.

나는 비서들 몇 사람과 직원들을 불러들여 모든 서류를 챙기고 짐을 꾸리기 시작했다. 우리는 없애야할 서류들은 불태우고 거의 새벽 4시까지 일했다. 다시 침대에 들었으나 잠이 오지 않았다. 중포의 포격소리가 들려왔다. 아름다운 밤이었으며 비행기들이 수도 상공을 정찰하고 있었다.

대통령이 국방장관을 불렀다. 정일권 장군이 들어와 신 국방장관은 조 내무가 소집한 회의에 참석 중이며, 곧 이곳에 올 것이라고 보고했다. 정 장군이 상황을 설명했다. 전투는 치열했으며, 적군은 막대한 인원의 손실을 입었으나 그것이 그들에겐 문제될 것이 없다고 했다.

우리 국군의 손실도 컸다. 미 제24사단은 또다시 많은 병력을 잃었다. 백선엽 장군의 1사단도 심한 타격을 입었다. 밀고 들어오는 물결을 막지 못하게 중공군은 떼를 이루어 물밀듯이 침공해 들어오고 있는 것이다.

자정이 넘어서 국방장관이 들어와 조 내무가 내각이 서울을 철수하는 것이 좋겠다면서 각의를 소집했었다고 보고했다. 국방장관은 미군이 철수하라고 권고하기 전에 한국 측이 먼저 서울을 떠난다면, 그것은 잘못이라고 말했다고 한다.

우리 내각은 마지막까지 남아야한다. 만약 먼저 우리가 서울을 포기해 버린다면 미군들이 무엇 때문에 여기에 남아 서울을 사수하려고 할 것인가? 리지웨이 장군은 아직도 서울을 지키기를 희망하고 있지 않은가 등등의 이야기를 했다고 한다.

대통령은 결코 서울을 떠나지 않을 결심이어서 국방장관과 견해를 같이했다. 그러나 사람들은 대통령이 희생하지 말고 나라를 위해 안전하게 생명을 지키도록 강력히 권고하였다.

\* 프란체스카 여사의 훗날 회고
당시 서울을 떠나지 않겠다는 대통령의 결심이 확고해지자 나는 다시 죽음을 각오할 수밖에 없었다. 전란을 겪는 동안 워낙 여러 차례 죽음과 마주한 탓이었던지 그토록 겁 많은 내가 두려움보다는 오히려 평안함을 느꼈던 일이 어렴풋이 떠오른다.

기독교인인 대통령과 나는 죽고 사는 것을 하나님의 뜻으로 믿고 있으면서도 만일의 경우에 대비하여 대통령의 권총과 함께, 보다 확실한 천국행 티킷을 각자 하나씩 지니고 있었다. 고통이 적은 방법으로 원할 때 죽을 수 있는 무엇(=극약)을 몸에 지니고 있다는 것이 무자비한 대량의 적을 눈앞에 두고 있을 때는 어떤 위안이 되었는지도 모른다.

그리고 이상하게도 죽음을 각오해야 하는, 그토록 비장하고 심각한 순간에 경무대 뒤뜰의 김치항아리에 담긴 김치 걱정을 했던 일이 아직도 잊히지 않는다.

아무튼 무엇이나 좋은 것은 동포에게 다 줘버리고 또 늘 주고 싶어 하는 대통령과 나는 달랐다. 나는 대통령에게 필요하거나 우리 살림에 긴요한 것은 간직하고 싶어하며 무척 아끼는 편이어서, 대통령의 뜻대로 모든 것을 다 내줄 수는 없었다.

호주머니는 항상 비어있고 빈주먹을 쥐고 있으면서도 가족이나 본인 걱정을 할 줄 모르는 대통령은, 아내라는 부양가족 하나가 생긴 결혼 후에도 마찬가지였다. 어느 면으로는 한심스런 가장이었다. 그런 대통령에게는 가족이 아내 한 명뿐인 게 오히려 나을지 모른다고, 슬하에 자손을 못 둔 내가 남몰래 자위했던 때가 있었음을 이제는 고백하고 싶다.

6·25전란 뒤에 대통령이 내주고 싶어 하는 것을 말리면 으레 "당신이 그토록 아껴두는 바람에 공산당 좋은 일만 시키지 않았느냐?" 면서 타박하는 것이었다. 그때 경무대 안에 공산당 좋은 일 시킬 수

있는 것은 오직 김칫독 속의 김치뿐이었다. 고용인들을 시켜 인근의 피난 못나가는 노인들에게 미처 나누어주지 못하고 그대로 김칫독 속에 담아둔 채 부산으로 떠나게 되었다.

# 중공군 인해전술 막을 원자탄

1월 2일.

　미국대사관의 노블 박사가 오전 9시쯤 찾아왔다. 리지웨이 장군이 오늘 원주지역 일선을 시찰할 예정인데, 대통령이 함께 가시어 우리 국군의 사기를 북돋워 주기를 원한다는 뜻을 전해왔다. 리지웨이 장군과 미국사람들은 원주에서 우리 국군이 반격하여 쳐 올라 갈 것을 기대했다. 대통령은 장군과 동행하기로 했다.

　노블 박사는 무초 대사가 현 사태, 즉 서울이 치열한 격전장이 될 것이므로 우리 정부가 부산으로 떠나기를 원하며, 대통령이 이해해주기 바란다고 했다. 그는 리지웨이 장군도 똑같은 생각이라는 등의 이야기를 했다.

　노블 박사는 오늘 오후에 우리가 서울을 떠나도록 제의했다. 대통령은 노블 박사에게 우리가 서울을 떠나야 할 이유를 알지 못하겠다고 했다.

　대통령은 우리의 방어선은 지켜질 것을 확신한다고 했다. 신 국방장관이 와서 서울을 떠나야 한다고 권고했다. 결국 우리는 3일 오전 9시에 떠나게 되었다. 대통령을 설득하기 위해 정일권 장군이 와서 현재의 전황을 설명했던 것이다.

중공군이 하도 수없이 떼 지어 몰려오기 때문에 무슨 수로든 그들을 저지시킬 수가 없다고 했다. 미군들은 의정부까지 철수하면서 장비를 하나라도 더 건져 후퇴하여 새로운 방어선 구축을 위해 최선을 다하고 있다고 한다.

우리는 미군들이 많은 탱크와 중장비를 가지고 서울을 방어할 수 있게 되기를 바랐다. 그런데 그 많은 중무기들이 큰 효력을 발휘하여 중공군을 쫓아버리는 게 불가능하다니….

대통령은 오후 2시에 리지웨이 장군과 무초 대사를 대동하고 원주를 향해 서울의 활주로를 이륙했다. 일행이 원주에 도착했을 때, 대통령의 방문을 상상조차 못했던 일이었던지라 한국군사령관인 유 장군의 소재를 찾아내느라고 무척 애를 먹었다. 장병들은 사기가 충천하여 대통령에게 2시간 내에 홍천을 다시 되찾고야 말겠다고 다짐했다. 홍천은 매우 중요한 도로상의 전략지역인데 바로 하루 전날 적에게 빼앗겼다.

미 제10군단의 앨먼드 장군도 원주에 있었는데, 대통령은 조금이라도 더 많은 시간을 우리 장병들과 함께 보내려고 10군단은 방문하지 않았다. 리지웨이 장군만 미10군단에 갔다. 대통령은 오후 4시 30분께 돌아왔는데, 우리의 방어선이 지켜질 것으로 확신했다. 4시에 각의가 열렸다. 조병옥 내무장관이 우리 정부도 남하해야 한다고 다시금 주장했다.

조 내무는 내밀한 정보를 제공해주는 미군고문관이 있어서, 정확한 정보를 아는 사람은 자신뿐이라는 인상을 다른 사람이 갖도록 하려고 노력했다. 대통령은 조 내무에게 미국사람들은 그 고문관 이야기를 들어야겠지만, 한국 사람은 어디까지나 그런 공포분위기에 휘말려서는 안 된다고 말했다.

우리가 미국인들에게 서울을 사수하겠다는 결의를 보여주어야만 그들도 머물러 싸우겠다는 마음의 용기를 갖게 될 것이라고 대통령은 강조했다. 그러나

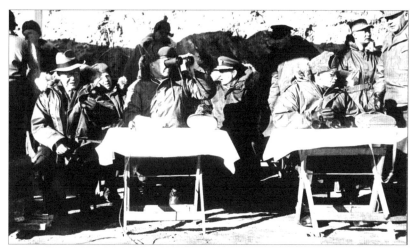

한국전선을 돌아보기 위해 내한한 아이젠하워 미 대통령 내정자와 전선을 시찰, 적정을 살펴보는 이승만 대통령 (1952).

결국 대통령과 정부는 다음날 서울을 떠난다는 것과, 전시내각은 군대와 함께 남는다는데 의견의 일치를 보았다.

전황보고는 매우 불리한 소식만 전해주었다. 인해전술로 밀고 내려오는 적을 현대식 무기로 막을 수가 없는 모양이었다. 우리는 폭격이 왜 더 나은 효력을 발휘할 수 없는지 이해가 안 된다.

그토록 많은 사람들이 있는데, 그들은 왜 더 폭격을 맹렬히 가해서 밀물처럼 밀려들어오는 적의 무리를 저지시킬 수 없단 말인가. 대통령과 나는 서로 말 없이 아주 조용히 밤을 보냈다. 언제 다시 우리가 서울로 돌아오게 될 것인가?

6월에 떠날 때는 한 며칠간만 수원에 내려가 있다가, 미군의 지원이 오는 즉시 서울로 되돌아올 것으로 믿었지 않았던가? 그런데 지금 우리는 탱크와 비행기와 군대를 가지고도 적을 막아내지 못하고 있다. 6월에 적이 쳐내려왔던 그대로 중공군도 38선에서 서울까지 남하하는데 사흘이 걸렸다. 당시 우리는 탱크와 공군력만 갖는다면 적을 완전히 저지시킬 수 있으리라고 생각했었다. 정말 그때는 우리가 막아낼 수가 있었다. 그러나 지금은 무엇으로 그들을 저지시킬 수 있단 말인가?

우리는 미 육군참모총장 콜린스 장군이 부산에 들렀다가 미국으로 돌아가기 전, 포로로 잡힌 적군 장교에게 "공산당을 무엇으로 막아낼 수 있느냐?"고 물었을 때 "오직 한 가지 원자탄뿐이다."고 대답했던 두 사람의 대화를 다시 떠올려보았다.

다른 것은 소용없고 오직 원자탄으로만 중공군의 인해전술을 저지시킬 수 있다는 것이다. 이 엄청난 적의 무리를 무찌르기 위해서는 전면적인 파괴가 아니면 안 될 모양이다.

우리는 길을 따라 남쪽으로 내려가는 수 천, 수 만 명의 국민들을 생각했다. 만일 적군이 이렇게 빠른 속력으로 내리 닥친다면 이 불쌍한 국민들은 어떻게 한다는 말인가? 대부분의 국민들은 지금 막 한강을 건너 수원까지 내려가서 적이 더 내려오지 못하게 저지시켜 주기를 간절히 바라고 있다.

오직 하나님만이 적을 물리칠 수 있는 힘을 가지고 계시옵니다. 하나님, 부디 이 불쌍한 우리 국민들과 저희들을 도와주시옵소서!

# 남행 비행기는 타기 싫다

1월 3일.

　오전 9시에 서울비행장 활주로를 이륙할 비행기를 타려면 8시30분에 경무대를 출발해야했다. 그러나 대통령은 떠나고 싶어 하지 않았다. 대통령은 시간을 지연시키려고 괜히 이 일 저 일을 하려고 했다. 나는 슬픈 감정을 억제하며 눈물을 감추느라 애쓰면서 비통한 기색을 보이지 않으려고 무척 노력했다. 차마 떨어지지 않는 발걸음을 옮겨 대통령과 나는 경무대를 떠났다.

　우리는 한사람의 비서(황규면 씨)와 양 노인과 고용원 여자 한사람을 데리고 떠났다. 그 이외의 직원들은 이미 각자가 가족들을 데리고 기차나 배로 떠나도록 했었다. 그들 대부분은 벌써 1주일 전에 정부의 모든 공무원들이 가족들과 함께 철수할 때 떠나가도록 조치를 했었다.

　평양에서 철수할 때 군대에서 수송해오기 힘든 양식을 소각했다는 보고를 받은 대통령은 이기붕 서울시장에게 모든 쌀과 양식을 한 톨도 태워서는 안 된다는 명령을 내렸다. 그 대신 양식을 전부 피난하지 못하고 남아야하는 사람들에게 남김없이 나누어주도록 지시했다.

대략 10만에서 15만 명의 시민들이 서울에 남아있게 되리라고 추산했다. 그들 대부분은 피난대열에 끼어 가다가는 세상을 떠나기 쉬운 고령의 노인들과, 차마 떠날 엄두가 안 나서 못나가는 사람들, 별로 피난할 마음이 없는 사람들이었다. 서울시가 비축하고 있던 곡식은 약 3만 섬이었다.

조 내무장관과 신 국방장관이 우리를 비행장 활주로로 안내하기 위해서 기다리고 있었다. 우리는 정시에 도착했다. 날씨는 청명했다.

조종사는 이미 비행기엔진에 시동을 걸고 출발할 태세를 갖추고 있었다. 그런데 우리가 도착하자마자 엔진을 껐다. 그는 갑자기 미 대사관으로 호출을 당했다면서 킴 중위가 대신하여 비행기를 조종할 것이라고 했다.

어찌나 비행장의 활주로가 번잡스러웠던지 우리가 탄 비행기는 한 시간이나 연발되어 겨우 10시에야 이륙을 할 수 있었다. 비행기가 이륙하자 무거운 침묵 속에서 대통령은 묵묵히 아래를 내려다보고 있었다.

서울은 희미하게 점점 멀어져가고, 얼어붙은 한강과 그 강위를 건너고 있는 국민들을 바라보는 대통령의 얼굴은 주름살이 한결 더 깊고 침통해보였다. 부산까지 비행해 오는 데는 한 시간 밖에 걸리지 않았으나, 활주로가 붐벼서 한참 동안 착륙하지 못하고 상공을 선회해야만 했다.

우리 일행은 정오에 경남 도지사 관저에 도착했다. 또다시 이곳을 대통령의 임시관저로 쓰게 된 것이다. 손원일 제독은 적군이 벌써 서해안으로 쳐들어와서 수송할 수 없는 공급물자를 인천에서 이미 소각 중에 있다고 보고했다. 손 제독은 또 대통령에게 1월 10일 동해안 양양과 서해안 해주에 상륙하도록 하라는 우리 해군의 전투명령은 취소되지 않았다고 말했다.

그러나 지금의 전황은 적의 후방으로 상륙하려는 이러한 계획을 바꾸도록 만들지도 모른다. 우리 정부는 오늘 오후에 이미 후퇴한 미8군의 권고에 의해 모두들 서울을 떠나 남하했다.

나는 밤에 별로 잠을 잘 수가 없었다. 라디오방송은 적군이 서울 외곽지대에 들어와 있으며, 적의 선봉은 이미 서울시가에 진입했다고 보도했다. 우리는 유엔군이 중무기로 산 쪽을 강화하여 서울을 사수해주기를 기대했었다.

그러나 유엔군은 중무기와 중장비를 사용해서 싸우려들지 않고 그것들을 하나라도 더 건져서 철수하는데 시간을 보냈으며, 병력을 안전한 곳으로 이동시키는데 주력하고 있다고 한다. 그것은 중공군이 우리 측에 결코 새로운 방어선을 구축하여 전력을 정비하고 강화할 수 있는 시간적 여유를 주지 않을 것이기 때문이라고 한다.

1월 4일.

무초 대사가 미국으로 떠난 노블 박사의 후임으로 온 위더비 씨와 함께 대통령을 예방했다. 무초 대사는 대통령에게 유엔군이 중공군에 맹공격을 퍼부어 지옥의 고통을 주고 많은 병력을 잃게 했다고 말했다. 대통령은 무초 대사에게 적에게 맹타를 가하여 큰 손실을 준 것에 대해 대단히 기쁘게 생각하나, 2천 명의 중공군을 죽인 것이 압록강을 건너서 들어오는 수많은 그들의 무리에 비해서는 별것 아니라고 말했다. 그리고 그들이 끝없이 밀고 넘어오는 근원을 막아내지 않는 한 중공군을 여기서 완전히 쳐부수기는 어려울 것임을 강조했다. 유엔은 지금 즉시 행동해야 한다.

이번에 경상남도로 내려온 피난민이 약 45만 명쯤 되는데, 그중 부산으로 들어온 피난민이 대략 25만 명이 될 것이라고 양성봉 경남지사가 보고했다. 따라서 먹을 물과 모자라는 주택문제를 시급히 해결하기 위해 당국에서 여러 가지 대책을 세우며 최선을 다하고 있다고 말했다.

특히 양 지사는 부산시민들과 경남도민들에게 용수와 식수난을 근본적으로 해결할 수 있는 대책을 신속한 시일 내로 세워 시행코자 하므로, 수도와 우물을 가진 가정에서는 이웃은 물론 피난민들에게도 나누어주는 동포애를 발휘해 줄 것을 호소했다고 덧붙였다. 대통령은 특별히 물을 더 절약해 쓰도록 나에게 당부하면서, 당장 내일 아침부터 양치질은 하되 세수는 이틀 걸러 한번 씩 하겠다고 밝혔다.

# 대통령의 자작시 '빈대'

1월 5일.

　원주가 이미 적 수중에 떨어졌다는 소식이다

　오전 11시에 부산시내 충무동시장 앞 광장에서 양성봉 경남지사와 김 부산
시장을 비롯한 각계각층 인사들이 참석한 가운데 국토사수를 위한 1백만 무장
요청 부산시민 총궐기대회가 성대히 열렸다. 그리고 다음과 같이 멸공의 결의
를 표명하는 선서문이 애국청년들에 의해 채택되었다.

　　　"5천년 역사를 자랑하고 3·1정신을 계승할 우리들 배달 젊은이는
　　　우리의 안전과 자유와 행복을 영원히 수호하기 위하여, 현시국의
　　　중대함을 솔직히 인식하고 솔선 군문에 자원할 것을 선서한다."

　또한 군대에 자진 출정할 새로운 지원병 1백만 명을 무장시킬 수 있는 무기
와 군 장비를 요청하는 메시지를 유엔총회와 맥아더 장군, 그리고 대통령에게
각각 보내기로 결의하고 이를 낭독했다.

신 국방장관이 오전 11시에 손원일 제독과 함께 왔다. 그들은 새로운 방어선을 구축하고자 애쓰고 있다고 대통령에게 보고했다. 그러나 병력이 충분치 못하다는 등의 애로사항을 털어놓았다. 대통령은 국방장관에게 이제는 타이완의 국부군을 받아들일 용의가 있음을 밝혔다.

대통령은 신 국방에게 무초 대사를 방문하여 국부군 문제에 대한 자신의 의향을 알리도록 지시했다. 무초 대사는 그에 대해 찬성을 표명했다. 그리하여 대통령은 맥아더 장군에게 장제스 총통이 지원해줄 5만 또는 그 이상의 국부군을 한국으로 파송해주도록 요청하는 서한을 기초했다. 이 서한은 무초 대사를 통해 보내졌다.

오후 늦게 민정시찰을 나간 대통령이 부산역 근방에서 얼굴과 코는 거무스름하게 그을었으나 유난히 행복해 보이는 어느 피난민부부와, 그들의 8명이나 되는 자녀들이 함께 어린애들을 업거나 보따리를 매고 걸어가는 것을 보았다. 헤어졌거나 잃어버린 가족을 찾는 신문광고가 지면에 가득한 이때, 모든 식구가 아무 탈 없이 무사히 부산까지 올 수 있었던 행운의 가족으로 보였다.

대통령이 어디로 가느냐고 그 아버지에게 묻자 구미에 사는 사촌형네 집으로 가는 중이라면서, 그 많은 식구를 거느리고도 별로 걱정하는 기색이 없었다. 올망졸망 따라가는 8명의 크고 작은 어린애들을 보며 나는 아무리 사촌형이라고는 하지만 저 많은 애들까지 환영하기는 어려울 것이라고 걱정이 되었다.

그러나 대통령은 코끼리는 아무리 코가 길어도 자기코를 짐으로 생각하지 않으며, 부모는 아무리 자식이 많아도 짐으로 여기지 않는다는 아프리카 속담을 인용하면서 "참으로 그는 행운아야!"하고 부러운 듯 말했다. 그리고 대통령은 온가족이 헤어지지 않고 한데 모인 그들처럼 다른 모든 가족들도 다함께 모일 수 있게 되기를 바랐다. 젊은 날 옥중에서 '빈대'라는 시를 지은 일이 있는 대통령은 남달리 자녀 많은 사람을 좋아하고 부러워한다.(이따금 대통령은 "지

358

금 일선에서 싸우고 있는 한국장병들은 모두가 우리의 아들들이야, 당신은 걱정해야 할 아들들이 많아"하고 나에게 말했다.)

'빈대'

따뜻하면 기운 펴고 차면 오무려 천장으로 바닥으로 오르내리네 / 하얀 벽을 돌고 돌아 아롱을 찍고 마루 틈을 헐어보면 몰리어있네 / 모기와는 연이 멀어 혼인 안 되고 벼룩이나 이쯤은 곁방살일세 / 네 집은 어쩌다 복 많이 받아 백아들 천 손자 대를 잇느냐.

대통령이 아직도 미국에 있는 장면 씨에게 서한을 보냈다.

친공 국가들이 제안하는 각종 국제연합 결의안에 대해서 나는 전혀 관심을 기울이지 않고 있습니다. 그들 중의 몇몇 나라들은 자기네가 처해있는 입장은 모르고 있고, 더러는 민주주의와 공산주의의 투쟁의 뜻을 모르며, 어떤 나라는 소련연방이나 그 괴뢰들의 비위를 건드릴까 두려워하고 있습니다.

귀하는 그들로부터 무엇을 기대할 수 있으리라 생각합니까? 남이야 어찌되든 자신들의 이익에만 관심이 있는 것입니다. 태평양지역에 위치해 있기 때문에 영국 연방권에 속하는 뉴질랜드만이, 그리고 오스트레일리아도 약간은 태평양 문제에 관심을 가지고 있습니다.

그런 형편에도 오스트레일리아는 자기네 정당정치에 있어 찬반양론으로 뚜렷한 모양의 태도를 취할 수가 없는 것입니다. 한마디로 말해 이러한 상황이기 때문에 우리는 그들에게 큰 기대를 걸 수가 없습니다.

대사가 인기를 얻고 우방의 신뢰를 얻는다는 것은 좋은 일입니다. 그러나 여러 나라로 하여금 정부가 처한 입장을 이해하도록 하기 위해서, 때로는 외교관이 자신의 인기를 희생시켜야 하는 경우도 있는 법입니다.

무초 대사와 이곳에 있는 많은 사람들이 당신은 지금 여기에 있어야 한다고 합니다. 이 사람들 생각은 서울이 현재 가장 중요한 곳이고 나 역시 당장 당신이 돌아오기를 바랍니다.

장 대사는 이미 국무총리로 지명되어 국회의 인준을 받았다.

# 경무대 후송차량에도 피난민

우리가 서울을 떠나온 뒤 신 국방장관이 미군 수송트럭을 빌려 경무대의 짐들을 부산으로 보냈는데, 저녁때 그 트럭이 도착했다. 짐을 싣고 오는 임무를 맡았던 경무대의 이선영 경사는 도중에 여러 가지 우여곡절을 겪어야했다.

서울에서 어제 오후 늦게 의자와 카펫 등의 집기와 함께 창고에 있던 보리쌀 가마들을 싣고 오다가 날이 저물어서 조치원 어느 여관에서 하룻밤을 지내게 되었다.

배가 고파 여관에 부탁하여 식사를 하고 잠도 잤으나, 돈을 가진 사람이 없어서 여관 주인에게 사정을 이야기하고 밥값과 여관비로 싣고 간 보리쌀을 몽땅 주었다. 그러나 여관 주인은 자신들도 피난을 가야하는 처지에 보리쌀은 받으나마나라며 달가워하는 기색이 아니었다고 한다.

이들 일행은 다음날 아침 조치원을 출발했다. 이 미군수송트럭에는 짐만 싣도록 되어 있었지만, 이 경사와 트럭의 경호헌병이 남하하는 딱한 피난민들을 돕느라 짐 일부를 버리고 빈틈에 민간인들을 앉혀 카펫으로 덮어씌운 채 남쪽으로 달렸다.

청도에 다다랐을 때 미군 헌병이 트럭을 세우고 검문했다. 경무대 짐만 싣도록 하라는 지시를 어기고 민간인들도 태웠기 때문에 무척 곤란한 입장이었다. 그런데 이상하게도 검문하는 미군 헌병이 이 추운 겨울에 어디서 났는지 팔에 뱀 한 마리를 감고 있더라는 것이다.

차에 타고 있던 헌병이 영어로 "이 차에는 우리나라 대통령관저의 짐이 실려 있다."고 했다. 미군 헌병은 짐이 너무나 볼품없어 보였는지 '대통령의 짐'이라는 우리 헌병의 말을 곧이듣지 않고 "누구를 놀리느냐?"며 뱀을 들이댔다.

화가 난 우리 헌병이 카빈총 개머리판으로 그 미군 헌병을 보기 좋게 후려쳤다고 한다. 그리하여 검문소의 미국 헌병 측과 우리 측이 옥신각신한 끝에 미군책임장교가 달려왔다. 우리 헌병은 자그마한 체구였지만 영어도 유창한데다 어찌나 다부지고 조리 있게 따졌던지 마침내 미군장교가 자기 헌병의 잘못이라고 사과했다는 것이다.

거의 한 시간가량 검문소에서 지체했으나 다행히 트럭 속의 피난민은 발각되지 않은 채 검문소를 통과해서 부산까지 무사히 도착했다고 한다. 대통령은 이 보고를 받고 무척 기뻐했다. 경무대 짐 대신 피난민을 태워오고, 미군 측의 사과를 받으며 한국인의 체면을 세운 이 사람들의 용기를 치하하면서 통쾌하게 여겼다.


1월 6일.

계속해서 후퇴만 하고 있다는 보고에 대통령은 몹시 화를 냈다. 탱크들은 후퇴작전을 위해서 있는 것이 아니다. 그러나 탱크들이 장애물로 취급받고 있는 것이다. 미군들은 탱크를 철도로 후송하려고 했다. 왜냐하면 탱크가 전투에 도움이 되지 않는다고 생각했기 때문이다.

대통령은 트루먼 대통령에게 보낼 편지를 기초했다. 이 편지는 암호로 미 국무성에 보내져 트루먼 대통령에게 전달하기 위해 장면 박사에게 주어질 것이다.

내각회의. 대통령은 장관들에게 한국인 모두가 싸우지 않고서는 나라를 구할 수 없다고 지적했다. 그리고 비록 미국인들이 풋내기 군대라고 부를망정, 우리 한국인 청년을 무장시켜야 한다고 강조했다. 우리가 훈련된 병력을 더 많이 가지고 있지 않은 게 누구의 잘못이겠느냐? 이번 전쟁이 일어나기 전의 이야기는 접어두고라도, 지난번 대구에서만 해도 대통령은 20만 명의 청년들을 훈련시키길 원했다. 그러나 그럴 필요가 없다고 하여 대통령의 의견이 무시당했다.

유엔에서는 전쟁이 곧 끝날 것이니 한국인 청년을 훈련하고 무장시킬 필요가 없다고 판단했던 것이다. 한 사람의 군인을 훈련하는 데는 여러 달이 걸리지만, 훈련받고 나서도 그에게는 전투 경험이 없는 법이다. 몇 주일의 훈련밖에 받지 못한 한국인에게 어떻게 훌륭하고 경험을 갖춘 군인이 되기를 바란다는 말인가.

일본인들은 청년들에 대한 훈련을 각급 학교에서 시작한다. 그들에겐 무기를 다루는 일만이 아니라 정신이 훈련된다. 전 문교장관 안호상 박사가 청년들을 훈련하려고 했을 때, 미국인들이나 다른 외국인들은 우리가 청년들에게 군국주의를 고취시킨다고 여겨 얼마나 큰 소동을 일으켰던가.

경제협조처(ECA)의 원조물자인 트럭 45대가 부산으로 입하되어 피난민 구호사업에 여러모로 도움이 될 것이라고 양성봉 지사가 보고했다.

대통령은 올리버 박사에게 다음과 같은 편지를 보냈다.

중공군이 약 1개월 전 한국을 침공해 들어온 이래 수천의 인명이 매일같이 희생되어 왔습니다. 문자 그대로 수백만의 남북한 국민들이 자기네 집에서 쫓겨나와 들로 산으로 도처에서 방황하며 추위와 굶주림에 무수히 죽어가는 판국에, 아직도 국제연합은 무의미한 결의안에 골몰하고 있습니다.

맥아더 장군은 상황보고를 국제연합에 보내어 중공군 침략에 관하여 자신이 어떻게 하기를 원하는지 알려주도록 요구한 이래, 취해야 할 방도를 모르고 있습니다. 이들은 국경선지역으로부터 철수하여 평양, 개성, 그리고 서울을 저항도 하지 아니하고 양도하였고, 이제 적군은 수원까지 내려왔습니다. 개성과 서울 두 도시는 거의 비어 있습니다.

떠날 수 있었던 모든 사람들은 남쪽으로 오면 공산당 살인마들로부터 생명을 건질 수 있겠거니 하는 희망을 안고 피난 온 것입니다. 그런데 적군이 진격해오는 지금까지의 속도대로 한다면 그들이 대구와 부산에 도착하는 것은 시간이 얼마 걸리지 않을 것입니다.

국제연합군은 평양시 외곽에서 한 것과 마찬가지로 서울, 김포, 그리고 기타 장소에 쌓아놓았던 전쟁 물자들을 모두 불태워 버렸습니다. 서울 이남의 다수 전략적 위치에 저장되어 있는 미곡들도 적군에 의하여 노획될 위험 속에 있습니다. 그렇건만 불쌍한 우리 피난민들은 국제연합군이 중공군의 한반도 점령을 내버려두지 않을 것으로 믿고 있습니다.

또 우리 피난민들은 국제연합이 여전히 되지도 않는 수작을 부리면서, 적이 마음대로 빠른 속도로 내려오도록 내버려두고 있다는 사실도 거의 깨닫지 못합니다. 그저 부산이 자신들의 생명을 보전해 줄 안전한 곳이라 믿고 있는 것입니다.

우리는 끝까지 싸우다 죽든가, 아니면 적을 쳐부수고 전멸시킬 것입니다. 이것이 우리들의 결심이며 국제연합은 여기에 반대하지 않기를 희망합니다. 그들은 이 동란과 같은 세계적 위기를 다루어나갈 능력이 없음을 입증하였습니다.

지금이라도 국제연합이 이러한 상황을 구출하기 원한다면 맥아더 장군에게 필요한 무기를 사용할 권한을 주어야 할 것입니다. 만일 지금 그렇게 하지 못한다면 민주주의에 등을 돌려 소련을 지원했다는 비난을 면할 수가 없을 것입니다.

1월 7일.

기상이 나빠서 비행기의 출격이 지연되었다. 북에는 눈보라가 치고 있다고 한다. 하루 종일 비가 내렸다. 오전 11시께 〈UP〉의 잭 맥배드 기자가 와서 대통령과 인터뷰하고 싶다고 했다. 그는 부산에 임시로 설치된 우리 정부에 관한 기사를 쓰고자했다. 그는 자신이 이곳에 온 단 한명의 기자이며, 아직 숙소를 마련하지 못했다고 말했다. 그는 어제 저녁에 책상 셋을 이어놓고 그 위에 올라가서 잤으며, 미군 가운데 친구가 있어서 음식을 갖다 주었다고 한다.

우리는 그에게 만약 오늘 저녁에 잠자리를 찾지 못하게 된다면 도지사가 마련해줄 것이라고 말했다. 대통령은 매우 언짢아했고, 우리는 그 기자가 일을 함부로 과장해서 우리나라에 해가 될 이야기를 할까봐 걱정이 되었다.

우리는 또 왜 그렇게 많은 적들을 폭격해서 그들의 진로를 차단해버리지 못하는지 이해가 되지 않았다. 비행기들은 낮이나 밤이나 출격하고 있는데, 인해전술을 저지시킬 형편이 되지 못하는 것 같다.

대통령이 청년지도자를 불러 무장이 되든 안 되든 약 10만 명의 인원을 원주로 보내 후방에서 적의 침투를 막으라고 지시했다. 그런데 문제는 이들이 옷차림을 제각각 하고 간다면, 우리 비행기들이 아군임을 식별할 수 없어 적군으로 오인하여 폭격할지 모른다는 것이었다. 그리하여 마침내 군부에서는 어떤 대책을 강구해보기로 합의했다.

여러 번 논의 끝에 그들은 약 7만 5천 명 분의 옷을 찾아낼 수 있었는데, 신어야할 신발이 없다고 했다. 그래서 군부에서는 시장에서 운동화를 구입하여 신도록 한 뒤 원주로 가도록 하겠다는 것이다. 미군에서는 처음에는 반대가 심했으나 이제는 찬성하고 있다.

날씨는 몹시 추운데 땔감이 부족하여 피난민들의 고생은 말로 표현할 수 없이 극심하다. 앞으로 석탄공사에서 연탄을 대량으로 만들어 염가로 보급하게 되면, 지금보다 값이 훨씬 싸질 것이고 연료난도 다소 해소될 것이다. 지금 내 손가락도 동상으로 여러 곳이 부어올라 타이프를 치는데 무척 괴로움을 느낀다.

손과 발에 동상이 걸려 보기는 평생 이번이 처음이다. 대통령이 마늘 껍질과 대를 삶은 물을 차게 해서 내 손발을 담그도록 하였는데, 나는 이런 치료법이 마음에 들지 않으나 남편이 시키는 대로 따랐다.

# 국난 때는 부녀들이 맹활약

1월 8일 월요일.

대통령은 애국 재정가들의 총궐기와 특히 부인들의 협력이 있어야겠다는 특별 담화를 발표했다. 대통령은 서울을 떠나오기 전에 받았던 부산 어느 애국 동포의 편지내용을 공개하면서, 모두 그와 같은 애국충정으로 이 어려운 국난 을 타개하는데 합심협력해주기를 당부했다.

그 애국동포는 편지 속에 5백만 원짜리 수표를 넣어 보내며 "정부가 가난한 이때에 1만분의 하나라도 보탬이 되었으면 하는 마음에 이 적은 금액을 드리오 니 무슨 일에든지 나라를 위해서 쓰기 바란다"고 했다.

이 동포는 이름을 밝히지 않아 대통령이 답장도 못한 채 부산으로 왔었다. 편지를 받고 감동한 대통령은 이런 애국국민이 있는 한 우리나라는 기필코 승 리할 것이며 남북통일은 시간문제라고 말했었다.

나는 이름을 밝히지 않은 애국동포가 남성일 것으로 짐작했는데, 대통령은 아마 여성일는지 모른다고 했다. 역사적으로 우리나라가 국난을 당하거나 어려 운 일을 겪을 때엔, 여권을 인정받지 못했던 시대에도 부인들의 활약과 협력이 컸었다고 대통령은 말했다.

그리고 임진왜란 때 부인들이 앞치마에 돌을 날라 왜적을 격파한 행주산성의 승리와, 국가재정이 도탄에 빠졌던 조선시대 말에 나라 빚을 갚기 위해 남성들이 담배를 끊으며 모금운동에 나섰을 때 부인들의 손에 낀 가락지와 패물들을 내놓았던 애국적인 사실을 들려주었다.

국방장관이 대구에서 내려와 도대체 미국인들은 마음속에 무슨 생각을 하고 있는지 정말 모르겠다고 보고를 했다. 그들의 전법은 여전하다. 그들은 재래식 전투방법이 좋다고 믿고 있으며, 중무기를 가지고도 다른 아무 일도 하지 못한다는 것이다.

그들의 해병대는 아직도 마산에서 쉬고 있으며, 그곳에 예비 병력으로 남겨졌다. 또 다른 해병대는 군산에 상륙하여 대기 중인데, 전투를 하기 위해서인지 아니면 철수를 하기 위해서인지 아무도 모른다. 국방장관은 또 "미군은 현 전선을 지킬 생각이지만 작은 돌출부로 천천히 철수할는지도 모르며, 두 달 후가 아니면 대규모 진격을 위한 준비가 갖추어지지 않을 것"이라고 어떤 미군장교가 이야기하더라고 했다. 그래서 그는 왜 미군들이 두 달이나 기다려야 하는지를 알 수 없고, 미군의 속셈은 싸움을 지속하면서 가능한 한 전선을 지켜보려는 것이라고 추측했다.

미곡이 목표량의 90%까지 수집되어 수송을 위해 철도역 창고마다 쌓여있다. 그중 여러 곳이 적의 손에 들어갈 것이다. 국방장관은 리지웨이 장군에게 미곡을 철거하기 위해 얼마간의 트럭을 달라고 요청했었다. 그리하여 트럭은 얻었으나 가솔린이 없다는 것이다. 또 한 번 지체한 후 마침내 미8군에서 가솔린을 공급하여 주었다. 그곳은 그들의 관할구라는 것이다. 이 미군들은 대전까지의 관할구를 그들이 지킬 수 있다고 확신했다. 모든 산악지대는 한국군과 미 제10군단이 담당하고 있다.

그러나 보고에 의하면 수원비행장이 포기되었다고 한다. 이것은 그들이 그 곳을 지키지 않고 있다는 것을 의미한다.

원주에 대한 적의 압력은 대단한 것이다. 한국군의 제3군단이 앨먼드 장군에게 배속되어 있는데 유재흥 장군이 지휘관이다. 한국군 제3군단장 L모 장군이 유재흥 장군으로 교체되었다. 대통령이 춘천을 방문했을 때 거기서 그를 만났는데 너무나도 인상이 좋지를 않았다. 그는 6개월 동안 미국에 다녀온 젊은 이로 어느 누구에도 뒤질 리가 없었다. 그러나 그의 허풍과 모든 일을 자기가 더 잘 안다는 태도 때문에 수하의 사단장들이 좋아하지 않는다는 것을 알게 되었다. 그러나 당시에는 대체할 사람이 없었다.

미군들은 만약 이틀만 더 여유가 있었더라면 서울을 지킬 수 있었다고 생각한다. 리지웨이 장군은 전선 전체를 재조직하려고 애쓴 것 같지만, 그것을 완성하기에 충분한 시간을 갖지 못했었다. 적은 지난 6월처럼 서울에서 1주일을 지체하는 것 같은 과오를 되풀이 하지 않고 곧바로 우리의 가장 취약한 전선지구에 돌입했다. 나는 정일권 장군이 우리에게 보여준 지도를 아직도 기억하고 있다. 그것은 마치 북쪽이 뚫린 것처럼 동부와 중부전선 사이에 넓은 간격이 있었다. 그리고 나는 대통령이 처음 국방장관을 대동하고 원주를 방문했던 때를 기억한다.

미군고문관들은 대통령에게 어떻게 그들이 적을 함정에 몰아넣고 있는지를 설명했다. 대통령은 그들에게 중부전선의 동쪽 끝을 가리키며 만약 적이 이쪽으로 쳐들어온다면 어떻게 하겠느냐고 물었었다.

그러자 고문관들은 적이 그쪽으로 쳐들어올 가능성은 고려하지 않았다고 대답했다. 대통령이 그들에게 나라면 그런 모든 가능성을 고려하여 작전계획을 수립할 것이라고 말했다. 그 후 적의 선봉은 사실상 대통령이 지적한 대로 오대산의 높은 산줄기를 타고 내려왔으며, 중부전선 중심부를 향해 침투해 들어와 유엔군을 분열시킨 것이다.

전기사정이 좋지 못해서 밤에는 촛불이나 등불을 켜고 타자를 하는 경우가 많은데 눈이 몹시 피로하다. 산업시설에 전기를 조금이라도 더 송전하여 우리 장병들에게 필요한 물자와 일반국민들의 생활필수품을 생산해내려면 당분간 어두움을 참고 견뎌야한다.

오는 25일에 발전선이 입항하면 일반의 전기사정도 다소 호전되리라고 한다.

# 온 국민에 항전 독려

1월 9일.

오늘 아침에 우리는 원주가 포기되었다고 들었다. 대통령은 즉시 대구에 가서 청년들을 만나보고 전 국민이 인해전술에 대항하도록 해야겠다고 말했다. 대통령은 자신이 부산에 체류해서는 안 되며, 전쟁을 수행하기 위해서는 후방의 모든 일을 다른 사람에게 맡겨야 한다고 믿었다. 한국인들은 싸우기를 원하고 있으나 충분한 기회가 주어지지 않고 있는 것이다.

대통령은 나라를 지키기 위해 국민 모두가 죽을 각오로 다함께 싸울 것을 호소하며, 게릴라는 게릴라로 대항하고 인해전술은 인해전술로 막아내자는 담화를 발표했다.

"자기만 살겠다고 숨을 곳을 찾지 말고 우리를 죽이려고 쳐들어오는 적을 무찌르기 위해 죽창 아니 수류탄, 심지어 식도라고 들고 나와 앞장서서 싸우겠다는 결의를 가져야만 우리가 모두 함께 살 수 있을 것이다. 국군과 우리 우방군인들이 많은 목숨을 희생해가며 싸우고 있는 이때, 밀물처럼 밀려오는 적들을 쳐부수려면 우리가 다 같이 일어나서 중공오랑캐의 인해전술을 더 강력한 인해전술로 막아내야 할 것이다.

유엔은 우리 국민의 생명을 보호하기 위해 계속 싸울 것이나 작전 상 후퇴만 하다가 결국 우리 형편이 오도 가도 못하게 되면 필경 우리도 다 죽고 국가운명도 위태롭게 된다. 우리 금수강산을 중공오랑캐에게 빼앗기지 않기 위해서는 모두 생명을 바쳐 개미떼 같은 적을 몰아내야만 한다. 그러므로 피하는 것은 죽는 길이오, 다 같이 일어나 싸우는 길이 사는 길이다. 비록 중공군 2백만 명이 들어온다 해도 우리 2천만이 다함께 물고 뜯고 해서라도 한 놈도 살아나갈 수 없도록 만들 수 있을 것이다.

이렇게 해서 우리가 계속 밀고 쳐 올라가야만 우방의 원조도 꾸준히 들어올 것이고, 또 적군을 물리치고 우리가 살 수 있다. 큰 도시든 촌락에서든 모든 국민들이 쌀을 타다가 밥을 지어 주먹밥이라도 만들면 그것을 실어다가 전선에서 싸우는 사람들을 먹일 수 있다. 또 남자들은 참호라도 파며 결사대를 조직하여 적의 진지를 뚫고 적군 속으로 들어가 힘껏 싸워야할 것이다.

농촌에서는 짚신을 삼아서 자진헌납할 수도 있고, 짚 값을 주도록 해 계속 짚신을 만들어 군인들에게 신발을 신게 해주면 큰 도움이 될 것이다. 또 후방 국민들은 헌옷을 벗어서라도 전선으로 나가는 사람들에게 입혀 보내고, 주먹밥이나 떡을 만들어 다만 2,3일분이라도 지니게 해야 한다. 광주리에라도 밥을 담아 계속 전선으로 보내주어야 할 것이다.

인해전이 아닌 보통전쟁이라면 군인이 전방에서 싸우고 국민은 후

제1회 우량아선발대회에 참석한 프란체스카 여사(1957. 5. 5).

방에서 도우면 된다. 그러나 지금 우리 형편은 중국공산당이 사람을 강제로 몰아다가 물밀듯 들어오고 있어서 군인만 가지고 대항하기 어렵다. 싸우는 국군 뒤에서 우리가 소리라도 질러주며 지원해주고, 틈틈이 들어가서 한두 놈의 적이라도 없애야 될 것이다.

이럴 때 돈 가진 사람들이 각기 성의를 다해서 무기도 보충해주고, 주먹밥 한 덩이라도 더 내주면 그것이 나라에 공헌이 될 것이다. 그렇지 않고 피난할 궁리나 하고 선동이나 하는 자들은 일일이 조사해서 특별한 조치를 취해야한다.

우리 국민들이 힘을 합해 죽어도 같이 죽고 살아도 같이 살자는 결심만 가지면 다함께 살 수 있다. 어서 일어나서 적군이 더 내려오기 전에 우리가 밀고 올라가자. 모두 일어나서 먼저 앞장을 서면 그 뒤로 또 계속 일어날 것이다. 지금 우리 국군이 맹렬히 싸우고 있고, 유엔군이 온갖 장비와 비행기와 무기 및 충분한 군수품으로 전방에서 싸우고 있으니 무엇을 두려워 할 것인가.

아편으로 마비된 저 중공오랑캐는 우리가 다 일어나서 밀고 올라가는 날 전멸할 것이다. 다함께 일어나서 반만년을 이어온 조국을 지키자. 조국을 빼앗기면 우리는 모든 것을 잃어버리고 중국공산당의 노예가 되고 만다."

우리 청년들의 애국심과 사기를 죽이는 어떤 구실이 언제나 있었다면서 대통령은 이렇게 덧붙였다.

"순수한 우리청년들의 기백과 애국심을 살려 마음껏 발휘할 수 있는 기회가 주어지면 우리의 승리는 확실하다. 약 50만 명에 달하는 우리 청년들을 다른 장소로 옮겨 훈련을 받도록 해야 한다.

미군은 이 청년들을 오키나와나 사이판, 또는 다른 곳에 데려가 적어도 4개월의 훈련을 시킬 수 있을 것이다. 그리하여 승전 후 유엔군이 철수하면 태세를 갖춘 우리의 군대를 보유하게 될 것이다.

나는 모든 사람들이 저마다 더 중요하게 여기는 어떤 다른 일로 다들 바쁘다는 것을 안다. 하지만 이들 청년들에 대한 훈련은 지금 당장 시작해야 할 가장 중요한 과업이다. 바로 이 청년들을 우리가 필요로 할 때를 위해 대비시키자는 뜻이다."

1월 10일.

비록 동부전선에 있는 우리 군대가 지난 이틀 동안 휘몰아친 눈보라 때문에

374

전선을 가다듬어 싸우기가 힘들었지만, 오늘의 전황보고는 나은 편이다. 눈이 2자(尺) 가량 쌓여서 전선을 구축하기가 매우 힘들었다. 대통령은 쉬지를 못하고 날씨가 좋아지기를 기다리고 있다.

오늘 오후 여성단체대표들이 대통령을 방문했다. 대통령은 여성대표들에게 앞으로는 전황이 달라질 것이라고 일러주었다. 그리고 과자나 양말 등 군인들에게 당장 필요한 물건들을 만들어 장병들을 지원해 주는 것이 급선무이며, 후방에서 적극 후원해주어야 장병들의 사기가 올라 이길 수 있을 것이라고 강조했다.

쌀값이 계속 올라 어려운 국민들의 고생이 한결 더 심해지고 있다. 구정을 앞두고 쌀값이 오르는 것은 일시적인 현상이라고 설명하면서 양 지사와 여러 사람들이 대통령을 안심시키려고 애썼지만 대통령은 무척 염려하고 있다.

이번 후퇴하기 전 서울에서는 쌀값이 오르면 우리가 이기고 있다는 희망적인 예보로 알아 다행스럽게 생각했다. 하지만 부산에서는 이와 반대로 쌀값 오르는 것이 쌀이 부족하거나 돈 가치가 떨어지고 있다는 좋지 못한 조짐으로 여겨지고 있다.

대통령은 항상 우리 동포들이 배고픈 설움과 남의 나라 사람들에게 천대받는 설움만은 당하지 않게 하겠다고 입버릇처럼 말해왔다. 우리와 이해를 달리하는 외국 정치인들이 대통령에게 비난을 퍼부을 때마다, 국민이 떳떳이 기를 펴고 살도록 하기 위해서는 남들이 무슨 욕을 하든지 상관하지 않겠다면서 손끝을 후후 불며 다짐했다.

# 권력층과 부유층의 일본행 신청 러시

1월 11일.

무초 대사가 와서 대통령이 리지웨이 장군을 만나는 것을 주선하기 위해 비행기로 대구에 가겠다고 말했다. 의전상 주재대사는 그와 같은 회담을 채비하도록 되어있다. 틀림없이 맥아더 장군이 어느 정도 무시를 당하고 있으며, 미 국무성이 사태에 대한 발언권을 더해가고 있는 모양이다.

워커 장군이 지휘하고 있을 동안 미 군사고문단장 파렐 장군은 워커 장군과 우리 국방장관 사이의 연락임무만 띠고 있었다. 워커 장군은 언제나 파렐 장군의 임무가 오직 연락업무에 한정된다는 것을 분명히 했었다.

무초 대사는 또 대통령에게 장면 총리가 귀국하지 않는 이유를 말하면서 전보를 보내라고 제의했다. 대통령은 그에게 장 총리가 급히 돌아와야 할 절박한 필요성이 있는 것으로는 여기지 않으며, 그가 돌아와 여기서 무엇을 할 수 있겠는가고 말했다.

우리는 왜 무초 대사가 장면 씨의 귀국을 그다지 마음 졸이며 열망하는지 의아하게 생각했다. 무초 대사는 장면 씨를 워싱턴에서 귀국시키려는 미 국무성의 의도를 우리에게 설명해주기에는 너무나도 순진한 사람이었다.

대부분의 우리나라 사람들은 미국에 나가면 귀국하려 들지를 않는데 그들은 국내가 이와 같이 긴박한 상황아래서는 그곳이 안전하다고 믿기 때문이다.

나라를 구하려고 죽을힘을 다해 싸우는 지금 일본으로 밀항하여 해외도피를 꾀하는 자들을 엄중 처벌할 것이며, 제주도 피난을 금지한다는 정부 발표가 있었다. 외무부에는 일본행 여권 신청자 수가 계속 늘어나고 있다. 대부분 권력층과 부유층 인사들로, 그럴듯한 여행 이유를 만들어온다. 하지만 외무부에서는 공무 이외의 해외여행은 일체 허가하지 않는다는 방침을 더욱 굳히고 있다고 외무부 유태하 정보국장이 대통령에게 보고했다.

외무부에서 여권업무를 담당하는 책임자와 직원들이 개인적인 청탁과 압력에 무척 시달려 관용여권 이외에는 일체 접수조차 하지 않겠다는 정부방침을 공포해야겠다고 유 국장이 대통령에게 건의했다. 대통령은 유 국장에게 서애(西厓)선생 후예답게 소신대로 하라고 격려해 주었다.

임진왜란 때 명(名) 재상 문충공 류성룡(柳成龍)의 직계자손인 유태하 씨는 일제하에서 비록 학교는 많이 못 다녔지만 애국심과 긍지가 있는 젊은이라고 대통령이 나에게 이야기 해주었다.

쌀값 오르는 것을 염려하는 대통령에게 김석관 교통부장관이 경북지구의 양곡을 조속한 시일 내에 수송완료하기 위해 화차 9백량을 확보하여 사용할 예정이므로 걱정할 것 없다고 보고해서 나도 조금은 마음이 놓인다.

ECA(경제협조처)의 피난민을 위한 구호품인 담요와 의류, 소금과 백미가 각지에 배정되어 수송중이라는 반가운 소식이다. 이번의 구호물자 배급으로 전재민들의 고생이 다소라도 덜어지게 되기를 바란다.

묘령의 처녀 2명이 부산역에 있는 화차에 숨어들어가 전선으로 보낼 물건을 훔치다가 철도경비원에 발각되어 경찰에서 문초를 받고 있다고 오늘 신문에 보도되었다. 그런데 이 두 처녀는 작년 12월 29일부터 화차에 잠입하여 물건을 절취해 왔는데, 지난 2일 경비원에 붙들렸을 때 생활고 때문에 도둑질을 했다고 한 모양이었다.

그래서 불쌍히 여겨 용서해 주었는데, 또다시 같은 장소에서 같은 물건을 훔치다 들켜 경찰서로 연행되었다고 한다. 대통령은 이 이야기를 듣고 얼굴이 어두워지며 국민 도의의 타락이야말로 중공군보다 더 무서운 적이라고 우려했다.

우리 민족이 외적의 침략을 받아 전란을 겪고 어려움을 당한 적이 한두 번이 아니었지만, 조상들은 용기와 슬기로써 고난을 극복해 왔으며 현명한 부모들의 자녀교육을 통해 민족의 얼과 역사를 지켜왔다고 대통령이 말한 적이 있다.

역사적으로 우리나라가 가장 어려웠던 시대에 성장기를 보낸 대통령은 끼니를 굶기도 했던 소년시절 부모님으로부터 "봉황은 아무리 배가 고파도 죽순이 아니면 먹지 않는다" "굶을 줄 알아야 훌륭한 선비다" "콩 한 조각이라도 나누어 먹어야 한다"는 가정교육을 받았다. 그랬기에 해외에서 그토록 어려운 일들을 겪으며 파란 많은 일생을 지내오는 동안, 한국인 특유의 자부심과 긍지를 가지고 굽힘없이 살아올 수 있었던 것이다.

예부터 내려오는 이러한 극기의 정신을 슬기로운 한국의 부모들이 가정교육을 통해 자기 자녀들에게 심어주어 건전한 국민 도의가 지켜지기를 간절히 기원한다.

# 한국은 아시아의 열쇠다!

1월 12일.

대통령은 오전 7시15분에 부산의 지사관저를 떠나 수영비행장(K9)으로 향했다. 어제 저녁 미 대사관의 위더비 씨가 와서 리지웨이 장군이 내무부장관과 국방장관도 대구로 동행해주기를 바란다는 말을 했다. 우리는 조병옥 내무장관을 찾아내느라 무척 애를 썼는데 저녁 늦게야 찾게 되었다.

손원일 제독도 대통령과 함께 갔다. 일행은 오전 8시15분에 이륙하였다. 대통령은 먼저 한국군사령부에 들른 다음 리지웨이 장군의 사령부로 갔다. 미국 대사, 파렐 장군, 앨런 장군, 리지웨이 장군의 부사령관, 그리고 리지웨이 장군이 기다리고 있었다.

의식 절차가 끝난 다음 리지웨이 장군은 그가 받고 있는 한국정부의 협력에 대해 감사의 뜻을 표했다. 또한 이제는 적이 어떻다는 것을 알았으며, 우리가 전선을 지킬 수 있다는 사실을 확신한다고 했다. 그리고 아군이 준비를 갖추는 대로 곧 밀고 올라갈 것이라고 덧붙였다.

대통령은 리지웨이 장군이 철수하지 않으려는 노력과, 후퇴 대신 진격하려는 방침을 취하는데 대해 치하한 뒤 이렇게 말했다.

"리지웨이 장군, 왜 귀하는 싸울 태세를 갖추고 훈련된 한국청년들을 무장시키지 않습니까? 왜 50만 한국청년들을 공산당과 싸울 수 있도록 무장시키지 않습니까? 미국은 우리가 언젠가는 뒤에서 당신들을 칼로 찌를 것이라고 걱정할 필요가 없습니다.

군사원조도 받은 것 없이 스스로의 생명을 바쳐서 공산군과 성공적으로 싸워온 나라는 오직 한국뿐입니다. 왜 귀하는 한국청년들을 밀어 제쳐놓고, 대신 일본을 무장시켜 또다시 일본을 열강으로 만들려고 합니까? 한국은 말할 나위도 없고 필리핀이나 태국, 그리고 다른 아시아의 모든 나라들은 일본에 대해서 의구심을 갖고 바라보고 있습니다.

우리나라가 당한 쓰라린 경험은 이러합니다. 우리는 일본사람들이 러시아와 싸울 수 있게 이 땅을 통과시켜 주었더니 그들은 결코 우리나라를 떠나지 않았습니다. 오히려 미국의 도움을 받아 한국에 머무르면서 40년 동안 한반도를 점령했었습니다. 바로 당신네들 미국이 1905년, 러시아와 싸울 수 있게 일본의 군비를 증강시켜 주었습니다.

그리고 제2차 세계대전 중에 당신네들은 바로 그 러시아가 일본과 싸우도록 러시아의 군비를 증강시켜준 것입니다. 이제는 또다시 일본의 군비를 증강시켜 주려하고 있습니다. 러시아나 일본이나 그들 야망대로 남의 나라를 정복하기 위해 다 같이 한국을 필요로 하고 있습니다.

겨울에 얼어붙지 않는 항구, 그리고 쌀과 광물 등이 그들에겐 필요하다는 뜻입니다. 당신들은 언제나 한국이 아시아의 관건이라는 사실을 똑바로 보지 않으며, 또 이 두 열강이 그로 인해 전쟁에 휘말렸다는 사실을 제대로 보지 못하고 있는 것입니다.

그리고 귀국은 극동에서 한국을 강력한 보루로 만들어 이 두 세력을 견제하려 들지 않고, 우리의 적들만 부추기고 있습니다. 일본 군대는 이미 공산주의자들에 의해 침투되어 있습니다. 만약 당신들이 한국전쟁에서 패하거나 철수한다면 당신들은 일본 공산당을 저지할 수 없습니다. 내 말을 명심하여 들으시오. 그러나 만약 당신이 우리의 청년들을 훈련하고 무장을 시킨다면, 결코 후회를 하지 않으리다.″

이야기를 끝내자 대통령은 일어나 신 국방장관, 정일권 장군과 함께 파트리지 장군의 사령부를 향해 떠났다.

파트리지 장군의 사령부에 이르니 장군은 전방에 나가 있었다. 대통령은 전방을 돌아본 후 우리 군인들의 소총 쏘는 훈련장을 시찰하고 그 광경을 지켜보았다. 유재흥 장군의 아버지(유승렬 장군)가 그곳의 책임자로 있었다.

대통령은 우리 군인들을 격려하는 이런 요지의 연설을 했다. 즉 미국인들이 일본 군인을 한국으로 보내 싸우도록 하겠다는 소문은 한국인들을 격분시킬 것이다. 우리는 공산당과 싸우기에 앞서 먼저 일본 군대와 싸울 결심을 할 것이다. 과거 일본과의 쓰라린 경험으로 인해 우리는 일본군대가 또 다시 이 땅을 밟게 하지 않을 것이라는 점을 분명히 해주었다고 말했다.

대통령은 오후 4시께 돌아왔다. 어제 올리버 박사에게 편지를 보냈는데 대통령은 미국에서의 대한민국 홍보계획의 중요성을 강조했다. 오늘도 대통령은 올리버 박사에게 편지를 보냈다.

일본인들은 자기네의 약삭빠른 외교와 선전을 통하여 항상 원하는 것을 얻고 있습니다. 그러나 우리나라 사람들은 아직 선전의 가치를 모르고 있습니다.

이 일의 중요성을 알고 도와 주어야할 대부분의 사람들은 우리나라를 해치고자 하는 사람들의 손에 놀아나고 있습니다. 미국에서 활동하고 있는 변영태 박사를 도와 여러모로 애써주시는 귀하 내외분의 노고에 다시 한 번 감사를 드립니다.


『나의 조국 코리아』를 쓴 변영태 박사와 몇 사람이 미국에 특파되어 한국을 소개하며 실정을 호소함으로써 다소나마 성과를 올렸다. 그러나 일본이 조직적으로 벌이는 홍보활동에 비해서는 '새 발의 피'로 여겨져 대통령은 이 어려운 여건 속에서도 한국 소개와 홍보를 위한 여러 가지 대책을 세우기 위해 부심한다.


1월 13일.

영국에 의해 제출된 새로운 휴전결의안에 관한 뉴스가 전해졌다. 대통령은 특히 3항과 4항에 대해 즉시 성명서를 작성하려했는데, 하도 많은 사람들이 찾아와서 그렇게 할 수가 없었다.

무초 대사가 오후 4시께 찾아왔으나 대통령은 이미 몇 사람의 국회의원들과 회담 중이었고, 무초 대사로서도 중요한 일이 없었기 때문에 다음날 다시 오겠다고 하고 돌아갔다.

오후 5시께 국방장관이 왔다. 그는 몇몇 국회의원들의 행동 때문에 기분이 매우 좋지 않았는데, 그들은 대부분 지난번 서울에 잔류했었던 좌익인사로 지목되는 사람들이라고 했다. 그들은 온갖 해로운 이야기를 만들고 돌아다닌다는 것이다.

부산은 가장 어지러운 곳으로 변했다. 부유한 사람들은 그들이 가진 재산에 관한 걱정이나 하면서 오직 나라 밖으로 떠날 마음뿐이다. 그들은 조국을 구하겠다는 생각은커녕, 패배주의적 분위기만 조성하고 있다. 이에 비해 일반 국민들은 희망적으로 사태를 훨씬 좋게 보고, 정부가 자신들을 지켜줄 것으로 믿는다.

이처럼 일반국민들은 정부를 믿고 있지만, 대부분의 부유층 사람들은 이기적이어서 가족들 염려만 한다. 그들은 지난여름 우리가 여기에 있을 때와 똑같은 행동을 취하고 있는 것이다.

신문은 '전쟁을 망각한 부산?'이라는 제목 하에 이들을 향해 "보이소, 피난을 왔습니까? 유랑을 왔습니까?"하고 경고했다. 하지만 그들은 일선에서 혹한과 싸우며 목숨을 희생하고 있는 우리 장병들의 고통이나 부상병들의 참상, 전쟁고아들의 애처로움은 아랑곳없이 유흥과 호의호식을 일삼고 있어 사람들의 눈살을 찌푸리게 만든다.

# 여성단체 궐기대회

1월 14일.

어제는 수은주가 영하 10도까지 내려간 추운 날씨였는데, 나라를 지키기 위해 여성들도 총궐기하자는 여성단체 중심의 궐기대회가 경남중학교 운동장에서 열렸다. 3·1정신으로 재무장하여 자유와 평화를 찾을 때까지 죽을 각오와 결의로써 모든 여성들도 분투하자는 선언문을 낭독하고, 나라와 민족을 위해 국토를 사수하고 남북통일을 이룩할 때까지 여성도 합심 협력하여 싸우겠다는 비장한 메시지를 대통령에게 보내왔다.

손원일 제독이 제임즈 헨리 도일 해군소장을 데리고 왔다.

오후에는 오스트레일리아 대표인 프림솔 경이 찾아와 휴전결의안에 관해 무슨 이야기를 하려다 대통령이 관심을 표하지 않자 입을 다물었다.

오후 5시 30분에는 미국 대외활동부(FDA)의 레이먼드 밀러 씨와 C L 스티븐스 씨가 내방했다. 그들은 세계를 돌아다니며 각 나라를 도와주기 위해 무엇을 할 수 있는가를 알아보도록 도드 씨가 보낸 사람들이다. 밀러 박사는 해리스 박사와 개인적인 친구는 아니지만 독실한 감리교인으로, 해리스 박사 내외의 인사장을 들고 왔다. 스티븐스 박사는 미국 경제협조처(ECA) 포스터 씨의 절친한 친구로 제2차 세계대전 중에는 포스터 씨가 스티븐스 박사 밑에서 일을 했다고 한다.

지금 스티븐스 박사는 포스터 씨를 위한 개인적인 조사관의 자격으로 온 것이다. 대통령은 두 사람에게 ECA가 요구한 4천 대 1의 새로운 달러환율에 대한 우리나라 재정의 곤란성 등에 관해 설명했다. 우리는 두 사람과 저녁식사를 같이했다. 단출한 식단이었지만 두 사람은 한국음식을 맛있게 들었다. 그 후에 김활란 박사가 와서 대통령이 두 사람을 소개하고, 우리가 내일 정오에는 진해로 떠날 계획이라 김 박사가 이들을 영접하도록 부탁했다.

1월 15일.

아침에 대통령이 영국의 휴전결의안에 대한 성명서를 쓰기 시작했을 때 조병옥 박사가 와서 그러한 성명이 나가야 한다고 말했다. 대통령은 조병옥, 이철원 두 사람에게 완성되지 않은 성명서를 주면서 대강의 취지를 설명했다. 그리고 그것을 완성하여 미 대사관의 위더비 씨에게 보여주라고 지시했다.

우리는 오전 11시 관저를 떠나 부두에 도착하여 순양함에 올랐다. 이 배는 우리에게 인도되기 전 일본에서 수리된 것이라고는 하지만, 다시 수리하기 위해 조선소에 들어가야 된다고 한다. 새로 페인트칠이 되고 전면수리가 되었다고는 하지만, 보일러와 다른 중요한 기계부분이 수리되지 않은 것이 발견되었다. 그래서 불과 3주간의 운항 끝에 다시 수리를 해야 한다는 것이었다.

이 배에 탄 부대원들은 바다 한가운데서 포격연습을 했다. 배가 천천히 움직이면서 세 가지 다른 종류의 포로 바위를 포격하는 것이었다. 그들은 목표를 정말 잘도 명중시켰다. 우리는 배를 타고 오면서 황해도 해주에서 두 중공군을 포로로 잡아온 병사들의 이야기를 재미있게 들었다. 이들이 붙잡아온 중공군

포로들이 제 이름도 쓸 줄 모르는 문맹자들이었고, 밥을 얻어먹기 위해 입대했다가 여기까지 끌려온 순박한 민간인들이더라고 했다.

작년 10월 중순께 중공군이 압록강 도강작전을 시작했을 때, 나귀의 등에 옥수수 가루를 싣고 내려왔다. 미군의 폭격을 피하기 위해 낮에는 몸을 숨길만한 곳에서 잠을 자고, 밤에만 산줄기를 타고 왔다고 한다. 중공군들은 국부군에 가담했던 사람들을 총알받이로 앞세우고 싸웠다는 것이다.

그러나 우리가 신 국방장관으로부터 들은 바에 의하면, 기밀을 철저하게 유지하며 대부대를 이동시키는 중공군의 군기와 행군 능력은 높이 평가할만한 것이라고 한다. 그리고 중공군의 지휘장교들은 미군의 전투력과 전술 및 우수한 장비 등에 관해서 잘 알고 있을 뿐만 아니라, 미군들의 약점이 무엇인가를 휘하 병사들에게 잘 가르쳐주고 있다는 것이다.

즉 미군은 후방이 차단되면 취약해지며, 급하면 중장비를 거의 버리고 간다. 보병도 공격이나 방어에 약한 편이며, 공군과 중무기에 너무나 의존한다. 미군은 주간 전투에는 강하지만 야간전투나 육박전에는 서투르며, 포의 지원이 없을 땐 완전히 사기가 저하된다. 후방만 차단당하면 어쩔 줄 모르며, 자동차 같은 수송수단이 없어지면 전투의욕을 상실한다는 등의 비교적 정확한 판단아래 작전을 수행하고 있다는 것이다.

우리는 오후 2시 진해에 도착하여 산꼭대기에 있는 기념비로 차를 몰았다. 그곳에서 우리는 인천상륙작전에 참가했던 해병대의 기동연습을 관망했다. 지금 그들은 훈련을 하고 있는데, 곧 알려지지 않은 어떤 장소를 향해 떠나게 되리라고 한다. 우리는 그곳에서 다시 차로 커다란 연병장으로 갔으며, 대통령이 4천5백 명의 우리 훈련병들에게 연설을 했다.

우리는 조용한 저녁시간을 가졌다. 휴식과 목욕의 즐거움을 절실하게 느꼈다. 부산이나 대구의 우리 거처에는 욕실이라는 사치품은 없다.

386

1월 16일.

　　오전에 대통령은 집 아래 있는 작은 잔교에 내려가 낚시질을 했다. 그러나 물고기는 한 마리도 낚지 않았다. 대통령은 중요한 결정을 할 때나 깊이 생각해야 할 일이 있을 때는 낚시를 한다.

　　점심식사 후 대통령은 장교 3백 명이 모여 있는 회합에 나갔으며, 한 시간 동안 연설한 후 돌아왔다. 오후 3시께는 김정렬 장군이 헤스 대령과 함께 와서 대통령이 대구로 타고 갈 C-47기를 가지고 왔다고 알려주었다.

　　미 육군 참모총장 콜린스 장군이 대구로 올 것이며, 가능하면 대통령을 뵙기 원하고 있다는 것이다. 대구의 거처로 간다는 것을 알고 나는 30분 안에 짐을 챙기겠다고 그들에게 말했다. 그러나 김 장군과 헤스 대령은 비행기를 점검해야 하기 때문에 서두를 필요는 없으며, 오후 4시 반께 비행장으로 오면 된다고 했다.

　　우리는 4시45분 진해를 떠나 5시15분 대구에 도착했다. 비행하기엔 퍽 쾌적하고 아름다운 날씨였다. 해는 서산으로 떨어지고 있었다. 우리는 헤스 대령과 이야기를 했다. 헤스 대령은 미 공군이 정식으로 싸우러 오기전인 작년 7월초에 다른 조종사 몇 명과 함께 공중전투지원계획에 지원해온 고마운 사람이다.

　　대구비행장에는 아직도 월슨 소령 등 여러 장교들이 헤스 대령과 함께 있었다. 공군사령부가 들어왔을 때 헤스 대령 그룹은 아무데도 소속되지 않고 출격했다. 헤스 대령은 한국군에 배속되었는데, 그 이후부터는 모든 것이 잘되어 가는 것 같았다.

　　헤스 대령이 대통령에게 지금부터는 전쟁의 양상이 달라질 것이며, 리지웨이 장군은 보다 효율적으로 전쟁을 수행하기 위해 더 많은 공군작전을 요청 중이고, 새로운 사령관은 상황을 전반적으로 잘 파악하고 있다고 아주 조심스럽게 말했다.

우리는 경북지사 관저로 갔다. 저녁 식사가 끝난 후에 클리어 대령이 와서 콜린스 장군은 오늘 무척 고된 일정을 마쳤으며, 내일은 동부전선과 중부전선을 시찰하기 위해 일찍 쉬러 들어갔다고 알려주었다.

정일권 장군은 콜린스 장군에게 적이 10군단을 뚫고 들어와서 한국군 제3군단을 공격하고 있는데, 그들이 어떻게 영월로 들어왔는가를 설명해 주었다. 그래서 장군은 직접 확인하기를 원했다. 그리고 콜린스 장군은 오전 10시에 비행장을 떠나 원주로 비행할 계획을 세우고 있었기 때문에 시내로 돌아올 수가 없었다. 그러나 콜린스 장군은 곧 계획을 바꾸어 기꺼이 대통령을 뵈러오겠다고 했다. 대통령은 콜린스 장군이 전선시찰의 일정을 지켜야한다는 것을 충분히 이해하므로 비행장으로 가서 만나려는 것이라고 클리어 대령에게 전하도록 했다.

1월 17일.

대통령은 오전 10시에 비행장으로 가서 콜린스 장군에게 우리 청년들을 훈련시키고 무기를 주도록 한참동안 설득했다. 그리고 또 한국청년들에게 게릴라 전법을 훈련시키려는 굿펠로 대령의 계획에 관해서도 설명했으며, 트루먼 대통령에게 보내는 개인적인 이야기를 장군에게 전했다.

"귀국의 대통령에게 전황은 사람들이 지어내어 말하는 것처럼 나쁘지 않다고 말해주시오. 우리나라 사람들은 싸우기를 원하며, 우리 청년들이 자신의 조국을 구하기 위해 죽을 각오를 하고 있다고 전해주시오."

콜린스 장군은 대통령이 전하는 말을 그대로 트루먼 대통령에게 전달할 것을 약속했다.

거기서 대통령은 우리 청년들이 훈련하고 있는 훈련소로 가서 그들에게 이야기를 해주었다. 이 모든 어려운 여건 속에서도 나라를 지키겠다는 강한 투지를 보여주는 이 청년들을 대통령은 애정 가득한 눈빛으로 바라보며 이야기했다.

우리는 오후 2시에 대구를 떠났다. 비행기 엔진이 고장 나서 팀버레이크 장군이 자신의 비행기를 제공해 주었다. 윌슨 소령이 조종사였고, 장 대위가 부조종사였다. 30분 후 우리는 부산에 도착했다.

부산은 한창 붐비고 있었다. 비행장에는 커다란 온갖 형태의 비행기들이 늘어서 있었고, 거리는 사람들과 차량과 트럭과 이동하는 탱크들로 가득했다.

부산에서 우리는 부두를 따라와야 했다. 왜냐하면 다른 길에는 많은 차들이 믿을 수 없을 정도로 밀려들고, 줄지어 선 차들과 트럭들이 길을 막고 있었다. 지금 항구에는 무기와 탄약을 실은 수많은 배들이 정박해 있다.

# "50만 명분 무기 달라!"

1월 18일.

제7함대사령관 스트러블 해군중장과 노먼 케일랜드 해군소장이 손원일 제독과 함께 대통령을 방문했다. 무초 대사가 와서 대통령과 오랫동안 이야기했다. 미국인들은 더 이상 한국인을 무장시킬 필요성이 있다고 보지 않는다는 것이다.

대통령은 무기 만드는 기계를 사들여서 여기서 소총을 만들고 탄약을 만들겠다는 결심을 굳히고 있다. 그리하여 훈련 받는 우리 청년들에게 무기를 주어서 우리 군대와 함께 싸울 수 있게 하려는 것이다. 우리 청년들은 최소한 적의 침투를 막을 수는 있다.

대통령은 지난 5일 맥아더 장군에게 50만 한국청년들을 위하여 소총과 무기를 요청하는 다음과 같은 서한을 보냈었다.

1개월 전 중공오랑캐의 침략 이후 국제연합군은 북변 국경선에서부터 계속 후퇴하여 지금은 적군이 수원까지 내려와 있습니다. 적군이 우리에게 전선구축의 시간 여유를 주지 않기 때문에, 전선형성을 목적으로 한 소위 전술적 후퇴는 한 번도 성공하지 못하였습니다.

만일 적군이 지금과 같은 속도로 내려오도록 내버려둔다면, 그들은 짧은 시간 안에 대구와 부산에 도달하게 될 것입니다. 그 결과는 상상만 해도 몸서리가 쳐집니다. 우리 한국 사람들에게 앞으로 닥칠 일은 너무나 무서운 것입니다.

왜냐하면 적군은 한국내의 모든 반공적 요소들을 때려 부수려들 것이고, 이 사실을 전 세계에 고발할 온당한 인간이 살아남지 못할 것이기 때문입니다. 더욱 불행한 것은 이와 같은 참화가 공산당의 한국침략을 저지하려고 용기 있게 노력하여온 각하와 다른 위대한 지도자들에게 미치게 될 광범위한 영향입니다.

그들은 모두 그 책임을 각하에게 돌리려고 할 것이고, 소련과 전 세계의 모든 공산괴뢰들은 승리의 환성을 올리게 될 것입니다. 국제연합은 또 하나의 세계대전으로부터 자신은 물론 다른 어느 나라도 구원할 수가 없고, 이 전쟁을 더욱 비참하게 만들뿐인 것입니다.

이러한 사태를 구해내기 위하여 전력을 다해서 지금 공산침략자들을 때려 부숴야 합니다. 한국인들에게 무기를 대주고 그들의 유격전술에 따라 전쟁을 수행하도록 허용해 주며, 또 장군으로 하여금 공산침략을 어디에서나 막을 수 있는 무기, 심지어는 원자탄마저도 사용할 수 있게 권한을 주어야합니다. 모스크바에 폭탄 몇 개 떨어뜨리는 것만으로도 공산세계를 뒤흔들어 놓을 것입니다.


어제 부산 동아극장에서는 문화인들이 모여 나라를 지키기 위해 정신을 무장하고 총궐기하자는 뜻있는 행사를 했다고 신문에 보도되었다. 이 궐기대회에서도 맥아더 장군에게 보내는 메시지를 만장일치로 채택했다고 한다. 대통령이 진해에서 장병들에게 했던 훈시내용도 같은 신문에 나란히 보도되었다.

앞으로 리지웨이 장군은 결코 후퇴하지 않을 것이며 반격준비가 완료되었다고 했으니, 목숨을 아끼지 말고 쳐 올라가서 우리 조상이 5천년 동안 지켜온 이 땅을 기어이 사수하자는 요지다.

현재 경상남북도에 몰려있는 전재민의 수효가 2백만 명으로 추산되고 있다. 사회부에서는 이 많은 전재민들을 보다 효율적으로 돕기 위해 각 도지사의 책임아래 자치적으로 수용소를 설치하여 분산시키고, 구호품을 지역별로 배급해줄 대책을 세우고 있다.

해외에서 보내온 편지들을 대통령과 함께 읽고 있는데 양 노인이 방문을 노크했다. 양 노인은 대통령이 가장 좋아하는 특별간식을 들고 있었는데, 참으로 구수한 냄새가 나는 먹음직스러운 누룽지였다. 나는 이가 좋지 못해서 먹기가 힘들었지만 치아가 좋은 대통령은 누룽지를 무척 즐긴다.

대통령이 어렸을 때부터 즐겼던 누룽지에는 그토록 대통령을 애지중지했던 어머니와 누나들과의 애정 어린 추억들이 담겨져 있다. 더욱이 대통령이 젊은 날 구국운동을 하면서 피신해 다닐 때의 비상식량이기도 했던 누룽지에 얽힌 사연이 많다고 한다. 대통령은 특히 구수한 숭늉의 맛은 세계 어느 나라의 차 맛보다도 훌륭한 별미라고 식사가 끝난 후 숭늉을 들 때마다 흐뭇해한다.

1월 19일. 오전 9시에 참페니 대령이 작별 인사를 하러왔다. 그는 일본 경찰관을 훈련시키기 위해 일본 전출 발령을 받은 것이다. 그는 대통령에게 일본에서 훈련시키라는 게 경찰관이 아닌 군대라는 사실을 모두가 알고 있다고 말했다. 그는 한국에 있으면서 한국인을 훈련시키고 싶지만, 전출명령을 받았으니 어쩔 도리가 없다고 했다.

참페니 대령은 과거 하지 장군 휘하에서 일한 바 있는 통제부 사령관 가빈

장군과, 하지 장군의 부관이던 클리어 대령, 그리고 힐 대령 등은 전출되어야
한다고 대통령에게 말했다. 그리고 또 참페니 대령은 고 워커 장군은 한국전에
사령관으로 오지 않았어야할 사람이라면서, 그는 적격이 아니었다고 대통령에
게 털어놓았다. 그런데 리지웨이 장군은 정말 적격의 인물이며 이제야 오게 된
것이 유감이라고 했다.

　　각료회의가 있었다. 무초 대사는 4천 대 1의 달러환율을 받아들이도록 조르
고 있다. 대통령은 거기에 반대한다. 최순주 재무부장관은 난처해서 어찌할 바
를 모른다.

# 여섯 살에 천자문 뗀 대통령

1월 20일.

　〈뉴욕타임스〉의 패로트 기자가 대통령과 인터뷰를 하였다. 저녁 늦게 국방
장관이 와서 어느 순간에 적의 대공격이 있을지 모르는 상황이라고 보고했다.
그들은 모두 현 전선을 지키리라고 확신하고 있다는 것이다.

　리지웨이 장군은 아침 일찍부터 일선에 나가 있으며, 처치 장군과 기타 지
휘관들을 교체하여 지휘상 변혁을 일으킨 것은 커다란 이득으로 받아들여지고
있다. 돌이켜 보건대 우리 한국인은 애당초 친일적이던 처치 장군의 태도를 좋
아하지 않았다. 지난여름 전투 중에는 처치 장군이 이끄는 24사단은 어디를 가
나 적에게 쉽게 돌파 당했었다.

　콜린즈 장군과 반덴버그 장군이 한국을 유엔군이 지킬 수 있음을 확신한다
고 상원분과위의 비밀회의에서 보고했다고 한다.

　신문은 적을 섬멸하기 위해 대대적인 반격이 곧 시작될 것이라고 대서특필
하고 있다. 이러한 보도는 오히려 적이 더 강한 경계태세를 갖추도록 해주는 효
과만 낼뿐 전략상 이롭지 못하다고 한다. 이 침략을 방지할 공동방법을 토의하

394

자는 제안이 유엔총회 60개국 정치위원회에 제출된 것으로 전해졌다. 약 12개국의 대표들이 지난 목요일 미국대표 오스틴 씨의 제의를 구체화하는 결의안을 만들기 위하여 19일 회담을 하였으며, 정치위원회에서는 중공이 유엔의 정전 노력을 거부한데 대한 비평이 극도에 달하고 있다는 것이다. 중공의 이런 행동에 대한 유엔의 대항조치를 요구하는 나라 중에는 칠레, 엘살바도르, 브라질, 쿠바와 네덜란드까지 포함되어 있다고 한다. 토요일에 제출된 결의안에는 목요일 미국대표가 발언한 조치가 전면적으로 채택된 것으로 여겨진다.

앞으로 전기사정이 호전될 것이라고 한다. 일선의 전황도 밝아서 마음도 밝아지는 것 같다.

## 1월 21일.

아침에 신 국방장관이 온 것을 보고 대통령이 그와 함께 대구에 가려고 했다. 그러나 국방장관은 군인 전부가 다가올 적의 공격에 전력을 기울이고 있어 지금 대통령이 오는 것을 바라지 않는다고 말렸다. 그러나 대통령은 적의 인해전술을 저지하기 위해 전방에 가서 청년대를 조직하려는 결심을 하고 있다.

대통령은 유엔군이 아직도 전법을 바꾸지 않아 걱정이 크다. 그들은 중무기와 기타 장비 때문에 쉽게 전진하거나 후퇴를 하지 못하는 어려움이 있는 것이다. 유엔군이 그들의 전법을 바꾸는 것과 동시에 우리가 전선을 지키기도 쉬워질 것이다. 유엔군의 전술을 바꾸는 문제에 관한 몇 개의 기사가 미국신문에 나오는 것을 보게 됨은 흥미로운 일이다.

약 2주일 전부터 소련제 미그15 전투기가 한국전선에 나타나 그 성능을 정확히 알아내려고 미군당국과 우리 측에서 노력하고 있다. 심히 유감스러운 일이지만 적이 보유한 이 미그15 전투기는 미국의 F86전투기 못지않게 성능이 우수하다는 것이다. 공군의 전투력에 많은 비중을 두고 의존하고 있는 국제연합군과 아군의 실정에 비추어 반가운 소식은 아니다.

우리의 어머니와 딸들은 일찍이 임진왜란과 병자호란을 이겨냈으니 우리도 그 전통과 열의를 계승하여 총궐기하자는 내용의 격려문이 신문에 크게 실렸다. 일선에 나가서 싸우는 것은 남자들이지만, 후방에서 그들을 잘 뒷받침해 주고 전쟁을 승리로 이끌어 갈 수 있도록 하는 것은 역사적으로 여성들의 힘이었다.

가난한 살림을 꾸리면서 가족 모르게 굶기를 밥 먹듯 하면서도 티 없이 자녀들을 기르며 가정을 지켜온 희생적인 한국어머니들의 헌신과 인내심이야말로 우리 역사를 지켜온 원동력이라고 대통령이 말한 적이 있었다.

어렸을 적부터 세심한 관찰력이 있었던 대통령은 살림형편이 가장 어려웠을 때 식구들을 조금이라도 더 먹이기 위해 밥 먹는 것을 뒤로 미루는 척하면서 끼니를 거르시던 어머니의 모습을 늘 기억하고 있다.

대통령의 어머니는 대통령이 어렸을 때 손바닥으로 볼기를 때리면서 천자문을 몸소 끝까지 다 가르치셨는데, 여섯 살에 천자를 다 외게 되자 이를 칭찬하여 책씻이한다고 떡을 해서 동네잔치를 베풀어 주셨다고 한다.

마흔 살에 늦둥이로 대통령을 낳으셨으나 어찌나 부모님 두 분 다 엄하셨던지 대통령은 부모님 앞에서 늘 어려워했다고 한다. 나는 언젠가 대통령이 심한 고열로 괴로워하면서 어머니를 부르는 나직한 신음소리를 내는 것을 들은 적이 있다. 자기희생과 인내의 표상인 한국어머니들의 헌신적인 봉사정신이 뒷받침이 되어 기어이 중공군을 몰아내게 되리라 믿는다.

1월 22일.

오후 1시30분 대통령은 미국대사 무초 씨, 그리고 조이 제독, 유엔의 한국위원대표 아프리카 박사와 간사장들에게 표창장을 수여했다. 각료들과 해군에서 온 장교들이 동석하였다.

맥아더 장군이 20일, 전선이 완전히 갖추어져 중공군을 몰아내는 것은 시간문제라고 알려주었다. 미8군은 극히 만족스러운 태도로 임무수행을 하고 있으며, 한국 교두보 유지에 자신이 있다는 것이다.

맥아더 장군은 한국으로 비행해오는 도중에 준비했던 성명서를 미8군 회의실에서 기자들에게 발표했고, 리지웨이 장군은 낙하산 부대용 바지를 입고 겉저고리 양편주머니에 수류탄을 매단 채로 맥아더 장군을 수행했다. 맥아더 장군의 이번 성명 발표가 워싱턴과 미8군 및 유엔군 장성들에게 아무 탈 없이 받아들여지기를 우리는 마음속으로 바랐다.

오후에 김활란 박사가 와서 국방부 제3국의 여자의용대원들이 우리나라의 자유를 위해 싸우다 희생당한 고 워커 장군의 동상건립기금으로 써달라고 월급을 모아 찾아왔었다고 대통령에게 보고했다.

보일러시설이 없는 우리 관저에서 난로도 못 피우게 하고 온몸을 담요로 감싼 채 집무실에서 일하는 대통령을 보며 김활란 박사가 눈물을 글썽였다. 그러면서 연세도 있으시니 난로쯤은 피우고 일하시도록 대통령에게 권고했다. 그런데 대통령은 다리 밑에서 떨고 있는 수많은 피난민동포들을 생각하면 이것도 과분하다고 말했다.

"찬 손을 따뜻하게 해줄 테니 내게 가까이 오라."고 대통령이 김 박사에게 말하자 "허락 없이는 안 된다"고 내게 농담을 해서 우리는 모두 한바탕 웃었다.

1월 23일.

올리버 박사가 미국에서의 대한민국 홍보계획을 후원하는 책임을 면하게 해줄 것과, 변영태 씨로 하여금 그 일까지 맡게 해줄 것을 간청하는 편지를 대통령에게 보내왔다. 이에 대해 대통령은 무엇 때문에 미국에서의 홍보관계 계획이 중요한 것인지를 올리버 박사에게 설명하는 서한을 보냈다. 그리고 계속 변영태 씨를 도와 함께 일해 줄 것도 아울러 당부했다. 대통령은 편지에 이렇게 썼다.

> 최근의 미국언론 보도들을 보면 국제연합군은 '명예로운 철수'를 하든가 아니면 '한국에서 축출될 것'이라는 이야기가 많이 있는 것을 알 수 있습니다. 전투중인 한국 전선에 대한 이러한 보도들을 읽으면 가소롭기도 하고, 일반 한국인들뿐만 아니라 최전방에서 싸우고 있는 여러 나라 전투요원들의 사기를 저하시키는 것 같기도 합니다. 전 세계의 적색분자들을 고무시키는 이런 기삿거리, 즉 소련 사람들을 제외하고는 아무에게도 이로울 것이 없는 이런 지각없는 가십이 왜 나오는지 모르겠습니다.
> 미국 관측통들의 순전한 추측에서 이러한 기사들이 어떻게 만들어지는지 관심을 가지지 않을 수 없습니다.

군 기밀에 속하는 것까지도 앞질러 보도하는 극성스런 미국언론 때문에 현지의 장군들이 애를 먹을 때가 많다는 이야기를 들었다.

1월 24일.

〈뉴욕타임스〉의 일요잡지 여기자 거프르트 새뮤얼즈 양이 와서 우리와 함께 점심을 들었다. 그녀는 우리나라의 피난민에 관한 기사를 쓰고 있다고 한다. 그녀는 팔레스타인이나 독일 등의 피난민수용소를 가보았지만 여기와 같이 비참하고 불쌍한 광경은 보지를 못했다고 했다.

그녀는 수용소에 있는 우리 어린이들이 영양실조의 상태는 보이지 않았지만, 특히 평양에서 나오려했던 그토록 많은 애들이 부모를 잃었다는 것은 참으로 큰 비극이라고 솔직히 말해주었다. 미군은 피난민들이 간선도로에 몰려드는 것을 원치 않았고, 교량을 폭파해서 그들이 건너오지 못하도록 제지했던 것이다.

국회에서 국회의원들의 세비를 인상하자는 안이 통과되어 국민들에게 큰 실망을 안겨주었다고 한다. "전재민들에게 거처할 곳을 마련해주도록 하라던 그 입과 그 손이 어찌 자신들의 세비인상 안건만 만장일치로 가결할 수 있단 말인가?"라고 신문에 비난하는 글이 실려 국회의원들에 대한 여론이 좋지 못하다고들 한다.

중요한 국보들과 귀중한 문화재들이 안전지대로 대피되어 잘 보관되고 있다고 이병주 씨가 대통령에게 보고했다. 국립박물관에 보관 중이던 금관 및 국보 대부분과 〈조선왕조실록〉과 귀중한 문헌들이 모두 무사히 이송되었다고 한다. 대통령은 "해인사에 있는 팔만대장경이 피해를 보는 일이 없도록 최선을 다해 지키라."고 그 지역의 전투경찰과 최치환 총경에게 특별지시를 했었다.

전란이 있을 때마다 우리의 소중한 국보와 문화재가 소실되거나 침략자들에 약탈되었지만, 항상 찬란한 문화와 예술을 꽃피우는 우리 민족의 혼과 독창력만은 결코 빼앗기지 않은 채 우리 핏줄 속에 유전되어 내려오고 있다고 대통령이 이야기한 적이 있다.

이런 문화민족의 기질을 타고났기 때문에 대통령은 그토록 파란 많은 인생 여정을 거쳐 오면서도 늘 자기의 기쁨과 슬픔을 시로 승화시키고 그토록 붓글씨를 잘 쓰는가 보다. 한국에서는 남편이 아내를 칭찬하거나 아내가 남편을 칭찬하면 '바보'라고 흉을 본다고 대통령은 절대로 남 앞에서 칭찬하면 안 된다고 나에게 여러 차례 일러주었다.

아마 이글을 보면 대통령이 나에게 바보 같은 아내라고 할지 모르겠다.

# 전선에서 자취 감추는 중공군

1월 20일.

브랜 씨가 미국의 무기제조업자들을 위해 고철을 사러 와서 대통령을 예방했다. 대통령은 미국이 한국을 도와주는 것을 감안하여 보답으로 고철을 무상으로 주고 싶은 마음이라고 했다. 그렇지만 모든 것이 개인들의 손에 의해 운영되고 있으며, 고철을 사는 것이 개인자본이어서 불가능하다고 브랜 씨에게 말했다. 우리 청년들에게 필요한 무기를 어떻게든 제공해주고 싶은 대통령은 브랜 씨와 함께 오랫동안 이야기를 나누며 여러모로 알아보았다.

신 국방장관이 와서 중공군이 퇴각하고 있는 것 같다고 보고했다. 일선에서 우리 군인들이 중공군을 만나볼 수가 없다는 것이다. 그런데 중공군포로가 들려준 이야기에 의하면 중공과 북한이 언쟁을 벌이고 있다고 한다. 왜냐하면 중공군은 유엔군을 대적해서 격퇴시키기로 했고, 북괴군은 국군을 분쇄하여 유엔군이 한반도에서 완전히 물러나도록 작전계획을 세웠다는 것이다. 그러나 북괴군이 그 목표를 달성하지 못했다.

두 번째로는 북괴가 중공군에게 식량을 공급해주기로 했으며, 전투에서 죽은 인원을 충분히 보충해주겠다고 약속했는데 이마저 실현시키지 못했기 때문이라는 것이다. 그냥 머물러 있을 것으로 북괴 측에서 기대했던 모든 청년들을 한국정부가 국민병으로 데리고 내려갔고, 초토작전에 의해 서울이고 어디고 간에 먹을 것은커녕 중공군이 숨거나 잠잘 곳도 찾아내기 힘든 형편이라고 한다.

그것은 북괴군이 민심을 못 얻고 국민의 호응을 받지 못한 것을 깨닫지 못한데 원인이 있다고 중공측이 지적했다는 것이다. 어떠한 경우에도 민심이 이반되면 전쟁에서 이길 수 없다고 대통령은 항상 그 점을 염두에 두도록 정부각료들과 군 지휘관들에게 당부해왔다.

북한동포들이 5백만 명이나 남하해 왔기 때문에 지금 당장은 식량공급과 난민대책에 힘겹다. 하지만 사랑하는 가족과 고향산천은 물론 집과 재산을 버리고 내려온 이 북한동포들은 직접 체험으로 공산당의 실체를 알고 있어서 이들이야말로 무언의 반공투사들이며, 앞장서서 남한동포들과 손잡고 통일을 이룩할 역군이오 원동력이라고 대통령은 강조하고 있다.

대통령은 이들을 만날 때마다 두 손을 꼭 붙잡고 "얼마나 고생이 많으십니까? 우리 함께 조금만 더 참고 이겨냅시다. 이 땅에서 공산당을 완전히 쳐부수고 기필코 통일을 이룩하여 고향땅에 돌아가 부모형제 한데 모여 영세자유와 화평을 누릴 수 있도록 분발합시다."하며 격려한다.

14일 구사일생으로 겨우 서울을 탈출해 살아나온 사람이 와서 중공군이 온통 여자마다 욕을 보였기 때문에 많은 여자들이 자살했고, 10살 이상의 사내들을 모두 잡아다가 학살했다고 알려주었다.

뼈아픈 경험을 했던 지난여름과 달리 이번 후퇴 시에는 정부가 모든 시민들에게 미리 남쪽으로 피난할 것을 권유했고, 대통령은 대부분의 시민들이 피난한 후에 서울에서 부산으로 내려왔다. 그러나 서울에는 집을 떠나오면 살기 힘든 노인들과 약간의 사람들이 남아있었다.

이 사람들은 남쪽에만 거주하여 실지로 무자비한 공산당을 체험 못하고 이야기로만 알고 있었다. 그래서 설마 공산군이 그토록 잔인한 짓을 하리라고는 상상조차 하지 못했다. 그 바람에 적시에 남쪽으로 빠져나오지 못한 채 참변을 당하고 말았다.

1월 26일.

맥아더 장군의 생신을 축하하기위해 어제 전화를 걸었는데, 장군 내외는 12살 먹은 아들 아더가 직접 만들어 선사한 선물 때문에 무척 행복한 모양이었다. 아들의 선물을 받은 아버지의 마음은 얼마나 기쁘고 행복할까? 대통령은 공식적으로 맥아더 장군의 71회 생신을 축하하는 전문을 보냈었다.

미 함대가 인천항을 맹렬히 포격하고 있으며, 무기한으로 한국진지를 확보하여 승리할 때까지 싸울 것이라고 장군이 알려주었다.

존 포스터 덜레스 특사가 일정이 변경되어 하오 3시에 도쿄에 도착할 예정이라고 한다. 대통령은 덜레스 씨는 민주주의와 정의를 위해 싸워온 우리의 진정한 벗이라면서 정부가 덜레스 씨를 초청했음을 밝히고, 그의 한국방문을 진심으로 환영한다는 성명을 발표했다.

이 성명에서 대통령은 한일우호관계를 희망하며, 양국정부가 다 같이 상호의 이익을 위해 회담을 시작하는 것이 빠를수록 관계개선에 도움이 될 것이라고 언명했다. 또 덜레스 특사가 대일 강화문제를 토의하기위해 일본을 방문하는 것에 대해서도 기쁘게 생각한다고 찬의를 표했다. 대통령은 나에게 덜레스 씨를 위한 만찬메뉴에 미역국을 끓여 대접하도록 특별주문을 했다.

패주하고 있는 북괴군들은 여자들까지 일선에 동원시키고 있다고 한다. 장면 총리는 지금 도쿄에서 며칠 묵고 있는데 모레 도착할 예정이다.

# 14살에 죽은 외아들

1월 29일.

28일에는 외교행낭에 넣어 보낼 편지조차 쓸 틈이 없이 너무 바빴기 때문에 월요일(29일)인 지금 겨우 틈을 내어 타이프 앞에 앉아 그동안 일어난 일들을 간추려 적는다.

1월 28일에는 장면 대사가 도쿄로부터 도착해 대통령을 예방했는데, 총리직을 수락할 수 없으며 워싱턴으로 돌아가야 한다고 말했다. 자신은 그토록 중요한 직책을 맡을 수 없으므로 한국에 체류할 수 없으며, 워싱턴에서 직무를 더 잘 감당할 수 있을 것으로 느낀다고 결심을 표명했다.

맥아더 장군이 수원과 서울상공을 시찰비행하고, 8군의 리지웨이 장군으로부터 적 4만 명을 살해하고 12만 명을 부상시켰다는 전과를 보고받고 도쿄로 돌아갔다. 전쟁이라는 이름의 살상비극 속에서 고통 받는 사람들의 비참함을 피부로 느끼고 사는 나날이 이젠 정말 지겹다.

하나님, 고통 받고 있는 불쌍한 인간들을 돌보아 주시옵소서. 부상당한 채 혹한 속에서 고통 받고 있을 우리 부상병들을 하나도 빠짐없이 구해주시옵소서.

오후 늦게 우리는 관저 뒷산을 산책하다가 남루한 옷을 입은 14살짜리 동네 소년을 만났다. 대통령은 이 소년과 금방 친해져 그의 집까지 따라가 그의 가족을 방문하게 되었다. 가족의 생계를 책임지던 형이 전선에 나가 싸우고 있기 때문에 정영석이라는 이 어린소년이 담배장사를 해서 벌어오는 돈으로 가족의 끼니를 이어나가는 딱한 사정을 우리는 알게 되었다.

대통령은 이 총명한 영석이가 우선 학교에 나가 공부할 수 있도록 금일봉을 주고 우리 집에 자주 놀러오도록 여러 번 당부하고 돌아왔다. 대통령이 남달리 이 14살짜리 소년에게 애착을 느끼는 이유는, 자신이 독립운동 하느라고 제대로 돌보지 못한 채 객지인 미국 필라델피아의 한 병원에서 전염병으로 격리되어 홀로 죽은 외아들 태산이가 14살이었기 때문인지도 모른다.

대통령이 그토록 사랑했던 단 하나의 혈육을 여읜 그 슬픔과 절규를 '태산아! 태산아!' 하고 일기장에 적어놓은 것을 보고 가슴이 철렁 내려앉은 적이 있었다. 나는 오늘 만난 이 소년이 대통령을 자주 찾아와서 대통령의 좋은 친구가 되어 행복한 시간이 많아지기를 바라고 있다.

이제 내 나이에는 대통령이 그토록 원하는 아들을 낳을 수는 없지만, 그 순박한 소년이 내가 채워줄 수 없는 대통령의 쓸쓸함을 다소나마 달래줄 수 있을지 모른다.


1월 29일.

오전 10시에 통화안정위원회의 회의가 있었다.

터키의 여류 전투기 조종사인 사비야 코켄 소령이 유엔군에 파견되어 한국 전선으로 올 예정이라고 한다. 사비야 코켄 소령은 터키인의 아버지로 칭송받는 고 케말 파샤의 양녀로서 36세의 숙녀라고 한다.

여성으로서는 세계최초의 전투기 조종사인 사비야 코켄 소령은 1925년 동부 터키의 쿠르드족 반란진압 때 12살의 전쟁고아로 케말 파샤의 양녀가 되었는데, 이스탄불의 미국계 여자대학에서 교육받은 재원이라고 한다. 코켄 소령은 며칠 내로 도착할 예정인데, 이 소식이 한국전에 참전중인 터키군의 사기를 북돋워주고 있는 모양이다.

오늘 오후 고 워커 장군의 추도예배식이 한국기독교연합회 주최로 거행되었다.

어느 신문에서 장면 총리를 마중나간 출영인사들이 "먼 길에 오시느라 수고 많으셨습니다."라는 훌륭한 한국의 환영인사 대신 "헬로 웰컴 홈!"하고 영어로 인사한 장관들의 이름을 나열해서 꼬집어 준 기사가 났다는 이야기를 듣고 대통령이 "그 신문, 참으로 좋은 말을 썼군 그래!" 하고 칭찬했다.

현재 우리나라의 공군이 6·25 당시보다 3배 이상 증강되었다. 만일 미국이 한국공군과 사관후보생들의 훈련을 충분히 지원해준다면, 아시아에서는 가장 강한 군대가 될 것이라고 헤스 대령이 대통령에게 말했다.

사회부의 피난민구호 대책본부에서 제주도에 수용할 수 있는 피난민 수효가 10만 명 이상은 불가능하다고 보고했다. 대통령은 본부요원들에게 모두 함께 머리를 써서 새로운 피난민 수용대책을 세워 이 어려움을 타개해 나가자고 말했다.

도쿄에 있는 덜레스 특사는 맥아더 장군과 장군의 집무실에서 두 시간 동안 대일 강화조약 문제에 관해 회담했는데, 의견을 교환한 모든 사항에 합의를 본 후 일본의 요시다(吉田) 수상을 만나러 갔다고 한다. 대통령은 한국문제에 대한 덜레스 특사의 복안과 의도가 어떤 것인지를 대강 짐작하고 거기에 맞서기 위해 단단히 벼르고 있다.

경북 영주 부석사에서 동심으로 돌아가 즐거운 한때를 보내고 있는 이승만 대통령 내외(1957).

# 5부

통일 향한 대통령의 집념과 열정

# 빨리 38선을 넘어라

1월 30일.

　국무회의가 있었다. 우리는 장면 박사에게 오는 토요일 귀국과 취임을 환영하는 간단한 다과파티를 준비하겠다고 전했다. 그러나 장 박사는 아직 국무총리직을 수락하지 않았으므로 더 생각해 봐야 한다는 뜻을 비서실로 전해왔다고 한다.

　무초 대사가 4시께 와서 내일 대구로 우리를 태우고 갈 비행기는 오전 9시에 떠날 계획이라고 알려주었다. 그리고 무초 대사는 대통령에게 미국이 유엔에서 중공을 침략자로 규정짓는 결의안을 밀고나갈 것이며, 다음날 투표가 있을 예정인데 즉시 그 결과를 알려오겠지만 그 결의안이 통과되지 않을 염려는 조금도 없다고 말했다.

　대통령은 무초 대사에게 장면 씨가 국무총리직을 수락할 의사가 없는 것으로 행동하고 있다고 알려주었다. 전황이 호전되고 있다는 보도와 함께 시중의 금값이 떨어지는 반면 쌀값이 오르고 있다한다.

　서울의 광교에 본거지를 두고 걸식을 하던 거지들과 함께 부산으로 내려온

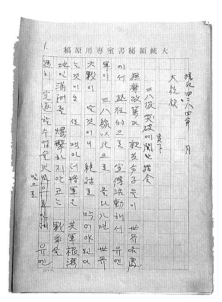

38선 돌파에 관해
이승만 대통령이 내린
친필 지시문.

거지대장 박동봉이라는 사람이 〈부산일보〉와 인터뷰한 기사를 대통령이 흥미
있게 읽었다.

그들이 부산으로 내려온 이유는 공산치하에서는 거지도 자유를 누리고 살
수 없기 때문이라고 한다. 지금 서울에는 좋은 집들이 온통 비어있고, 주인이
버리고 간 좋은 옷들도 실컷 입을 수 있었지만, 자유세상이 그리워 부산을 찾아
왔다는 것이다.

광교다리 밑에서 잠자고 명동에서 활동하는 것이 소원이라고 밝혔다는 이
직업거지들은, 하루 빨리 우리 국군들이 서울을 수복해 주기를 바라고 있다고
한다. 부산역전의 쓰레기통 옆에 쪼그리고 앉아 졸면서 인터뷰했다는 이 거지
대장은, 부산에서는 잘 사는 사람들보다는 피난민들이 밥을 더 잘 주고 인심도
후하다고 슬쩍 귀띔하더란다.

대통령은 "우리가 가진 제일 강한 무기는 자유야. 〈부산일보〉가 아주 좋은 기사를 냈구면." 하고 말하면서 김광섭 비서에게 그 기사를 오려두도록 지시했다.

콜리어 대령이 리지웨이 장군의 개인적인 메시지를 대통령에게 전하려고 장군의 사령부로부터 왔다. 리지웨이 장군은 누구를 막론하고 불법적인 무기매매 행위를 엄금한다는 명령서를 대통령이 써주기를 요청했다. 그러면 불법 무기매매행위 금지법을 선포하여 모든 유엔군과 국군장병이 함께 이 법규를 준수하도록 하겠다고 말했다. 많은 유엔군장병들, 대부분의 흑인병사들이 무기를 들고 나와 물물교환을 하거나 팔아 쓰고 있다고 한다.

사실상 이곳 기생들이 많은 권총을 팔고 있다는데, 한국 돈을 갖지 못한 유엔군장병들이 가져다준 것이라고 한다. 왜냐하면 유엔군장병들은 한국 돈을 쓰지 못하게 되어있다. 그렇지만 많은 미국담배와 미국과자들이 시중에 유출되고, 한국 시장에서 파는 물건을 사고 싶은 미군장병들은 한국 돈을 숨겨가지고 와서 산다는 것이다.

콜리어 대령은 또 대통령에게 적에 관하여 가능한 한 모든 정보를 얻어주도록 요청한 리지웨이 장군의 부탁을 전했다. 모든 유엔군의 지휘관들은 적이 어디에 얼마나 많이 있으며, 자신들이 어디로 전진해야 할 것인지 알고 싶어 한다는 것이었다. 아무튼 중공군들이 어디에 숨어 있는지 전혀 찾아내지 못하고 있기 때문이다.


1월 31일.

우리는 오전 9시 수영비행장(k-9)을 떠나 30분간 비행 후 대구에 도착했다. 신 국방장관이 비행장에서 기다리고 있었다. 미8군에서 비행장을 확장했기 때문에 새로 닦은 비행장이 또 하나 있었다. 이 새로운 비행장은 미8군사령부 바로 옆에 있었다.

신 국방장관은 리지웨이 장군이 전선에서 지휘중이라고 대통령에게 보고했다. 리지웨이 장군의 막사는 지금 수원에 있는데, 그의 모든 시간을 수원 막사나 전선에서 지내고 있다고 한다. 대통령은 신 국방에게 왜 리지웨이 장군을 만나려 하는지 이유를 설명해주었다.

대통령은 38선 이북까지 쳐 올라 갈 병력을 보강하는 의미에서 약 1만~2만 명의 전투경찰을 동원하고 싶다는 것이다. 이들 전투경찰은 총을 가지고 있어 쉽게 전투병력과 합세하여 싸울 수 있고, 비록 M-1총이나 다른 장비들은 부족하지만 38선 너머로 진격하는데 여러모로 도움이 될 수 있다고 했다.

국방장관은 이런 일로 리지웨이 장군을 만날 필요는 없다고 대통령을 만류했다. 참모총장과 작전참모들이 그 점에 대해서 이미 정책적인 배려를 해두고 있다는 것이다.

대통령은 무슨 일이 있더라도 이번에 38선을 넘어 압록강과 두만강까지 진격하여 중공군과 공산군을 완전히 몰아내고 통일을 이룩해야만 가장 큰 민족적 비극을 막을 수 있다고 확신하고 있다.

대통령은 경북 도청을 순시하고 청년단들을 방문하여 격려해 주었다. 국방부장관은 깨끗이 청소해 놓은 집으로 우리를 안내했는데, 이 아담한 집을 임시 숙소를 정했다고 알려주었다.

북괴의 6·25남침으로 갑작스런 피난생활을 하게 됐던 지난여름 우리가 대구에 있는 경북지사 관저에서 기거할 때는, 방 주위에 어찌나 많은 사람들이 붐볐던지 발 디딜 틈조차 없었다. 그때는 지사관저에서 조그마한 곁방이 달린 방 하나를 쓰고 있었는데 과분하게 느꼈었다.

당시 서울에서 갑자기 내려오게 된 정부 관료들과 여류명사들까지 지사관저로 모두 찾아들어와, 방문만 열면 사람에 치여 넘어질 뻔 했었다. 무덥고 긴 날씨에 견디다 못해 국방장관이 이 사람들 중 일부라도 옮겨줄 장소를 여기저기 구해보았다. 다행히 대구시장 관사 옆의 두 영국장교가 쓰던 집에 양해를 구해 혼자 내려온 각료들을 좀 보내고, 또 다른 집을 물색해서 더 많은 사람을 보낸 후에 지사가족과 우리는 겨우 숨을 쉴 수가 있었다.

그런데 이번에는 대구의 피난 숙소가 이렇게 편안하고 조용할 수 있다니 오히려 이상한 느낌이 든다. 설움 많은 피난살이로 수많은 주부들이 말할 수 없는 불편과 고통을 받고 있는 지금, 이토록 넓고 편리한 부엌을 나 혼자 독차지하고 쓴다는 것이 왠지 부담스럽고 퍽 염치없이 느껴진다.

나는 잠시나마 대통령이 여기서 휴식을 취하기를 바랐지만, 대통령은 대구 근방의 농촌을 돌아보고 싶어 해 합천 쪽으로 갔다. 대구로 돌아오는 길에 우리 수행원이 사과를 사러 어느 가게에 들렀는데, 우리가 대통령일행이라는 것을 알게 된 가게주인이 사과 값을 사양하고 달려 나와 대통령을 환영하면서 저녁을 초대했다.

나는 숙소로 빨리 돌아오고 싶었으나 대통령의 뜻에 따라 그 집에서 저녁식사를 하게 되었다. 방안은 어두운 편이었는데 방 한쪽에 놓인 벼루와 붓을 발견한 대통령이 '입춘대길 국태민안'이라고 붓글씨로 종이에 써서 가게주인에게 선사했다.

여러 명의 부인들이 부엌에서 음식을 장만하는 소리는 들려왔지만 아무리 기다려도 밥상은 들어오지 않았다. 날은 점점 어두워져 저녁초대에 응한 것을 마음속으로 후회하고 있을 때, 겨우 밥상을 받게 되었다. 정성이 깃든 성찬이었다. 대부분의 반찬들이 무척 맵고 짠 편이었는데, 대통령은 커다란 밥그릇에 수북이 담긴 밥을 남김없이 맛있게 들고 밤늦게 숙소로 돌아왔다.

# 양말, 내의 꾸려 장병들에게

2월 1일 목요일.

대통령은 오전 9시께 청주를 향해 출발했다. 대통령이 비행장에 도착했을 때 리지웨이 장군과 앨먼드 장군이 환영해주었다.

대통령은 한국군 의장대와 미국군 의장대를 사열했다. 대통령은 리지웨이 장군에게 앨먼드 장군의 공헌에 사의를 표하고 훈장을 수여하러 왔다고 말했다.

장군은 즉시 의장대와 함께 야전장에 훈장수여식을 위한 준비를 갖추어 주었다. 대통령이 앨먼드 장군의 가슴에 훈장을 달아주었을 때 앨먼드 장군의 볼에는 눈물이 흘러내리고 있었다. 대통령도 무척 감동되었다. 그리고 모든 사람들도 그의 공적을 인정하면서 함께 똑같은 기분으로 눈물을 흘렸다.

후퇴하라는 명령을 받고 철수했던 군대는 누구나 사기가 저하되어 있게 마련이다. 앨먼드 장군의 부관들은 대통령이 수여한 훈장이 모든 군단의 사기를 북돋워 줄 것이라고 대통령에게 고마움을 표했다.

리지웨이 장군과 앨먼드 장군은 예하에 있는 각 사단장들과 함께 우리 한국군의 백선엽 1사단장, 유재흥 3군단장, 3군단 소속사단의 민기식 장군과 장도

영 6사단장과 함께 작전회의를 하였다. 백선엽 장군과 장도영 장군은 임진강전투에서 가장 많은 적의 공격을 받아 곤욕을 치렀던 장군들이다. 그러나 이제 이 두 장군들이 당시 어려운 여건에서 얼마나 잘 싸웠던가를 인정받게 되었다.

리지웨이 장군은 대통령에게 신 국방장관이 제의하여 미군장성들과 한국군 장성들이 합석해 함께 작전을 세우자고 했던 작전회의에 참석해 줄 것을 요청했다. 맨 처음 리지웨이 장군과 알먼드 장군은 한국군이 협력하여 도움을 준데 대해 감사한다는 사의를 표했다. 그리고 나서 리지웨이 장군은 대통령에게 적진으로부터 보디 많은 정보를 얻어내야 한다고 당부했다. 낙하산 부내원들을 보냈지만 대부분 돌아오지 않고 있기 때문이라고 장군은 말했다.

한국의 공군은 공격 목표물을 귀신처럼 잘 찾아내고 있다는데 미국공군은 한국공군처럼 낮게 비행할 수가 없기 때문에 그렇게 할 수가 없다는 것이다.

한국의 공군은 땅바닥에 닿을 듯이 낮게 비행해서 적의 중요한 보급기지 여러 곳을 찾아냈다고 한다. 그중 하나는 우리 공군이 찾아내는데도 여러 날이 걸렸다는 것이다. 한국의 공군들은 원산근처에서 적의 보급기지를 발견했는데, 한국공군기 하나가 미국전투기를 그쪽으로 인도해 가서 그 목표물의 정확한 위치를 알려주어 집중폭격을 가하여 미군기가 큰 전과를 올릴 수 있었다고 한다.

신 국방장관은 리지웨이 장군에게 우리 1사단과 6사단에서와 마찬가지로 사단마다 정보담당요원들을 두도록 충고했다. 사단마다 정보담당요원들을 두고 직접 정보를 알아오게 하는 것이 훨씬 더 용이한 방법이 아닌가.

또 리지웨이 장군은 밀양에서 4명의 미군이 살해당한 사건에 대해 이야기했다. "본인은 한국 민간인들이 미군들을 총으로 쏘아 죽이는 불상사가 다시는 일어나지 않기를 바랍니다."라고 장군은 당부했다.

그에 대해 신 국방장관이 설명을 했다. 그 미군들은 무엇인가를 찾느라고 총을 한쪽으로 내려놓은 채 땅을 파고 있었는데, 그때 농부로 가장한 지리산 공비들이 총기를 빼앗아 미군들을 쏘아 죽였던 것이다. 이 사건에 관한 완전한 보고서가 제출되었다.

회의가 끝난 후 리지웨이 장군은 서부전선으로 떠났고 대통령은 한국군 장군들과 다정하게 이야기를 나누었다. 앨먼드 장군이 점심을 대접했다. 대통령은 오후 3시 대구로 돌아왔다.

대통령은 돌아오자마자 신 국방장관, 정일권 참모총장과 김태선 치안국장을 만났다. 대통령은 이들과 더불어 경찰병력의 일부를 전투병력으로 편성하여 국군이 38선 너머로 진격하는데 함께 도울 수 있게 작전계획을 세웠다. 그리고 나서 대통령은 방위군 사령부로 가서 청년대표들에게 연설을 했다.

신 국방은 우리와 함께 저녁식사를 했다. 국방장관은 대통령에게 오늘 아침 정일권 참모총장이 보고해온 한미합동 작전회의에 대해 이야기했다. 작전회의에서 모든 지휘관들은 각 사단과 각 군단의 담당지역 분할문제를 토의했다. 미 10군단은 비교적 큰 지역을 할당받았다.

이번 일선시찰 때는 우리 장병들에게 가장 필요한 양말, 수건, 내의, 식료품 등을 2만여 점 전달하였다. 이번에는 자진해서 나도 대통령을 위해 간직해 두었던 양말과 내의와 약품까지도 몽땅 싸서 신 국방에게 내주었다. 단 한 개라도 더 우리 장병들에게 가져다주고 싶어 하는 대통령을 기쁘게 해주기 위해서였다.

대통령은 미군에 비해 우리 장병들을 잘 먹이지도 입히지도 못하고 무기도 제대로 줄 수 없는 어려운 재정 형편을 무척 가슴 아파한다. 마치 가난한 아버지가 사랑하는 자식들을 남같이 잘해줄 수 없을 때 속으로 애태우며 안타깝게 느끼듯이, 항상 대통령은 우리 장병들에게 남달리 깊은 애정과 연민의 정을 쏟고 있다.

# 양력설 쇠기 캠페인

2월 2일.

유엔총회가 영국과 인도의 반대에도 불구하고 찬성44, 기권9, 반대7표로 중공을 침략자로 규정하는 결의안을 통과시켰다는 소식이다. 이 결의안에 반대한 나라는 미얀마, 인도, 그리고 소련블록의 다섯 나라를 합하여 모두 7개국이다. 이 결의안은 "중공군대와 국민들의 적대행위를 중지시키고 한국에서 철수하라."는 것이며, "유엔은 침략에 대항하기 위해 한국에서의 군사행동을 계속한다."는 것으로 유엔회원국으로 하여금 한국에 계속 모든 지원을 해줄 것을 요구했다한다.

오전 10시에 대구를 떠나 부산으로 왔다. 무초 대사가 비행장에서 우리를 전송하였다. 2시에 각료회의가 있었으며, 드디어 장면 씨가 총리직을 수락했다. 우리를 수행해온 신 국방이 장면 박사와 이야기를 했었는데, 신 국방은 장 박사가 지금은 총리직을 어쩔 수 없이 수락해야할 처지라고 말했다.

장 박사가 총리직을 맡지 않으려면 지명 당시인 두 달 전에는 가능했을지 모른다. 하지만 지금은 사람들이 장 박사가 한국체류를 두려워한다고 험뜯을

416

염려가 있기 때문에 총리직을 수락할 수밖에 없었다는 것이다.

4시쯤 양성봉 경남도지사가 정무보고를 위해 들렀다. 도정시찰을 하고 온양 지사는 미주의 동지회에서 대통령을 도와 독립운동을 했던 애국지사 염선호 씨의 소식과 함께, 염옹의 향리인 함양 운곡리 해평마을 염선비 댁에서 대통령에게 보내온 곶감꾸러미를 가져왔다. 대통령은 이 곶감선물을 받고 어린애처럼 기뻐했다.

특히 이 푸짐한 곶감선물을 대통령이 반기는 첫째 이유는, 곶감을 주고 싶은 동네의 많은 개구쟁이 친구들이 관저 나무울타리나 기둥나무 뒤에서 대통령을 기다리고 있기 때문이다. 오후 5시쯤 대통령이 정원 산책 나오기를 기다려서 목책위로 고개를 내밀었다 숨었다 하는 이 꼬마친구들이 제일 좋아하는 것이 곶감이었다.

더욱이 우리가 며칠 동안 일선 시찰을 다녀온 뒤에 대통령은 오랜만에 만나게 될 이 꼬마친구들에게 줄 선물이 꼭 필요했는데, 정말 맛있는 곶감선물이 생겼으니 반갑고 기쁠 수밖에 없는 것이다. 그런데 이 꼬마친구들은 대통령에겐 업히기도 하고 신이 나서 매달리며 좋아하지만, 내 초록색 눈과 오똑한 코가 두려움을 갖게 하는지 나만 보면 질겁하고 모두 달아나버린다.

대통령은 염선호 씨의 소식과 곶감선물을 전해준 양성봉 지사에게 고마움을 표시하기 위해서 붓글씨로 한시 『이른 봄』이라는 즉흥시를 지어 선물했다.


산에는 오를 틈 없어 뜰을 거닒에

매화꽃 나날이 봉이 터오네

아이놈 달려와 이르는 말이

저기 저 꽃 한 송이 먼저 피었소.

구정을 앞두고 자꾸만 올라가는 물가를 안정시키고 조금이라도 낭비를 줄이기 위해서, 양력과세를 권장하여 음력설을 쇠지 않도록 최선을 다해 계도할 것을 대통령이 양 지사에게 거듭 지시했다. 대부분의 우리 국민들은 아직도 음력설을 우리의 고유명절로 생각하며, 양력설을 일본사람들의 설로 잘못 알고 있기 때문에 양력과세에 대해 일종의 저항의식을 느끼는 실정이라고 양 지사가 대통령에게 보고했다.

그러나 대통령은 우리나라가 어서 빨리 발전해서 선진국을 따라가기 위해서는 양력과세를 해야 하며, 이중과세의 낭비를 막아야 한다고 강조했다.

# 미주리함에 올라 감회에 젖은 대통령

2월 3일.

오전 10시에 장면 박사가 대통령으로부터 국무총리 임명장을 받았다.

우리는 낮 12시에 스트러블 해군소장의 점심초대를 받아 부산에서 6마일 밖 해상에 정박하고 있는 미국 항공모함 미주리호로 떠났다. 어찌나 풍랑이 일고 파도가 높았던지 미주리호의 상륙발판까지 우리를 태우고 간 모터보트가 앞으로 밀리고 뒤로 밀렸다. 나는 뾰족구두를 신고 뛰어넘다가 넘어지거나 신발을 빠뜨릴까봐 아예 구두를 벗어들고 맨발로 가볍게 뛰어내렸다.

스트러블 제독이 우리에게 배를 구경시켜 주었다. 특히 일본인들이 항복문서에 서명했던 장소로 갔을 때는 감회가 깊었다. 항일독립투쟁에 평생을 바쳐온 대통령을 남달리 존경하는 스트러블 제독은 정성을 다해 우리를 영접해주었다.

이 항공모함은 승무원이 2천3백 명이나 되는 참으로 커다란 배였는데, 승무원들은 예장을 갖추고 일렬로 서 있었다. 대통령이 의장대를 사열했다. 사열식이 끝난 다음 스트러블 제독은 우리를 식당으로 안내하였다. 식당은 칸막이는 없었는데, 두 군데로 나누어져 있었다. 식탁은 2개가 마련되어 있었다.

한 식탁은 스트러블 제독, 대통령, 무초 대사, 신성모 국방장관, 부산통제부 사령관 가빈 장군과 이 배의 고급장교들이 자리를 잡았다. 그리고 내가 앉은 테이블에는 극동의 방패역할을 하는 지휘관인 스미드 제독이 가운데 앉고, 왼편에 장면 국무총리가 앉았다. 제독의 오른편에는 내가 앉았다.

신익희 의장을 위시하여 손원일 제독, 루시 사령관과 다른 해군 고급장교들이 멋있는 제복을 입고 앉아 있었는데, 그 장교들 가운데 할리우드의 유명한 영화감독 한사람이 끼어있었다. 나는 이 사람의 이름을 기억해 낼 수 없지만 그가 만든 작품 이름은 기억이 났다. '나의 계곡은 얼마나 푸른가'(How green was my valley) '하나의 나무가 블루클린 존에서 자라고 있다'(A tree growns in Brooklyn John)라는 감명 깊은 영화였다.(* How green was my valley는 아카데미상을 받은 존 포드 감독의 작품). 그 사람은 영화를 만들기 위해 헬리콥터를 타고 포항으로 비행해 갔다.

나는 일전에 어느 잡지에서 그 감독에 관해 쓴 기사를 읽은 기억이 났다. 그들은 여기서 밀림 장면과 몇 가지 다른 장면을 찍으려 했으나 한국의 풍경이 그것과는 거리가 멀다는 사실을 깨달은 모양이었다.

나는 그에게 어떤 영화를 만들며, 왜 여기서 촬영하는가를 물어보지 못했다. 그는 시종일관 입을 다물고 있었으며, 퍽 말수가 적은 사람 같았다. 점심식사가 끝난 후 우리는 한층 아래에 있는 넓은 휴게실로 내려갔다.

스트러블 제독이 자기 배에서 근무하는 장병들을 위해 몇 마디 연설을 해달라고 대통령에게 요청했다. 대통령은 연설해 달라는 요청을 받을 경우를 감안하여 부두를 출발하기 전에 미리 몇 마디를 간략하게 타이핑한 메모를 가지고 왔었다. 그런데 우리는 지금 그 연설의 사본도 없고 원본도 없다.

왜냐하면 스트러블 제독이 그 연설문 초안을 메모한 조그마한 종이쪽지를 기념으로 간직하고 싶다고 요청해 대통령이 그것을 스트러블 제독에게 주고 왔

부산항에 도착한 미 해군 미주리호 함상에서
사열하는 이승만 대통령(1951. 2. 3)

기 때문이다. 평소 종이를 절약하는 대통령의 습관으로 그 쪽지가 워낙 보잘것
없고, 또한 연설사본도 못 만들었으므로 나는 주기를 꺼렸다. 그렇지만 그 불완
전하고 볼품없는 헌 종이 조각을 스트러블 제독은 가장 위대한 애국자의 참모
습이 그대로 담긴 값진 기념물이라면서 갖고 싶어 했다.

　그것은 우리 주소가 적힌 편지 겉봉을 뒤집어 반으로 잘라 대통령이 직접
타이핑하고 메모한 반쪽짜리 구겨진 종이쪽지였다. 그것을 스트러블 제독은 무
슨 보물처럼 여기며 소중히 간직하는 것이었다. 그런 다음 대통령이 스트러블
제독에게 훈장을 수여하였다. 우리가 제독에게 훈장을 수여하려고 준비해왔다
는 사실을 손원일 제독이 그의 부관에게 알리자, 그들은 무척 놀라며 마냥 기뻐
했다.

　훈장수여식을 마치고 많은 사진을 찍은 다음 우리 일행은 모터보트로 돌아
왔다. 벌써 오후 3시 반이었다. 우리가 집에 도착했을 때는 4시가 훨씬 지나서

였다. 잠시 뒤 무초 대사와 콜터 장군이 왔다. 대통령은 국방장관에게 중요한 회의가 있으니까 남아있도록 했다.

콜터 장군이 대통령을 찾아온 이유 중의 하나는 적의 후방에서 일어나고 있는 중공군과 북괴군들의 동태에 대한 정보를 시급히 얻고자 하는 것이었다. 지금 미군들은 적에 대한 정보를 한국군 측이 제공해주기만을 기대하고 있다고 콜터 장군은 강조했다.

미군들은 적이 어디 있는지 도무지 알아낼 방법이 없다는 것이다. 콜터 장군은 적의 위치와 동태를 알아내는데 한국 측이 적극 협조해 주기를 대통령에게 요청했다.

# 대통령 별명은 '통일병 환자'

2월 4일.

미8군에서는 38선 이북으로의 진격 정지설을 부정했으며, 미 국무성에서도 38선 돌파 중지명령에 대해 전혀 아는 바가 없다고 표면적으로 부인하고 있다.

대통령은 AP통신기자에게 "공산당이나 친공분자가 아니라면 감히 누가 이미 없어져버린 38선을 운운하며 또다시 그 비극적인 환상의 선을 만들어낼 수 있단 말인가? 우리 국민들은 도무지 있을 수도 없고 있어서도 안 되는 그따위 선을 절대로 용납할 수 없으며, 따라서 38선에 대해 왈가왈부하는 것 자체도 단호히 배격한다"고 주장했다.

끝까지 공산군을 이 땅에서 완전히 무찌르는 것만이 세계평화와 자유를 위해 공헌하는 승리의 길이며, 오로지 통일만이 우리민족을 살리는 길이라고 대통령은 강조했다. 조국분단과 동족상쟁이라는 가장 뼈아픈 민족적 비극을 막고, 민족의 숙원인 통일을 이룩하기 위해 목숨이 다 할 때까지 싸우겠다고 대통령은 말했다. 38선이 가로막혀 사랑하는 가족들이 남북으로 헤어진 채 생사조차 알길 없어 얼마나 한 맺힌 세월을 보냈는가.

나라를 잃고 천대받는 민족의 슬픔과 괴로움을 모르는 우방의 친일정치인들 가운데 어떤 사람들은, 한때 대통령을 '독립에 미친 노인'이라고 비웃은 적이 있었다. 지금은 대통령을 '통일병자'라거나, 'Sickman Rhee'라고 부르는 우방의 지도층 인사가 있다고 한다.

그런 사람들 손에 의해 우방의 대한정책이 운영되고 있다는 생각을 하면 괴로운 일이지만, 지혜롭게 대처해 나갈 수밖에 없다. 어떤 고난과 희생을 무릅쓰더라도 남북통일은 기어이 성취해야 한다고 대통령은 다짐하고 있다.

우리는 네덜란드의 유엔대표, 장면 국무총리와 함께 점심을 들었다. 점심식사가 끝난 후 대통령은 부산항을 발전시키고 주위 환경을 개선하기 위한 회의를 소집했다. 오후 7시께까지 회의는 계속되었다.

며칠 전 대통령은 길가에서 용변하고 있는 사내를 발견하고 "대낮에 아녀자들이 지나다니는 길목에서 저런 흉측한 꼴을 보이다니 단단히 혼내주어야겠어!"하며 차를 멈추고 수행원을 시켜 주의를 준 적이 있었다.

이 한심스러운 동포를 바라보며 대통령은 "우리 민족의 위생관념과 도덕생활이 일제의 악랄한 식민지 경제수탈과 우민정책 탓에 40년이나 타락했다."고 통탄했다. 대통령은 부산항의 새로운 도시계획을 세우고, 가장 시급한 문제와 돈이 덜 드는 일부터 하나씩 착수하도록 지시했다. 그리고 국민들의 생활환경 개선을 위해 관계전문가들이 최선을 다해 노력해 줄 것을 당부했다.


2월 5일.

무초 대사가 와서 굿펠로 씨가 한국대표로 한국을 위해 무기를 구입하고 있다는 전보를 미 국무성으로부터 받았는데, 어떻게 된 영문인지 알고 싶다고 대통령에게 물었다. 대통령은 무초 대사에게 굿펠로 씨는 한국대표가 아니지만

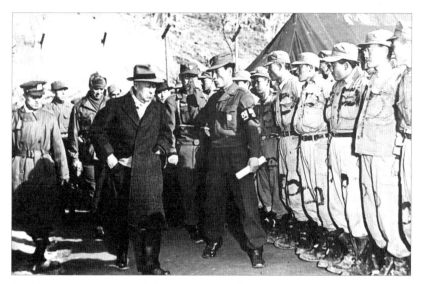
포로수용소에서 반공포로들을 돌아보는 이승만 대통령(1952. 1. 6)

우리가 무장을 원하므로 무기를 구입하고자 하는 것이라고 대답했다. 전쟁에
져서 나라를 잃게 되면 돈이 무슨 의미가 있겠는가. 지금까지 우리는 우리 젊은
이들을 위해 무기를 달라고 그토록 사정했었지만 아주 극히 제한된 수량 밖에
는 얻지를 못하였다.

　또 대통령은 무초 대사에게 우리 군검경 합동수사본부가 중공 비밀공작원
들을 체포했는데, 그들은 대통령과 국방장관을 암살하려고 부산으로 내려왔다
고 고백했다는 이야기를 해주었다.

　이러한 상황에도 불구하고 우리 관저의 목책은 꼬마친구들이 넘어올 정도
로 허술하다. 누구나 마음만 먹으면 힘들이지 않고 관저 안으로 숨어들기 좋게
되어있는데, 대통령은 우리가 거처하는 관저의 떨어진 방바닥은 물론 문창호지
도 바꾸지 못하도록 엄격히 절제하고 있다.

심지어 창문의 틈과 문짝도 대통령 자신이 직접 연장을 들고 고치고 있으며, 관저경호에 있어서도 돈 드는 일은 아예 꿈도 꾸지 못한다.

중공의 암살공작원들이 대통령의 생명을 해치려 하는데도 대통령은 지금도 경호경관 수를 줄여 한명이라도 더 전투경찰로 내보내 싸우게 할 궁리만 한다. 구국과 독립투쟁으로 살아온 대통령의 목에는 줄곧 일본정부의 현상금 30만 달러가 걸린 채 수없이 죽을 고비를 넘겨왔으며, 여러 차례 암살범들의 저격을 받을 때마다 "사람의 목숨은 하나님의 뜻에 달려있다"고 태연자약한 대통령이다.

그러나 나는 어린 개구쟁이들이 넘나드는 나무울타리 쪽이나, 허술하기만 한 집안 곳곳을 살펴보면서 마음속으로 불안하기 그지없다. 오늘 오후에도 대통령은 부산시장과 함께 부산시내와 주위를 한참동안 돌아보았다.

오늘이 새봄이 시작되는 입춘이라고 한다. 어서 빨리 날씨가 따뜻해져 추위로 떨고 있는 국민들의 고통을 덜어주었으면 좋겠다. 주방에서 일하는 양학준 노인의 말에 의하면 쌀 한 되에 1천1백 원이고, 보리쌀 한 되에 8백 원이라고 한다.


2월 6일.

벌써부터 피난민의 일부가 고향으로 돌아가고 있다. 제발 그들의 늙은 부모들이나 집들이 모두 무사해서 추위와 굶주림에 시달린 이 피난민들을 따뜻이 맞아줄 수 있으면 좋으련만….

모든 도시와 마을이 온통 불타고 파괴되어 잿더미나 폐허로 바뀐 지금 또 다른 슬픔과 고생이 이들을 기다리고 있을 것을 생각하면 마음이 아프다.

헌신적으로 봉사하고 있는 우리 적십자사와 사회부의 구호대책본부에서는 귀향하는 피난민들을 위해 주먹밥과 함께 우유를 끓여주고 여러 가지 편의를 제공하기 위해서 긴급구호대책을 세우고 있다고 대통령에게 보고해왔다.

대통령과 나는 피난민수용소와 천막촌에 들러 이들의 구호상황을 살펴보고 왔다. 우리 피난민들이 비록 누더기를 걸치고 천막의 추위 속에서 굶주리고 있지만, 그들 대부분이 저마다 작은 보따리 속에 태극기를 간직하고 있는 것을 보고 가슴 뭉클한 감동을 받았다.

우리는 육군병원에 들러 부상병들을 위문한 후 부산시장과 함께 도시 주변의 외곽지대를 돌아보고 왔다. 농부들은 인분을 비료로 쓰고 있기 때문에 분뇨를 모아둔 곳이 많아서 좋지 않은 냄새가 풍겼다. 대통령은 어서 비료를 많이 생산해 이러한 농사방법을 개량해야겠다고 말했다.

오늘은 음력설이지만 모든 관공서의 공무원들은 물론 부두 노동자들까지도 평일과 다름없이 일했다. 대통령은 밤을 새며 주일대표부와 주미대사관의 외교 행낭에 넣어 보낼 극비서한들을 7장이나 쓰고, 영문서한들은 나에게 직접 타자하도록 하여 밤을 꼬박 샜다. 나는 이토록 피로감을 느끼는데 대통령은 노령에도 불구하고 별로 피로한 기색을 보이지 않는다.


2월 7일.

우리 전몰장병 미망인들을 위해 여러모로 지원해주는 미 공군의 앤더슨 장군이 서울거리에는 별로 사람이 보이지 않더라는 소식을 전했다. 신앙심 깊은 손원일 제독부인이 군경미망인들을 돕고 있는데, 이 미망인들이 만든 아름다운 수공예품을 같이 다니며 팔고 있다.

오늘 나는 해군장교 미망인이 짠 훌륭한 식탁보 하나를 샀다. 앞으로는 군경미망인들이 만든 이 정성어린 수예품들을 외국인들에게도 팔기위해 적당한 장소에 상설전시장을 마련하는 문제를 손 제독부인과 상의하였다.

한때 동부 산악지대에서 공산군에 포위되었으나 계속적인 전투와 과감한 행동으로 출로를 뚫고 나온 미 해병1사단의 스미스 소장은 미 해병들이 패배하여 후퇴중이라는 미국뉴스에 화가 나서 기자들을 한자리에 불러 모아놓고 회견을 했었다. 그는 "기자여러분, 우리는 지금 후퇴하는 것이 아니라 다만 방향을 바꾸어 공격중입니다."고 항의했다는 것이다.

이 이야기를 듣고 대통령은 미국 기자들은 아군의 승리를 위해 지혜롭게 행동하는 한국기자들에게 수업료를 내고 많이 배워가야 할 것이라고 말했다. 미국의 언론보도는 너무 조심성이 없어 미군장성들로부터 좋은 평을 듣지 못한다.

대통령은 올리버 박사에게 한국국민과 미국국민의 우정과 이해를 증진시킬 한미협회 설립을 위해 제반계획을 성안하여 그것을 실천시키도록 서한을 보냈다.

# 직선제 헌법 개정과 통일 성취

2월 8일.

무초 대사가 대구에서 돌아와 대통령을 방문, 서울로 진격중인 미 기갑부대의 맹공격으로 공산군들은 큰 타격을 입고 패주하고 있다는 전황을 보고했다. 무초 대사는 굿펠로 씨가 한국을 위해 무기를 구입하고 있다는 미 국무성의 전보에 대해 또다시 언급했다.

대통령은 무초 대사에게 우리는 무기를 비축해 놓지 않으면 안 된다고 말했다. 그리고 우리는 미국이나 다른 나라 사람들이 우리나라를 위해 싸워주는 것을 원치 않는다고 분명히 밝혔다. 대통령은 또 미국이 지금 일본을 재무장시키려하고 있으며, 대량의 무기가 일본으로 들어가게 될 것이라고 예상했다.

우리는 몇 주일 전에 이미 일본에는 충분한 무기가 있다는 사실을 몇 가지 확실한 정보와 증거를 통해 알게 되었다. 또 같은 시기에 맥아더 장군은 더 많은 군대를 보내주도록 워싱턴에 요청했지만, 그는 미국이 군대를 더 이상 본국에서 보내줄 수 없다는 것을 잘 알고 있었다.

이러한 모든 점을 종합하여 판단해보면 맥아더 장군은 일본사람들을 훈련시키고 무장하도록 하여 한국에서 싸우게 하려고 마음먹고 있음이 분명했다. 더욱이 가장 마땅치 않은 점은 일본사람을 훈련하고 무장하는데, 우리와는 달리 일본인들에게는 한 푼도 부담시키지 않으려는 것이다.

만약 일본군대가 한국에 와서 싸우게 된다면 그들을 위한 모든 군수물자가 미국에서 공급될 것이기 때문이다. 일본의 야욕은 과거의 역사가 보여주듯 현재나 미래나 항상 한국 땅에 다시 발을 들여놓는 것이다. 그렇게 되면 일본은 한국을 도와준다는 구실로 자신들의 군사적 목적을 위한 제반조치와 함께 모든 이권을 장악하고, 1904년에 주권탈취를 위해 억지로 강요했던 한일의정서와 같은 협정을 조만간에 만들어내게 할 것이다.

그렇게 되면 도쿄의 유엔군사령관인 맥아더 장군과 함께 누가 그들을 한반도 밖으로 몰아낼 수 있겠는가. 대통령은 이러한 계획이 더 진행되기 전에 미리 그 싹을 도려내야 한다고 생각하여 적절한 기회를 기다리고 있었다. 독실한 기독교인이며 유달리 강한 정의심을 가진 맥아더 장군의 인격을 믿고 있는 대통령은 장군에게 기밀서한과 함께 자기가 발표하고자 하는 성명문의 사본을 보냈었다.

대통령은 일본이 얼마나 간교한 책략으로 우리나라의 국권을 찬탈해갔으며 우리민족이 40년 동안 어떠한 수난과 곤욕을 겪어왔는가를 적고, 만약 일본군대가 한국에 파병된다면 한국민 전체가 일본군에게 총부리를 겨누게 될 것이라고 한국인의 국민감정을 솔직히 표시해 보냈다.

그 후 일본군 파병의 이야기는 맥아더 장군의 결단에 의해 더 이상 거론되지 않게 되었다. 얼마 후 우리 주일대표부의 공사가 맥아더 장군을 만나서 일본군 파병문제와 대통령의 성명문에 관해 언급을 했더니, 장군은 자신도 대통령과 똑같은 생각이라고 하더라는 것이다.

오전 11시40분 대통령은 관저에서 기자회견을 가졌다. 대통령은 기자들에게 다음과 같은 요지의 말을 하였다.

"민주진영과 공산진영 사이에 벌어지는 문제는 평화적 방법으로 해결하기가 불가능하기 때문에 싸우고 있는 것이다. 우리는 온 힘을 다해 기어이 중공과 북괴의 침략자들을 압록강 저편으로 몰아내야만 한다.

한국전란이 3차 세계대전으로 확대되지 않기를 바라지만, 세계대전이 일어나는 경우엔 우리나라 밖의 타 지역에서 싸우도록 해야 한다. 태평양동맹은 애당초 동남아시아의 반공국가들을 결속시켜 공산당의 위협을 막자고 주창한 것이지만, 지금 같은 형편으로는 별로 기대할 것이 없다.

아시아의 집단방위체제를 고려한다하더라도 우리나라는 앞으로 50만 명의 상비병력을 보유해야하며, 특히 일본의 재무장이 실현될 때는 한국은 일본과 동등한 무장을 해야 한다. 전시내각체제는 전쟁수행과 함께 긴급한 나라 일을 신속하게 결정하고 처리하기 위해 당분간은 필요하다고 본다.

그리고 우리국민이 자기가 원하는 국가지도자를 직접 뽑을 수 있도록 대통령직선제로 개헌하여, 이북의 총선거가 실시된 다음에는 즉시 상하 양원제가 실현되어야 할 것이다. 대통령직선제 헌법 개정과 함께 남북통일을 성취하고, 이 땅에 상하 양원제가 실현되면 우리나라를 위해 내가 구상해오던 일은 대강 끝나는 셈이 되는 것이다.

서울이 탈환되면 먼저 치안을 확보하여 필요한 식량과 연료를 반입시키고, 그 밖의 식수 등 긴급한 것들이 준비될 때까지 일반 국민들은 당분간 고생스러운 대로 피난지에서 머물기 바란다.

집으로 빨리 돌아가고 싶은 마음은 한시가 급하겠지만, 모든 구호품과 식량이 보내질 때까지는 기다려야 할 것이다. 모든 건물과 집들이 불타고 파괴되었으니, 정부가 먼저 들어가 거처를 마련할 수 있는 준비를 갖춘 후에 일반 피난민들은 서울로 들어갈 수 있을 것이다."

대통령은 주미대사 후임문제를 질문한 기자에게 아직은 결정하지 못했다고 대답한 후 기자회견을 끝냈다. 회견이 끝나자 기자들에게 내가 끓인 비엔나커피를 대접했는데, 대부분의 기자들이 설탕을 많이 넣어 마셨다.

기자들이 돌아간 다음 빈 설탕그릇을 치우고 있는 나에게 대통령이 웃으면서 "커피는 쓴맛 때문에 마신다고들 하지만 나도 우리기자들처럼 단맛 때문에 마신다."고 했다.

양성봉 경남지사와 부산시장이 정무보고 차 왔는데, 대통령은 구정 때 치솟은 쌀값이 계속 오르고 있는 것을 걱정했다. 양 지사는 태국에서 원조해온 백미 8만 가마와, 덴마크에서 유엔을 통해 보내온 구호품 설탕 5천 부대가 부산항에 이미 입하되었으므로 쌀값이 곧 내릴 것이라고 보고했다.

더욱 빈번해진 대통령의 전선시찰로 인한 바쁜 일정과 함께 나는 시간을 다투는 외교기밀서한과 전문들을 대통령으로부터 직접 구술을 받아 타자해서 보내느라고 일기를 쓸 시간이 없었다. 여러 날 밀린 일기를 한꺼번에 쓰는 것은 쉬운 일이 아니다.

# 북진 제동에 격노한 대통령

2월 11일.

대통령은 오후 2시 반에 거행된 국민방위군사관학교 졸업식에 참석했는데 김광섭, 박동진 두 비서와 여비서인 미시즈 강이 우리를 수행했다.

이 식전에서 대통령은 "청년 여러분들은 우리 조국과 민족의 영광스런 역사와 장래를 두 어깨에 짊어지고 있다. 이 땅에 태어난 자랑스러운 대장부로서 역사적 사명을 완수하여 민족과 인류를 위해 빛나는 업적을 남기고 반만년 동안 조상대대로 물려받은 이 강토를 지키고 번영시켜 후대에 물려주자."는 요지의 훈시를 했다.

동해안의 우리 국군이 치열한 격전 끝에 38선을 넘어 양양을 탈환했다. 국군의 38선 돌파에 대해 캐나다와 오스트레일리아는 한국군과 유엔군은 입북권한을 이미 보유하고 있다고 지지하는 태도를 표명했다.

그러나 영국은 38선 돌파는 신중을 기해야 할 일이라고 제동을 걸었으며, 미국은 각국의 눈치를 살피면서 한국군의 38선 이북 진격설을 부인했다. 어떠한 고난을 무릅쓰고라도 압록강과 두만강까지 북진하여 기필코 남북통일을 이룩해야한다는 굳은 의지를 가진 대통령의 고민은 심각하다. 이 강토에서 싸우는 군대들이 밀고 밀리는 동안 우리나라는 쑥밭이 되고, 도처에서 국민들이 겪는 수난은 더욱 비참해지고 있다.

한국전쟁에 개입하고 있는 미국과 국제연합의 결정을 보면, 우방의 어떤 지도자라 할지라도 한국을 구출하는 것이 그들의 참전 목적이 아니었음을 드러낸다.

대통령은 어떤 외국 국가들이나 군대가 한국을 대신해 싸우고 희생한다는 것은 생각지도, 바라지도 않고 있다. 다만 맥아더 장군과 더불어 이 전쟁에서 공산당 음모의 세계적 목표를 때려 부수고 조국분단과 민족이산의 비극을 막는 것이 대통령의 목적이다.

아무리 급한 경우에도 일본과 자유중국 군대가 우리나라에 상륙하는 것을 막겠다는 대통령에게, 맥아더 장군은 새로 훈련된 미군 신예병력 3만 명이 3월 15일까지 한국 전선으로 증원될 것임을 알려주었다.

2월 12일. 지프를 타고 직접 전선을 돌아본 맥아더 장군이 대통령에게 아군은 치열한 반격을 가해오는 중공군을 완전히 분쇄할 수 있다고 자신 있게 말했다. 실은 적의 완강한 저항과 역습으로 우리국군 제5사단과 8사단, 그리고 미 제2사단 38연대가 '대학살 계곡'이라는 이름의 전투에서 고전을 거듭했으며, 우리 측의 희생이 훨씬 더 컸기 때문에 우리는 가슴을 졸이고 있었다.

심지어 중공군과 북괴군은 백기를 들고 항복하는 체 하면서 수류탄으로 공격해 오고, 온갖 비겁한 수법으로 저항한다고 한다. 무기부족으로 더욱 희생이 큰 우리 국군을 위해 장택상, 지청천 두 의원이 무기요청 국회 특별사절로 도쿄의 연합군사령부에 파견되었고, 「우리에게 무기를 달라」는 군중집회와 현수막이 눈에 띄게 많아졌다.

미 국무성의 지속적인 압력에도 불구하고 굿펠로 씨를 시켜 무기를 사들인 대통령의 깊은 마음을 그 누가 헤아릴 수 있었던가?

오후 3시 반에 경남도청에서 대통령과 정부요인들이 참석한 가운데 미 해병대 연맹에서 보내온 구호품 1천50상자의 증정식이 있었다. 미 해병대의 토머스 J 쿠수먼 장군이 증정사를 한 다음, 장면 국무총리와 내가 답사한 후 구호품을 증정 받았다.

참으로 어려운 국내사정과 함께 열강들에 의해 한국전쟁의 중대한 정책결정이 이루어지려는데 대항하여 온갖 대책을 강구하며 고뇌하는 대통령의 노력은 처절할 정도다.

무초 대사가 와서 콜린즈 장군에게 들었다면서 "유엔군이 38선에 도달하기 전에 38선 돌파 북진에 대한 정치지도자들의 결정이 있을 것"이라고 말하자 대통령은 벌떡 일어나서 집무실로 건너가 버렸다.

대통령은 양성봉 경남지사가 가져왔던 병아리들을 들여다보며 좁쌀을 모이로 주고 있었다. 내가 뒤따라가자 "저 자를 당장 내쫓아 버려!"라고 벌컥 화를 냈다.

유수한 세계의 저명인사들이 대통령을 '가장 예의바른 신사'라고 존경하고 있지만, 그런 대통령도 남의 나라 사람이 우리 일에 간섭하는 것은 참지 못하는 성격이다. 분을 참기 어려운 대통령의 마음을 위로해주는 작은 병아리들이 참으로 사랑스럽고 고맙게 느껴졌다. 농림부에서 양계를 장려하기위해 인공부화기로 70만 마리를 부화시켜 전국에 나누어준 이 병아리들이야말로 대통령의 유일한 위안이요, 기쁨인 것이다.

# '국난 극복일' 제정 건의

2월 13일.

치열한 전투로 많은 사상자를 내고 있는 지평리에서 외인부대 출신의 훌륭한 지휘관을 가진 프랑스군과 유명한 미국기동대의 정예부대들이 총출동되어 적과 고전한다고 신 국방장관이 보고해왔다. 그는 중공군의 인원은 아군의 3배가 넘지만 아군이 훨씬 더 잘 싸우고 있다고 말했다.

시중에서 나날이 금값과 은값이 떨어진다는 신문보도가 있었다. 금값 하락은 우리 편이 전쟁에 이기고 있다는 희망적인 조짐으로 풀이된다.

그동안 소식이 묘연하여 대통령이 여기저기 수소문하며 애타게 찾던 고종 사촌형 한사건 씨가 찾아왔는데, 대통령은 너무나 반가워 한참 동안 서로 붙잡고 눈물만 흘렸다. 한 옹은 1·4후퇴 때 인천에서 부산으로 남하할 기회를 놓쳤다. 몇 차례 죽을 고비를 넘기고 구사일생으로 살아남아 국군에 의해 간신히 구출되어 관저를 찾아온 것이었다.

대통령은 이분을 위해 특별히 우리 침실로 저녁상을 차려오도록 하여 직접 약주를 대접했다. 나는 두 분의 저녁식사가 끝나기를 기다렸으나 대통령은 밤이 깊도록 저녁상을 물릴 줄 모르고 한없이 이야기를 나누었다. 자정이 넘자 나는 몹시 피로하였다. 마침내 대통령이 밥상을 물리고, 밤이 늦었으니 사촌형과 함께 잘 수 있도록 잠자리를 마련하라고 하였다. 너무도 다정한 두 노인의 서로 헤어지고 싶지 않은 심정을 잘 알았지만, 나는 김장흥 씨와 경호관들이 차를 대기시켜놓고 그분의 손자사위와 함께 밖에서 기다리고 있다고 말했다.

결국 한사건 씨는 손자사위의 집으로 가서 쉬기로 하고 "다음날 다시 오겠다."는 약속을 하고 돌아갔다. 손님이 돌아가고 난 다음 대통령은 몹시 서운해했다. 그러면서 사촌형이 묵고갈 수 있도록 안주인으로서의 친절을 보이지 않았다고 나를 심히 나무랐다. 그래서 나는 다음날의 중요한 일정과 대통령의 건강을 생각해서 실은 그분이 더 빨리 돌아가 주기를 마음속으로 원했다고 대통령에게 솔직히 털어놓았다.

## 2월 14일.

주방의 양학준 노인이 6백 원 하던 대중음식점의 밥 한상이 최근에 7백 원으로 올랐다고 전해주었다.

양성봉 지사가 와서 버마에서 보내온 쌀 2천7백 가마와 목탄 8천3백 가마가 마산항에 입하되어 곧 쌀값이 내릴 것이라고 대통령에게 보고했다. 국제연합은 한국의 피난민 구호대책으로 회원 각국의 기부금과 구호품을 모아 보내오고 있다. 이 계획에 의하면 목표액 2억5천만 달러 중 2억2천만 달러를 이미 38개국이 기부하기로 했는데, 그중 1억6천만 달러가 미국이 내기로 약속한 액수다.

우리를 돕고 있는 우방의 회원국 중에는 이미 약속한 액수에 해당하는 생활필수품과 양곡 및 의약품을 보내온 나라도 있다.

부산시 동회연합회장과 기독교단체의 대표 김치선 씨가 매월 25일엔 6 · 25를 기억하여 모든 것을 절제하는 '국난극복일'로 정해줄 것을 대통령에게 건

의해 왔다. 그들의 건의사항에는 다음과 같은 내용이 있었다.

> 첫째, 당일에는 전 국민이 술을 금하고 점심을 절식함. 종일 금식도
> 가함. 단, 군·경 및 노무자는 제외함.
> 둘째, 당일에는 음식점은 문을 닫을 것.
> 셋째, 당일은 직장에서나 교회나 절에서 특별집회를 개최하여 국난
> 극복에 대한 새로운 각오와 기도의 행사를 행한다.

지난 40년 동안 조선총독부와 미군정은 우리 국민들의 자유의사를 무시하고 늘 자기들의 정책을 강압적으로 시행하였다고 대통령은 말했다. 이번 국난극복일 실시에 있어서는 어디까지나 우리 국민들이 이 나라의 주인답게 자유의사로 성의껏 지켜주기를 대통령은 바라고 있다.

저녁에 미국으로 보낼 대통령의 서한을 타자하다가 부엌으로 차를 끓이려 내려갔더니 비서실 직원들이 모여앉아 오징어파티를 하는 모양이었다. 그들은 대통령관저의 경비절감으로 인해 자신들이 겪는 어려움에 관하여 말하고 있는 듯 했다.

대통령은 비록 작은 종이쪽지나 곡식 한 톨이라도 절약하여 관저 비용을 줄이려 애쓰고 있다. 심지어 대통령은 비서실 휴지통에 쓸 만한 종이가 버려져 있으면 그것을 꺼내다가 편지초안도 적고 붓글씨도 연습한다.

지금 무기 부족으로 어려움을 당하고 있는 우리 장병들은 설상가상으로 전비가 부족하여 부식은 겨우 콩나물만으로 때우는 실정이다. 콩나물이 맛있는 반찬이긴 하지만 계속 먹으면 질리게 마련이라면서 대통령이 걱정했다.

대통령은 자신이 구국투쟁하던 청년시절, 7년에 걸친 감옥생활에서 끼니마다 콩나물국만 먹게 되니 나중에는 콩나물국 먹는 것이 지긋지긋 했었다고 회고

했었다. 전쟁의 피해로 불구가 된 가족을 부양하며 헐벗고 굶주릴 국민들의 고통을 떠올리며 대통령은 관저의 경비 절약에 그토록 마음을 쓰고 있는 것이다.

대통령은 워싱턴대사관의 대리대사 김세선 씨와 올리버 박사에게 편지를 썼다. 이 서한을 통해 고황경 박사로 하여금 영국 전역을 돌며 한국을 알리는 순회강연을 계속할 수 있도록 지원해줄 것을 지시하고, 그 일을 위한 재정문제를 상의했다.

영국유엔협회 초청으로 순회강연을 하는 고 박사는 전쟁의 피해로 많은 고통과 어려움을 겪고 있는 동포들을 위해 헌신적으로 일할 수 있는 여성이라고 여러 사람이 추천했다. 고 박사는 미국 미시간대학에서 사회학박사 학위를 받은 후 고국에 돌아왔다. 불우한 소녀들과 농촌개혁을 위해 언니 고봉경 씨와 함께 '자매원'이라는 기관을 설립하여 봉사하는 한편, 이화여전 교수로 봉직한 능력 있는 학자이며 여성 지도자라고 한다.

대통령은 조국을 소개하고 동포들을 위해 외국인들에게 연설할 경우, 여성이 더욱 호소력이 강할 뿐 아니라 더 좋은 성과를 거둘 수 있다고 말했다.

대통령은 아직도 실현되지 못한 한미협회 설립을 자신이 구상해온 대로 적극 추진토록 워싱턴에 지시하였다. 대통령은 미국에서 상당한 영향력을 가지고 우리 독립운동을 도와주었던 한국우호연맹(League of friends of Korea)과 한미기독인우호협회(Christian Friends of Korea)를 직접 창설했던 경험을 토대로, 한미협회 설립을 위한 추진방법과 요령을 자세히 설명하여 적어 보냈다.

한국우호연맹은 우리 임시정부가 수립된 후, 윌슨 대통령과 그 가족들의 적극적인 협조, 그리고 대통령의 모교인 프린스턴대학 은사 및 친지들의 후원을 받아 한국독립운동을 위해 결성한 단체였다. 이 연맹은 미국 각계각층의 수많은 명사들의 호응과 참여로 각주에 19개의 지부가 있었는데, 우리나라 독립운동을 위해 큰 힘이 되었었다.

한국의 독립과 대통령을 도와준 이 두 단체에 참여했던 미국 명사들은 모두 신앙심이 깊은 기독교인들이며, 그 강한 기독교정신과 정의감에서 어려운 처지에 있던 한국 편에 설 수 있었던 것이다. 대통령은 올리버 박사에게도 한미협회에 관해 설명했다.

> "우리는 한국정부의 비용으로 한미협회를 만들려고 하는 것이 아닙니다. 우리가 그것을 시작하고 무한정하게 유지해 나갈 충분한 자금을 가졌다하더라도 우리 비용으로 한다면 그것은 대단히 빈약한 인상을 남기게 될 것입니다.
>
> 우리는 초기에 약간의 착수금으로 도울 수도 있겠지만 그것조차도 나는 피하려 합니다. 만일 우리 사람들이 내가 제시하는 대로 이러한 토대위에서 정직하게 일한다면, 모든 것이 유리하게 돌아가는 지금 단 시일 안에 10만 명의 회원을 모집할 수 없는 이유를 나는 알 수가 없습니다."
>
> (* 고황경 박사는 서울여대 학장이었으며, 당시 일본이나 공산당의 악선전에 의해 한국과 한국인을 형편없이 알고 있던 영국인들에게 그 후 6년에 걸쳐 8백회 이상의 순회강연을 계속함으로써 그들의 한국에 대한 인식을 크게 바꾸어 놓았다.)

2월 15일.

아군이 적에게 포위당한 채 사흘 동안이나 필사적으로 싸웠던 지평리의 처절한 싸움터에서 공산군들은 마침내 후퇴하기 시작했다고 맥아더 사령부에서 알려왔다. 맥아더 장군은 대통령에게 만주에 대규모 폭격을 가해 북한 북쪽에 있는 적의 후방기지를 섬멸하여 다시는 공산도배들이 힘을 못 쓰게 만들겠다고 장담했다.

대통령은 "국가를 통일하고 우리의 영토를 압록강과 두만강까지 완전히 회복하여, 한반도 안 어디나 분단된 곳이 없도록 한다."는 전쟁목표를 뚜렷이 밝힌 각서를 장면 국무총리에게 주었다. 그리고 이 각서를 워싱턴의 우리 대사관에서 활용할 수 있도록 사본을 만들게 해 자신이 급히 쓴 편지와 함께 외교행낭편으로 보냈다. 이 서한에서 대통령은 우리나라의 완전통일 이외에는 어떤 것도 수락할 수 없다는 입장을 천명하였다.

> "우리의 입장이 그들의 입장이고 우리의 전쟁이 그들의 전쟁이기
> 때문에 정당한 상식을 가진 국제연합의 모든 회원 국가들은 우리가
> 목표로 삼아 싸우고 있는 원칙을 튼튼하게 지켜나갈 것으로 우리는
> 절대 확신합니다. 겉으로는 민주주의를 지키는 체 하면서 사실은
> 자유세계의 적을 지지하는 국가들로부터 회원국들이 영향을 받도
> 록 내버려두어서는 안 될 것으로 믿습니다."

대통령은 국민에게 발표할 특별담화를 준비하였다. "우리의 전쟁경비는 지금 국제연합의 우방 각국에서 보내오는 원조자금으로 충당하고 있으나 우방의 도움에 의뢰하지 않고 우리의 힘을 다해 우리 자신의 전비를 부담해야 떳떳한 국민이 된다. 남의 도움으로 우리의 국권과 민권을 보호할 수는 결코 없으므로 세금을 완납함으로써 이 전쟁에 승리하고, 하루 빨리 통일을 앞당겨 완수하도록 해야 한다."는 내용이었다.

대통령은 우리 국민이 악착같은 일본의 수탈정책에 40년 동안이나 착취를 당한데다 군정 하의 혼란에 뒤이어 공산군의 침략으로 전쟁의 피해를 보았기 때문에, 전비부담이라는 명목의 세금을 낼 수 없는 실정을 잘 알고 있었다. 하

지만 우리나라가 외세의 간섭에 좌우되지 않는 자주독립국임을 깨닫게 하기위해 담화를 발표하는 것이라고 덧붙였다.

가혹했던 일본의 식민지수탈정책의 뒤를 이어 8개월간이나 전쟁 중에 있는 나라가 어떻게 세금을 더 거둘 수 있단 말인가? 이와 같이 허다한 대내외의 얽히고설킨 문제들을 해결하기위해 주야로 쉴 새 없이 일하는 대통령이 전혀 피로의 기색을 보이지 않는 것은 참으로 다행한 일이다. 우리 민족은 시련과 고통이 크면 클수록 더욱 강해지며, 결코 좌절하지 않는 불굴의 투지를 지닌 민족이라고 대통령은 말했다.

대통령의 구술을 계속해서 받으며 타자를 해나가는 내 손끝은 모두 부르트고, 눈은 너무나 피로해서 뜰 수조차 없다. 나는 염려 말고 쉬도록 하라는 대통령의 권유로 잠자리에 들었으나 잠이 오질 않았다. 독립운동 중 가장 힘든 고비였던 1941년, 대통령의 『일본 내막기』의 원고를 세 차례나 타자했을 때도, 손끝이 부르트고 눈이 짓무른 경험이 있다. 당시 대통령은 나를 워싱턴의 포토맥 강변으로 데리고 가 '아리랑' 노래를 부르며 위로해 주었었다.

"아리랑 아리랑 아라리요, 아리랑 고개를 넘어간다.
청천하늘엔 별들도 많고, 우리네 가슴속엔 시름도 많다.
아리랑 아리랑 아라리요, 아리랑 고개를 넘어간다.
오다가다 만난 '님'이지만 살아서나 죽어서나 못 잊겠네.

끝 구절은 대통령이 나를 위해 지어서 넣은 가사다. 이 노래가 떠오를 때는 나도 모르게 눈물이 난다.

연보

| | |
|---|---|
| 1875. 3.26 | 황해도 평산군 마산면 능내동에서 아버지 이경선(李敬善), 어머니 김해 김씨 사이에 3남 2녀 중 막내로 출생. 호는 우남(雩南). 두 살 때 서울로 이사하여 남산 아래 도동에서 자람. 서당에서 동양학문에 통달함. |
| 1895. 4.2(20세) | 배재학당에 입학하여 서양 학문을 배움. 배재학당에서 미국식 토론모임인 '협성회'를 결성, 개화와 구국운동의 방향 모색(이승만은 서기 및 회장을 지냄). |
| 1897. 7.8(22세) | 졸업생 대표로 '한국의 독립'이란 제목의 영어 연설로 참석한 정부고관들과 외교사절들로부터 칭찬을 받음. |
| 1898. 1.1(23세) | 한글판 주간신문 〈협성회회보〉 발간하고 주필이 됨. 그 해 4월 〈협성회회보〉를 한국 최초 일간지인 〈매일신문〉으로 발전시키고 사장 및 주필이 됨. |
| 3.10 | 러시아의 이권침탈을 규탄하기 위한 독립협회 주최 만민공동회에서 가두연설로 주목을 받음. |
| 8.10 | 한글신문인 〈제국신문〉을 창간(편집과 논설 담당). |
| 11.5 | 군주제를 폐지하고 공화정을 도입하려한다는 혐의를 받아 이상재 등 독립협회 인사 17인이 체포되자 대중을 이끌고 경무청과 평리원(고등법원) 앞에서 철야농성으로 석방시키는데 성공. |
| 1899. 1.9(24세) | 박영효 일파의 고종 폐위 음모에 가담했다는 혐의로 체포되어 종신징역 언도를 받고 한성감옥에 갇힘. 청일전쟁을 다룬 중국책 「중동전기본말」을 한글로 번역(1917년 하와이에서 「청일전기」라는 제목으로 출판). |
| 1901.2~1903.7(26-28세) | 옥중에서 가명으로 〈제국신문〉과 〈신학월보〉에 여론조성과 국민계몽을 위한 논설을 수시로 써 보냄. |
| 1904. 2-6(29세) | 「독립정신」집필. 원고를 비밀리에 미국으로 반출시켜 1910년 |

3월 로스앤젤레스에서 출판됨.

1904. 8.9(29세)  민영환 등의 도움을 받아 특별사면됨.

11.4  독립보전에 대한 미국지원을 호소하기 위해 고종의 밀사 자격으로 출국. 12월 31일 워싱턴 도착.

1905. 2.20(30세)  한국에 선교사로 왔던 상원의원 딘스모어의 주선으로 존 헤이 국무장관을 만나 '한미수호조약'의 거중조정 조문에 따라 협조하겠다는 약속을 받아냈으나 헤이의 사망으로 허사가 됨. 워싱턴 소재 조지 워싱턴대학에 2학년 장학생으로 입학.

8.5  뉴욕 교외 소재 '여름 백악관'에서 루즈벨트 대통령을 면담하고 한국의 독립보전에 대한 지원을 요청.

1907. 6.5(32세)  조지 워싱턴대 졸업 후 하버드대에서 석사과정 후(석사학위는 1910년 2월에 받음) 프린스턴대 박사과정에 입학. 정치학과 국제법을 전공했으며 지도교수인 우드로 윌슨 총장(나중의 대통령)과 친밀한 관계 유지. 1910년 7월 프린스턴대에서 '미국의 영향을 받은 영세중립론'이란 논문으로 박사학위를 받음(1912년 프린스턴대 출판부에서 간행).

10.10(35세)  유럽과 시베리아를 거쳐 귀국. 서울 기독청년회(YMCA) 한국인 총무와 청년학교 학감으로 교육 및 전도 활동.

1912. 3.26(37세)  일본총독부가 기독교 지도자들을 체포한 '105인 사건' 후 체포될 위험이 높아지자 미네아폴리스에서 열리는 '국제기독교 감리회 총회'에 평신도 대표로 참석함으로써 체포를 면하고 미국으로 망명.

6.19  우드로 윌슨(당시 민주당 대통령 후보)을 뉴저지의 별장에서 만나 한국의 독립 지원을 호소. 윌슨의 추천서를 가지고 워싱턴 등지를 다니며 한국의 독립을 호소.

8.14  네브래스카에서 '소년병학교'를 운영하던 박용만을 만나 진로를 협의. 한국인이 많은 하와이를 독립운동 기지로

삼기로 합의.

1913. 2.3(38세)　하와이 도착 후 감리교회 소속 '한인기숙학교' 교장 직을 맡음. 105인 사건을 폭로하는 「한국교회 핍박」 집필.

1919. 1.6(44세)　파리 평화회의에 참석하기 위해 출발.
　　　3.21　러시아지역 한인 임시정부에서 국무경으로 추대됨.
　　　4.11　상해 한인 임시의정원에서 국무총리로 추대됨.
　　4.14-16　서재필 등과 필라델피아에서 한인대표자대회(The First Korean Congress) 개최.
　　　4.23　서울에서 수립된 한성임시정부에서 집정관총재로 추대됨.
　　6.14-27　워싱턴에 대한공화국(The Republic of Korea) 본부 설치. 대한공화국 대통령 명의로 미국 등 주요 국가의 국가원수와 파리 평화회의 의장에게 한국의 독립선포를 알리는 공문 발송.
　　　7.17　워싱턴에 '대한공화국' 임시공사관 설치.
　　　8.15　호놀룰루에서 「대한독립혈전기(大韓獨立血戰記)」 발간.
　　　8.25　워싱턴에 '구미위원부'를 설립하고 김규식을 위원장으로 임명. 재정확보를 위해 임시정부 공채(公債) 발행.
　　　9.6　상해 임시정부 의정원에서 '임시대통령'으로 선출됨.

1920. 11.15(45세)　상해 임시정부 임시대통령에 부임하기 위해 호놀룰루에서 비서 임병직과 함께 몰래 화물선에 오름. 일본이 30만 달러의 체포 현상금을 걸었기 때문에 중국인 시체들을 실은 화물칸에 숨어 있었음.
　　　12.28　상해 임시정부에서 대통령 취임. 5개월간 집무했으나 임정요원들 간의 노선 갈등으로 크게 시달림.

1921. 5.29(46세)　워싱턴 군축회의 개최를 계기로 '외교상 긴급과 재정상 절박' 때문에 떠난다는 '고별교서'를 발표하고 상해를 출발. 호놀룰루에서 민찬호 등과 대한인동지회(大韓人同志會) 조직.

446

| | |
|---|---|
| 8.27 | 워싱턴 군비축소회의에 참석하기 위해 상해 임정의 전권대사 자격으로 워싱턴 도착, 미국 대표단에게 '한국독립청원서' 제출. |
| 1925. 3.(50세) | 상해 임시정부가 오랫동안 자리를 비웠다는 이유로 이승만을 임시대통령에서 면직. |
| 1932. 11.10(57세) | 상해 임시정부에 의해 국제연맹에 한국독립을 탄원할 전권대사로 임명됨. |
| 1932. 12.23~1933. 1. 26 | 국제연맹 본부가 있는 제네바에 도착. 프랑스어 일간신문 〈주르날 드 제네바〉와 인터뷰. 한국의 독립을 요구하는 공한(公翰)을 국제연맹 각국 대표들과 기자들에게 배포. |
| 2.21 | 제네바의 호텔 식당에서 프란체스카 도너(Francesca Donner) 양을 만났으며 다음 해 10월 뉴욕에서 결혼. |
| 1935. 1.24(60세) | 부인과 함께 호놀룰루로 돌아와 독립운동. |
| 1939. 3.30(64세) | 2차 대전 발발의 징후가 보이자 구미위원회 활동을 활성화하기 위해 워싱턴으로 돌아옴. |
| 1941. 6.(66세) | 일본의 미국 침공을 경고하는 「일본내막기(Japan Inside Out」를 뉴욕에서 출판, 12월에 일본의 진주만 공격이 있자 베스트셀러가 됨. |
| 12.9 | 루즈벨트 대통령과 국무장관 등에게 임시정부의 선전포고문과 임시정부 승인 요구 공한 발송. |
| 1942. 1.16(67세) | 임시 정부 승인과 무기지원 획득을 목표로 미국인 중심으로 한미협회(The Korean-American Council) 창설. |
| 2.27~3.1 | 한미협의회와 재미 한족연합위원회 공동으로 워싱턴에서 한인자유대회(The Korean Liberty Conference) 개최. |
| 6. 7 | 〈미국의 소리〉(VOA) 방송을 통해 고국 동포들의 투쟁을 격려. |

| 1943. 5.15(68세) | 루즈벨트 대통령에게 소련의 야욕을 상기시키고 임정 즉각 승인과 무기 지원을 요청하는 편지 발송. |
|---|---|
| 1944. 9.11(69세) | 루즈벨트와 처칠에게 카이로선언문의 문제점을 지적하고 일본패망 후 한국의 즉각 독립을 요구하는 전보를 보냄. |
| 10.25 | 루즈벨트 대통령에게 임정 승인을 촉구하는 편지를 보냄. |
| 1945. 2.5(70세) | 미 국무차관에게 한반도를 공산화하려는 소련의 야욕을 막는 방법으로 임정의 즉각 승인을 촉구하는 전보를 보냄. |
| 8.15 | 반공주의자 이승만을 기피인물로 여긴 미 국무부의 방해로 귀국이 2개월간 지연됨. |
| 10.16 | 33년 만에 여의도 비행장 도착. 다음날 귀국 담화 방송. |
| 10.21 | 허헌 등 좌익세력이 방문하여 인민공화국 주석 취임 요청. |
| 10.25 | 조선독립촉성중앙협의회 총재직을 맡음. |
| 1946. 1.14 (71세) | 신탁통치를 찬성한 공산세력과 결별 선언. |
| 2.25 | 미 군정청 자문기구인 민주의원(民主議院) 의장으로 선출됨. |
| 10.28 | 카이로 선언과 포츠담 선언에 위배되는 모스크바 3상회의 결정을 취소하라고 성명. |
| 12.2 | 독립정부 수립을 UN에 직접 호소하기 위해 미국 방문. |
| 12.12 | 소련이 한국의 통일정부 수립을 허용하지 않을 것이 확실함으로 남한만이라도 과도정부 수립이 필요하다고 주장. |
| 1947. 7.3(72세) | 좌우합작을 주장하는 하지 장군과의 협조포기 선언. 미 군정에 의해 가택연금 당함. |
| 9.16 | 독립정부 수립을 위한 수단으로 남한 총선거를 주장. 소련의 진의를 파악하게 된 미국이 이승만의 주장에 동조. |
| 11.14 | 유엔총회에서 유엔감시하의 한반도 자유선거 실시 결정. |
| 1948. 1.8 (73세) | 유엔한국 임시위원단 환영대회에서 연설. |
| 4.1 | 김구 등의 남북협상은 소련의 목적에 동조하는 것이라 담화. |

| 5.10 | 5.10선거에서 동대문구에서 당선. 제헌의회 의장이 됨. |
| 7.20 | 국회에서 대통령으로 선출됨(186명 출석 180표 획득). |
| 10.8 | 1948년 말로 예정된 미군철수 연기 요구. |
| 11.6 | 여수·순천 반란사건에 따른 국가위기 수습책 국회에서 발표. |

| 1949. 1.8(74세) | 쓰시마 반환 요구 기자회견 |
| 1.9 | 반민특위의 친일파 처벌에 신중해야한다고 담화. |
| 3.23 | 필리핀 퀴리노 대통령이 제안한 반공 태평양동맹안 지지. |
| 7.20 | 태평양동맹 체결 협의를 위해 퀴리노 대통령과 장제스 총통 초청. 8월 8일 진해에서 장제스와 회담 |
| 1950. 3.4(75세) | 야당이 제출한 내각책임제 개헌안에 대해 개헌 여부는 국민투표로 결정되어야 한다고 선언. |
| 3.10 | 농지개혁법 공포. |
| 6.25 | 6·25전쟁 발발. 신성모 국방장관의 낙관적 보고로 관망적 자세를 보임. |
| 6.26 | 새벽 3시 도쿄의 맥아더 장군과 전화 통화, 미국의 즉각 지원을 요청한 후 장면 주미대사를 전화로 불러 트루먼 대통령에게 즉각 지원을 요청하도록 지시. |
| 6.27 | 대통령이 포로가 되어서는 안 된다는 측근들의 권유로 기차로 대구까지 갔으나 서둘렀다는 판단이 들어 대전으로 돌아옴. |
| 6.28 | 이른 아침 대전에서 전시 각료회의 개최. |
| 6.29 | 수원에서 맥아더 장군과 만나 전쟁수행에 대해 협의한 후 한강전선을 함께 시찰. |
| 7.14 | 전쟁의 원활한 수행을 위해 유엔군총사령관에게 작전지휘권 위임. |
| 9.28 | 유엔과 상의 없이 국군에게 38선 이북 진격을 명령. |
| 10.17 | 북한에 대한 직접 통치를 선언함으로써 유엔과 대립. |
| 10.30 | 수복된 평양을 방문하여 환영대회에서 연설. |

| 1951. 7.3(76세) | 한반도 통일이 전쟁목표임을 분명히 밝히고 트루먼 대통령에게 휴전협상 반대 전문 발송. |

9.20 휴전 조건으로 중공군 철수, 북한 무장해제, 유엔감시하의 북한 총선거 요구.

1952. 1.18(77세) 일본 어선의 침범을 막기 위한 평화선 선포.
8.5 직선제를 통한 대통령 당선.
12.3 방한한 미국 대통령 당선자 아이젠하워와 회담.

1953. 1.6(78세) 일본에서 요시다(吉田)총리와 회담.
1.26 국무회의서 해양주권선 수호 언명.
6.3 휴전 전에 한미상호방위조약을 체결해야 한다고 선언.
6.6 미국원조 없이도 싸우겠다는 정부의 단호한 입장 발표.
6.18 유엔군 포로수용소에서 2만 7천명의 반공포로 석방.
6.25 로버트슨 미 대통령 특사가 이 대통령 설득을 위해 한국 방문(7월 11일까지 이 대통령과 14차례 회담).
7.12 한미상호방위조약 체결과 미국의 경제 및 군사 원조 약속을 포함한 한미공동성명 발표

1954. 2.5(79세) 헐 유엔군사령관, 테일러 미 8군사령관 등과 한국군 증강 문제 협의.
2.13 주한미군 2개 사단 철수계획 강력 반대하는 성명.
7.25 미국 방문 시 상하원 합동회의에서 연설. 소련의 침략 야욕을 강조하고 무력만이 대응책이라고 주장, 열렬한 박수를 받음.
7.31 아이젠하워 대통령과 정상회담.

1955. 6.7(80세) 기술자 해외파견안 재가.
6.20 일본제품 특혜수입 금지.
7.5 국군 40개 사단 확보의 필요성을 역설.

1956. 5.22(81세) 제3대 대통령 당선(부통령은 민주당의 장면).
8.16 첫 국무회의에서 군비 증강과 경제 부흥 강조.
9.22 대통령령으로 10월 1일을 국군의 날로 공포.

1957. 8.21(82세)  국군 현대화를 위한 미국의 지원 요청.
         12.3   국무회의에서 한글전용 지시.


1958. 2.23(83세)  한국에서 유엔군 철수 불가 성명.
         3.31   미국기자와의 회견에서 인도차이나에 한국군 파견용의 표명.
          8.5   외신기자 회견에서 국군 감축 반대와 장비 현대화를 강조.
        10.28   원자력 연구 지시로 한국원자력연구소 설립됨.


1959. 2.19(84세)  일본의 재일동포 북송을 추방이라고 비난.
         6.25   미국 적십자사에 일본의 재일동포 북송 저지를 요청.


1960. 1.27(85세)  3.15 선거에서 대통령 4선 확정.
         4.23   경찰 발포에 따른 사상자 발생에 애도의 뜻을 발표.
         4.26   국민이 원한다면 대통령직 사임, 정·부통령선거 재실시, 이
                기붕의 공직사퇴 등을 약속. 시위대 대표 5명과 면담 시 하
                야 약속.
         4.27   대통령직 사임서를 국회에 제출. 다음날 이화장으로 은퇴.
         5.29   3개월 계획으로 정양을 위해 하와이로 출국.


1965. 7.19(90세)  호놀룰루 마우나라니 요양원에서 서거, 호놀룰루 소재 한인
                기독교회에서 영결예배 후 유해를 미 군용기로 김포공항으로
                운구, 7월 27일 정동 제일교회에서 영결예배 후 동작동 국립
                서울현충원에 안장.

프란체스카의 난중일기
6·25와 이승만

1판 1쇄 발행일  2010년 7월  7일
1판 11쇄 인쇄일  2024년 2월 14일

지은이 | 프란체스카 도너 리
펴낸이 | 안병훈
펴낸곳 | 도서출판 기파랑
등록 | 2004. 12. 27  제 300-2004-204호
주소 | 서울시 종로구 대학로8가길 56(동숭동 1-49) 동숭빌딩 301호
전화 | 02-763-8996(편집부) 02-3288-0077(영업마케팅부)
팩스 | 02-763-8936
이메일 | info@guiparang.com

ISBN 978-89-6523-998-7   03910